| 아무도 가지 않은 길 |

폭섬 무지개

발행처 / 도서출판 시스템
발행인 / 지만원

1판 1쇄 발행 / 2009년 4월 30일
개정 증보판 발행 / 2018년 9월 17일
증보판 1판 2쇄 / 2019년 4월 5일
증보판 1판 3쇄 / 2020년 7월 24일
출판등록 / 제321-2008-00110호(2008. 8. 20)

주소 / 서울특별시 서초구 방배4동 854-26 동우빌딩 503호
대표전화 / (02)595-2563
팩스 : (02)595-2594
홈페이지 : systemclub.co.kr 또는 시스템클럽

잘 못 만들어진 책은 구입하신 서점에서 교환해 드립니다.

| 아무도 가지 않은 길 |

묵선무지개

도서출판 시스템

_ 프롤로그

영원한 자유인으로 살고파

    이 세상에서 가장 훌륭한 스승은 책 속에 있다고 생각한다. 독서에 묻혔던 사관생도 시절, 나는 책 속에서 내가 가장 되고 싶어 하는 인간상을 찾아냈다. 출세도 아니고 부자도 아니었다. '영원한 자유인'으로 살아가는 것이었다. 내가 말하는 자유인이란 남에게 구속되지 않고 자기 신념과 소신에 따라 사는 사람을 말한다. 20대에 나는 클린트 이스트우드가 주연하는 황야의 무법자를 보았다. 인습과 통념에 얽매이지 않고 오직 스스로 정한 자기 규율과 신념에 따라 행동하는 자유로운 영혼을 가진 클린트 이스트우드가 부러웠다. 그 후 영화 속의 클린트 이스트우드는 내 인생의 우상(idol)이 되었다.

세상 바람이 모질게 불어도, 가슴을 아름답게 가꾸며 살아가는 사람들이 있다. 그런 사람들은 수많은 가슴에 많은 것을 남기고 간다. 출세나 재산 모으기에 최고의 가치를 걸고 좁은 공간에서 각박한 삶을 살아가는 인생들이 있다. 그런 사람들은 그에게 충성을 맹세했던 사람들의 가슴조차 적셔주지 못하고 마른 갈대처럼 쓸쓸히 사라진다. 그래서인지 많은 이들이 유명인사(somebody)가 되려고 하지만 정말로 인생을 아끼는 더 많은 사람들은 무명인(nobody)으로서의 여유와 행복을 음미하며 살아간다. 나도 그런 무명인이 되고 싶었다.

　이 세상에는 두 가지 영혼이 있다. 하나는 자기만 아는 샐러리맨의 영혼이고 다른 하나는 이웃과 국가를 생각하는 영혼이다. 샐러리맨의 영혼을 가진 사람은 비록 그가 대통령이 됐다 해도 아름다운 일을 할 수 없다. 하지만 공인정신을 가진 영혼은 비록 그가 새벽길을 청소하는 미화원이라 해도 아름다운 것이다. 무명인이 샐러리맨 정신을 갖는다면 다수에 섞여 사는 하나의 인생이겠지만 무명인이 공인정신을 갖는다면 그야말로 아름다운 천사의 인생을 살 수 있을 것이다. 아마도 내가 지향했던 인생은 후자에 가까웠을 것이다. 그렇기에 가난 속에서 걸었던 돌밭길 그리고 무명인의 자유공간을 만끽하면서 걸었던 오솔길은 막상 걷고 보니 잔잔한 아름다움이 흐르는 꽃길이었고 대로였다고 생각한다.

　인생은 태어날 때 그림종이 하나씩을 가지고 온다. 가난한 집에서 태어나면 비워진 종이를, 부자집에서 태어나면 반은 부모에 의해 채워진 종이를, 빈 종이엔 그릴 것이 많지만, 반쯤 채워진 종이에는 그릴 것이 조금이다. 인생은 빈손으로 간다 하지만 실은 자기가 그린 그림을 가지고 절대자에게 결산하러 가는 것이다.

 지극히 어려운 환경 속에서 자칫 자포자기로 꿈을 잃기 쉬운 학생들이 있을 것이다. 꿈을 가꾸고 싶지만 어떻게 가꾸어야 하는지 막연해 하는 젊은이들도 있을 것이다. 이 책의 습작을 읽었던 적지 않은 수의 30대 지식인들이 한 결 같이 했던 말이 있다. "이 책을 대학시절에만 읽었어도 제 인생은 많이 달라졌을 것입니다" 진정으로 이 한권의 책이 젊은이들에게 의미 있는 자극제가 될 수 있다면, 그리고 아울러 어려운 시대를 필자와 함께 살아온 기성세대에게 추억을 반추케 하는 사랑방 시절의 이야기 책이 될 수 있다면, 크나 큰 영광이 될 것이다.

2009. 4.
저 자 지 만 원

CONTENTS

프롤로그 | 영원한 자유인으로 살고파

가난과 낭만 ● 1
지상에서 만난 천사 ● 8
운명을 열어준 낯선 소령 ● 22
물을 먹여 체중을 늘려준 낯선 대령 ● 30
어느 입교생의 첫 마디, "형씨, 장군은 언제 됩니까?" ● 35
벌떼 같은 상급생 ● 40
푸쉬킨을 읊은 돈키호테 ● 45
내무생활과 얼차려 문화 ● 50
직각 식사 ● 55
공부벌레보다는 균형된 인간이 되라 ● 60
탁구치고 나온 여 선생님 ● 69
화장실에서는 최후의 한 방울을 ● 80
황야에 내던져진 소위 ● 89
월남으로 떠나는 군함 ● 109
이 순간을 무를 수만 있다면! ● 116
살아만 갈 수 있다면! ● 128
아름다운 남국의 밤하늘 아래 인분을 베개 삼아 ● 134

물을 가르던 거대한 구렁이의 신선한 충격 ● 141

어느 소대장의 최후 ● 147

전장의 이슬들 ● 153

내일 이기기 위해 지휘관은 오늘 싸워야 한다 ● 161

정보의 가치는 사용자에 따라 다르다 ● 170

정인숙과 정일권 ● 183

전속부관은 선의의 거짓말도 해야 ● 196

인과응보 ● 205

군복을 궁둥이까지 잘라 입어라 ● 210

자다가 탄 훈장 ● 219

군대에도 자유공간은 있다 ● 232

문제 있는 곳엔 반드시 해결책이 있다 ● 241

사이공 뎁브람! ● 248

지휘관은 전장의 경영인 ● 265

생전 처음 밟아 본 미국 땅 ● 271

한국에서 맞춘 세 개의 안경. 미국 의사가 버리라 했다 ● 279

의사만은 밥벌이 수단으로 택하지 말자 ● 285

극기의 계절 ● 296

직관력(Intuition) ● 313

연구소 생활 ● 317

허 공 ● 331

파랑의 계절 ● 337

1990년 이후의 세상 이야기 ● 352
대령 예편 후의 첫 공공 작품, F-16기 ● 353
사회를 놀라게 한 처녀작 "70만 경영체 한국군" ● 360
경영학 책 "신바람이냐 시스템이냐" ● 362
강릉 스타 ● 365
영구분단 통일론으로 아태재단 인기강사 1위 ● 367
노벨평화상 수상자가 나에 가한 야만 ● 378
5·18이 폭동에서 민주화운동으로 둔갑한 과정 ● 388
5·18에 대한 나의 연구 ● 399
북한이 주도한 '침략작전' 임을 증명하는 사실들 ● 411
남한의 모든 폭동은 다 민주화운동 ● 424
황혼에 드리운 먹구름 ● 432
인격 살인 위해 끝없이 쏟아내는 언론 화살 ● 450
내 인생 자체가 현대사 ● 469
채명신 사령관의 묘 ● 502
검찰의 백지 구형 ● 508

에필로그

가난과 낭만

중앙선 철로를 따라 경기도가 끝나고 강원도가 시작되는 접경지대, 양평역과 원주역 중간쯤 되는 지점에 구둔역이 있다. 기차에서 내려 둑으로 형성된 언덕길을 내려가면 개울도 있고, 들녘도 있고, 초등학교도 있고, 느티나무들도 있는 분지 형의 마을이 전개돼 있다. 전국이 현대화의 물결을 타고 있는 지금도 이 마을만큼은 개발의 손톱자국이 나지 않은 80년 전의 그대로다. 그래서 이 마을은 2006년 "대한민국 근대유형문화재"로 등록됐고, 2008년부터는 '영화체험마을'로 지정돼 있다.

마을의 동쪽, 산세를 따라 반달 같이 굽어간 높은 언덕에는 중앙선 철도가 남북으로 길게 뻗어 있었다. 칙칙폭폭 … 칙칙폭폭 … 뻐~엉~ … 북쪽 굴에서 나온 검은 기차는 남쪽 굴로 사라질 때까지, 내리막길에서는 흰 연기를, 오르막길에서는 검은 연기를 힘겹게 뿜어냈다. 서쪽 고래산 기슭에는 해맑은 냇물이 흰 속살을 내보이며 남북으로 흘렀다. 내가 살던 집은 서쪽산 밑자락에 지어진 외딴집으로, 마을에서 가장 높은 곳에 자리하고 있었다. 내가 가장 좋아하는 곳은 시냇물이었다. 높은 집에서 바라보는 시냇물은 언제나 깨끗하고 아름다워 보였다. 냇가를 따라 늘어선 미루나무, 버들나무, 찔레꽃 그리고 숲 사이로 간간이 모습을 드러낸 하얀 조약돌 밭, 이렇게 조화된 풍경은 어린 나에게 한없는 아늑함과 꿈을 뿜어내 주는 고향의 젖무덤 같은 것이었다. 특히 장마철, 굵은 빗줄기가 사정없이 내리 꽂힐 때가 가장 좋았다. 굵은 빗줄기가 세찬 바람에 이리 저리 흘러 다니면서 자아내는 희뿌연 기운과 내리 꽂히는 빗줄기에서 나는 알 수 없는 쾌감을 느끼곤 했다. 화로 불에 묻어둔 감자 한 개에 설렘을 간직한 채, 처마 밑에서 강하게 부서지는 물방울들을 물끄러미 바라보다가 스르르 잠이 들 때가 많았다.

 동네의 어디를 가나 개울은 명경지수, 두 손을 짚고 엎드려 입을 물위에 대고 쭉쭉 빨아들이는 것이 바로 당시의 물먹는 모습들이었다. 투명한 물을 봇둑으로 가둬놓은 깊은 물, 귀족형의 피라미와 불거지들이 아름다운 비늘을 반짝이면서 떼를 지어 다녔다. 나는 한없이 고개를 달아매고 쪼그려 앉아 그 아름다움에 매료되곤 했다. 단 한 마리라도 어항에 길러봤으면! 얼마나 동경했는지 모른다.

분지의 한 가운데에는 어린이 키 정도로 깊은, 작은 보가 하나 있었다. Y자 형의 분지를 따라 두 개의 계곡에서 흘러 온 물이 이 보에서 합쳐지면서 수량이 2배로 늘어났다. 더운 여름이면 이 보는 몇 안 되는 동네 꼬마들의 유일한 놀이터가 되었다. 신작로 가장자리에서 옷을 벗어 책보와 함께 겨드랑이에 끼고 보를 향해 냅다 질주하면서 책보와 옷을 도톰한 백사장에 내던지고 물속으로 수평 다이빙을 했다. 물속으로 들어간 나는 눈을 뜨고 거북이 몸짓을 하면서 바닥에 코를 스칠 정도로 밀착한 채, 한동안 하얀 모래 위를 질주했다.

그 동네 한 가운데에 당시 '일신국민학교'가 있었다. 나보다 일곱 살 더 많은 넷째 형은 형제들 중에서 막내만은 학교에 보내야 한다며 어리광이 질질 흐르는 나를 업고 개울을 건너 학교에 입학 시켰다. 그리고 나는 그 학교를 졸업했다. 나는 경기도 양평군의 면사무소 소재지인 지평에 있는 지제중학교로 진학을 했고, 여름에는 걸어서, 겨울에는 기차를 타고 학교를 다녔다. 당시에는 서울로 통근하는 사람들을 위해 통근열차가 원주로부터 청량리까지 운행되었고, 이 통근열차가 구둔역을 통과하는 시각은 새벽 5시였다. 시계도 없는 새벽, 첫닭이 울면 나보다 47세 많으신 환갑의 어머니는 나를 깨워 새로 지은 밥에 계란을 넣어 비벼주셨다. "에구 딱한 것, 추워서 어떻게 하나!"

새벽 5시 20분 정도에 지평역에 내리면 학업이 시작되는 8시까지 추운 겨울 시간을 어디에서든 보내야 했다. 역무원 사무실에는 무연탄을 때는 난로가 있었지만 늘 신세를 지는 것도 눈치가 보였다. 아마도 지제중학교 1학년 중에서 선생님들로부터 가장 예쁨을 받는 학생은 나였을 것이다. 그 중에서 나에게 가장 큰 도움을 준 선생님은 음악과 영어를 동시에 가르치시는 미남선생님으로 평양에서 피난 나오신 남자 선생님이었다. 선생님은 나의 등을 두드려 주면서 새벽에 기차에서 내리면 곧장 선생님 집으로 오라고 했다. 눈 내린 겨울 새벽에 길을 뚫으며 선생님 셋방에 도착하면 문 밖에도 문 안에도 어둠이 짙게 깔려 있었다. 추위를 못 이겨 달려오긴 했지만 막상 문 앞에 다다르니 어찌 할 바를 모르고 한동안 서성거렸다.

"서, 선생님, 주무세요?"

"그래, 어서 들어오라, 어서."

문을 열고 들어서면 선생님은 두꺼운 이불을 제치고 등잔에 불을 붙이셨다. 돌도 지나지 않은 어린 아이를 가운데 눕히고 사모님과 주무시다가 일어나시는 것이었다.

그리고는 책상에서 여러 가지 영어책을 내주셨다. 2학년, 3학년 책도 있었다. "이거 출판사들에서 교과서로 골라달라고 선생님한테 온 거야, 이거 다 가지고 공부해" 나는 교실에 가기 전까지 이렇게 신혼 중인 선생님 셋방에 가서 영어책을 읽고 외웠다. 학업이 끝나면 교실에서 시간을 기다리다가 밤 9시 정도에 지평역을 통과하는 통근열차를 탔다. 군인들과 교복 입은 형들이 나를 무릎에 앉혀 주면서 영어책을 읽고 해석하라 시켜도 보고 자기가 공부하던 수학책들도 주었다. 밑줄이 한없이 많이 그어져 있었고, 책들의 여백에는 형의 이해하는 방법들이 빼곡하게 쓰여 있었다.

그러던 어느 날 나는 이렇게 얻은 풍부한 영어책들과 수학책들을 싸들고 청량중학교에 다니는 동네 형들을 따라 넓은 서울로 올라왔다. 지금의 장안평에서 독방을 얻어 노동일을 하는 큰 형 집에 머무르며 신문도 배달하고, 철판을 두드려 시발 자동차를 만드는 이른바 서비스공장도 다니고, 건설현장에 가서 여러 가지 일을 거들면서 일당도 받았다. 서비스 공장은 지금의 종로 5가에서 대학로로 향하는 길목에 철조망이 둘러져 있는 노천부지였고 지금의 지프차 형으로 만들어진 시발택시의 차체를 아세치렌 가스불로 달궈 망치로 때려 만드는 곳이었다. 긴긴 여름날에도 점심을 굶었고 얼굴은 검은 흙과 땀으로 얼룩져 있었다. 그리고 나를 가장 비참하게 만드는 것은 철조망 밖 인도에 책가방을 들고 다니는 여학생들의 모습이었다.

당시 숭인동 근방 청계천의 둑 밑에는 고흥중학교가 있었다, 지금은 어엿한 동대문 상고가 됐지만 당시에는 3류 학교였다. 나는 학비를 마련해 가지고 그 학교의 교무실로 찾아갔다. 땅땅하고 얼굴이 잘생긴 선생님이 교무실 입구에 서서 우물쭈물하는 나를 불렀다.

"너 누구냐, 이리 와 바."
"너 여기 왜 왔어."
"학교를 다니고 싶어서요."
"야, 이놈아 무작정 무슨 학교야."
"저는 양평군 지제중학교를 다니다 왔는데요, 2학년으로 입학하고 싶어서요."

"전학 증명서 가지고 왔어?"
"없는 데요."
"야, 이 맹랑한 놈 봐라, 너 눈이 참 예쁘구나. 이리 와 바."
그는 영어책을 꺼냈다.
"너 임마 여기를 크게 읽고 해석해 봐."
나는 크게 읽고 해석을 했다.
"야 이놈 봐라, 시골뜨기 치고는 제법인걸, 수학선생님, 여기 이놈에게 2학년 수학문제 좀 풀어보라 하세요."
수학선생님은 인수분해, 2차 연립방정식, 응용문제 들을 풀라고 했고, 나는 매우 빠른 속도로 풀었다.
"어 이놈 봐라, 영어 선생님, 이 애 수학도 잘 하네요."
"그래요?"

담임선생님이 나타나시더니 "너 이리와" 하고는 나의 손목을 잡고 2학년 반에 데려다 앉혀주었다. "네 자리 여기야, 알았어?" 고흥중학교는 이렇게 해서 들어갔다. 담임은 이인수 선생님, 키가 큰 미남선생님이었다. 어쩌다 시골에 가면 과수원에서 과일을 싸들고 담임선생님 집으로 찾아가 새벽잠을 깨우곤 했다. 이렇게 들어간 학교를 나는 가끔씩 한동안 나가지 못하곤 했다. 돈이 벌리면 나가고 돈이 떨어지면 슬며시 그만 두었다. 그만 둘 때는 슬며시 사라졌고, 다시 나가고 싶을 때는 이인수 선생님을 찾아갔다.

"오, 너 왔니? 안 보여서 걱정했잖아. 그래 학교에 다시 나오려고?"

"예, 학비를 좀 마련했거든요."

그는 나를 고1 야간반으로 데리고 가서 앉혀주었다. "네 반 친구들 다 여기에 있지?" 나쁜 곳으로 빠지지 않고 공부를 하겠다며 다시 찾아온 것만으로 고마워하신 것이다.

2학년 조금, 3학년 조금 다니다 보니 졸업장도 없었다. 중학교 졸업장 없이 고1이 된 것이다. 이렇게 가끔씩 나갔지만 시험을 치면 꼭 2등을 했다. 1등은 똘똘이 김영조라는 학생이 했다. 고1도 몇 달 다니지 못하고 한동안 돈을 벌었다. 나이에 맞춰 학교에 다시 가려하니 고2로 가야 했다. 그런데 용두동 미나리 밭 한 가운데 검은 판자로 지어진 야간 분교가 하나 있었다. 한영고등학교였다. 거기에서도 졸업장 없고 전학증명서 없는 나를 받아주었다. 어느 날, 한영고등학교 3학년 담임 이종선 선생님이 이렇게 말씀 하셨다.
"야 지만원, 너 기록을 보니까 중학교 졸업장이 없더라, 내가 한영중학교 졸업장 하나 만들어 줄께."
이렇게 해서 나는 한영중학교 졸업장과 한영고등학교 졸업장을 쥐게 되었다. 요사이 내가 이런 이야기를 주위에 들려주었더니 마치 이상한 나라에서나 있을 수 있는 것처럼 매우 신기해했다. 하지만 이는 사실이다. 지금의 시대에서는 상상조차 할 수 없는 목가적인 옛날사회, 이러한 낭만이 있었기에 나는 오늘에까지 성장할 수 있었던 것이다.

지상에서 만난 천사

　인생의 역사는 맥주병과 같다는 생각을 한다. 현실은 병목처럼 좁아 보이고, 지나간 과거는 맥주병 몸통처럼 넓고 넉넉하게 보인다. 현실은 괴로워도 일단 과거의 세계로 넘어가면 아름다워 보이기까지 한다. 내 어린 시절을 생각하면 여기까지 살아온 것이 기적이라 할 만큼 어려웠고 고단했다. 서울 변두리 장안평 돌산 밑, 흙으로 지어진 토담방에서 시골 중학교 1학년 때 선생님이 주신 영어책과 통근차 안에서 형들이 준 수학책들을 가지고 밤을 새우며 공부를 했다. 때 묻은 이불을 머리까지 둘러쓰고, 이불 속에 감추었던 손가락을 꺼내 책장을 넘겼다. 손이 너무 시릴 때는 둘 째 손가락을 가지고 무릎 위에 글씨를 썼다.

부뚜막에 놓였던 밥에는 바늘 같은 얼음이 송골송골 박혀 있었다. 거기에 왜간장을 넣어 숟가락으로 문질러 얼음을 녹인 후 밥을 입속에 넣고 한동안 온기를 가하여 넘기긴 했지만 위경련으로 데굴데굴 구를 때가 참으로 많았다. 장안평에서 답십리를 지나 청계천 둑을 따라 숭인동에 있는 학교에까지 걸어가는 길은 동네가 없는 허허 벌판이었다. 걸어 다니는 밤길이 고단하기는 했지만 고단한 것은 무서운 것에 비하면 아무 것도 아니었다. 야간 수업이 끝나면 숭인동 근처에 있는 학교에서 장안동 토담집까지 청계천 둑길을 따라 걸었다. 답십리와 장안평 돌산 사이에는 공동묘지가 있었고 그 주위에는 인가가 없었다. 그 곳을 앞에 둘 때마다 행여 동행자라도 나타날까 싶어 길목에서 한참씩 기다렸다. 가을이면 공동묘지의 풀이 잔뜩 메말라 쥐가 다닐 때마다 부스럭 소리를 냈다. 짧게 나는 그 소리는 차라리 가슴을 도려내는 칼날이었다. 그렇지 않아도 공동묘지 앞에서 잔뜩 긴장하고 있는데 거기에 부스럭 소리까지 가세하면 가슴이 뛰고 머리가 하늘로 솟았다. 비가 쏟아지는 날엔 그야말로 칠흑 같은 논길을 더듬으면서 걸었다. 높은 논둑에서 미끄러지면 논으로 굴러 떨어져 나도 모르게 울음이 터졌다. 무서움과 벌이는 사투의 공포, 14세의 나이에는 너무 가혹한 형벌이었다. 춥고 비가 오는 것은 참을 수 있었지만 무서운 것은 참을 수가 없었다.

야간고등학교 2학년 시절, 나는 반 친구의 도움으로 한 가정의 가정교사로 고용되었다.

"이보라, 창대 학생, 노가 알다시피 우리 한식이 놈이 공부를 못해써, 오디 마땅한 학생 하나 가정교사로 소개 해보련?"

한식이 어머니의 말에는 강한 평양 사투리가 남아 있었다.

"우리 반에 쬐끄만한 녀석이 하나 있는데 머리가 천재예유, 쬐끄맣다고 얕보시지 말고 한 번 시켜보세유."

빨강 가죽가방에 화장품을 채워 가지고 가정을 방문하면서 학비를 버는 창대의 말이었다. 그는 나보다 나이가 서너 살 위지만 야간 반 동창이었다. 한식이는 어머니가 일 나가 있는 동안 동네 아이들과 어울리는 데 익숙해 져서 한 시간 이상 진득하게 앉아 있지를 못했다. 나는 야간 고등학교 2학년이었지만 나보다 나이가 한 살 더 많은 한식이는 중학교 3학년이었다. 함수, 기하, 인수분해 등 간단한 내용들을 가르쳐 주지만 그의 머리는 형광등처럼 답답했다. 답답한 것은 머리가 돌지 않는 한식이도 마찬가지였다. 그럴 때마다 그에게는 장난끼가 발동했다.

"야, 요 쬐끄만 대가리가 왜 그렇게 좋으냐" 하면서 나의 머리를 툭툭 건드렸다.

"야 임마, 지만원, 내 팔 좀 만져봐, 돌같이 딴딴하지? 자-식, 팔이 이게 뭐냐, 야, 임마 누가 너 건드리면 나한테 일러, 이 주먹 한방이면 다 날아간다구, 알았어? 자식, 와리바시처럼 가느다란 요 팔 가지고 뭘 하냐?"

당시 용두동에는 청계천을 가로지르는 나무다리가 하나 있었는데

물에 썩지 말라고 검은 콜타르를 발라 놓았기 때문에 사람들은 검정 다리라 불렀다. 다리 밑에는 염색 업자들과 양아치라 불리는 넝마주이들이 어우러져 살았다. 다리 밑을 빼곡히 메운 육중한 가마솥들에서는 언제나 퀴퀴한 수증기 냄새가 인근 마을에까지 퍼져나갔고, 각목으로 묶여진 건조물에는 염색된 천들이 어지럽게 널려 있었다.

남 보기엔 초라하고 불행해 보이지만 밤이 되면 이들이 살고 있는 거적때기 집들에서는 깔깔대는 웃음소리가 끊이 질 않았다. 용두동 일대의 길바닥은 검고 미세한 흙먼지로 다져져 있어서 바람이 불 때마다 검은 먼지들이 길바닥 위에 얕게 깔려 구름처럼 이리저리 떼 지어 날아다녔고, 슬리퍼를 신고 다니는 사람들의 발 뒤꿈치에는 검은 얼룩이 덕지덕지 올라붙었다.

한식이네 옆집에는 이십칠 세의 여인이 어린 두 남매를 데리고 살면서 한 식구처럼 지내고 있었다. 원산에서 고등학교를 마치고 월남하여 결혼을 했지만 불과 5년 만에 남편을 잃고, 일곱 살 난 딸아이와 다섯 살 난 사내아이를 데리고 셋집에 살고 있었다. 돈 많은 고무신 공장 사장을 만나 팔자를 고친 한식이 어머니는 말투에서부터 무식함이 풍겼지만 이 27세의 여인에는 어딘가 귀티가 배어 있었다.

내가 공부를 가르칠 때마다 그녀는 거의 매일 같이 학습과정을 지켜보면서 한식이에게 보충설명을 해주기도 했고, 한식이가 장난을 칠 때마다 주의를 주기도 했다. 그녀가 매일 같이 학습과정을 지켜 본 것은 어린애처럼 보이는 내가 우악스런 한식이에게 놀림을 당할 지도 모른다는 생각에서였을 것이다. 그녀는 또한 한식이에게 학습효과가 없으면 나의 일자리도 끝이 날 것이라고 생각했는지 내가 설명해주는 내용을 다른 방법으로 한식이에게 아주 열심히 설명해 주었다.

이런 가정교사 자리도 겨우 6개월 만에 끝이 났다. 한식이네가 더 좋은 곳으로 이사를 가기 때문이기도 했지만, 한식이를 휘어잡을 수 있는 나이든 가정교사를 원하는 것 같기도 했다. 먹고 자는 문제를 한식이네 집에서 해결해오던 나는 갑자기 오갈 데 없는 신세가 돼버렸다. 난감해 하는 내게 그 여인은 정성껏 저녁밥을 차려주었다. 맛있게 먹고 있는 나를 물끄러미 바라보며 마음 아파해 하는 눈치였다.

"얘, 만원아. 밥과 빨래는 내가 해주고 싶다. 당분간 학비까지도 대줄 수 있다. 하지만 잠자리만은 어찌 해 볼 도리가 없구나. 어떻게 하면 좋겠니?"
의외의 따뜻한 말에 너무나 고마워서 눈물이 핑 돌았다.
"고맙습니다. 정말로요."
"당장 오늘밤은 어디서 잘래?"
"문제없어요. 학교 교실에 가서 자면 돼요. 선배들이 불을 켜놓고 밤새워 공부를 하는 것 같던데요."
"너 정말 그럴 수 있겠니?"
"그럼요. 그런 것쯤은 문제도 없어요."

내가 다니던 한영고등학교 야간반은 용두동 미나리 밭 한 가운데 지어진 판자 집 건물이었다. 비가와도 썩지 말라고 검은 콜타르를 발라 우중충해 보였다. 어둠이 짙게 깔리기 시작하면 미나리 밭에는 검고 음산한 기운이 퍼지기 시작했고 그 음산한 기운은 마치 이 검은 판자 집에서부터 퍼져나가는 것처럼 보였다. 바로 그 건물에, 세 명의 학교선배들이 교실 하나를 차지하여 입시 공부를 하고 있었다. 교실 앞을 지나가자 선배들이 나를 불러 머리를 쓰다듬어 주었다.

"너 벌써부터 입시 공부를 시작하는구나? 참 착실하다. 그래, 그래야 돼."

나는 유난히 무서움을 타기 때문에 선배들이 있는 바로 옆 교실을 선택했다. 멀리 가로등에서 힘겹게 비쳐오는 엷은 불빛이 또 하나의 위안이 됐다. 불 꺼진 교실. 검은 색이 칠해진 네 개의 책상을 이어놓고 책가방을 베개 삼아 고단한 몸을 의탁했다. 선배들이 옆방에 계속해서 있어 주리라 믿으면서! 교실 바닥은 딱딱하게 마른 진흙이었고, 앉을 때마다 이리 저리 움직이는 책걸상 다리에 패여 마치 바다 수면을 정지시켜 놓은 것처럼 울퉁불퉁해서 몸을 뒤척일 때마다 책상이 기우뚱거렸다. 엄마의 모습이 떠올랐다. 주르륵! 뜨거운 눈물이 눈가로 흘러내렸다. 마치 여러 시간을 울고 난 어린아이처럼 온몸으로 흐느꼈다. 어느덧, 긴장했던 신경들이 파르르 떨면서 한 올씩 한 올씩 풀어졌다. 지칠 대로 지쳐버린 나의 육신에 어느 듯 몽롱한 기운이 퍼져나갔다.

밤중이었다. 요란한 비바람이 창문을 두드렸다. 세찬 바람이 귀신 소리를 내면서 창 틈 사이로 들어와 교실 바닥을 맴돌았고, 교실 안에 있는 책상들이 이리저리 움직이며 덜거덕거렸다. 귀신이 눈치를 채지 못하게 눈을 최소한으로 가늘게 떴다. 손가락 하나 까딱하지 못할 만큼 온몸이 경직됐다. 움츠릴수록 무서움이 더 크게 엄습해왔다. 이렇게는 도저히 새벽까지 견딜 수 없다는 생각이 들었다.

다급하게 궁리를 했다. 어느 창문을 열어야 단번에 열릴까? 만일 시도했던 창문이 단번에 열리지 않으면 귀신이 덤벼들지도 몰랐다. 이를 악물고 온 힘을 다해 몸을 일으켰다. 쏜살같이 창문으로 다가가, 미닫이 창문을 열어 젖혔다. 창틀이 빗물에 불어 움직이지 않았다. 필사적인 힘으로 다른 창문을 열어 젖혔다. 어디로 뛰는지 나도 몰랐다. 가로등 불빛에 은가루처럼 휘날리는 빗줄기가 그렇게 반가울 수 없었다. 어둠 속에서는 무서워서 속력을 다해 뛰었고, 가로등 밑에서는 비를 맞고 한참씩 쉬었다.

아침에 눈을 떴다. 나는 그 여인의 어린 남매와 나란히 누워 있었다. 그녀의 셋방에는 연탄 식 부뚜막이 설치돼 있고, 그 부뚜막 위에는 물이 담긴 양은솥이, 화력이 약한 연탄불 위에 걸려있었다. 나는 그 부뚜막 위에 잠이 들어 있었던 것이다. 나를 보내놓고 마음이 놓이지 않던 그녀 역시 비바람이 세차게 몰아치자 잠을 이루지 못했다고 했다. 한밤중에 이상한 느낌이 들어 혹시나 하고 쪽문을 열어보니 내가 양은솥 옆에 새우처럼 몸을 틀고 잠들어 있었다고 했다. 그 여인은 나를 옆에 뉘여 놓고 눈이 붓도록 울었다 했다. 무의식중에라도 내가 그 여인의 집으로 달려온 것은 나의 의식 속에 이미 그녀에 대한 믿음이 자리하고 있어서였을 것이다.

그 충격이 컸던지 나는 밤마다 가위에 눌렸다. 식은땀을 너무 많이 흘려 속옷이 물에 담근 것처럼 흥건하게 젖었다. 그녀는 동네 엿 공장에서 매일 같이 엿을 사다 주면서 꿀 대신 엿이라도 먹고 빨리 회복하라고 했다. 누우면 온몸이 방바닥에 착 달라붙었고, 한 번 잠들면 송장처럼 늘어졌다. 어느 정도 회복이 되자 그녀는 내게 다락방 하나를 얻어 주었다. 그리고 얼마 후 나는 담임선생님의 주선으로 을지로 3가에 있는 어느 무역회사에 급사로 취직해 사무실에서 잠을 잘 수 있게 됐다.

스산한 어느 가을날의 하교시간, 비가 주룩 주룩 내리고 있었다. 울타리도 없는 학교였지만 운동장 한 끝으로 연결된 길목에 그녀가 우산과 반장화를 들고 서있었다. 콧날이 시큰할 만큼 행복했고, 이제 나도 외롭지 않다는 생각이 들었다.

"야, 지만원, 이것 좀 신어 봐, 맞을까 모르겠다."
"응, 꼭 맞아 누나, 돈도 없는데 왜 이런 걸 다 사왔어?"
'누나' 라는 호칭은 그녀가 내게 준 선물이었다.
"나, 아줌마 아니야, 이제부터 네 누나야."

아스팔트가 없었던 흙탕 길, 여기 저기 파여진 곳마다 회색빛 빗물이 고여 있었다. 둘이는 비닐우산을 함께 받쳐 들고 이리 저리 발걸음을 골라가며 걸었다. 몸을 밀착시키기 위해 나는 그녀의 허리를 감았다. 스커트 벨트 위로 밀려난 연한 살집이 너무나 감미로웠고, 손가락에서 솟아나기 시작한 행복감이 온 몸으로 퍼져나갔다. 이렇게 허리를 감고 걸을 수 있는 누나, 우산과 장화를 가지고 와서 버스 정류장에까지 데려다 주는 누나가 있다는 것이 처음에는 믿겨지지가 않았다. 계란형으로 조각된 고운 얼굴, 가늘게 흘러내린 목선, 투명하고 뽀얀 피부, 잔잔히 배어 나오는 윤기, 이렇게 황홀하고 매력적인 여인을 누나로 둔 것도 오직 꿈에서나 가능할 일이었다. 그녀가 없었던 어제는 지옥이었고, 그녀가 있는 오늘은 천국이었다. 그녀가 곧 나의 정신적 신분이 된 것이다.

　"누나, 오늘 학교에 멋쟁이 화학선생님이 새로 오셨는데 그 선생님이 나 보고 알프스 소년 같대, 알프스 소년이 뭐야?"
　"응, 너처럼 얼굴도 희고 눈도 크고 해맑은 소년이지. 어쩌면 너는 어린 나이에, 눈 없으면 코 베 간다는 서울에 혼자 올라올 생각을 다 했니?"
　"셋째형이 나보다 열 살이 더 많거든, 둘째형이 가사를 꾸려갈 때에는 나보고 공부만 열심히 하라 했는데, 둘째형이 객지로 나가고 셋째형이 가사를 꾸려가면서부터는 나에게 곡괭이를 들려주는 거야. 화전 밭을 파라고."
　"그래서?"

"화전 밭을 파고 있는데 앞 동네 학교 스피커에서 국회의원 후보들이 연설을 한다고 방송을 하는 거야. 셋째형에게 잠깐만 갔다 온다고 했더니, 허파에 바람이 들면 안 된다며 못 가게 하는 거야. 아버지는 늙으시니까 형이 시키는 일에 반대는 못하시고 한숨만 땅이 꺼져라 쉬시는 거야, 곡괭이질을 몇 번 밖에 하지 않았는데 손바닥에 물집이 생기지 뭐야,

고2시절

쓰라리니까 곡괭이 자루를 잡을 수가 없는 거야, 그래서 형에게 손바닥을 보여주며 더는 못하겠다고 했어, 그런데 형이 뭐라고 말했는지 알아?"

"뭐래?"

"아파도 참고 계속 일을 해야 구덕살이 잡혀 농부가 될 수 있대."

그녀가 가엾다는 듯이 나를 꼬옥 끌어 당겼다.

"그래서?"

"나는 마음속에 다짐했지, 형으로부터 탈출해야겠다고."

이야기를 듣는 동안 그 여인은 한숨을 쉬기도 했고, 대견스럽다는 듯이 내 얼굴을 들여다보기도 했다.

"엄마가 많이 보고 싶니?"

"얼마 전까지도 그랬는데 지금은 학교에 가서도 누나만 보고 싶어져."

"정말?"

그녀는 어둠 속에서 내 눈을 들여다보았다. 나는 말 대신 고개를 천천히 끄덕였다. 안암동에서 나오는 물길 둑을 따라 을지로로 가는 버스를 타려면 한참을 걸어야 했다. 그녀와 나는 매일 학교 앞에서 용두동 버스 정류장까지 이렇게 걸었다. 학교에서 버스 정류장에까지 가는 데에는 20분이면 되었지만 두 사람은 일부러 둑을 따라 천천히 걸었다. 여러 대의 을지로 행 버스가 앞에 와 섰지만 그냥 보냈다. 등을 떠밀어야 버스를 탔고, 버스에 오를 때마다 그녀는 언제나 엿 봉지를 건네주었다.

"잘 가"

버스에 오르면, 그녀가 보이지 않을 때까지 뒤돌아 보았다. 그리고는 나도 모르게 반사적으로 흐느꼈다.

그러던 어느 날이었다.

"얘, 지만원, 누나가 시집가도 너 혼자 공부 잘 할 수 있지?"

청천벽력 같은 말이었다. 가슴이 답답해지더니 이내 뻥 뚫린 것처럼 허전해졌다.

"응, 누나가 행복해진다면."

기어들어가는 소리였다. 약간의 침묵이 흐른 후 그녀는 "정말?" 하면서 허리를 굽혀 장난기 서린 눈으로 내 눈동자를 빤히 들여다보았다.

"누나 시집가는 게 그렇게 싫으니?"

나는 말 대신 고개를 끄덕였다.

"아냐, 난 시집안가. 네가 어쩌나 보려고 한 번 해 본 소리야"

"정말? 앞으로는 그런 장난치지 마, 간 떨어 질 뻔했잖아."

그녀는 내 어깨를 더욱 더 끌어 당겼다.

"이제 누나 얘기 좀 해 주라!"

그녀는 북한에서 학교 다닐 때에 있었던 많은 이야기들을 들려주었다. 남학생으로부터 귀한 만년필을 선물 받아 뜨개실로 만년필 집을 만들어 만지작거렸다고도 했다. 석양이 찾아오면 남고생과 손을 잡고 해당화가 피어있는 바닷가 언덕을 수없이 거닐면서 연애했던 이야기도 들려주었다. 그때 그녀의 느낌이 얼마나 짜릿하고 설레었는지에 대해서도 묘사해 주었다. 그녀가 추억을 반추하는 동안 나는 동그랗게 그어진 그녀의 세계에서 밀려나 있었다. 갑자기 그녀가 남같이 멀어졌다. 유난히 빨갛던 나의 입술이 뾰로통하게 튀어나왔고, 가늘게 뜨여진 눈틈에서 쏟아지는 광채에는 질투의 감정이 배어있었을 것이다.

"야! 지만원, 노래 하나 가르쳐 줄까?"

성숙한 그녀가 나의 감정을 놓칠 리 없었다. 그녀는 나의 어깨를 어루만지며 달랬다.

"이래도 한 세상, 저래도 한세상, 도화강변에 나부껴 우는 꽃, 꽃은 피어서 만발이 되건만, 우리의 갈 길은 죽음의 길이다."

이바노비치의 '다뉴브강의 잔물결'에 얹혀 진 가사였다. 이 노래 속에는 사랑하지만 이루지 못했던 어느 청춘남녀의 슬픈 최후가 담겨 있다고 했다.

가을철의 한 주말, 그녀는 뚝섬강 건너에 사는 언니 집에 가야 한다고 말했다. 이상하게도 그날만은 그녀의 얼굴에 어두운 그림자가 깔리고 비장해 보였다. 나는 전차를 타고 누나를 뚝섬에까지 바래다주었다. 전차가 땡그랑 소리를 내면서 시골길을 달렸다. 손을 꼬옥 잡고 있었지만 두 사람 사이에는 거대한 심연이 가로 놓여있는 것만 같았다. 이따금씩 그녀가 내 뺨을 토닥거려 주었지만 마음은 납덩이 같이 무겁고 답답했다.

"왜 이럴까?"
순간, 얼마 전 하교 길에서 누나가 던졌던 농담이 떠올랐다.
'아하! 그 때 농담이라고 했던 그 말이 진담이었구나.'
생각이 여기에 미치자 목이 메고, 가슴이 울렁거렸다. 전철 안에 있던 30대 어른들이 갑자기 미움의 대상으로 부각됐다. '바로 저 정도의 남자들이 우리 누나를 가져가겠지?'

두 사람은 뚝섬역에서 내려 한강이 내려다보이는 둑 위를 힘없이 걸었다. 가끔씩 주고받는 말은 있었지만 가슴속까지 스며든 말은 없었다. 내가 그녀를 선착장까지 바래다주면 그녀는 다시 나를 전차 역까지 바래다주었다. 두 손을 꼭 잡고 걸었지만 가슴은 여전히 답답하기만 했다. 지친 나머지 두 사람은 둑과 모래사장이 맞닿는 양지바른 곳에 나란히 앉았다.

강 건너에서는 언니가 그녀를 기다리고 있을 것이라 하면서도 그녀는 나룻배를 번번이 그냥 보냈다. 강 건너에 사는 언니는 부자로 잘 사는데 참외와 수박 농사를 짓는다고 했다. 드디어 나룻배가 석양빛을 받으며 마지막 손님을 기다렸다. 두 사람은 손깍지를 낀 채 자리에서 일어섰다.

"조심해서 가, 밥 잘 챙겨 먹고"
'이 엄청난 순간에 겨우 이 말 밖에 할 수 없는 것인가?'
잡혀 있던 손이 허전해 지는 순간 눈물이 주르륵 흘렀다. 가엽다는 듯 누나는 손바닥으로 눈물을 닦아 주었다. 나룻배가 잔잔한 물결을 남기며 멀어져 갔다. 강가의 온갖 가을 풍경이 허공에 떠있는 허상들처럼 쓸쓸해 보였다. 그날따라 가을바람에 파들거리는 미루나무 잎들이 유난히도 반짝거렸다.

"이래도 한세상, 저래도 한세상, 도화강변에 나부껴 우는 꽃, 꽃은 피어서 만발이 되건만, 우리의 갈 길은 죽음의 길이다."

이제는 이 노랫말의 슬픔이 내 것이 됐다. 나는 이제 어둠 속에 버려진 고아가 됐다. 누나의 얼굴을 다시 볼 수 없는 것이 참을 수 없는 슬픔이었다. 전차 역을 향해 터벅터벅 발길을 옮겼다. 굵은 눈물이 쉴 새 없이 매달렸다가 뺨을 타고 흘렀다. 멀리 전차 역에서 비쳐오는 불빛이 그 출렁이는 눈물에 오색영롱한 무지개를 그리고 또 그렸다.

운명을 열어준 낯선 소령

　1961년 늦가을 오후, 경복궁 옆에 있었던 당시 육군병원에서는 육사 수험생들에 대한 신체검사가 한창 진행되고 있었다. 검사장 밖에는 빛바랜 나무 스탠드가 단풍진 나무들로 둘러싸여 있었고, 딱딱하게 다져진 흰색 흙바닥에는 오그라진 단풍잎들이 스산한 가을바람에 밀려 이리 저리 굴러다니고 있었다. 사관학교 지망생들은 스탠드의 이곳저곳에 옷을 벗어 소복하게 쌓아놓고 팬티와 맨발 차림으로 우중충하고 한기 도는 붉은 벽돌 속으로 밀려 들어갔다. 온몸에 솜털이 곤두설 만큼 쌀쌀하긴 했지만 긴장감 때문인지 이를 내색하는 녀석은 없었다.

나의 키는 재보기에 따라 어떤 때는 합격선을 2~3㎜ 초과하기도 하고 또 어떤 때는 그만큼 미달되기도 하는 실로 불안한 상태에 있었다. 마루기둥에 눈금을 그려놓고 갓 시집온 셋째 형수에게 삼각자를 맡기고 잘 재보라고 당부하지만 모자랄 때가 더 많았다. 빼고 보탬 없이 수치만 달랑 읽어주는 형수가 때로는 무정하고 얄밉기까지 했다. 그 정도 모자라는 키는 정수리를 각목으로 여러 번 때려서 순간적으로 부어오르게 할 수 있다고 생각을 정리한 후, 나는 입시준비에만 열중했다. 신체검사 전날! 연습 삼아 각목으로 머리를 살살 때려봤지만 딱딱한 두개골은 탱탱 소리만 내고 아프기만 했다. 머리가 빳빳하게 서면 다소 유리해질 것이라는 생각에 동네 이발소에 가서 짧은 스포츠형 머리를 '고대기'로 높여 하이칼라로 해달라고 했다.

모든 검사에서 하나씩 합격을 해가면서도 신경은 온통 신장계 쪽에만 쏠렸다. 드디어 피를 말리는 순간이 왔다. 키를 재는 하사관이 염라대왕 같이 느껴지는 순간. 여지없이 "불합격!"을 외치면서 신체검사 용지에 도장을 찍어버렸다. 순간적으로 정신이 멍해졌다. 부끄럽기도 했지만 이내 허무했다. 조건반사적으로 밖으로 나와 옷을 주워 입긴 했지만 도저히 발길이 떨어지지 않았다. 턱을 괴고 하늘을 쳐다보았다. 텅 비어 보였다. 그 텅 빈 하늘처럼 나의 앞길도 막막해 보였다.

내가 육사를 동경하게 된 것은 10살 때부터였다. 6·25전쟁이 소강상태에 빠져있을 때 동네 형들이 휴가를 나왔다. 나의 큰 형이 나보다

16살이나 위였기 때문에 형들이라 부르긴 하지만 군인아저씨들이었다. 그때부터 나는 육사의 존재에 대해 눈을 뜨게 됐다. 내가 살던 마을은 검푸른 산들이 병풍처럼 둘러싸고 있었다. 뒤늦게 떠오르는 태양은 마을 뒷산 위에 조금만 머물다가 이내 서쪽 산 절벽 아래로 떨어지고, 산들이 검게 변하는 순간부터 사방에서 음산한 기운을 쏟아내는 아주 작은 마을이었다.

동네 형들은 동네를 지나는 타동네 사람들에게 텃세를 하느라 곧잘 싸웠다. 그때마다 형들은 파출소에 끌려가 순경들로부터 따귀를 맞곤 했다. 이제는 그 형들이 총과 실탄을 가지고 휴가를 나와 순경들을 때렸다. 군인이 최고로 높아 보였다. 형들은 깊은 물속으로 총을 신나게 쏘아댔다. 연발로 발사되는 탄환들! 팡, 팡, 팡 팡, 팡이야~ 예광탄이 빨간 줄을 그으면서 물속으로 들어갔다가 다시 튀어나와 긴 선을 그리면서 먼 산으로 날아갔다. 축 늘어진 한복 바지를 돌돌 말아 입고 다니던 꼬마들의 입이 다물어질 줄 몰랐다. 날씬한 피라미, 듬직한 불거지들이 은빛과 붉은 빛을 반짝이면서 떼를 지어 물위로 떠올랐다.

"야~!"

군인 형들이 여간 우러러 뵈는 게 아니었다. 마을 아주머니들은 무쇠 솥뚜껑을 화로 위에 뒤집어놓고 그 위에 메밀 적을 부쳐 형들에게 대접했다. 집에서 담근 밀주도 나왔다. 텃밭에 묻어둔 싹 난 무를 싸리나무 꼬챙이로 꺼내오기도 했다. 형들의 영웅적인 전쟁 이야기와 배꼽 빼는 군대 이야기들에 정신이 팔려 자꾸만 더 해달라고 채근했다. 처녀들은 윗방에 작은 상을 차려놓고 날고구마를 깎아 먹으면서 종이 문 뒤에 귀를 모았다. 누나들의 소곤거리는 소리와 시시덕거리는 소리를 훔쳐들은 형들은 더욱 목청을 돋우어 보태고 튀겨가며 무용담을 자랑했다. 그들의 무용담 속에는 가끔씩 '사관학교 출신'들에 대한 경의가 배어 있었다.

"형, 사관학교가 뭐야?"
"응, 장교들 중에는 엉터리 같은 사람들, 부대에서 쌀과 고기를 훔쳐나가는 사람이 많은데, 사관학교를 졸업한 장교들은 실력도 많고, 원리원칙대로 지휘를 해서 존경을 받는단다. 육사출신들, 참으로 훌륭하고 멋지더라. 너도 이다음에 공부 잘해서 육사를 가렴. 너는 총명해서 공부만 열심히 하면 갈 수 있을 거다. 고등학교를 졸업해서 시험을 보면 되는 거란다."

사관학교에 대한 꿈은 이렇게 해서 길러지기 시작했다. 이 오랜 꿈이 방금 전, 한 하사관에 의해 좌절돼 버린 것이다.
'나는 이제 어떻게 살아가지?……'

어머니가 생각났다. 아버지는 내가 열일곱 살 때 돌아가시고, 어머니는 나에게 아무 것도 해줄 수 없었다. 어머니가 내게 해줄 수 있는 오직 유일한 일은 막내 자식 잘 되게 해달라고 축원하는 것뿐이었다. 시루떡을 해 가지고 꼭두새벽에 산에 올라가 치성을 드리고, 날마다 우물가에 정화수를 떠놓고 축원을 했다. 어머니는 나를 47세에 낳았고, 그때 아버지는 53세였다. 늦둥이로 태어나니 귀여움은 한 몸에 다 받았지만 기골이 약해 늘 배앓이를 했다. 어머니와 아버지는 나를 업고 개울 건너에 사는 침 할머니에게 자주 다녔다.

여섯 살 되던 해의 어느 추운 겨울, 밖에는 발목을 덮을 만큼 흰 눈이 내려 있었다. 아침상에는 노란 좁쌀 밥과 짠 김치, 물김치 그리고 구수한 숭늉이 올라 있었다. 뚫어진 문풍지 사이로 뽀얀 햇살이 들어와 김이 모락모락 피어오르는 좁쌀 밥 위를 평화롭게 비췄다. 바로 위에 누나는 열 살, 그 위의 형들은 각기 열세 살과 열여섯 살이어서 의젓하지를 못했다. 한참 먹을 나이라 그들은 마파람에 게 눈 감추듯 밥을 먹어치우고는 장난을 치기 시작했다. 궁둥이에 손을 대고 입으로 방귀소리를 그럴 듯하게 낸 후 그 거무튀튀하고 투박한 손을 나의 밥그릇 위에 갖다 덮었다. 그렇지 않아도 입에서 오돌거리는 조밥이 못마땅한 터라 나는 숟가락을 집어 내던지고 발버둥을 치기 시작했다.

어머니는 형들에게 애 성미를 잘 알면서 그런다며 나를 달래기 시작했다. 그치지 않자 어머니는 밥그릇을 가지고 부엌으로 나갔다가 다시 가져와서는 새 밥으로 바꿔왔으니 어서 먹으라고 했다. 나는 밥을 검사해 보고는 엄마가 속였다며 더 신경질을 냈다. 어머니는 하는 수 없이 부엌에서 커다란 바가지를 가져다가 물을 잔뜩 부어 가지고 내가 보는 앞에서 조밥을 씻었다. 방귀가 깨끗이 씻어졌으니 이제 먹으라는 것이었다. 김치 쪽을 물에 씻어 얹어주며 언제 폭발할지 모를 나를 살얼음처럼 다루면서 밥을 먹여주었다.

일곱 살이 되자 그 개구졌던 바로 위의 형이 나를 초등학교에 업어다 입학을 시켰다. 말이 일곱 살이지 생일이 12월 말인 나는 여섯 살에 불과했다. 아침마다 그 넷째 형과 어머니가 번갈아가며 나를 학교에 업어다 주었다. 반에는 장가를 간 학생들도 있었다. 나는 전교에서 가장 어렸지만 1학년 때 선생님은 전교 학예회에서 내게 주연 연기를 두 개나 시켰다. 학예회에서 나는 나보다 덩치 큰 아들을 둔 할아버지의 역할을 했다. "똘똘이 할아범", 내가 살던 고을에서 나는 이렇게 불렸다.

학교에서 돌아오면 등에 찼던 책보를 쪽마루에 내팽개치고 허리에까지 축 늘어진 어머니의 젖부터 찾았다. 부엌에 계시든 밭에 계시든 관계없이 나는 젖꼭지를 손으로 두어 번 문지르고서는 짠 내를 즐겼다. 근력이 딸리시는 어머니는 기다란 담뱃대에서 쓰디쓴 댓진을 꺼내 젖꼭지에 바르겠다고도 했고, 학질에 먹는 금계랍이라는 쓴 약을 바르겠다고 위협하지만 나의 능청에는 당해낼 도리가 없다며 기권하셨다.

열네 살 때, 형들은 나에게 괭이를 들려 땅을 파게 했지만 몇 번 땅을 찍기가 무섭게 물집이 생겼다. 탈출하기로 결심했다. 서울에서 학교를 다니는 동네 형들이 방학을 끝내고 올라갈 때 따라가기로 마음먹고 어머니에게 용돈을 마련해 달라고 졸랐다. 어머니는 "머리를 잘라서라도 용돈을 마련해 주겠다"고 약속했다. 며칠씩이나 깊은 산에 올라가 산나물을 뜯어다 쌓았다. 그리고 5일장에 가지고 나가 용돈을 마련해 주셨다.

나는 그 돈으로 차표를 사기가 아까워 무임승차를 했다. 팔뚝에 검붉은 완장을 찬 검표원이 염라대왕같이 무서웠다. 순간적인 꾀로 아슬아슬하게 피하긴 했지만 가슴은 방망이질을 했다. 청량리역에 도착했다. 형들이 일러준 대로 석탄이 산더미처럼 쌓여있는 쪽으로 숨어 들어가 철조망에 뚫린 구멍으로 빠져 나왔다. 빠져 나와서도 한동안 뒤를 돌아봤다. '야, 이놈, 너 이리 좀 와봐' 하며 역무원이 금방이라도 달려들 것만 같았다.

어려운 환경에서도 한 결 같이 공부에 집착할 수 있었던 것은 마음속에 사관생도의 멋진 이미지가 자리하고 있었기 때문이기도 하지만, 거기에 들어가면 먹고 자는 문제는 물론 학비까지도 해결된다는 형들의 말 때문이었다. 가난한 내게 이런 학교는 정말로 꿈의 학교였다. 그런데 불합격이 웬 말인가! 갑자기 어머니가 생각났다. 지금도 시골에서 나를 위해 치성을 드리고 계실 모습이 상상되자 가슴이 북받쳐 올랐다. 주르륵! 뜨거운 물줄기가 뺨을 타고 흘렀다. '맞아! 죽더라도 싸워나 보고 죽어야 해. 참새도 죽을 때는 그냥 죽지 않고 짹 소리라도 내고 죽는다잖아!' 오기가 솟아났다. 두 주먹에 힘이 생겼다. 아플 만큼 아래 입술을 깨물었다. 옷을 입은 채, 키 재는 하사관에게 다가가 키를 다시 한 번 재달라고 말했다. 그의 눈이 사납게 찢어졌다. 서류를 정리하고 외박을 나가려는데 갑자기 불청객이 나타난 것이다.

"사람의 키라는 건 재보기에 따라 몇 밀리씩 왔다 갔다 하는 것인데 쩨쩨하게 그만한 키 차이로 훌륭한 장교가 되지 말란 법이 어디 있어요. 내가 어려서부터 육사를 얼마나 동경해왔는지 아세요? 한번 입장을 바꿔놓고 생각해 보세요." 하고 들이댔다. 그는 화를 내며 사관학교 신체검사가 장난인줄 아느냐고 했다. 이 이상한 말싸움 장면에, 정말로 잘 생긴 미남 소령 한 분이 나타났다. 팔뚝에 심판관이라는 완장을 차고 있었다. 그는 하사관 이야기와 내 이야기를 번갈아 들었다. 나는 소령에게 합격만 시켜주시면 육사에 들어가 부족한 키를 키우겠다고 말했다. 그분은 내 얼굴을 뚫어지게 보더니 "요놈 봐라, 그래, 네 말이 옳다." 하며 하사관에게 키를 다시 재라고 명령했다. 구두를 벗고 올라서려 하자 그분은 구두를 신고 올라서라 했다. 신체검사 용지에 내 키는 상당히 넉넉한 키로 기록되고 그 소령은 정정란에 그의 도장을 힘 있게 눌러 주었다.

물을 먹여 체중을 늘려준 낯선 대령

며칠 후, 경복고등학교 건물에서 필기시험이 있었다. 시험 첫날 아침, 홍시 하나로 아침을 때우고 용두동에서 버스를 타 광화문에 내렸다. 너무 긴장해서인지 내리자마자 위경련이 시작됐다. 병원에 들려 진통제를 맞긴 했지만 위를 쥐어뜯고 골이 몹시 아팠다. 하필이면 가장 자신 있던 물리와 수학이 들어있는 날 이런 일이 일어났는가를 생각하니 불길한 생각이 앞섰다. 첫날의 시험을 잘 못 보고 나니 그 다음 이틀간의 시험이 시들해졌다. 마음속에 육사를 포기한 후, 후기대학 중의 하나인 성균관대학을 지망해서 합격통지서를 받긴 했지만 마음에 내키지 않았다. 하늘은 왜 내게 이토록 가혹할까! 절망적이었다.

그런데 이 웬 일인가! 절망에 지쳐있던 어느 날, 육사로부터 합격통지서가 날아왔다. 참으로 상상할 수 없는 기적이 일어난 것이다. 긴장이 풀리면서 갑자기 독감이 찾아와 일주일씩이나 할퀴고 갔다. 어지러운 몸을 추슬러 가지고 제2차 체력검정 시험을 치러야 했다. 체력검정 내용은 신체검사를 다시 한 번 반복한 뒤에 턱걸이·역기·장거리구보·넓이 뛰기 등의 능력을 체크하는 것이었다. 제2차 신체검사는 육사 지구병원에서 치렀다. 또다시 그놈의 신장계가 크게 부각됐다. 바로 앞에 서있던 학생은 보기에도 나보다 키가 큰 것 같은데 키 부족으로 불합격 판정을 받았다. 그 광경을 본 나는 넋 나간 상태가 돼버렸다.

순간, 누군가가 나를 체중계 앞으로 밀었다. 키는 재지 말고 체중을 재라는 것이었다. 영문 모를 일이었다. 나중에 생각해보니 누군가가 와서 "야, 시간 없어, 빨리빨리 해" 하고 소리를 친 것 같았다. 신장 담당 하사관은 내 키가 충분한 수치로 기록돼 있어서 바쁜 마음에 재 볼 필요도 없다고 생각한 것 같았다. 아니면 옛날 육군병원에서 나와 실랑이를 벌였던 그 하사관이 나를 기억해 주었는지도 모를 일이었다. 나는 그 키 재는 하사관이 혹시라도 마음이 변해 나를 다시 잡아당길까 무서워 얼른 체중계 위에 올라섰다. 1차 신체검사 때 나는 체중에 대해서는 걱정이 없었다. 그러나 일주일간의 심한 독감으로 체중이 3kg씩이나 증발됐다. 체중을 재는 하사관은 조금의 배려도 없이 "불합격!"을 외치며 도장을 찍어버렸다. 순간적으로 일어난 일이었다. 나는 또다시 넋 나간 상태가 되었다. 휑하게 뚫린 검은 눈에 순간적으로 눈물이 무겁게 고였다.

"야, 비켜."

하사관이 소리를 쳤지만 나는 체중계 옆에 얼어붙어 움직일 수가 없었다.

"야, 안 들려? 비키라니까."

바로 이때 키가 나만큼이나 작고 통통하게 생긴 대령 한 분이 나타났다.

"여기 요놈 무엇 때문에 그러냐?"

하사관이 사정을 설명했다.

"요놈 용지는 따로 뽑아놓아라. 내가 물 좀 먹여 가지고 올 테니."

그분은 치과 사무실에서 주전자를 들고 나와서는 나를 화장실로 데려갔다.

"네놈은 이 물을 다 마셔야 해."

갈증도 나지 않은데다가 몸살을 앓고 난 검부러기 같은 몸으로 물을 생으로 마신다는 것은 그야말로 고통이었다. 죽기 살기로 마셨다. 그 분도 안타까운 모양이었다. 안타까울 때마다 내 손목을 잡고 나와 체중계 앞에 세웠다.

"요놈 체중을 다시 재봐라."

배가 터질 만큼 많이 마셨지만 겨우 1kg 남짓 보탰을 뿐이었다.

"아직 안되겠나?"

나를 다시 화장실로 데려갔다. 겨우 5백 미리 정도를 더 마셨다. 미달일 줄 뻔히 알면서도 그분은 나를 데리고 세 차례나 화장실과 체중계 사이를 왕복했다. 그때서야 그 하사관도 생각하는 바 있었던지

"대령님, 이제 됐습니다." 하고 정정란에 도장을 찍어 주었다. 그분은 나의 등과 머리를 여러 번 쓰다듬어 주고는 어디론가 가버렸다. 나중에 알고보니 그분은 육사 군수참모였다. 신체검사의 최종 합격 여부를 결정하는 판정관 앞에 섰다. 그 판정관은 놀랍게도 키를 봐준 바로 그 미남 소령이었다. 구세주를 만난 것처럼 반가웠다. 토끼눈으로, 나는 그 소령에게 절을 꾸벅 했다.

"너 몸살 앓았구나. 입교해서 공부 잘해."

그는 웃는 얼굴로 신체검사 용지에 마지막 도장을 꾸-욱 눌렀다. 너무나 고마워 나는 그에게 허리를 두 번씩이나 굽히면서 뒷걸음으로 문을 나왔다. 꿈에서나 있음직한 아슬아슬한 악몽이었다.

목에까지 가득 찬 물배를 안고 병원에서 연병장으로 걸어갔다. 500m 거리. 발을 뗄 때마다 배에서 물이 출렁거리는 소리가 들렸다.
'이 물배를 안고 어떻게 장거리를 뛰지?'
앞이 캄캄했다. 드디어 턱걸이부터 시작됐다. 얼마나 긴장을 했던지 턱걸이를 한다는 것이 배걸이를 했다. 턱이 걸려 있어야 할 철봉대에 배가 걸린 것이다. 지켜보던 사람들이 폭소를 터트렸다. 나는 어찌할 바를 모르고 휑한 눈으로 대위의 얼굴을 바라봤다. 얼굴이 원체 초췌해서였는지 대위 시험관이 조교에게 나를 내려주라고 지시했다.

"아, 그 학생은 됐다."

남아있는 4회의 턱걸이를 면제시켜 주었다. 역기도 다섯 번을 들어 올려야 했지만 그 대위는 한 번만 들게 해주었다. 첫 회를 들어 올리는 데 몸이 바들바들 떨렸다. 입교해보니 그분은 체육과의 명물로 통하는 차 대위였다. 드디어 2㎞를 뛸 차례가 왔다. 20명 틈에 끼어 출발선상에 섰다.

'뛰다가 뱃살이 꼿꼿해지고, 힘이 모자라 나도 모르는 사이에 졸도라도 하면 어떻게 하지?……'

어렸을 때에는 손기정 선수처럼 되어보겠다고 동네 꼬마들과 곧잘 마라톤 연습을 했다. 갈증 나는 여름철이라 개울을 건널 때면 엎드려 물을 마셨다. 마시고 나면 여지없이 뱃살이 꼿꼿해져서 뛸 수가 없었다. 드디어 호루라기 소리가 들렸다. 물이 출렁이지 않도록 배를 잔뜩 안으로 집어넣고 뛰었다. 한 바퀴를 도는 동안에도 내 몸을 수십 번씩 꼬집었다. 그런데 어떻게 된 일인지 2㎞를 뛰는 동안 뱃속의 물이 내내 잠잠했다. 20명 중 6등으로 골인을 했다.

'아! 이제는 끝났구나!'

대부분의 지망생들에게 신체검사는 하나의 요식 행위에 불과했다. 그들에게는 조금도 문제가 되지 않는 것들이 내게는 첩보영화의 주인공이나 겪을 수 있는 온갖 스릴과 고뇌의 장애물들이었다.

어느 입교생의 첫 마디,
"형씨, 장군은 언제 됩니까?"

1962년 1월말, 합격자들은 사관생도가 되었다는 부푼 가슴을 안고 사관학교로 들어갔다. 잘 가꿔진 광활한 정원처럼 보였다. 숲 속에 고색창연하게 묻혀있는 붉은 벽돌건물, 노란 잔디밭 양쪽에 납작하게 가라앉은 흰색 내무반 건물들, 멀리서 보기엔 모두 그림처럼 환상적이었다.

'아, 이제부터 멋진 옷을 입고, 저 하얀 집에서 공부할 수 있겠구나.'

가슴이 설렜다. 하지만 녀석들이 안내된 곳은 이런 교정과는 거리가 먼 후미진 곳에 우중충하고 초라하게 지어진 2층 콘크리트 건물이었다. 작업복, 탄띠, 배낭, 담요, M-1소총, 군화…… 등 볼품없고 겁나는 보급품들만 한 아름씩 지급됐다. 모두가 실망하는 눈치들이었다. 숫기 있는 풋내기 몇 명이 안내자처럼 보이는 무표정한 형씨에게 질문을 하기 시작했다. 어떤 친구는 그 형씨가 하사관쯤 되는 것으로 생각했고 또 어떤 친구들은 그가 선배 사관생도인 것으로 알고 있었다.

"보소, 형씨, 사관생도 옷은 언제 주능겨?"
"이 작업복은 뭐 칼라고 주능겨?"
"형씨, 작업복이 어찌 이리 크다요? 땅걸로 바꿔주면 좀 안 쓰겠쏘?"
"형씨, 장군은 언제 된당가요?"

그 안내자는 실실 웃음을 참아가면서 들은 척도 하지 않았다. 드디어 그 형씨는 풋내기들에게, 입고 왔던 사복을 모두 벗어놓고 지급된 군복으로 갈아입으라고 명령했다. 지급된 옷들은 모두 미제였다. 맨 먼저 러닝셔츠를 입었다. 그 조끼 식 러닝은 하도 커서 끝단이 무릎 밑을 덮었다. 상체를 덮기 위한 옷이 아니라 임신부용 치마 같았다. 팬티는 허리를 감고도 두 뼘이나 남는 것이어서 입을 일이 난감했다. 짜개 단추로 허리를 여미는 것이라 잠근다 해도 가느다란 허리를 타고 그대로 흘러내리기만 했다. 나는 옛날 촌 바지를 입듯이 똘똘 말아 허리춤에 찔러 넣고 그 위에 그보다 더 큰 작업복을 입은 다음 허리띠를 졸라맸다. 작업복 가랑이는 무릎에까지 축 내려갔고, 상의에 달린 주머니는 허리띠 속으로 들어가 버렸다. 폼을 재던 풋내기들도 그런 복장 속에서는 별 수 없었다. 형씨는 이들을 3열종대로 인솔해서 창고같이 생긴 컴컴한 건물 속에 설치된 샤워장으로 데리고 갔다. 녀석들은 본능적으로 적당한 곳에 옷을 벗어 포개놓고 샤워를 시작했다. 동작이 빠르고 덩치 있는 친구들은 샤워꼭지를 차지했지만 나는 그들이 샤워를 마친 후에 하리라 마음먹고 샤워꼭지가 비어지기를 신사적으로 기다렸다.

그런데! 난데없이 상급생들이 벌떼같이 나타났다. 그들은 작업복을 몸에 딱 맞게 맞춰 입고 있었다.

"샤워 끝 3분전."

부푼 꿈에 도취돼 있던 풋내기들은 그 구령이 무엇을 의미하는지 알 수 없었다.

"샤워 끝! 샤워장 앞에 3열종대로 집합!"

구령이 끝나기가 무섭게 상급생들은 무서운 얼굴을 해 가지고 선머슴들의 어깨를 사정없이 치고 다녔다. 여기저기서 넘어지는 소리가 났다. "아야!" 비명도 들렸고, 억압된 신음소리도 들렸다. 풋내기들은 그제야 위기를 직감하기 시작했다. 나는 샤워꼭지 한 번 차지해 보지도 못하고 동작 빠른 놈들의 몸에 맞고 튄 물방울만 뒤집어 쓰고 있다가 수건으로 물기를 닦기 시작했다. 어느 새 옷을 다 입고 용수철처럼 튀어나가는 녀석들도 있었다. 나는 물기를 채 닦지도 못한 채 겁에 질려 옷을 입기 시작했다. 물 묻은 다리에 얇은 포플린 팬티가 찰싹 달라붙어 떨어지지 않았다. 원체 다급해지니까 다리에 휘감긴 팬티에서 가랑이를 찾을 수 없었다. 드디어 한쪽 가랑이로 두 다리가 들어가 버렸다. 한쪽 다리를 빼내려 해도 일단 달라붙은 천은 몸에서 떨어질 줄 몰랐다.

상급생이 "귀관 뭐하고 있나!" 하면서 나를 밀어 제쳤다. 조금만 더 세게 밀었다면 콘크리트 바닥에 머리를 부딪쳤을 것이다. 뒤로 자빠져 있는 상태에서 두 다리를 한쪽 가랑이에 모두 집어넣고 무서움에 떨고 있는 내 모습을 보자 목석같은 선배의 눈에서도 실낱같은 웃음이 스쳤다. 맨 앞에 나온 몇몇 녀석들만 제외하고는 모두가 토끼뜀 기합을 받았다. 육사생활은 이렇게 일방적인 강압과 억지로 시작됐다.

체면 같은 것은 없었다. 모두가 토끼몰이의 대상이었다. 어떤 녀석은 첫날에 코피를 흘렸고, 어떤 녀석은 찔찔 울기도 했다. 나는 울고 싶다기보다 완전히 겁에 질려 있었다. 하루 종일 이들은 옆 전우와 말 한마디 건넬 여유도 없이, 완전히 얼어 있었다. 각자는 오직 선배 생도와의 1대1의 관계를 맺는 새로운 실존세계에서 외로운 존재가 됐다. 눈알만 반들거릴 뿐, 말이 없었다. 공포와 고통의 정도가 날이 갈수록 심했다. 이들 편에 서주는 사람은 아무도 없었다. 오직 하나 있다면 그것은 밤 10시부터 차가운 밤공기를 타고 애틋하게 울려 퍼지는 솔베이지송 뿐이었다. 가슴속을 파고드는 그 부드러운 곡만이 이들의 팔락이는 영혼을 벌떼 같은 선배들로부터 떼어내 조용한 꿈나라로 인도해주는 자비로운 여신이었던 것이다.

나는 어려서부터 겁이 많았다. 맏형은 나보다 열여섯 살이나 위였다. 내가 다섯 살 되던 해에 큰 형수님이 열아홉 살 나이로 시집을 왔다. 형수님은 늘 고운 옷을 입고 나에게 깍듯이 존댓말을 하면서 도련님이라고 불렀다. 형수님은 나를 업고 이웃 가게에 가서 엿도 사주고, 냇가에 데려다 놀게도 해주었다. 소풍을 갈 때에는 10리만큼 마중을 나와 나를 업고 집에 오곤 했다. 시골에서 밤 변소를 갈 때면 만만한 위의 누나를 불러내 보초를 세웠다. 앉아 있으면서도 보초를 제대로 서게 하려고 계속 말을 시켰다. 어쩌다가 대답을 안 하면 겁에 질려 숨차게 뛰어 나왔다. 시골에서는 동네 형들의 꽁무니를 졸졸 따라다니면서 보호를 받았고, 서울에서는 힘세고 나이 많은 동창들로부터 보호를 받았기 때문에 나는 보호를 받는데 익숙해 있었다. 그러나 육사에서의 이 하루하루는 연약하게 자란 나를 180도 바꿔놓기 시작했다.

벌떼 같은 상급생

　한 달간의 기초군사훈련은 일명 짐승훈련(beast training)이라 불렸다. 이 훈련은 일과시간의 훈련과 일과 전후의 훈련으로 구분됐다. 8시부터 오후 5시까지의 일과시간에는 기본동작과 제식훈련, 소총 분해결합, 총검술, 사격훈련, 포복 같은 기본기를 반복해서 훈련받았다. 이는 점잖고 마음씨 좋은(?) 대위급 선배 장교들이 맡았다. 그들 중에는 육사 12기 박희도 대위도 계셨다. 일과시간 이전이란 오전 6시부터 8시까지이고, 일과시간 이후란 오후 5시부터 10시까지를 말했다. 이들 시간들은 벌떼 같은 상급생들 즉 육사 19기생들이 맡아 주관했다. 일과시간이 천국이라면, 일과 전후의 시간은 지옥이었다. 이들 4학년 선배들은 임무에 따라 구대장 생도, 중대장 생도, 대대장 생도로 구분되고, 대대장 생도에겐 4명의 참모가 포진돼 있었다. 가장 높은 직책은 대대장이며, 대대장 생도의 양쪽 팔뚝에는 노란 V자가 5개 겹쳐져 있었다. 중대장 생도는 4개, 구대장 생도는 3개였다. 1명의 대대장 생도 아래 2명의 중대장 생도가 편성돼 있었고, 각 중대장 생도 밑에 4명씩의 구대장 생도가 편성돼 있었다. 25명 단위로 묶여진 풋내기들은 사실상 구대장 생도에 매어져 있었다. 200명 1개 학년이 8개의 구대로 나눠진 것이다.

풋내기들은 헐렁한 작업복 속에 파묻히고, 무거운 철모에 짓눌려 코흘리개 같이 보였지만, 이들 선배들은 날씬한 몸매에 칼날 같이 주름 잡힌 작업복을 입고, 헌병 모자처럼 반짝이는 플라스틱 파이버모를 쓰고 있어서, 여간 날렵하고 멋있게 보이는 게 아니었다. 특히 가장 높은 대대장 생도는 누구라도 선망하지 않을 수 없는 귀공자의 표상이었다. 매 집합 때마다 4명의 구대장 생도는 그들의 중대장 생도에게 우렁찬 구령으로 보고를 했고, 2명의 중대장 생도는 대대장 생도에게 최종 보고를 했다. 보고를 받은 대대장 생도는 훈시를 하고, 지시사항을 하달했다.

"청운의 꿈을 안고 육사의 문을 두드린 귀관들! 오늘도 조국을 지키는 훌륭한 간성이 되기 위한 수업을 쌓느라 수고가 많다 …… 귀관들은 사회에서 길러진 나태함과 썩은 정신을 청산하고, 몸과 마음을 새롭게 연마해야 한다 …… 우리는 안이한 불의의 길을 배척하고 험난한 정의의 길을 택하는 명예로운 사관이 되기 위해 오늘도 심신을 단련해야 하는 것이다……."

자세, 걸음걸이, 군대언어, 군대예절, 군인행동 등을 일일이 교정해 주는 상급생은 구대장 생도였다. 구대장 생도의 구령 없이 할 수 있는 행동은 없었다.

"집합 1분전!" "집합 5초전!" "집합!"

후닥닥거리는 소리, 가파른 숨소리, 팔딱거리는 새가슴, 반들거리는 눈동자, 집합은 언제나 이랬다. 모든 집합은 선착순으로 시작됐다. 동작 빠른 녀석들로부터 구대장 생도 앞에 늘어섰다. 앞에서부터 5명을 제외하고는 통상 100~300m 거리에 떨어진 어떤 목표물을 돌아와야 했다. 6등 이하는 다시 뛰어야 했다. 체면이 있는 녀석들은 죽기 살기로 뛰는 모습들이 보기에 좋지 않다고 생각해서 나름대로의 자존심을 지켰다. 이것이 거만한 것으로 비쳐지면 구대장 생도로부터 엄청난 특별교육을 받았다. 개인적인 기합인 것이다. 구타는 금지됐고, 완전군장을 메고 구보하는 것이 통상이었다. 선착순을 여러 번 치르다 보면 한 겨울에도 몸이 젖었다. 턱을 가누지 못할 정도로 숨이 올려 받혔다.

지내놓고 보니, 이런 선착순은 동작을 민첩하게 하는 데에는 다소 도움이 되었겠지만, 불건전한 경쟁의식을 길러주었다는 생각이 들었다. 후에 관찰한 것이지만 사관학교 출신들 중에는 과도한 경쟁의식으로 인해 기회주의와 출세지상주의에 젖은 인물들이 꽤 많았다. 경쟁의식으로부터는 위인도 탄생할 수 없고, 위대한 작품도 나오지 않는다. 단지 가슴을 황폐화 시키고 편협한 인간을 만들 수 있는 하나의 악습이었다는 생각마저 든다. 사관학교에 들어와 맨 첫날 들었던 청운의 꿈이란 4성 장군이 되는 것으로 이해됐고, 이는 출세지상주의로 연결됐다고 생각한다.

1·2학년 여름 훈련에는 화롯불 같이 뜨거운 진흙 위를 뒹구는 훈련이 많이 들어 있었다. 갈증으로 인해 입술이 타들어 갈 무렵이면 애타게 기다리던 10분간 휴식이 선포됐다. 사병들이 고무로 만든 물주머니를 나뭇가지에 매달아 놓았다. 검은 고무로 만들어진 물 자루는 언제나 한 개였다. 서로가 먼저 마시기 위해 선착순으로 달렸다. 누가 봐도 좋은 광경은 아니었다. 여러 개를 걸어 주었다면 아마도 다소간의 신사도가 몸에 밸 수 있었을 것이다. 물주머니가 하나냐 여러 개냐, 이 작은 선택이 생도들의 정신과 매너에 상당한 영향을 끼쳤을 것이다. 신사도를 길러 주려면 신사도를 기를 수 있는 교육 시스템이 정교하게 만들어졌어야 했다는 생각이 든다.

선배들로부터 가장 많은 간섭을 받는 것은 차려자세였다. 쉬운 것 같지만 매우 어려웠다. 양 무릎을 꼭 붙이고, 어깨를 펴고, 턱을 당기고, 눈은 15도 위를 응시하는 자세다. 하라는 대로 해보지만 누구나 다 모양 나는 차려자세를 취하지는 못했다. 15도 위를 보라고 하니까 눈알을 하얗게 뒤집는 녀석도 있었다. 가슴을 내밀라고 하니까 가슴만 내밀고 궁둥이를 뒤로 잡아 빼는 녀석도 있었다. 마주보고 있는 녀석이 이럴 때는 참다못해 웃음을 터뜨렸고, 웃으면 웃는다고 넓적한 손바닥으로 가슴패기를 후려 맞았다. 다리가 휘어서 양 무릎이 붙지

앉는 녀석은 무릎을 붙이려고 바들바들 떨며 구슬땀을 흘렸다.

호기심이 많은 녀석들은 차려 자세를 취하고 있으면서도 눈알을 자주 굴렸다. 옆의 동료가 어떤 모습을 하고 있는지 궁금해서였다. 복장검사를 받을 때 바지의 단추 선과 상의의 단추 선이 일치하고 있는지, 거기에 허리띠의 버클 선이 일직선으로 일치하는지도 궁금했다. 궁금한 게 많은 녀석일수록 눈동자를 많이 굴렸고 눈동자를 많이 굴릴수록 웃기는 모습을 많이 보았다.

"귀관, 웃~어?"

두툼한 손바닥으로 어깻죽지를 한 대 얻어맞으면 웃음은 오간데 없고 금세 주눅 든 강아지가 돼버렸다. 그 모습을 훔쳐본 또 다른 녀석들은 당장은 긴장하지만 선배의 눈이 다른 곳으로 이동하자마자 킥킥거렸다. 키가 작은 녀석과 큰 녀석이 마주보고 서 있으면 큰 녀석이 손해를 보았다. 작은 녀석이 15도 상공을 보면 그 눈길은 큰 녀석의 얼굴에 꽂혔다. 따가운 시선을 의식한 큰 녀석이 무의식중에 작은 녀석을 내려다보았다. 바로 그 순간 키 큰 녀석의 어깻죽지에는 뜨거운 손바닥이 날아들었다.

"알것습니다.", "한당께?", "화장실에 갔으면 참말로 쓰겄습니다."

지금은 귀에 익은 사투리들이 당시에는 그렇게도 낯설고 이상했다.

푸쉬킨을 읊은 돈키호테

나는 8개 구대 중 제4구대에 속했다. 구대장 생도는 얼굴이 잘 구워진 가재처럼 붉은 색을 띤 미남이었지만 상당한 돈키호테였다. 그는 제19기생으로 3성 장군까지 하다가 김영삼 대통령 때 하나회가 숙청되는 바람에 퇴역했다. 영하 20도의 밤 10시, 공기는 톡 건드리기만 해도 유리조각 깨지듯 산산조각이 날 것만 같이 팽팽하게 얼어붙어 있었다.

"아구, 아구, 죽겠다. 이제는 편히 자는구나!"

진탕 매를 맞은 듯, 무거운 몸을 추스르면서 서늘한 침대보 속에 집어넣고, 취침나팔 소리를 반겼다. 목가적이던 병영의 나팔 소리가 그 날따라 더욱 구슬프게 가슴을 파고들어 그리움과 향수를 일깨워 냈다. 쉴 새 없이 쫓기던 애잔한 영혼들이 복잡했던 마음을 정리하고 몽롱한 밤 세계로 나른하게 빠져들고 있었다. 벌써 코를 고는 녀석도 있었다.

이렇게 달콤한 꿈나라로 들어설 무렵이었다. 난데없이 그 돈키호테 구대장 생도가 눈을 반짝이며 나타나더니 구대원 25명을 깨워 집합시켰다. 집합복장은 팬티와 훈련화, 지참물은 수건 한 개씩이었다. 수건으로 목을 동여매면 감기에 걸리지 않는다고 했다. 500m 쯤 되는 거리에 열병식이 거행되는 화랑연병장이 있었다. 며칠 전에 내린 두께 20㎝ 가량의 눈이 약간 딱딱하게 굳어 있었다. 영하 20도를 맴도는 밤 공기는 발가벗은 상체와 하체를 도려낼 듯이 조여 왔다. 이를 딱딱거리며 달달 떠는 풋내기들을 화랑연병장 돌계단 맨 위에 세워놓고 그는 개선장군과 같은 포즈를 취하더니 푸쉬킨의 시 한 구절을 낭독했다.

"생활이 그대를 속이더라도 슬퍼하거나 노하지 마라, 설움의 날들을 참고 견디면 머지않아 기쁨이 오리니……"

그는 김일성을 쳐부수려면 강인한 체력과 정신력이 필요하다고 역설했다. 그리고 풋내기들을 연병장 한 끝으로 데려가 일렬로 세웠다.

"귀관들! 저쪽 연방장 끝에는 김일성이 서있다. 들키지 않고 접근해 김일성을 잡아오라. 배를 눈 속에 파묻고, 눈은 김일성에서 떼지 말고 포복하라! 알겠나? 포복 개~시!"

왕복 400m 쯤 됐다. 배를 땅에 붙인 채 팔꿈치와 무릎으로 포복했다. 살은 금새 감각을 잃었다. 악에 받친 풋내기들은 별 소리들을 다 냈다.

"김일성 나와라", "김일성 죽여라."

이튿날부터 동상환자가 속출했다. 구대장 생도가 인책되고 새로운 구대장 생도가 부임했다. 이러한 가혹행위는 비단 우리 구대에만 있었던 게 아니었다. 다른 구대 녀석들은 두꺼운 얼음을 깨고 10분 이상 물 속에 머물다 나오기도 했다. 물속에 있는 동안에는 오히려 따뜻했는데 밖에 나온 이후의 고통이야말로 칼로 몸을 난도질하는 것처럼 매서웠다고도 한다. 어떤 선배는 이런 저런 가혹행위로 인해 훗날 정충을 생산하지 못하는 불구가 됐다고도 한다. 그런데도 가해자들은 그들이 무슨 일을 저질렀는지 알지 못할 것이다. 단지 일본 병영의 폐습을 군의 전통인양 비판 없이 계승하고 있었을 뿐이었다.

가혹행위가 후배에게 정신력을 키워주었다고 생각하는 사람은 없을 것이다. 가혹행위를 주고받은 선후배들 사이에 상경하애의 정신이 형성됐다고 생각하는 사람도 없을 것이다. 이런 사람들 중에서 훗날 훌륭한 인물이 탄생했다는 사례도 없다. 가혹했던 선배 치고 훗날 후배를 사랑했던 사람도 없다. 그냥 생각 없이 저지르는 것이었다. '무쇠는 담금질을 많이 할수록 단단해진다!' 그럴 듯하게 포장해 말하지만 사실은 나도 당했으니 너도 당해보라는 심사의 표현이었다. 상·하급생 사이에 형성된 이러한 불신의 골은 임관이후에도 계속됐다. 유사한 업적을 남겨도 그것을 남들이 남기면 칭찬해주고 감탄하는 반면 그것을 육사 후배가 남기면 시큰둥하게 반응하는 것이 육사인들의 정서가 아닌가 싶다.

훈련 중에 가장 견디기 어려운 것은 구보였다. 추위가 주는 고통은 누구에게나 비슷하다. 그러나 구보가 주는 고통은 체격에 따라 다르다. 20㎏ 이상이나 되는 완전군장을 등에 지고, 10㎏이 넘는 쇳덩어리 M-1소총을 두 손으로 움켜잡고, 8㎞를 뛰는 일은 특히 나 같은 약골에게는 견딜 수 없는 고통이었다. 대열에서 낙오하면 이완용을 대하듯 멸시들을 했다. 자존심이 강한 생도는 한계를 넘다가 사망하기도 했다. 구보하다가 사망한 선배들이 꽤 여럿 있었다. 특히 일요일 외출로부터 돌아오면 예외 없이 가혹한 구보가 기다리고 있었다. 그래서 일요일 밤은 공포의 밤이었다. 사회에서 묻어온 썩은 정신을 땀으로 깨끗이 씻어내야 한다는 것이 명분이었다. 구보에 대한 공포증은 참으로 참기 어려웠다. 비록 한 번도 낙오한 적은 없지만 나의 고통은 사선을 넘나들 만큼 가혹했다. 구보 노이로제에 걸리지 않은 것이 천만다행이었다. 구대장 생도는 구보 중에 자주 내 옆으로 다가와 내 눈동자를 들여다보곤 했다.

훗날 그 선배는 내가 요주의 대상이었다고 회상해 줬다. 이겨내지 못하고 중간에서 퇴교할 것으로 예측했다는 것이다. 중간에서 육사를 퇴교한 사람들 중의 대부분은 구보 공포증 때문이었다. 훗날 4학년 때, 나는 1·2학년 생도들에 대한 하기 군사훈련을 관장하는 대대장 생도가 됐다. 키가 작은 생도로 최고지휘관 생도가 되기는 내가 처음이었다 한다. 지휘관인 내가 작으니까 참모들도 키 작은 생도들로 구성됐
다. 당시 정래혁 교장은 키 작은 지휘부를 '나폴레옹 클래스'라고 불러주셨다. 나는 내 휘하에 있는 중대장, 구대장 생도들에게 구보에 대한 지침부터 하달했다. 모두가 다 동기생들이었다.

"구보의 목적은 체력단련입니다. 우리가 이제까지 선배들로부터 강요받아온 구보는 체력단련이 아니라 육체적, 정신적 건강을 해치는 중노동이자 고문이었습니다. 1·2학년 구보는 반드시 츄리닝 복장으로만 허용합니다. 1회에 1시간 이상 초과할 수 없습니다."

그러나 타성에 젖어온 몇몇 4학년 동기생들은 나 몰래 가혹한 구보를 시켰다. 주의를 주었지만 소용없었다. 하급생들 정신이 쏙 빠졌기 때문에 그래야만 기강이 선다는 것이다. 참으로 못 말리는 고정관념이었다.

내무생활과 얼차려 문화

　1966년 2월 28일, '짐승훈련' 과정에서 20명이 낙오했고 180명이 육사 22기로 정식 입학했다. 사관학교는 3개의 커다란 조직으로 나뉘어 있다. 생도의 내무생활을 관장하는 조직을 생도대라고 하고, 학과 과목을 가르치는 조직을 교수부라고 하며, 시설과 보급을 담당하는 조직을 근무부대라고 한다. 사관생도에게 가장 큰 영향을 미치는 곳은 역시 내무생활을 관장하는 생도대였다. 생도대에는 8개의 내무반 건물이 있었고, 각 건물은 1중대 건물, 2중대 건물 등으로 불렸다. 각 건물에는 1·2·3·4학년이 골고루 혼합된 100명 정도의 생도들이 생활하고 있었다.

아침 8시부터 오후 5시까지는 교수부에서 공부를 했고, 나머지 모든 시간은 내무반 생활로 채워졌다. 한 방에는 4명이 생활했다. 2개의 2층 침대가 양쪽 벽에 붙어 있고, 가운데에는 4개의 책상이 서로 마주 보도록 모아져 있었다. 2·3학년은 같은 학년끼리 한 방을 썼고, 1학년생들은 4학년생과 방을 함께 썼다. 1명의 4학년생이 3명의 1학년생들을 병아리처럼 거느리고 있었다.

아침 6시, 기상나팔 소리가 정적을 깨면서부터 모든 방에서는 푸다닥 툭탁 소리가 요란했다. "집합…… 1분전, 집합 30초전, ……집합 5초 전!" 아침부터 하루도 빠짐없이 들리는 상급생의 구령이었다. 하루에도 6회 이상, 4년 내내! 식당에 갈 때에도 집합과 인솔, 강당으로 영화를 보러 갈 때에도 집합과 인솔이었다. 그게 지긋지긋해서 "인솔해서 가면 천당도 싫다"는 말이 나왔다. 아침 6시에 일조점호를 취하고, 그 후 8시까지는 세수하고, 침대정리로부터 개인 소유물들을 정리정돈하고, 청소하고 식사하는 시간이었다. 오후 6시부터 8시까지의 2시간은 석식시간과 자유시간이고, 오후 8시부터 10시까지는 자습시간이었다.

1학년이 자유시간을 갖는다는 건 사치였다. 오후 6시부터 8시까지는 지옥이었다. 2학년들이 1학년을 괴롭힐 온갖 프로그램을 마련하기 때문이다. "우리도 당했으니 너희들도 당해봐라." 멀리서 보면 아늑하고 평화롭게 보이는 하얀 집, 그런 건물 뒤에는 눈물과 공포의 'ㄷ자 광장'이 있었다. 'ㄷ'자란 건물이 'ㄷ'자형으로 생겼기 때문이다.

이 광장에는 왕소금처럼 굵고 각이 진 모래가 깔려 있었다. 바로 여기가 1학년생들의 눈물과 땀이 배어 있는 곳이다. 주동자는 정해져 있었다. 1학년생들에 의해 악당이라고 불리는 소수의 2학년생들이었다. 이들은 거의 매일 식사집합 시에 1학년 앞에 나타났다. "1학년생들은 전원 6시 40분 정각에 'ㄷ자 광장'에 단독군장으로 집합한다. 알겠나?" 저녁 식사가 맛이 있을 리 없다.

"귀관들! 요즘 군기가 쑥- 빠졌어? 응?" 각이 진 왕모래 위에 두 주먹을 쥐고 엎드려 뻗쳐를 하는 것이 기합의 시초였다. 불과 5분이면 주먹 쥔 너클파트에 각진 모래가 박혀 피가 났다. 30분이면 온 몸이 땀에 젖고, 주먹은 감각을 잃는다. 팔에 힘이 빠져 쓰러지는 생도도 있었다. 이런 녀석은 꾀를 부린다며 며칠간 개별적으로 불려 다니면서 기합을 받았다.

어느 토요일 오후, 내가 속해 있던 4중대에서는 2학년 전체가 참여하여 1학년을 뒷산에 몰아놓고 토끼몰이를 한 적도 있다. 나뭇가지 사이를 이리저리 뛰며 쫓기다 보니 구르기도 했고, 찔리기도 했다. 얼굴이 긁히고, 피와 땀으로 얼룩졌다. 정강이에서도 피가 흘렀다. 온몸이 불덩이였고, 숨은 하늘을 치받듯 잔뜩 차올라 있었다. 다음날 1학년 모두가 절룩거렸다. 절룩거리는 1학년에게 2학년들이 은근히 눈총을 주었다. 4학년들이 알면 혼나기 때문이었다. 선후배 사이에 친밀해질 수가 없는 이유가 여기에 있었다.

선후배간의 인연은 기합으로 맺어진 것이며, 동기생들 간의 인연은 선착순으로 맺어졌다. 그 엄청난 기합과 신체단련에도 불구하고, 무엇이 육사정신이고 전통이며, 무엇이 남보다 다른 것인지, 증명된 것이 별로 없는 것 같다. 자습시간을 제외한 대부분의 내무생활은 육체적 활동들로 채워졌다. 기합을 받고, 구보하고, 퍼레이드 연습을 하고, 3군사관학교 체육대회를 위한 응원연습을 하고, 중대 대항 투구경기를 벌이는 것들이었다. 생도들은 외부로부터 차단됐을 뿐만 아니라 독서하고 사색하고 고독해 할 수 있는 시간마저 허락되지 않았다. 자유시간이 많으면 나태해진다는 그릇된 고정관념 때문이었다.

　　마치 군인의 전부인 것처럼 신봉해 왔던 체력단련은 몇몇 생도들의 목숨을 앗아갔을 만큼 고문과 중노동에 해당했던 반면, 그것이 훗날 장교로서의 프라이드나 리더십을 키우는데 긍정적으로 기여했다는 증거는 없다. 가장 많은 기합을 받고 자란 생도, 가장 단련된 체력을 쌓았다는 생도가 훗날 훌륭한 장교로 성장했다는 증거도 없다. 체력단련도 필요했다. 그러나 내가 다녔던 시절의 체력단련은 도가 지나쳤다고 본다. 그 나이에 체력단련보다 더 중요한 것은 가슴과 영혼을 가꾸기 위한 독서였다고 생각한다.

　　감수성이 가장 예민한 시절에 사회의 다양성으로부터 차단되고 독서와 사색을 위한 최소한의 시간마저 가져보지 못한 채 임관한 청년장교에게, 인생의 멋이나 낭만이 피어나기 어렵다. 우군에서의 리더십도, 적장에 대한 관용도 길러지기 어렵고 따라서 후세가 따르고 싶어 하는 영웅도 탄생되기 어렵다고 생각한다. 6·25전쟁은 우리나라 전쟁이었지만 전쟁 영웅들은 모두 미국인들이다. 맥아더 원수, 밴프리트 장군, 워커 장군 등의 동상은 있어도 한국군 장성들의 동상은 없다. 미국 장군들은 한국전에 자신도 바치고 자식도 바쳤다. 제24사단장인 딘 소장이 중상을 입고 포로가 됐다. 부산에 도착했을 당시 86kg 나가던 체중이 2개월 만에 58kg로 줄었다. 밴프리트 장군이 아들을 잃었고, 아이젠하워 대통령, 클라크 UN사령관도 아들을 바쳤다. 워커 중장은 자식과 함께 참전했다가 목숨을 잃었다. 하지만 이 6·25전쟁에서 한국군 장군들 중에 자식을 바친 사람은 별로 없다.

정서가 부족한 문화권에서 오직 '청운의 꿈'을 실현해보겠다는 일념 하나로 자란 젊은 사관들은 그 후 군에 출세지상주의 문화를 창조했다. 출세, 청운의 꿈, 이런 것들이 마음속에 자리하다 보니 무엇이 정의로우냐보다는 무엇이 내게 이로우냐에 따라 세상을 사는 이들이 많았다. 국가보다는 사적인 출세가 더 중요했고, 리더십보다는 독선과 경쟁과 책임회피로 세상을 살아가는 사람들이 많았다. 물론 전부는 아니다. 거짓말을 해서도 안 되고, 컨닝을 해서도 안 되며, 훔쳐서도 안 된다는 사관생도의 명예규정을 통해 강압적으로 길러진 명예심은 졸업 후 마치 향수가 바람에 날아가듯 금방 바래 버렸다. 형식만 추구했지 내면적인 철학을 길러주지 못했기 때문이었다고 생각한다.

직각 식사

　식당은 800명 정도의 생도들이 한꺼번에 식사를 할 수 있을 만큼 넓었다. 직사각형 식탁에는 1학년으로부터 4학년까지 골고루 편성된 9~10명의 분대원들이 양쪽으로 갈라 앉았다. 식탁의 한쪽 끝에는 1학년 생도가 마주보고 앉아 있었으며, 그들 앞에는 10명분의 밥통과 국통이 놓여 있었다. 1학년 생도는 각기 납작한 접시에 밥과 국을 담아 식탁의 반대 끝으로부터 서열 순으로 앉아있는 상급생들에 차례로 돌렸다. 밥은 쌀과 보리가 반반씩 섞인 것이었고, 국은 콩나물국, 갈치국, 잡채국, 돼지고기국, 그리고 가끔씩은 황우도강탕이라고 불리는 멀건 소고기국들이었다.

의자를 앞으로 바짝 당기고 몸을 꼿꼿이 세운 후 직각식사를 해야 했다. 밥이나 국을 커다란 군용 숟가락에 떠서 천장을 향해 입 높이만큼 올린 다음 입을 향해 수평으로 이동하는 것이었다. 식사 자세와 매너에 대해서는 상급생으로부터 일일이 감시를 받았다. 이러한 식사 자세는 처음엔 좀 불편하고 우스꽝스러운 것이었지만 지내놓고 보니 도움이 됐다. 나중에 미국에 가보니 미국인들은 고급 레스토랑에 아이들을 데려와, 이러한 식사 방법을 가르치고 있었다. 의자를 바짝 당기고, 몸을 꼿꼿이 세우고, 소리를 내지 말고, 식탁 위에 팔을 얹지 말며, 접시와 입 사이를 포크가 왕복하는 식의 식사 자세였던 것이다.

배고픈 1학년 시절, 하나의 에피소드가 있다. 1987년은 내가 졸업한 지 22년째 되는 해였다. 동기생들은 대개 대령들이 되어 있었다. 4명이 강남 중국식당에서 유쾌하게 저녁식사를 했다. 취기가 오를 무렵 두 동기생간에 논쟁이 벌어졌다. 한참 뜨거워지더니 A 대령이 B 대령에게 협박을 했다. "야, 임마! 그럼 그거 폭로할 거야." 기세가 등등하던 B 대령이 갑자기 꼬리를 내렸다. 옆에 있던 동기생들에게 호기심이 발동했다. "야, 좀 알고나 지내자. 다 늙어 가는 마당에 아직도 비밀이 있냐? 어서 말해봐." A 대령이 B 대령의 눈치를 살폈다.

"야, 저놈아 있잖아. 나 참, 이 얘기를 해야 하나? 1학년 때 저놈아하고 나하고 한 내무반에 있었잖나?"

"그랬지!"

"저녁 식사 때, 돼지 고깃국이 나왔더라고? 그 고깃국을 저놈아가

배식한 거야. 어떻게 뜨다 보니 나한테 커다란 고깃덩이가 들어왔더라고? 얼마나 신났겠냐. 야, 자식 참 의리 한번 있네! 했지. 식사 전에 왜 묵념을 안 했냐? 묵념은 무슨 묵념? 눈은 감았지만 고깃덩이만 눈에 선~하더라고, 아, 그런데 말이야, 참, 기가 막혀서!……"

"뭔데 그래, 뭔데 그렇게 입맛을 다시냐."

"아, 글쎄, 그런데 말야!……"

뜸을 들이는 동안 B 대령의 얼굴이 붉어지고, 안절부절 했다.

"아, 글쎄 저놈아가 말이다…… 내 참 이 말을 꼭 해야 하나?"

"야, 임마, 뜸 좀 그만 들여라."

"묵념이 끝나자마자 그 접시부터 안 보았겠냐?"

"그런데?"

"아 글씨 말이다. 그 커다란 고깃덩이가 저놈아 접시로 옮겨졌지 안았겄냐? 번갯불에 콩 볶아먹게 잽싸더라고~, 참 내 기가 막혀서."

이 말을 들은 2명의 눈이 B대령에게 집중되면서 배꼽들을 뺐다. 한참을 웃은 후 A 대령의 말이 이어졌다.

"굉장히 괘씸하고 치사해 보이더라구~ 내 속이 얼마나 부글부글 끓었겠냐. 아이, 뭐 저런 게 다 사관생도야, 이런 생각이 드는 거야. 아, 글씨, 그런데 말야. 식사가 끝나자마자 식중독 소동이 안 벌어졌겠냐."

"그래서."

"그날 돼지고기에 문제가 있었더라고~. 아, 근데 말야, 바로 저놈아가 배를 움켜쥐고 뒈진다고 대굴대굴 구르는 거야. 가장 큰 걸 먹었으니 더 오지게 걸리지 않았겠냐? 한 내무반에 있다는 죄로 내가 저

늘알 업고 병원엘 가긴 했지만, 한편으로는 고소하더라고, 아이구, 참! 그 때부터 저놈아가 나한테 약점이 콱 잡혀버렸지 않았겠냐."

나중에 B대령은 투-스타까지 진급한 후 예편했고, A 대령은 고참 대령으로 예편했다.

주말에는 통상 외출을 나갔다. 썰물처럼 생도들이 빠져나가 버린 토요일은 샤워장이 한산했다. 외출하기 전에 내복 빨래는 각자가 샤워장에서 빨아 널어야 했다. 빨랫감을 가지고 샤워장엘 갔다. 들어가자마자 동기생이 벽을 보고 쪼그려 앉아 빨래를 문지르고 있었다. 얼굴이 불그레하고 살집이 희멀건 것이 영락없는 동기생이었다.

"야, 김 아무개 생도! 너 왜 외출 안 나갔니?"

대꾸가 없었다. 오히려 고개를 더욱 숙이고 빨래를 문질렀다. 나는 그가 장난치는 줄 알고 넓죽한 궁둥이를 발로 여러 번 툭툭 걷어찼다. 그래도 빨래만 했다.

"야, 김 아무개 생도 안 들려? 나 좀 봐, 나 좀, 이 멍청아."

이번엔 아주 힘껏 걷어찼다. 그래도 무반응이었다. 순간적으로 이상하다 싶어 고개를 그의 어깨 위로 빼고 들여다보니 아뿔싸! 그는 동기생이 아니라 4학년생도 중에서도 가장 높은 연대장 생도였다. 고양이 걸음으로 살금살금 빠져나와 내무반으로 줄행랑을 쳤다. 그 4학년 생도 역시 속으로 많이 웃었을 것이다.

생도대에서 교수부까지는 400m 쯤 된다. 교수부로 공부하러 갈 때에는 시가행진 대열로 군악대의 우렁찬 밴드 곡에 맞추어 행진해 갔다. 밴드 행진은 언제나 신났다. 일단 행진이 끝나면 동기생끼리만 공부를 하기 때문에 해방된 기분이었다. 그런데 모처럼의 이 기분마저 박탈하는 2학년생들이 있었다. 악질파 2학년생들이다. "귀관! 이따 오후 6시 정각에 완전군장하고 우리 내무반으로 와! 알았나?" 이렇게 걸린 1학년의 하루 공부가 제대로 될 리 없었다.

공부벌레보다는 균형된 인간이 되라

1학년 세계사 시간이었다. 자그마한 대위 교수 한 분이 낮고 부드러운 목소리로 말문을 열었다.

"여러분은 지금 인생에서 가장 예민한 감수성을 가진 나이에 있습니다. 지금 여러분들의 가슴에는 깨끗한 백지가 하나씩 들어 있습니다. 그 백지 위에 여러분들이 무엇을 그리느냐에 따라 여러분의 인생이 결정될 것입니다. 그 인생은 출세를 하느냐 돈을 버느냐에 대한 인생이 아니라 여러분들의 가슴을 얼마나 풍부하고 향기롭게 가꾸느냐, 그리고 인격을 얼마나 균형 있게 기르느냐에 대한 인생입니다."

"학과 점수란 인생에서 큰 의미를 갖는 것이 아닙니다. 90점 맞는 학생이 91점을 맞으려면 하루에 세 시간을 더 공부해야 합니다. 그러나 80점을 맞는 학생이 90점을 맞으려면 하루에 한 시간만 더 공부하면 됩니다. 그 1점이 무엇이기에, 인격형성에 투입해야 할 그 귀중한 시간을 낭비하려 합니까. 여러분들의 생도생활은 육사라는 조그만 테두리 내에 제한돼 있습니다. 많은 사회현상에 접할 기회도 없고, 훌륭한 사람들을 접할 수도 없고, 밤을 새워 독서할 시간도 없습니다. 그런 제한된 생활에서 1등과 2등을 하겠다고 경쟁해 보십시오. 4년 후 여러분들의 인간성은 볼품없이 망가질 것입니다. 책을 읽으십시오. 효과가 증명된 고전소설부터 읽으십시오. 영웅전과 위인전을 읽으십시오. 그리고 많은 상식을 기르십시오. 여러분들은 살아있는 백과사전(living dictionary)이 될 필요가 있습니다."

그는 육사 13기 정하명 대위였다. 육사에서 만난 교수들 중에서 이 선배만큼 내 일생을 통해 가장 훌륭한 가르침을 준 사람은 없다. 1994년 1월 17일(월), KBS2의 「인생 이 얘기 저 얘기」라는 프로에 내가 1시간 동안 출연했다. 담당부장 김상근 PD가 내 글을 어디에서 읽었는지 물을 먹여준 이철 대령님과 월남에서 내가 포대장이었을 때 대대장이었던 이신오 대령님, 그리고 위의 정하명 대령님을 깜짝쇼로 무대 위에 불러냈다. 그 후 이 아이디어는 「TV는 사랑을 싣고」라는 프로로 발전하여 주로 연예인들에게 사람을 찾아주는 프로로 발전했다.

나의 육사생도 시절은 독서의 계절이었으며 이는 정하명 선배의 첫

강의로 촉발됐다. 다른 생도들은 외출을 위해 토요일을 기다렸지만 나는 책 읽는 즐거움을 위해 토요일을 기다렸다. 토요일에는 일과가 끝나기 무섭게 도서관으로 향했다. 좋은 책 몇 권을 고르는데 두 세 시간이 걸렸다. 여러 권의 책을 빌려다 책상 위에 놓고 있으면 부자가 된 것 같았다. 독서는 즐거움을 넘어 희열을 주었다. 동기생들은 하루라도 빨리 졸업을 해서 자유를 만끽하고 싶다고 했지만 나는 졸업이 싫었다. 독서시간이 없어질 것이라는 생각 때문이었다. 일생 내내 결혼도 하지 말고 독서만 하고 살았으면 얼마나 좋을까, 늘 이런 생각을 했다. 오후 8시부터 10시까지 할당된 자습시간에도 한 시간 이상은 소설과 위인전과 교양서적을 읽는데 사용했다. 한번 책을 잡으면 기말 시험이 하루 앞으로 다가올 때까지 놓지 못했다. 영어와 수학, 물리, 전기와 같은 수학계열 과목들에서는 상위권에 들었지만 외우는 과목들은 낙제점만 간신히 면했다.

내가 수학계통에 투입한 시간에 비해 비교적 좋은 성적을 낼 수 있었던 것은 독학을 통한 집중력과 응용력의 덕인 듯싶다. 고3 때, 물리학 선생님이 문제를 하나 내주었다. "성냥갑에는 12개의 모서리가 있다. 각 모서리에 1Ω 씩의 저항이 연결되어 있다. 양쪽 대각선 귀퉁이 사이에 존재하는 총 저항은 몇 Ω 인가?" 선생님은 이 문제를 풀어오는 학생에게 상금을 주겠다고 하셨다. 그 돈은 당시 학생들에게는 꽤 크게 보이는 돈이었다. 나는 그 문제 하나를 놓고 3일에 걸쳐 밤낮으로 씨름을 했다. 길을 가면서도 어디가 직렬이고 어디가 병렬인지 그림을 그리고 또 그렸다. 한 시각이 귀중했던 고3처지에서 그것도 야간을 다니는 처지에서 시험에 나오지도 않을 이 한 문제를 놓고 이렇게 많은 시간을 투입하는 것은 참으로 무모한 짓이었다. 그러나 그런 무모한 노력이 있었기에 내게는 나도 모르는 사이에 응용력이 길러졌을 것이라고 생각한다. 어찌 보면 무모한 짓이겠지만, 또 달리 보면 목가적이고 낭만적이었다는 생각이 든다.

당시에는 독서열이 대단했다. 다독이냐 정독이냐에 대한 논란도 많았다. 나는 정독파였다. 신중하게 책을 골랐고, 일단 선택한 책은 정독을 했다. 10쪽을 읽을 때마다 저자가 내게 무엇을 가르쳐 주려 했는지에 대해 생각했다. 다시 10페이지 전으로 돌아가 대각선으로 내용을 훑었다. 그리고 다시 상상했다. 감수성이 예민한 때인지라 상상의 꼬리는 그칠 줄 모르고 이어졌다. 읽는 시간보다 상상하는 시간이 여러 배 길었다. 의미 있거나 멋진 표현들은 노트에 적어 외우려 했다. 이러한 독서 방법은 훗날 수학을 공부할 때에나 사회문제를 진단하는 데 엄청난 보탬이 됐다. 복잡한 현상에서 핵심적인 맥을 짚어내고 이를 단순화하는데 필요한 특유의 분석력과 직관력은 바로 이때부터 길러진 것 같다. 훗날 미국에서 응용수학으로 박사과정을 공부할 때 주임교수는 나를 심사위원회에 회부시키면서 '처음 보는 직관력'을 가진 학생이라고 극찬을 해주었다.

당시 마음의 양식을 추구하는 젊은이들에게는 '관조'라는 개념이 유행했다. 마음속에 내장돼 있던 복잡한 파일을 지우고, 세상을 있는 그대로 바라볼 수 있는 무아의 경지를 의미했다. 나에겐 독서의 세계가 곧 관조의 세계였다. 일생을 통해 가장 잔잔한 평화를 누렸던 이 시절, 가을 나비의 지친 몸짓에서도 인생이 보였고, 스치는 바람결에서도 인생을 읽는 듯 했다. 보는 것, 읽는 것, 듣는 것 모두에 의미가 있었다. 때로는 섬세해지고, 때로는 격정적이고, 때로는 센티해지기도 했다. 독서 문화가 창궐했던 당시 사회의 젊은이들은 대부분 정서적인 멋을 추구하려 했다. 괴테를 읽고, 브람스를 듣고, 아네모네를 볼 줄 아는 인생이 멋쟁이 인생이었다. 그 때 서울 시내에는 고전음악 감상소가 몇 개 있었다. 컴컴한 방에서 조용한 클래식을 듣고 명상하는 것도 멋의 일부였다. 인터넷에 시간을 빼앗기고, 소란한 음악을 들으며, 명상할 시간을 갖지 못한 지금의 인스턴트식 문화와 비교해 보면 가히 낭만과 여유가 흐르는 목가적인 시대였다. 독서란 단순히 책을 읽는 것만이 아니다. 독서는 사색을 유도하고 꿈을 키우고 자기의 갈 길을 찾아내게 하는 고독한 수행이었다.

　동료들의 인생관은 '청운의 꿈'으로 상징되는 출세주의 인생관이었다. 4성 장군이 되고 대통령이 되는 것이 생도들의 꿈이었다. 하지만 독서를 통해 터득한 나의 인생관은 사뭇 달랐다. '자유인'으로 사는 것이 가장 아름다운 인생을 사는 것이라고 생각했다. 인생의 목표는 출세가 아니라 아름다움이었다. 높은 사람이 되어보려고 인생의 아까운 순간들을 남의 기분에 따라 일희일비하며 살아가는 것은 나의 삶을 사는 것이 아니라 남의 삶에 춤을 추는 부나비 인생이라는 생각이 들었다.

나는 삼국지를 여러 차례 읽으려고 노력했지만 끝까지 읽은 적이 없다. 삼국지에는 인생의 멋이나 낭만 같은 것들이 전혀 없다. 출세와 승리를 위한 권모술수, 속임수와 협잡으로 가득한 삭막한 세상이 그려져 있는 아름답지 못한 책이라는 생각이 들었다. 시도 음악도 없는 삭막한 세계, 꾀죄죄한 옷을 입고, 베고 자던 빵을 먹는 되놈들이 노는 세계라는 생각이 들었다. 그런 책이 젊은이들에 널리 읽히면 읽힐수록 인격형성에 악영향을 끼칠 것이라는 게 나의 생각이다. 대한민국에 삼국지 식의 권모술수가 넘친다면 이 사회가 어떻게 될 것인가. 김대중은 고전소설이나 위인전 같은 책보다는 삼국지를 많이 읽었다고 한다. 그래서인지 김대중의 출세과정을 보면 삼국지 문화가 보인다. 김대중, 아마도 그는 삼국지식으로 출세한 사람의 가장 전형적인 케이스가 아닌가 싶다.

내게는 유비나 제갈공명보다는 '황야의 무법자' 같은 서부 사나이가 훨씬 더 멋있었다. 그처럼 세상을 내리깔고 거칠 것 없이 도도하게 살아가는 그런 인생을 살고 싶었다. 인습과 통념에 얽매이지 않고, 스스로 정한 목표에 도전하며, 스스로의 기율에 따라 세상을 자유분방하게 살아가는 풍운의 사나이, 재산에 속박되지 않고 집시처럼 떠돌아다니는 낭만의 사나이, 임종의 순간에 절대자 앞에서 당당히 인생을 결산할 수 있는 기개와 배포를 가진 사나이, 바로 그런 사나이가 내 가슴에 들어있는 멋쟁이 인간상이었다.

법과 질서가 강요하기 때문에 물건을 훔치지 않는 사람은 감시가

허술해질 때 얼마든지 훔칠 수 있다. 그래서 대통령도, 교수도, 판사도 남의 것을 훔친다. 그러나 멋으로 세상을 사는 사람은 감시가 없어도 훔치지 않는다. 훔친다는 것이 '멋쟁이' 라는 표상에 어울리지 않기 때문이다. 나는 인생의 하루하루가 죽음을 준비해 가는 삶으로 채워져야 한다고 생각했다. 임종의 순간에 지친 육신을 절대자에게 편한 마음으로 의탁하려면 순간적인 이기주의가 발동하거나 가치관에 갈등이 일 때마다 그 자신을 임종의 순간에 세워놓을 필요가 있다고 생각했다. 사람이면 누구나 임종의 순간에 절대자 앞에 서게 된다. 그 임종의 순간, 절대자에게 지친 육신을 당당히 의탁하는 모습이 진짜 멋쟁이의 표상이 아닐까? "절대자시여! 저는 절대자께서 주신 생명의 길이를 마음껏 누렸습니다. 절대자께서 부여해 주신 재능을 마음껏 가꾸고 사용하다 왔습니다. 후회도 없고, 아쉬움도 없습니다. 용서를 빌 일도 했습니다. 그러나 만일 절대자께서 제 입장에 서 계셨다면 그 일을 어떻게 하셨겠습니까?"

만일 절대자가 내게 "어린 시절을 되돌려 줄 테니 인생을 다시 살겠느냐"고 물으면 당당히 "아닙니다!"라고 대답할 수 있어야 한다고 생각했다. 그래서 인생의 하루하루는 농도 있고 행복하고 아름답게 살아야 한다고 생각했다. 영화 타이타닉에서 18세의 주인공 잭 도슨이 상류사회 인사들 틈에 끼어 식사를 하면서 자신을 소개했다. "어제는 다리 밑에서 자고, 오늘은 당신들과 같이 고귀한(prominent) 분들과 식사를 합니다. 하루하루를 셀 수 있는 날들로 채우면서(make everyday count)!" 이 말에 상류사회 인사들 모두가 건배를 했다. "make it count"를 위하여! 인생의 농도란 바로 이런 것이라고 생각한다.

손해 보는 기분으로 살아가면 마음이 편했다. 받는 사람이 되기보다 주는 사람이 되고 싶었다. 이렇게 생각을 다듬은 뒤부터 마음의 여유가 생겼다. 너그러워지기 시작했다. 생도대의 고통스런 순간들도 인생이라는 긴 안목에서 해설하고 수용할 수 있었다. 자유인이 되려면 능력을 길러야 한다고 생각했다. 자유로운 영혼을 갖지 못하면 자유인으로 살아갈 만큼의 능력을 기를 수 없다고도 생각했다. 인습과 통념이 찍어낸 판박이 인생, 그래서 누군가가 고용해 줘야 살아갈 수 있는 머슴 같은 인생을 살고 싶지 않았다. 내가 되고 싶어 하는 인간상, 훌륭한 스승은 살아 있는 생물 세계에 별로 없었다. 그들은 책 속에 있었다.

나폴레옹을 읽을 때에는 나폴레옹이 되었다. 혈혈단신 엘바섬을 탈출해 나와 그를 잡으러 온 수많은 관군들의 마음을 돌리기 위한 연설 내용을 상상했다. 호손의 주홍글씨를 읽을 때엔 여주인공 헤스터가 되어 밤새 베개를 적신 적도 있었다. 입을 열 때마다 마음을 파고드는 철학적 명언과 감미로운 시를 남기면서 인생을 멋과 낭만으로 장식했던 위대한 전사 맥아더의 배짱, 시대적 통념의 벽을 뛰어넘어 종횡무진 한 시대를 누비고 갔던 세기의 쾌남 나폴레옹의 기개, 작은 체구의 유태인으로 세계 정치무대에서 오벨리스크 적 존재로 우뚝 섰던 명연설가 디즈레일리의 당돌함, 이런 것들이 내 가슴속에 표상 화됐던 멋쟁이들이었다. 그들 같이 위인은 될 수 없다 해도 그들이 가졌던 기개와 자유정신만큼은 핏속에 아낌없이 용해시키고 싶었다. 멋이란 무엇인가? 창의력, 자기기율(Self Discipline), 우아한 매너를 기른 인간에서만 피어나는 '인간 꽃', 세상에서 가장 아름다운 꽃이라고 생각한다. 모두가 이런 멋쟁이가 될 수는 없겠지만 이를 숭상하고 추구하다 보면 사회 전체가 멋쟁이 사회가 될 것이라고 생각한다.

통념이 정해주는 인생의 목표는 많다. 대통령이 돼야지, 변호사가 돼야지 등등의 목표는 이 세상에 흔하다. 이런 목표를 가진 사람들은 그 목표 하나만을 위해 숨 가쁘게 달리느라 가슴을 아름답게 가꾸지 못한다. 그래서 명성에 어울리지 않게 가슴이 메마르고 행동이 추한 것이다. 멋과 낭만과 극기로 인생의 하루하루를 살아가는 사람이 보여주는 모습에는 향기가 있다. 절대자가 내려준 재능을 연마하면서, 하루하루 재미있고 농도 있게 살다보면 어느 날 자기도 모르게 출세도 하고, 부도 쌓고, 향기도 축적한다. 이러한 출세, 이러한 부라야 아름다운 것이다.

탁구치고 나온 여 선생님

　혈혈단신, 14세에 서울로 올라온 내가 고향집을 찾을 때면 마을 한복판에 있는 초등학교 교정을 통과했다. 내가 다닌 학교였다. 세월이 흘러 이제는 육군사관학교 3학년, 2주간의 겨울휴가가 시작되자마자 나는 두꺼운 제복의 롱코트를 입고 곧장 시골로 내려갔다. 학교 후문을 통해 교실 옆을 지나는 순간, 지나가던 동네 형이 나를 반겨주었다. "자네 참 멋지네 그려" 그 형은 어릴 때부터 급사로 일하면서 학교의 잡무를 맡아왔다. 몇 마디 말을 나누고 있을 때 교실 건물에서 탁구를 막 끝내고 나오는 여 선생님이 형에게 목례를 하고 지나갔다.

　"유 선생님!"

형이 등 뒤에서 선생님을 불러 인사를 시켜주었다. 그녀의 뽀얗고 해맑은 얼굴에 땀방울이 송송 맺혀 있었다. "엄마"라는 말이 그리움을 자극하듯이 "여 선생님"이라는 말은 내게 설렘의 향수를 자극하는 아름다움의 상징이었다. 초등학교 1학년이었을 때 학교에는 정말로 아름다운 처녀 여 선생님이 두 분이나 계셨다. 줄을 세울 때마다 여 선생님은 맨 앞에 서있는 나의 머리를 만지작거리며 꼬마들에게 줄을 세웠다.

"자, 앞으로 나란히 해요, 여기 선생님을 봐요"

어려서부터 내 몸은 늘 부실했다. 등교하는 아침이면 언제나 딱딱하게 다져진 모래 운동장에서 조회가 열렸다. 여름날의 따가운 아침 햇살이 맑은 공기를 뚫을 때면 나는 눈조차 제대로 뜨지 못한 채 병든 병아리처럼 비실대며 상을 잔뜩 찌그리곤 했다. 하지만 여 선생님이 내 옷섶에 검정치마 자락을 붙이고 가쁜 숨을 쉴 때 만큼은 행복하기도 하고 설레기도 했다. 콧등에 송골송골 솟아난 땀방울은 그렇지 않아도 해맑은 여 선생님의 얼굴을 더욱 눈부시게 했다. 교장선생님이 단상에 올라 훈시를 하실 때에도 나는 앞에서 우리를 향해 서 계신 여 선생님만 바라 봤다.

'저 여 선생님들이 우리 누나나 형수였으면 얼마나 좋을까.'

어릴 때부터 동경해왔던 여 선생님, 바로 그런 여 선생님이 지금 장성한 내 앞에 서서 수줍어하고 있다니!

"안녕하세요. 지만원입니다."
"저 유미영이예요."
"저도 이 학교 졸업생입니다."
"아, 그러세요? 반갑습니다. 그럼 실례하겠습니다."

인사말을 마치기가 무섭게 그녀는 도망가듯 사라졌다. 생도시절, 위인전과 소설에 심취했던 나는 문학청년 흉내를 내면서 참으로 유치한 연애편지를 썼다.

"유미영 선생님! 제가 다녔던 산골 모교에 아름다운 선생님이 오실 줄은 몰랐습니다. 선생님을 뵈었던 그 순간 이후 제 동공은 선생님이 지나가신 공간을 응시한 채, 한동안 얼어붙어 있었습니다. 해맑은 선생님의 모습을 보는 순간부터 남루했던 이 동네가 아름다워 보였습니다. 돌다리를 건넜습니다. 졸졸 흐르는 냇물 소리가 전과 달랐습니다. 오솔길 풀잎들도 오늘만큼은 부드러운 손길 같았습니다. 여 선생님이라는 존재는 제겐 환상이며, 지금도 최고의 선망입니다. … (중략) … 다음 주 수요일 밤, 학교 돌담길에 어둠이 드리우면 저는 추위와 어둠을 가르며 선생님께 달려가겠습니다."

수요일만을 손꼽아 기다리던 나는 저녁을 일찍 먹고 그녀의 거처지로 향했다. 옛날 가마니를 깔고 공부하던 흙담 교실이, 객지에서 온 선생님들의 기숙사로 개조됐다. 기다랗게 지어진 일자집을 흙벽돌로 칸을 막았다. 천장에는 벽이 없었다. 만일 천장에 쥐가 있다면 그 쥐는 경계선 없이 이 방과 저 방을 헤집고 다녔을 것이다. 각 방은 한 개의 부엌과 한 개의 방으로 구성돼 있었다. 부엌이라 해봐야 단지 군불을 때는 좁은 공간에 불과했다.

"무얼~ 하세요?"

장작을 지피고 있던 유미영의 등 뒤에서 그녀만 들을 수 있도록 나지막하게 인사를 했다. 옆방에 있는 남자 선생님을 의식해서였다. 그녀도 목소리를 낮추었다.

"그렇지 않아도 감기 약 좀 사러 역전엘 가려던 참이었는데 참 잘 됐어요, 잠깐만 기다리세요."

남한테 들킬까 몰래 주고받는 목소리들에는 오래 전부터 만났던 사람들처럼 친근감과 은근함이 배어 있었다. 그녀는 방에 들어가 코트를 입고 나왔다.

"같이 가실래요?"
"군불은 어떻게 하구요."
"괜찮아요. 장작을 깊이 넣었기 때문에 안전할 거예요."

나란히 밤길을 걷기 시작했다. 며칠 전에 내린 눈에 그리 많지 않은 발자국들이 나 있었다. "미끄러우니 조심하세요" 행여 동네 사람이 볼까 사방을 두리번거리며 마차 길 정도로 나 있는 길을 나란히 걸었다. 닿을락 말락, 간간이 가슴이 뛰었다. 약방은 언덕길이 끝나는 기차역 앞에 있었다. 약방에 거의 도착할 무렵이었다. 나의 둘째 형이 관솔 불을 들고 "만원아, 만원아" 하면서 애타게 부르며 역전 길로 올라갔다. 소나무 뿌리를 말려두었다가 어둠을 밝히기 위해 불을 붙여 들고 길을 나선 것이다. 소나무 뿌리에는 송진이 있어 웬만한 바람에는 꺼지지 않았다. 놀란 그녀는 어쩌면 좋으냐며 어둠 속에서 내 얼굴을 가까이 들여다봤다.

'형, 나 여기 있어' 하고 나타날 수 도 없고, 숨어버리자니 헤매고 다닐 형이 안타까웠다. 망설이고 있을 때 그녀가 갑자기 나를 낚아채서 둑 아래로 엎드리게 했다. 형은 계속해서 동생의 이름을 부르면서 언덕길을 올라갔다. 형을 따돌린 후 약을 사 가지고 다시 동네로 내려왔다. 막상 학교 근처에 도착하니 헤어지기가 싫었다.

"우리~ 개울가, 어때요?"
"그래요. 그거 좋아요. 집에 가도 별 할 일도 없는데요 뭐."

기다렸다는 듯한 대답이었다. 이번에는 앞쪽에서 누가 손전등을 이리 저리 흔들면서 다가왔다. 외길에서 들키는 날에는 꼼짝없이 소문에 휩싸여야 했다.

나는 그녀를 낚아채 가지고 경사진 논둑 뒤로 숨었다. 색, 색, 그녀의 가쁜 숨결이 뺨으로 느껴졌다. 개울가 조약돌 밭, 발을 옮길 때마다 흰 눈이 뽀드득 소리를 냈다. 개울의 한쪽은 논두렁 밑을 파고들었고, 다른 한쪽은 실낱같은 송사리 떼의 놀이터가 되었던 정든 개울, 봄이 오면 논두렁에는 물방울이 구를 만큼 반지르르한 버들강아지가 물속에 그림자를 드리우고, 물속에는 피라미, 불거지 같은 귀족형 물고기들이 비늘을 번쩍이면서 유유히 떼를 지어 다녔던 아름다운 개울, 바로 이 개울가에서 나는 "아름다운 여성", 아니 그 이상의 의미를 갖는 "여 선생님"과 데이트를 시작한 것이다.

숨 막히는 학교생활에서 벗어났다는 사실 하나만으로도 그녀는 가슴 벅차 했다. 나의 팔을 잔뜩 잡아당겨 그녀의 어깨에 밀착시킨 채 어린애처럼 성큼 성큼 걸었다. 뛰고 싶은 충동을 억지로 자제하는 듯 했다.

"우리 노래 불러요, 남자가 먼저 부르는 거예요."
"눈이 내리는데, 산에도 들에도 내리는데…"

안다성의 이 노래를 그녀도 좋아한다며 여러 번 불렀고, 서로가 자라온 이야기와 지금의 이야기들을 대충 주고받았다.

"춥지요?" 그녀가 춥다는 듯 어깨를 떨었다. 그리고는 나의 손을 잡아 그녀의 얇은 코트 속에 넣어 주었다. 뼈마디가 없어 보이는 섬섬옥수, 손바닥의 부드러운 살집이 또 다른 감정을 일깨웠다. 달빛이 눈빛에 반사되어 온 동네가 신비로운 동화의 마을 같이 뿌옇게 보였다. 개울을 덮은 얼음이 속으로 흐르는 물에 스쳐 여기 저기 찢겨져 있었다. 갖가지 모양의 얼음조각들이 물살의 속삭임에 맞춰 끊임없이 너울거렸다.

"재미있는 얘기 좀 해주세요."
"그게 재미있을라나?"
"뭔데요?"
"저 위에 개울 있지요? 장마가 지면 물이 큰 한 줄기로 흐르고, 가뭄이 오면 물이 두 줄기로 갈라져 조금씩 흐르는 그 곳 아세요? 거기 돌다리도 있고, 그 옆에는 물방아간도 있잖아요. 6·25 때 피난을 갔다 왔지요. 지금은 다리가 있지만, 그 때는 미군 트럭들이 개울을 차로 막 밟고 지나 다녔거든요. 한 다섯 명 정도의 동네 형들이 개울가에 몰려 있을 때 미군 트럭이 한 대 왔어요. 차 위에는 몇 명의 미군들이 타고 있었고, 길에서 개울로 들어서려면 개울이 길보다 낮아서 차가 일시 정지하면서 서서히 들어서잖아요. 그 때 동네 형들이 미군한테 뭐라 했는지 아세요?"
"욕했어요?"
"아니 이렇게 말했어요. 헤이, 초코레토 시가레토 메니 메니 오케?"
"그게 무슨 말이예요?"
"초콜릿하고 담배 하고 많이 많이 달라는 말."
그녀는 재미 있다는 듯 한참 웃었다. "그래서 미군이 던져 주었어요?"

"미군이 화를 내고 욕을 하면서 무엇을 집어 던질 듯한 시늉을 내면서 그냥 지나갔어요."

"그게 다예요?"

"또 있어요. 북쪽 계곡으로 무왕리라는 동네 있지요? 그 동네를 채 못 가서 낫처럼 구부러진 도로 가에 논들이 좀 있었어요. 그 밑에는 물방아간이 또 있는데 아시죠? 나는 그때 8살이라 동네 형들이 잘 데리고 다녔어요. 형들을 따라 그 논 지역을 지나는데 미군이 마른 논에서 불도저를 가지고 계단식 논둑을 마구 타넘어 다니는 거예요. 아마 늦가을이었을 거예요. 몸이 아주 날렵하고 싸움도 잘하는 형 하나가 또 헤이, 초코레토 시가레토 메니 메니 오케 한 거예요."

별 내용도 아닌데 그녀는 재미있다며 또 웃었다.

"그래서요? 이번에는 성공했나요?"

"아니요. 지난번에는 약과였어요. 이번에는 도자를 가지고 몰려있는 우리들을 향해 거대한 삽을 올렸다 내렸다 위협을 하면서 깔아 죽일 듯이 막 달려드는 거예요. 논두렁 아래로 내려 뛰기도 하고 올려 뛰기도 했지만 도자의 속도를 당해낼 수 없었어요. 모두 다 겁에 질려 혼들이 나갔지요. 결국 내가 낙오 됐지요, 처음에는 나도 형들을 잘 따라 뛰었지만, 한참 그러고 나니 쪼그만 게 힘이 없잖아요. 그랬더니 그 도자가 나만 따라 다니는 거예요. 나는 또 사력을 다해 이리 뛰고 저리 뛰었지요. 도자도 이리 달려오고 저리 달려오고 하는 거예요. 나중에는 더 뛸 힘이 없었어요."

"그래서요, 어떻게 됐어요?"
"울었지요 뭐, 엉 엉. 팔소매로 이렇게 눈물을 막 닦으면서."
"어머 불쌍해라. 그랬더니요?"
"그랬더니 염소 콧수염을 한 미군이 차에서 내려 나에게 성큼 성큼 다가오는 거예요. 큰일 났다 싶었지요. 내 앞에 쪼그리고 앉더니 박스를 주고 가더라고요. 그걸 가지고 눈물을 훔치면서 행길로 나와 형들에게 갔지요. 형들이 박스를 열어보니 학용품과 백지가 가득 차 있더라구요. 그런데 형들은 학용품들에 손도 대지 않고 나를 다 주었어요. 처음 보는 고급 학용품, 정말 오래 오래 썼지요."
"얼마나 놀랬겠어요, 말은 안통하고. 딱해라."

순간, 얼음 빛이 너무 곱기에 내가 얼음 위로 발을 얹자 그녀는 그러면 안 된다고 타일렀다. "아서요 학생, 그러면 발 젖어요, 이제부터는 선생님 말씀 잘 듣는 거예요." 그녀의 변해진 말투와 표정들에서 읽을 수 있듯이 어릴 적 이야기가 두 사람 사이를 많이 좁혀 준 것 같았다.

꽤 많은 시간이 흘렀다. 두 사람은 약속이라도 한 듯이 발길을 돌렸다. 주고받는 뽀드득 소리가 한동안은 대화의 전부였다. 그녀의 긴 머리카락들이 나의 뺨을 스쳤고 그럴 때마다 이상하리만큼 온기가 스쳐갔다. 어느 새 둘이는 그녀의 토담 방을 향하고 있었다. 맞은편 교장 선생님의 사택에서 문 여는 소리가 들렸다. 그녀가 소스라치게 놀라며 나의 입을 막고 벽으로 밀었다. 문이 닫히자 둘이는 벽에 등을 붙인 채, 발을 수직으로 올렸다 내렸다 하면서 고양이 걸음을 시작했다.

한 손으로는 벽을 더듬고 다른 한 손으로는 나의 손을 붙잡고 주위를 살피며 한 발작 한 발작 전진했다. 이번에는 또 교장 선생님 댁 울타리에서 커다란 눈송이가 스르륵 소리를 내면서 떨어졌다. 또 한 번 가슴이 얼어붙었다. 한 배를 타고 위기의 순간들을 아슬아슬하게 넘기는 동안 두 사람의 마음은 가까워질 대로 가까워져 있었다. 방바닥에는 열을 보호하기 위해 요와 이불이 이미 깔려져 있었다. 그녀는 손가락을 입술에 갖다 세우면서 주의를 주었다. 옆방에 남자 선생님이 있는데 책장 넘기는 소리, 돌아눕는 소리까지 들린다는 것이었다. 말없이, 그녀가 여유분의 파자마를 꺼내 내밀었다. 나는 그것을 받아 이불 속에서 갈아입었다.

요 위에 배를 깔고 나란히 엎드린 상태에서 그녀는 여러 장의 백지와 연필을 준비했다.

"전에 애인 있었어요?"
"아니."

서로가 먼저 쓰겠다고 연필을 빼앗기도 했다. 오랫동안 추위에 노출됐던 터라 두 사람 모두 콧물을 흘렸다. 그녀는 재빨리 두루마리 휴지를 말아 나의 코를 눌러 콧물을 짜 주었다. 아마도 휴지를 내게 건네면 내가 소리 내서 코를 풀지 모른다는 생각에서였을 지도 모른다. 아니면 늘 어린 학생들의 코를 닦아 주던 것이 습관이 돼 있었는지도 모를 일이었다. 연필 빼앗기를 계속했다. 엎드렸다가 불편하면 다시 쪼그려 앉았다. 문풍지를 울리는 한겨울 바람소리가 사납게 울고, 바람과 눈가루가 종이 창문을 마구 때렸다. 그럴수록 두 사람은 더욱 아늑한 행복감에 도취했다. 뽀얗던 그녀의 눈가에 나른한 안개가 퍼지기 시작했다. 그리고 마주보던 자세는 아침이 찾아올 때까지 흩어지지 않고 화석처럼 보존돼 있었다.

해가 뜨자 두 사람의 처지는 천지차이로 변했다. 그녀는 교장 선생님 댁에서 하숙을 하고 있었기 때문에 아침 식사를 나가서 했지만 나는 해가 저물 때까지 그녀의 방에 갇혀있어야 했다. 그리고 그녀가 넣어주는 빵과 사이다로 하루를 보내야 했다. 틈만 나면 그녀는 숨차게 뛰어와 문을 열어보고 나갔다. 날이 저물자 또다시 그 개울가로 나갔다. 불과 두 시간 정도가 흘렀을 때 피곤 끼를 느꼈다. 잠도 제대로 자지 못한데다 빵으로 세끼를 때웠으니 그럴 만도 했다.

"나 오늘 집에 일찍 갈래."
"조금만 더 있다 가자."
"더 있다 가면 나 무서워서 집에 또 못 가."
"그래도 조금만 더 있다 가자, 내가 업어 줄게 응?"

나보다 두 살이 어린 유미영은 나를 이렇게 달랬다. 다음날부터 나는 그녀의 창 뒷길을 걸으면서 휘파람으로 '다뉴브 강의 잔물결'을 불렀다. 내 몸속에 용해돼 있던 곡이었다. 그리고 철봉대들이 있는 운동장 코너로 걸어가면 먼발치에 그녀의 검은 실루엣도 움직였다.

화장실에서는 최후의 한 방울을!

생도생활 1년은 10개월간의 학부교육과 2개월간의 군사훈련으로 구성됐다. 4학년이 되면서 나는 두 가지 직책을 연속해 맡았다. 하나는 중대 선임하사관 생도였고 다른 하나는 1·2학년 하기군사훈련교육대 대대장 생도였다. 중대 선임하사관 생도는 학부교육 기간 중 내무생활에 대해 시어머니 역할을 수행하는 것이었고, 1·2학년 하기군사훈련 교육대장은 하기군사훈련 기간 중 1·2학년의 전체 생활을 관장하는 총사령이었다. 하기군사훈련은 1·2학년에게 가장 고된 기간이었다. 아침 6시부터 밤 10시까지 공포분위기 속에서 인간의 한계를 시험할 정도의 고된 야외훈련과 과격한 내무생활로 일관되는 훈련이었다.

학년이 바뀔 때마다 1·2·3학년은 누가 중대 선임하사가 되느냐에 대해 가장 관심이 많았고, 하기군사훈련 기간이 다가오면 1·2학년은 「하기군사훈련 교육대」의 대대장, 중대장, 구대장 생도를 누가 맡느냐에 '살았다!'와 '죽었다!'가 교차했다. 나는 1·2·3  학년 때 조용하게 독서에만 몰두했다. 누구의 눈에나, 나는 어느 한 틈바귀에 묻혀 있는 샌님이었다. 하급생에게 가장 무섭게 굴어야 할 시어머니 같은 직책에 내가 임명된다는 것은 상상 밖의 일이었다. 한 걸음 더 나아가 예식을 중요시하는 생도생활에서 키가 가장 작은 내가 최고 지휘관 생도로 지명됐다는 것은 더더욱 놀라운 이변이었다.

직책을 수행하는 나의 모습을 관찰한 동기생들은 또 한 번 놀랬다. 나는 그들이 생각했던 것처럼 조용한 샌님이 아니었다. 후배들을 조였다 풀었다 하면서 재미있게 지휘를 했다. 어제도 오늘도 변함없이 공포와 긴장으로 일관하는 생도생활, 그래서 짜증나는 내무생활을, 나는 다소나마 즐겁게 해주고 싶었다. 내가 나타나면 하급생들은 또 무슨 웃음거리를 주려나 하고 기대하는 눈치였다. 내 얼굴만 봐도 실실 나오는 웃음을 참는 녀석들도 있었다. 선배들은 후배들을 순종시키기 위해 기합이라는 수단을 활용하여 권위를 세우려 했다. 그럴수록 선배에 대한 권위는 땅에 떨어지고 뒤에서 손가락질만 받았다.

나는 하급생 시절에 수많은 선배들로부터 지휘를 받으면서 늘 답답한 게 있었다. 어째서 선배들은 하급생의 복종하는 자세만 보려고 애를 쓰는지, 앞에서는 복종하는 체 하고 뒤에서는 욕을 하는 하급생의 모습이 상상되지 않는 것인지, 자기들도 그런 하급생 시절이 있었는데 왜 패턴을 바꾸어 보려 하지 않는지 참으로 궁금하고 못 마땅했다. 위대한 지휘관은 병사들의 마음을 잡지 몸을 잡지 않는다. 나폴레옹도 그랬고, 셔먼, 그랜트, 맥아더, 한니발, 예수 모두가 그랬다. 나폴레옹은 옷을 멋지게 입고 서슬 퍼런 위엄을 내보이며 호령을 한 것이 아니라 캠프파이어를 돌면서 병사들의 마음을 다독였다. "나는 자네들을 위해 프랑스 최고의 의료진을 확보했네." 병사들이 가장 바라는 말이었다. 이에 대해 병사들은 이렇게 반응했다. "장군님, 전투가 벌어지면 절대로 앞에 나서지 마십시오."

아마도 당시 상급생들이 이런 생각을 했더라면 하급생들을 향한 훈육이 보다 훌륭했을 것이다. 하지만 선배들은 하급생들이 앞에서 순종하는 겉모습을 보고 만족해했다. 그렇지 않은 모습을 볼 때에는 가혹한 체벌을 가했다. 그들이 조성하는 공포분위기가 후배들에게 얼마만큼의 심리적 상처가 되는지는 아랑곳하지 않았다. '왜 이 일을 해야 하는지'에 대한 논리와 명분을 설명하지 않고, 무조건 복종만을 강요했다. 이의도 달지 말고, 의문도 갖지 말고, 무조건 복종하는 것이 진짜 군인이라는 것이었다. 하급생이었을 때 나는 불만이 많았다. "나라면 저렇게 하지 않고 이렇게 할 텐데!" 가장 싫었던 것이 공포분위기였다. 공포심은 예측이 불가능해질 때 생긴다. 10분 후에 무슨 일이 벌어질지, 저 선배의 행동이 어디로 튈지, 후배들의 가슴은 그야말로 좌불안석이었다. 아무리 힘들어도 예측된 일을 하면 마음이 편하다. 나는 후배들에게 예측할 수 있는 선배가 되기로 했다. 요점부터 명확하게 알렸다. 그 요점들만 이행하면 일체의 뒷말이 없을 것이라고 말했다. 그러기 위해서는 나 스스로가 많은 생각을 해야 했다. 생각을 하지 않으면 즉흥적일 수밖에 없다. 바로 그 즉흥성이 럭비공 같은 행동을 유발하는 것이었다.

금요일의 자유시간은 대청소시간이었다. 선배들은 가급적 더 많은 시간을 청소시간으로 뽑아내기 위해 식사시간까지도 제한했다. 기껏 청소를 했는데도, 잘못됐다며 예외 없이 기합을 주었다. "각 분대는 정해진 청소구역을 철저하게 청소하라. 만일 검사해서 지적받으면 그에 상응하는 대가가 있을 것이다. 알겠나?" "네, 알겠습니다." "목소리가 작다. 다시, 알겠나?" "네, 알겠습니다." "실시."

청소 주안점도 말해주지 않고, 어쩌다 봉걸레 조각만 바닥에 떨어져도 기합을 주었다. 마치 숨어 있다가 위반차량을 적발하는 경찰처럼! 청소를 하면서도 내내 불안에 떨었다. 이런 생활 속에서는 맺고 끊는 분명한 성격이 길러질 수 없었다. "야, 아무리 열심히 해도 소용없어. 어차피 기합은 받아야 하는 거 아냐? 신경 쓰지 말고 기합 받을 각오나 해 두자고, 어차피 자습시간까지는 당해야 하는 거 아냐?" 나는 하급생들에 만연해 있는 이러한 인고의 문화를 고치기로 했다. 한 시간만 청소에 사용하기로 했다. 그 중에서 20~30분은 연설시간이었다. 내가 일주일간 읽고 느낀 것들을 이야기해 주면서 후배들의 독서욕을 자극했다. 설교를 듣는 하급생들의 표정이 평화로워 보였고, 반짝이는 눈망울을 해가지고 주시하는 모습들이 귀여워 보였다. "자, 이제부터 청소를 해야겠지?" "예." "청소시간은 30분. 청소복장은 상의를 벗은 팬티 바람, 청소 요점은 다음과 같다…… 이상의 요점만 완수하면 뒷말이 없다. 주간 대청소는 일일청소와 다르다. 바닥을 봉걸레로 닦다 보면 걸레조각이 떨어질 수 있다. 그런 건 '아침청소' 때 쓰면 된다. 대청소는 일일청소로 해결되지 않는 기본적인 부분을 청소하는 것이다. 알겠지" 후배들은 자기들의 생각과 일치하는 이 지시에 만족해했다. 한 시간에 걸쳐 해오던 일을 불과 20분 만에 해치웠다.

청소구역 중에서 가장 신경 쓰는 곳은 화장실이었다. 소변기 주위에는 늘 얼룩이 져 있었고, 이를 지우기 위해서는 독한 염산을 사용해야 했다. 염산이 몸에 튀면 화상을 입게 되고 냄새 또한 고약했다. 나는 대청소 때마다 하급생 중에 누군가가 당해야 하는 이 고통을 덜어주어야 한다고 생각했다. 생도 각자로 하여금 소변 방울을 깨끗하게 처리하도록 만드는 길밖에 없어 보였다. 인격과 명예를 존중한다는 분위기 속에서 소변 방울 처리에 대해 이래라 저래라 간섭한다는 것은 '치사한 좁쌀'이라는 트레이드마크를 자청할 수 있었다. 만일 내가 하급생들에게 이런 말을 하겠다고 동료들에게 의논하면 필시 '아서'라고 말했을 것이다. 또한 이 같은 생각을 동료에게 설명한다는 것은 차라리 실천을 강행하는 것보다 더 힘들고 쑥스런 것이었다.

며칠간의 생각 끝에 나는 결행을 했다. 화창한 어느 봄날 아침, 중대원들이 학과출장 행진을 하기 위해 내무반 건물 앞에 집합해 있었다. 책가방을 겨드랑이에 바짝 끼고 긴장된 모습으로 서있는 하급생들을 향해 나는 느닷없이 "엎드려, 일어서"를 여러 번 반복시키면서 긴장을 고조시켰다. 영문도 모르고 용수철처럼 '엎드렸다 일어섰다'를 반복한 하급생들에게 나는 내 특유의 연설 폼을 잡았다. 하급생들은 '이크, 또 무슨 날벼락이 떨어질까' 하면서 바짝 긴장했다. 잠시의 침묵을 지키며 나는 직사각형 대열의 좌우를 무겁게 훑어보았다. 아마도 그 모습을 본 후배들과 동기생들은 내 입에서 무슨 심각한 성격의 말이 나올 것이라고 직감했을 것이다.

"화장실에 가거든, 평소보다 한 발 더 전진하라! 그리고 최후의 한 방울까지 철저히 관리하라!"

굳어졌던 얼굴들이 잠시 의아한 얼굴들로 바뀌더니 이내 말의 의미를 터득했는지 하급생들의 눈망울과 입가에 웃음이 담기기 시작했다. 동기생인 4학년들이 먼저 킥킥거리기 시작하자 그들도 이에 가세했다. 그 후 얼마간은 화장실에 다녀오는 하급생들의 얼굴에 웃음꽃이 맺혔다. 냄새 없는 화장실이 만들어진 것이다. 그 후 '최후의 한 방울론'은 중대의 명언으로 회자됐다.

사관학교를 졸업하면서 하급생들이 추억의 메모지를 써주었다. 일부를 발췌하여 담아본다.

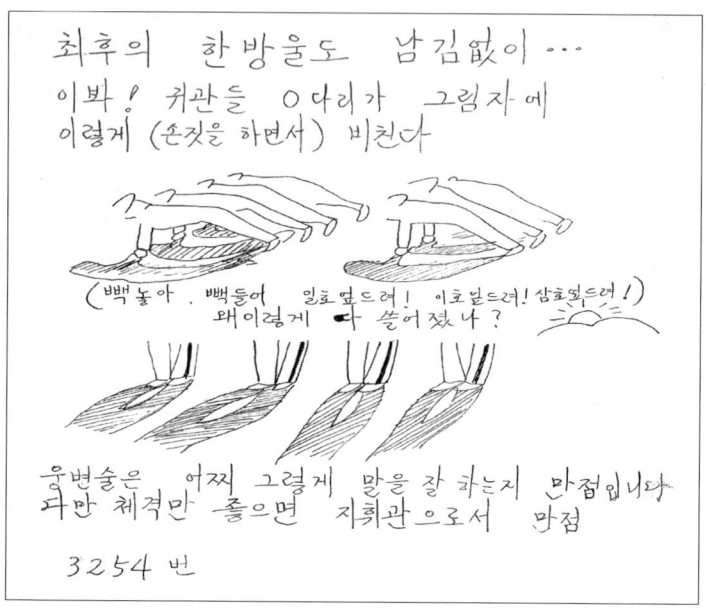

"하기훈련 때였다. 대대장으로서 식당 계단에 올라서고 있었다. 올라서서 한번 훑어보았다. 서서히 입을 떼고……우리 1학년 뒤에 섰던 2학년생도 하나 왈. "참으로 침착하단 말이야…… 놀래겠어." 지금도 그 말이 생각나서 쓴다. 사실 간덩이가 큰 것 같다. 중선 맡은 시, ─왜 속삭이냐 ─ 최후의 한 방울까지 등등의 명언은 잊을 수 없다. 그 유머러스한 것들은 전방에서도 뿌려 주기를 바란다. 그러나 꼭 한마디 속삭이고 싶다. 작은 고추는 맵다고……."

"알찬 사람이라는 말은 바로 지만원 생도를 두고 한 것 같다. 남들이 시간을 선용 못하는 것을 못내 안타까워 하면서 내적인 실력 도야를 연마하는 진실한 의미의 강한 사람이다. 첫 인상이 숫처녀 같아 마음마저 그러리라 생각 했다가는 큰일이다. 일찍이 중대 선임하사관 생도를 근무할 적에는 큰소리 한 번에 중대 1, 2, 3학년 전생도가 추풍낙엽 지듯 했다. 그러나 사적으로 대하고 보면 끝없는 사나이…… 자기가 믿는 자에게는 간이라도 줄 이 다정다감한 사람이다. 거기에 합기도로 닦은 강인한 체격과 우수한 머리로서 최고의 추리력을 가진 그야말로 문무를 겸비한 인물임을 말해둔다."

"작은 체구에서 울려 나오는 우렁찬 구령 소리는 천지를 진동시킬 것 같고 모든 일에 침착 냉정하며 청산유수와 같은 웅변은 부러울 정도입니다. 무슨 일에든지 성의가 대단하시며 또한 책임감이 왕성해서 반드시 성공하시리라 믿습니다. "최후의 한 방울까지"라는 말씀이 언제나 잊혀지지 않을 것입니다. 가장 힘들다 할 하기군사훈련 시 대대장 생도로서 또 중대 선임 하사관 생도로서 그의 혁혁한 공적은 후배의 머릿속에 끝까지 남으리라. 빈틈없는 아쌀한 성격의 소유자이다. 어느새 들어갔는지 그 작은 체구와 키에 고도한 교양과 예리한 판단력, 어떤 때는 희랍 신화의 공장 같은 기분이다."

"몸은 적으나 떡 벌어진 어깨와 한번 입을 열면 산천이 들썩하는 목소리에는 …… 여기에 못지않게 풍부한 인간미와 남성미를 지닌 KMA의 심볼이라고도 하겠다. 그러나 불의와 타협을 결코 금하는 정의에 사는 맡은바 책임을 투철히 이행하는 한국의 나폴레옹을 기대한다. 온 세계가 불바다가 되어도 그는 …… 조국을 잊지 않으면서 침착할 지니, 아늑한 봄 날씨에 돋아나는 연약한 새싹 같이 그의 인상은

맨 앞이 필자

새 희망을 품어주고 진리를 탐구하는 열성이 뚜렷이 보인다. 어딘지 모르게 깊은 생각에 잠겨 있는 듯한 눈초리는 날카로운 이성과 어울려 세계를 내려다보고 있는 듯하다. 신입생 교육대에서부터 소개받기를 조그마하고 말 잘한다고. 생도대에 와보니 과연!"

"하급생을 교육하는 데에는 배꼽을 쥐게 하면서 인상적으로 타일렀다. 기발하고 꼼꼼하다. 눈가엔 휴머니티가 가물가물! 화장실에 갈 때마다 분대장 생각이 납니다. 최후의 한 방울! 그 생각만 하면 왜 그렇게 웃음이 납니까? 유머와 위트가 넘치는 사나이!"

황야에 내던져진 소위

　1966년 2월 28일은 육사졸업식 및 소위로 임관하는 날이었다. 박정희 대통령과 육영수 여사가 나란히 졸업식에 참석하여 육군소위로 임관하는 180명의 동기생과 일일이 악수를 하셨다. 졸업을 학수고대하던 동기생들도 막상 졸업을 하게 되니 허전한 모양이었다. 말이 졸업이었지 이는 또 다른 고된 훈련으로 이어지는 통과의례에 불과했다. 불과 일주일간의 졸업휴가가 끝나기 무섭게 전남 광주에 있는 병과학교에 내려가 5개월간의 전술교육과 1개월간의 유격훈련을 받아야 했다. 그래도 갖나온 소위들은 '졸업을 했으니 이제부터는 지긋지긋한 내무반 생활이 아니라 하숙생활을 하면서 어느 정도의 자유를 누리게 될 것'이라고 기대했다. 웬지 하숙생활에는 낭만이 있을 것만

같았다. 하지만 그런 꿈들은 상무대 입교 첫날에 산산조각이 났다.

첫날부터 또 다른 야전 내무반 생활이 시작됐다. 사관학교 내무반이 호텔방이라면 포병학교 내무반은 3류 여관방이라 할 수 있었다. 내무생활을 지도 감독하는 간부들은 통상 육사 선배였다. 이들은 사관학교를 18기로 졸업한 중위들로 소위들을 인격체로 보지 않고 새카만 후배로만 취급했다. 소위들은 "우리를 언제까지 영내생활로 붙들어 맬 작정이냐? 우리도 어엿한 장교들인데 왜 자유를 구속하려고만 하느냐", 선배들을 향해 항의했다. 하지만 선배들도 장군들의 명령을 수행하는 사람들에 불과했다. 그래도 후배들은 그들의 요구를 반영해주지 못하는 선배들을 원망했다. 선후배간에 불신과 불화가 싹튼 것이다.

이러한 현상은 병과학교에만 있는 게 아니었다. 동기생들이 모여 이야기를 나누다 보면 전후방을 막론하고 선배들은 후배들을 인격체로 보지 않는 경우가 허다했다. 후배들의 눈에 비친 육사 선배들은 많은 경우에 마음이 그다지 너그럽지 못하고 편협하고, 융통성도 없고,

베풀 줄도 모르는 사람들로 비치는 경우가 참으로 많았다. "저 애는 내 후배다" 실무부대에서도 육사생활이 연속되는 것이다. 선배는 선후배 개념만 가지고 후배들을 지휘했다. 그래서 후배들은 선배들과의 대화를 기피하면서 불신을 쌓는 경우가 허다했다. "너는 기껏해야 후배에 불과해. 네가 알면 얼마나 알고, 잘나면 얼마나 잘났느냐. 육사를 나오면  다 거기서 거기 아니냐? 너라고 해서 용빼는 재주가 있느냐" 후배가 아무리 훌륭하고 능력 있어도 후배는 어디까지나 후배에 불과했다.

이는 나이가 들어도 한 결 같이 지워지지 않는 육사인들의 고질병인 것 같다. 일반 사회인들로부터 인정받고 존경받는 후배들이 있어도 선배들은 후배가 잘나면 얼마나 잘났겠느냐는 표현들을 한다. 물론 내가 본 것은 빙산의 일각일 것이다. 나는 선후배간의 불화 내용을 참으로 많이 들었다. 그럴 때마다 나는 전방, 월남, 합참, 육군본부 등에 근무하면서 사관학교 선배들을 직속상관으로 모시지 않은 것을 천만다행이라고 생각한 적이 있었다. 그러던 어느 날, 나 역시 국방부에서 생전 처음으로 육사출신 선배를 과장으로 모시게 됐다. 그리고 나는 10년 선배인 그 과장을 지금까지도 좋아하지 않는다. 내가 접했던 수많은 일반장교 출신들은 나를 키워주었지만 나와 부딪힌 몇몇 선배들은 나를 질투하고 시기했다. 물론 나의 접촉 범위가 좁기는 하지만 내가 존경하는 선배들은 소수에 지나지 않는다. "너는 내 후배야" 아마도 이것이 육사인들의 단결을 해치는 가장 큰 요소가 아닐까 싶다.

1980년대의 8년간 나는 국방연구원에서 매우 활발하게 군의 문제점을 파헤쳤다. 정호근 대장, 신치구 차관을 비롯한 비육사 장군들은 나를 국보라고 칭찬해 주었다. 윤성민 국방장관은 나의 연구결과를 채택하여 5년간 예산개혁을 추진했다. 그는 전체 참모회의에서 공언했다. "지 박사가 장관을 보고자 할 때에는 3일 이내에 만나게 하라. 하루에 8시간을 계획해도 좋다" 나는 육·해·공군 전군을 순회하며 내가 제안했던 예산개혁의 내용을 강연했다. 하지만 당시 많은 육사 선배 장군들은 나를 질시했다. 11기 이기백 장관, 12기 황인수 차관, 12기 황관영 기획관리실장은 나를 트러블메이커라고 불렀다. 결국 그 세 사람의 압력에 의해 나는 1987년 2월 28일 대령으로 옷을 벗고 연구소를 떠나 미국으로 건너갔다. 물론 이는 엄청난 전화위복이었다. 나는 즉시 미국으로 건너가 연봉 53,000달러를 받으면서 3년간 미 국방성에 근무할 기회를 가졌다. 그래서 나는 미국 정부의 정책 성향과 사고방식에 매우 익숙하게 되었다. 물론 모든 선배가 다 그런 건 아니다. 하지만 나와 같은 불유쾌한 경험을 가진 육사인들은 나 말고도 꽤 많을 것이다. 육사인들은 그야말로 군의 대들보 역할을 하라고 비싸게 키워지는 엘리트 자원들이다. 그래서 육사인들 상호간의 불신

현상은 국가안보는 물론 육사인들의 이미지를 위해서도 바람직스럽지 않다. 이는 육사인들이 교정해 나가야 할 큰 과제라고 본다.

지겹던 포병학교 기초전술 과정도 8월 말에 드디어 끝이 났다. 소위들은 4년 반이라는 단체생활을 청산하고 제각기 전방부대로 흩어졌다. 마치 어미 품을 떠난 병아리들이 흩어지듯이! 매일같이 얼굴을 볼 수 있는 동기생은 이제 더 이상 없게 됐다. 1966년, 양평에 있던 백마부대가 맹호부대의 뒤를 이어 월남으로 달려갔다. '달려라 백마' 콧날을 시큰하게 하는 인기 군가가 방방곡곡을 울렸다. 백마사단이 남긴 공백을 메우기 위해 조치원에 있던 제32향토사단이 정규사단으로 증편되면서 양평으로 이동했다. 수천 명의 병사들이 이 부대 저 부대에서 차출돼 왔다. 각 부대에서는 예쁜 녀석들은 남기고 덜 예쁜 병사들만 보냈을 것이다. 나는 제32사단 제298포병대대의 작전과 보좌관으로 보직됐다. 지역도 낯설고 사람들도 낯설었다. 황야에 내버려진 외로운 송아지라는 생각이 들 만큼 불안하고 허전했다. 이제까지는 누군가에 의해 피동적으로 움직여졌지만 이때부터는 혼자서 선택하고 혼자서 책임을 져야 했다.

직속상관인 작전과장은 고참 대위로 대대장과 부대대장에 이어 세 번째로 높았다. 작달막한 키에 통통한 체구, 성질이 급하고 변덕이 많아 동작이 어디로 튈지 모를 불안한 사람이었다. 작전과에는 ROTC 소위가 또 한 사람 있었다. 그 소위는 작전과장의 성질을 잘 맞추면서 작전과장이 기르는 토끼, 닭, 강아지 같은 가축들을 보살펴 주기도 하고 새 가축을 사다가 재산(?)을 늘려주기도 했다. 일반대학을 다닌 젊은이와 딱딱한 육사를 나온 나와의 차이였다. 포병대대에서 작전과장의 위치와 역할은 대단했다. 그런데 그 작전과장이 행패를 부렸다. 원성과 불만이 높았지만 마음씨 좋은 대대장은 차마 그를 제지하지 못했다. 그럴수록 행패는 날로 심했다. 밤이 되면 야외훈련으로 고생하는 포대들을 찾아다니면서 하사관들로부터 술대접을 받기도 했고, 훈련에 열중하고 있는 하사관에게 트집을 잡아 조인트를 까고 뺨을 때리기도 했다. 선물을 바치지 않는다는 것이 이유였다 한다.

어느 날 나는 책상에 앉아 일에 몰두하고 있었다. 작전과장이 들어와 내게 말을 걸었다. 나는 책상에 정자세로 앉아 묻는 말에 공손하게 대답했다. 그런데 이 웬일인가? 그가 갑자기 뛰어오더니 다짜고짜 나의 뺨을 후려치지 않는가. "이 개새끼, 네가 임마 그렇게 거만하냐? 야, 임마, 과장이 물으면 벌떡 일어서서 대답을 해야지, 그래 임마 뻣뻣하게 앉아서 대답을 해. 이 개새끼 같으니."

맞는 순간에는 온통 사병들의 얼굴만 떠올랐다. 부하들 앞에서 따귀를 맞다니! 쥐 굴에라도 들어가고 싶었다. 나는 그 길로 자취집으로 돌아와 이불을 뒤집어쓰고 누워버렸다. 이 소식을 들은 대대장님이 내 숙소에까지 찾아와 나를 달랬다. "지 소위, 내가 작전과장을 혼내 주었으니 내일부터 출근하게. 우선 포대장 자리가 비어 있는 B포대로 내려가서 포대장 직무 대리를 하게, 대위가 지휘하던 부대를 소위가 지휘하는 것은 바로 지 소위가 대위로 진급한 것이나 같은 것 아닌가?" 제2포대 즉 B포대에 가서 나는 누구의 간섭도 받지 않고 포대장 대리로 재미있게 근무했다. 포대에는 ROTC 출신 소위가 두 사람 있었다. 나와 같은 연도에 임관한 ROTC 4기들이었다. 백 소위는 토요일에 외박을 나가면 수요일에야 돌아왔다. 주의를 주면 알았다고 해놓고는 또 그랬다. 그래서 장교들은 그를 함흥차사로 불렀다. 전주 출신 유 소위는 툭하면 병사들에게 욕을 하고 난롯가에 있는 장작을 무자비하게 집어던졌다. 그의 잔인성은 순전히 습관이었다. 병사들은 그런 그를 무서워하면서도 속으로는 불만을 쌓고 있었다. 한번은 덩치 큰 하사가 술을 먹고 내무반에서 그를 향해 총기를 난사하기도 했다.

퇴근시간만 되면 예외 없이 대대장이 지휘관들과 참모들을 불렀다. 지시사항들이 떨어지면 대부분의 장교들이 얼굴을 찡그렸다. 퇴근이 늦어지기 때문이었다. 나는 그들처럼 대대장 앞에서 상을 찡그리고 싶지 않았다. 어차피 해야 할 일인데, 구태여 대대장을 불편하게 할 필요가 없다는 생각을 했다. 나는 회의에서 늘 밝은 표정으로 시원시원하게 대답했다. "네, 알겠습니다", "문제없습니다" 이렇게 시원시원하게 대답은 하면서도 속으로는 난감했다. 하지만 포대에 내려와 분대장 이상의 간부들과 의논하면 아무리 어려운 일이라도 쉽게 풀렸다.

그때만 해도 미8군의 지휘검열이 있다 하면 지휘관들이 아주 긴장을 했다. 추운 겨울 날 저녁, 대대장으로부터 숨 가쁜 지시가 떨어졌다. "내일 새벽 6시에 8군 출동태세 점검이 있으니 만전을 기하라" 생전 처음 당하는 일이라 공포감마저 들었다. 경험이 많은 고참 대위들은 포대로 돌아가 간부들에게 엄하게 지시를 내렸다. "내일 새벽 미8군 출동태세 지휘검열이 있을 예정이다. 각자는 적재카드를 찾아놓고 준비에 만전을 기하라. 잘못하면 대가를 지불하게 될 것이다. 알겠나?" 이렇게 하고 이내 퇴근들을 했다. 오랜 경험에 비춰볼 때 그렇게만 하면 잘될 거라고 믿었을 것이다. 그러나 출동준비가 무엇을 의미하는 것인지 조차 모르는 풋내기 소위는 그렇게 할 수 없었다. 나는 간부들을 모아놓고 명령의 취지를 전달했다. 이에 대해 하사관들은 "소대장님, 이런 일, 한두 번 해봅니까? 걱정 마시고 퇴근하십시오" 이렇게 건의를 했다.

하지만 나는 그렇게 할 수가 없었다. "1개 분대에 대해서 만이라도 간단히 예행연습을 해보는 게 어떨까요" 나이 든 하사관들이 반갑지 않은 눈치를 보였다. 얼큰한 돼지 찌개와 소주가 기다리고 있기 때문이었을 것이다. 나는 내무반 마루에 분필로 트럭적재함 크기의 네모를 그리게 했다. "지금 비상이 걸렸다고 가정하고 이 박스 안에 전투장비를 실어보십시다." 포병에는 장비와 물자가 많다. 출동하려면 차량마다 많은 것들을 실어야 한다. 빠짐없이 싣고, 찾고 싶은 것을 쉽게 찾아내기 위해서는 어느 물자가 어느 차량 어느 위치에 실려 있는지를 알 수 있게 하는 수단이 필요하다. 그것이 바로 손바닥 크기의 "적재카드"였다. 어떤 주부는 냉장고의 각 위치에 무엇이 저장되어 있는지를 그림으로 그려 냉장고 문에 부착한다고 한다. 적재카드란 바로 이런 것이었다.

적재카드 하나를 꺼내보라고 했다. 그 카드에 따라 장비를 하나하나 실어보았다. 문제없다던 적재카드에 문제가 많았다. 적재 위치와 적재 순서가 비현실적인 경우가 많았다. 실어야 할 장비가 어느 창고에 보관돼 있는지도 몰랐다. 찾는 장비가 무거운 물건들 속에 감춰져 있어 꺼내는 데에도 시간이 걸렸다. 자주 꺼내야 하는 물자가 맨 밑에 실리도록 작성돼 있었다. 이동 중에 물자들이 이리 저리 요동을 치도록 작성돼 있었다. 내가 문제들을 지적하자 모두들 동감을 했는지 간부들과 병사들이 시키지도 않는 토의를 했다. 스스로 문제를 찾아내고 스스로 풀기 시작했다. 문제를 발굴해내는 데에도 병사가 최고였고, 대책을 내놓는 데에도 병사가 최고였다. 새벽 2시가 돼서야 모든 문제가 정리됐고 새로운 적재카드도 만들어졌다.

비록 몸은 고단했지만 병사들은 다음날 아침에 무엇을 해야 할 지를 딱 부러지게 외웠기 때문에 마음이 편했다. 공기마저 팽팽하게 얼어붙은 새벽 6시, 서슬 퍼런 비상이 걸렸다. 내가 지휘하던 제2포대는 40분도 안돼서 질서정연하게 "출동준비완료"를 우렁차게 보고했다. 대대장 이하 모두가 놀랬다. 그러나 대위들이 이끄는 포대들은 2시간이 지나도 끝날 줄 몰랐다. 화가 머리끝까지 난 대위들이 병사들에게 욕설을 퍼부었다. 막대기를 던지고 소총을 휘둘렀다. 병사들은 성난 장교들을 피해 바쁘게 뛰어다녔지만 뛰는 양에 비추어 성과는 저조했다.

경험이라는 것은 조직적인 사고력 앞에 아무 것도 아니었다. 비판

포대막사, 우측이 필자

없이 쌓아온 경험은 두뇌만 퇴화시켰다. "엄명"은 부질없는 존재였다. 나는 군대생활 전체를 통해 엄명을 내린 적이 없다. 협박을 한 적은 더더욱 없다. "자네들만 믿네, 잘 들 해주게. 잘 끝내고 우리 회식 한번 하지" 이렇게 한 적도 없다. 간부들과 토의를 하면 안 될 것이 없다는 생각은 이때부터 굳어지게 된 것이다. 나를 예쁘게 여긴 대대장은 일주일에 두 번씩 포대 앞에 1호차를 보냈다. 그럴 때마다 눈을 동그랗게 뜬 병사들이 내게 달려와 "소대장님, 1호차 왔습니다" 하며 매우 즐거워들 했다. 그들이 따르고 좋아하는 소위를 대대장이 끔찍하게 사랑해서 저녁먹자 데리러 오셨으니 얼마나 즐거웠겠는가? 대대장은 나를 집으로 태우고 가다가 가게에 들려 2홉들이 소주 한 병을 사서 자로 재듯이 반반씩 나누어 반주로 마시곤 했다. 이는 엄청난 영광이었다. 봉급을 몇 배로 올려준다 해서 얻어질 수 있는 기쁨이 아니었다. 대대장이 나를 귀여워해 주니까 참모들의 간섭이 없었다. 나는 자유인이 되었다. 군대를 창살 없는 감옥이라고들 한다. 하지만 거기에도 '자유공간'은 있었다. 자유는 주어지는 게 아니라 스스로 만드는 것이었다.

추운 날 저녁, 대대의 최고참 상사가 나를 PX로 초청했다. PX라고 해봐야 막걸리와 과자들을 파는 곳이었다. 흙벽돌을 올려 쌓고 볏짚으로 이엉을 엮어 얹은 오두막, 대대 내의 중사들과 상사들이 총집합해 있었다. 엉성한 나무탁자에는 막걸리에 캔 꽁치찌개 안주가 차려져 있었다. 당시엔 그런 상차림에도 마음이 충분히 설렜다. 막걸리는 상급부대에서 사오다가 중간에서 약간의 개울물로 희석한 것이긴 해도 몇 사발 마시면 혀가 꼬부라질 만큼 위력이 있었다. 주거니 받거니 하면서 모두가 거나하게 취했다. 바로 그 때 하사관들이 하나씩 둘씩 돌아가면서 충격적인 경험들을 토로하기 시작했다. 드디어 상사 한 사람이 군화 끈을 풀고 바짓가랑이를 걷어 올려 보였다. 온 정강이가 시퍼렇게 멍들어 있었다. 작전과장이 사정없이 발로 찼다는 것이다. "세상에!" 나도 모르게 분노가 치밀었다. 뺨을 맞은 상사, 눈퉁이를 맞은 중사, 막대기로 팔꿈치를 맞아 팔을 쓰지 못하는 중사, 타격 부위들을 차례로 보여주었다. '저들의 부인들은 얼마나 속이 상했을까!' 생각이 여기에까지 미치자 분노가 머리끝까지 치솟았다. 술 마시는 속도가 점점 빨라졌다. 불끈 두 주먹이 쥐어졌다. "내가 군대를 그만두는 한이 있더라도 그런 개새끼는 죽여 버릴 겁니다. 우리 갑시다!" 혀가 꼬부라질 대로 꼬부라졌고, 눈에 보이는 게 없었다. 오솔길이 울퉁불퉁해 보였다. "예, 지 소위님, 우린 내일 죽어도 좋습니다. 따르겠습니다."

모두의 눈에 초점들이 흐려져 있었다. 왁자지껄하며 좁은 숲길을 걷는 동안 모두가 비틀거렸다. 길의 여기저기가 패어져 있는 것처럼 보여 걸음걸이가 일정치 못했다. 길과 숲이 모두 뿌옇게 보였다. 저마다 굳어버린 혀로 허공을 향해 한마디씩 했다. 모두가 작전과장을 요절내자는 허풍 섞인 소리들이었다. 부대 뒷문으로부터 숲길을 따라 100m 거리에 지어진 흙담집, 창호지를 통해 하얀 불빛이 봉당에 놓인 검은 군화와 여성용 빨간 구두를 비추고 있었다. 작전과장의 거침없는 웃음소리가 흘러나왔다. 서울에서 내려왔다는 애인의 애교 섞인 웃음소리도 들렸다.

"과장님 계십니까?" 성질 급한 작전과장이 가벼운 창살문을 성질대로 열어젖혔다. "야, 이 개새끼야, 여기가 어디라고 술 처먹고 와서 감히 행패야!" 문을 열고 나오더니 다짜고짜 나의 따귀를 갈겼다. 불이 번쩍 났다. 이내 나의 멱살을 잔뜩 움켜쥐었다. 합기도 유단자의 멱살을 잡는 것은 자살행위였다. 반사적으로 그의 손목이 꺾였다. 그는 비명을 지르면서 무릎을 꿇었다. 나의 오른쪽 무릎이 그의 얼굴을 반사적으로 타격했다. "억" 소리를 내며 경사진 언덕으로 굴러 내렸다. 굴러 내리는 그를 덮쳤다. 엎치락뒤치락 구르며 싸웠다. 10m 언덕을 다 굴러 내리자 지켜만 보던 하사관들이 두 사람을 떼어놓았다. 손목시계도 달아나고 없었다.

이튿날 나는 부대 출근을 하지 못했다. 온 몸이 뻐근했고, 온 세상이 어두워 보였다. 하극상에 대한 처벌도 예상됐다. '에이 모르겠다.

제대하라면 하지 뭐.' 컴컴한 자취방에서 이불을 뒤집어쓰고 잠을 청했다. 소문을 들은 부대대장 부인께서 대위 부인들을 인솔하고 찾아오셨다. 갈비찜, 두부찌개, 김치찌개, 윤기 흐르는 쌀밥 등을 잔득 싸가지고! 보나마나 부대대장 부인께서 집집에 전화를 해서 한 가지씩 만들어 오게 했을 것이다. 비상전화기란 깻망아지처럼 생긴 푸르고 투박한 쇳덩이였다. 손잡이를 맷돌자루 돌리듯 돌려 교환병에 신호를 보내면, 교환병이 상대방에게 전화선을 연결해주는 그런 전화기였다. 손잡이를 돌릴 때 '딸딸' 소리가 나서 딸딸이 전화라고도 불렸다.

"지 소위! 이럴수록 정신을 차려야 해. 어디 다친 데는 없어?", "좀 참지 그랬어! 색시처럼 수줍어하고, 순해만 보이던 지 소위한테 그런 불같은 구석이 다 있었네~", "대대에서 지 소위 나쁘다는 사람은 없어, 평소에 지 소위는 점수를 많이 땄고, 작전과장을 좋아하는 사람은 한 사람도 없어", "사실, 말이야 바른 말이지 그 사람 고삐 풀린 망아지 아녜요? 대대장님도 마음씨가 너무 좋으셔서 어찌하지도 못하시고, 하긴 그 사람 혼내줄 사람 아무도 없었는데 지 소위한테 잘 혼났지 뭐, 안 그래요 사모님?", "그렇지만 술을 그렇게 마시고 상관하고 싸우면 손해 보는 쪽은 지 소위라구", "반찬들 놓고 갈 테니 많이 먹고 정신 차려 응?"

회식 때마다 가장 어린 지 소위를 유난히 챙겨주시던 분들이었다. 평소 같았으면 감격을 넘어 송구스럽기 이를 데 없는 모습들이었지만 정신없던 나에게는 마치 꿈속에 나타난 검은 환영들처럼 일정한 거리

밖을 스쳐가는 낯선 행렬 같기만 했다. 어두컴컴한 방에는 또다시 외로운 적막이 흘렀다. 대대의 모든 대위들이 막대기를 하나씩 들고 떼를 지어 달려올 것만 같았다. '야, 이 새까만 소위 새끼가 감히 어디라고 고참 대위를 때려? 이 새끼 정신 한번 차려 봐라!' 환청도 들렸다. 식은땀이 등줄기를 타고 흘러내렸다. 토끼잠이 들 때마다 여지없이 악몽이 찾아들었다. 가위에 눌려 소리도 질렀다.

오후가 되자 수송과장이 찾아왔다. 마음씨 좋고 시원시원한 고참 대위였다. "음, 자네 얼굴은 깨끗하구먼. 작전과장 얼굴은 아주 엉망이야. 그 사람 창피해서 출근을 못하고 있네. 이보게 지 소위! 이럴 때 잘잘못을 따지는 건 부질없는 일일세. 따지지 말고 무조건 고개를 숙이게, 작전과장에게 숙이라는 게 아니라 대위라는 계급장에게 숙이게, 낮은 사람이 높은 사람에게 잘못했다고 하는 것은 쑥스럽지 않은 일일세, 잘못해서 잘못했다고 빌라는 게 아닐세, 남 보기 좋게 하자는 것일세, 그렇게 하는 게 앞으로 지 소위에게도 좋을 걸세. 자, 내 차를 타고 부대로 나가세."

참으로 고마웠다. 그분의 말 한 마디 한 마디가 가슴에 와 닿았다. 그의 손에 이끌려 작전과장 집으로 갔다. 그는 차마 내 얼굴을 바로 보지 못했다. 멍들고 상처 난 얼굴을 반대쪽으로 돌리면서 나의 사과에 억지로 대답했다. "괜찮아." 다시 대대장에게 갔더니 애써 모른 체했다. 중위와 소위 그리고 하사관들은 작전과장이 얻어터진 것에 대해 고소해 하는 눈치들이었다. 며칠 후, 사단 헌병대장에게서 전화가 왔다. 헌병대로 오라는 것이었다. 헌병대장은 육사 출신 소령이었다. 그는 나를 수사관에게 맡기지 않고 직접 불렀다. 나는 있었던 사실을 담담한 자세로 진술했다.

"작전과장이 자네를 고발했네. 그 사람 말을 들을 때에는 지 소위가 덩치도 크고 우락부락한 장교인 줄 알았더니 아주 약하고 착해 보이는구먼! 육사를 나와 이제 막 장교생활을 시작했는데 이런 일로 처벌을 받으면 되겠나? 사소한 감정을 통제하지 못해 일생을 망치는 경우가 허다하네. 앞으로는 이런 일 다시는 없도록 하게. 자네 대대장과 통화를 했네. 자네를 극진하게 생각하시더구먼. 가서 열심히 근무하게."

"네, 감사합니다."

그는 마치 친동생이나 되는 것처럼 어깨를 두드려 주었다. 고맙고 황송하다는 생각뿐이었다. 이내 작전과장은 먼 곳으로 전출갔다. 그가 없어지자 대대 분위기가 완전히 바뀌었다. 나는 대리 포대장 노릇을 하면서도 육사를 나왔다는 것 때문에 대대 군기 장교로도 일했다. 이 부대 저 부대에서 차출되어 온 병사들이라 군기가 없었다. 어른이 어디 있느냐는 식으로 어슬렁어슬렁 걸어 다녔다. 나는 굵고 긴 서까래 하나를 구해 가지고 질질 끌고 다녔다. 폼으로 끌고 다니는 것이지 누구를 때리기 위한 것이 아니었다. 그것만 질질 끌고 다니면 병사들이 제대로 행동했다. 그게 억울하다 싶었는지 어느 날, 그들은 나를 시험하려 했다. 한꺼번에 30여 명의 병사들이 식당에서 떼를 지어 몰려나오면서 나를 힐끔힐끔 보면서 어슬렁거리며 걸어오고 있었다. 뻔히 바라보면서도 경례조차 하지 않았다. 식당은 영내의 조그만 언덕을 넘어 도보로 5분 정도 걸리는 곳에 있었다. 식사가 끝나는 대로 내무반으로 오는 병사들이라면 잘해야 3~4명씩 무리를 지어 넘어왔어야 했다. 그런데 30명 정도가 무리를 지어 넘어오고 있다는 것은 분명히 한번 떠보자는 의도였다.

나는 그들을 일렬로 세웠다. 추운 겨울이었지만 두꺼운 야전잠바를 입었기 때문에 줄을 서 있는 것이 그리 고통스럽지 않은 모양이었다. 줄이 길게 늘어나자 뒤에 서 있는 녀석들이 시시덕거리며 장난질을 쳤다. 통제를 용이하게 하기 위해 그들을 5열로 세웠다. 추운 겨울, 나는 느닷없이 상의를 벗으라고 명령했다. 녀석들은 한편으로는 내 눈치를 살피면서 또 다른 한편으로는 옆 동료들의 눈치를 살폈다. 나는 서까래를 높이 치켜 올려 곧 내려칠 것 같은 폼을 잡았다. 내려치면 내 앞에 서있는 병사들이 맞을 판이었다. 바로 매를 맞을 그 녀석들로부터 옷을 벗기 시작했다. 내 눈초리가 닿는 녀석마다 하나씩 둘씩 상의를 벗었다. 벗을 때까지는 호기를 부렸지만 막상 벗고 나니 추위가 살을 조이기 시작하는 모양이었다. 채 5분이 안돼서 가슴이 오그라들고 턱이 떨리는 모양이다. "앞으로 30분간만 견뎌라" 협박이었다. 눈치 빠른 녀석들이 소리를 쳤다. "잘못했습니다" "귀관들은 아까 분당 10보라는 아주 느린 속도로 걸어왔다. 각자는 지금부터 옷을 끌어안고 분당 10보의 그 느린 속도를 유지하면서 내무반으로 걸어간다. 절대로 뛰면 안 된다. 알겠나?" "예, 알겠습니다" "해산!" 처음엔 슬슬 걸어갔다. 나와의 거리가 조금 멀어지자 하나 둘씩 나를 힐끔힐끔 돌아보며 시시덕거리더니 죽어라 하고 달렸다. 그 후부터는 부대 내에서 어슬렁거리는 녀석이 없었다.

나는 사단 전체의 급식감독관으로도 일했다. 사단 전체의 김장을 담그는 일을 감독하기도 했다. 양평과 용문을 흐르는 큰 냇물에 배추를 차떼기로 부어놓고, 부지런히 씻어서 김치 탱크로 이동시키는 일이었다. 그해에는 겨울이 갑자기 찾아와 하필이면 김장 날 개울물 전체가 얼었다. 물속에 있는 배추는 얼어붙고, 손발은 시리고, 통제력은 상실됐다. 장교, 하사관, 병들이 여러 부대에서 차출됐기 때문에 일을 다잡아 하려는 사람이 없었다. 높은 장교들은 "작업개시"라는 명령만 내려놓고는 전권을 내게 맡긴 채, 텐트 속에서 난로를 피워놓고 막걸리를 마셨다. 하사관들도 슬금슬금 눈치를 보면서 텐트 속에 들어가 막걸리를 마셨다. 이런 일은 어느 한 부대에 통째로 맡겨야 하는 일이었다. 그래야 통솔이 제대로 이루어질 수 있었다. 결국 새벽까지 나 혼자서 병사들을 지휘했다. 여러 부대에서 차출되어 온 병사들은 한동안 눈치를 살피면서 일하는 시늉만 냈다. 그러나 시간이 지나면서 이들은 나를 동정하기 시작했다. 고참 병장들이 하나씩 둘씩 나타나더니 병사들을 독려하기 시작했다. "소대장님, 잠시 천막에 들어가 쉬십시오. 여기는 저희들이 알아서 하겠습니다."

경기도 양평군 개군면 하자포리, 그곳에서 가장 인상에 남는 것은 당직 날이었다. 행정반 병사들은 내가 당직을 서는 날을 학수고대했다. 내 차례가 돌아오면 병사들은 반합에 쌀밥을 짓고, 꽁치 통조림으로 찌개를 만들고, 두부를 손바닥 크기로 썰어서 사이사이에 고춧가루를 넣어 끓이고, 막걸리를 받아왔다. 설렘에 들뜬 아이들처럼 싱글벙글하면서 행정반 책상 위에 상을 차리던 그 정겨운 모습은 지금도 손에 잡힐 만큼 가까이 있는 그림이요, 그리움이다. 별마저 가물가물 얼어붙은 야심한 밤, 산자락에 지어진 블로크 내무반에 피어났던 그 훈훈한 인정과 정취는 이후 그 어느 곳에서도 맛볼 수 없는 귀한 추억이 되었다. 검고 오동통한 얼굴에 순하게 생긴 큰 눈망울을 가졌던 일등병, 키가 작고 오동통한 몸집을 가진 병장, 지금도 그 모습들은 생생하게 기억되고 있다.

육사 졸업 후 1년간 내가 보아 온 거의 모든 것들은 권태와 회의를 느끼게 했다. 박봉, 숨 막히는 고정관념, 논리 없는 간섭, 답답한 현실, 미래에 대한 불안 이 모든 것들이 하위급 젊은이들의 숨을 콱콱 막았다. 어디론가 탈출하고 싶어졌다. 우선 부대를 떠날 생각으로 공수낙하 훈련지원서와 파월지원서를 동시에 내놓고 있었다. 현실의 질곡과 어두운 미래! 장교들은 한시나마 현실을 도피하기 위해 매일 밤 술을 마셨다. 어디에나 할 것 없이 불만과 스트레스가 분출됐다. 누가 건드리기만 해도 폭발할 기세들이었다. 이런 암울한 세상에 한 줄기 구멍이 뚫렸다. 1967년 5월 어느 날 공수부대 낙하훈련 소집 명령이 내려온 것이다. 나는 며칠간의 휴가를 보낸 후 다블백이라는 국방색 자루를 둘러메고 청량리 행 중앙선 열차에 올랐다. 그런데! 그 열차

내에서 우연히 부대원을 만났다. 그는 내 이름이 파월 대상자 명단에 포함되어 있는 인사명령을 보았다면서 곧바로 부대로 돌아가 보라고 했다. 아, 두 가지 좋은 일이 동시에 생기다니! 물론 나는 공수훈련을 포기하고 월남 행을 결심했다. 아마도 내가 공수훈련을 받았다면 나 역시 몇몇 동기생들처럼 1980년 5·18 당시 공수부대 대대장으로 내려가 5·18시위를 진압했을지 모른다.

월남에 먼저 간 동기생들의 전사 소식이 속속 날아들었다. 그래도 초급 장교들은 참전기회를 꼭 가져야 한다고 믿었다. 참전 기회를 갖지 못하면 비겁한 것이라고 생각들 했다. '맹호는 간다', '달려라 백마', 경쾌한 군가가 매일같이 라디오를 통해 흘러나왔다. 그 시대를 살았던 사람들 치고 이 군가에 눈시울을 적셔보지 않은 사람 드물었을 것이다. '이제 우리도 남을 도울 수 있다', '우리도 민주주의 수호에 주역이 됐다.' 그 시대에는 이런 자부심이 국민들 사이에 팽배했다. "아, 자랑스럽다, 대한의 건아!", "국위를 선양하고 민주주의와 자유를 수호하기 위해 보무도 당당히 이국만리 전쟁터를 향해 떠나는 저 늠름하고 자랑스런 대한의 건아들을 보라!……" 방송국 아나운서들은 북받치는 감격에 말을 잇지 못했다. 이광재 아나운서의 흥분한 음성이 청취자들의 눈물을 자아냈다. 파월장병들이 늠름하게 벌이는 퍼레이드가 국민의 가슴을 뛰게 했다. 마치 제2차 세계대전이 종결되고 연합군이 파리에 입성할 때 온 시민들이 열광했듯이 서울시민들도 그렇게 열광했다. 가도에서, 건물 속에서, 옥상에서! 여학생, 주부, 배우들이 퍼레이드 대열로 뛰어들어 꽃다발을 걸어주었다. 모든 장병들의 목에 몇 개씩의 꽃다발이 걸렸다.

강재구 소령! 파월훈련 중 한 부하가 병사들 틈으로 잘 못 던진 수류탄으로부터 부하들의 목숨을 건지기 위해 몸을 던져 수류탄 폭발을 끌어안고 산화한 강재구 대위가 1계급 특진되어 영웅으로 등장했다. 이는 타락했던 전후의 귀족세력과 침체됐던 사회분위기에 신선한 충격을 주었다. 주월한국군의 눈부신 역할이 거의 매일같이 뉴스의 하이라이트를 장식했다. 극장에서는 따이한의 활약상과 용맹성이 「대한뉴스」를 장식했다. 최근 월드컵 축구를 보면서 국민의 마음이 하나 되어 열광하듯이 그 때는 파월한국군 뉴스에 국민이 하나 되어 열광했었다.

월남으로 떠나는 군함

　강원도 북쪽 산골 오음리에는 파월장병들에게 월남의 기후, 지형, 작전요령에 이르기까지 기본지식을 알려주고 새로운 환경에 대비하기 위한 전투훈련을 시켜주는 '파월장병교육대'가 설치돼 있었다. 설치 목적으로 보아서는 한없이 고마워해야 할 곳이지만 막상 경험해 보니 기억하기조차 싫을 만큼 기분 나쁜 곳이었다. 오음리로 가라는 명령지를 받아들고 춘천에서 오음리 행 버스를 탔다. 험준한 산을 여러 구비 넘었다. 달팽이처럼 꼬불꼬불한 비포장도로를 아슬아슬하게 오르내릴 때마다 천야만야 새카맣게 내려다보이는 낭떠러지, 금방이라도 버스가 내려구를 것만 같았다. 두 시간 정도 마음을 졸이고 나니 드디어 항아리처럼 푹 패어진 깊은 분지가 나타났다. 완전 찜통이었다. 바람 한 점 없는데다 대지가 뿜어내는 열기가 콱콱, 숨을 막았다. 악질적인 기후가 월남을 쏙 빼닮았다고 했다. 이 찜통 속에서 6월 무더위를 견딘다는 것은 엄청난 고통이었다. 말이 교육대이지 시간 때우기였다. 솔잎마저 축축 늘어지는 땡볕 더위에 새롭게 배우는 것은 없고, 하루 종일 철모를 쓰고 뜨거운 직사광선에 노출되어 고생만 하는 것이 교육의 전부였다. 고마운 훈련이 아니라 일부러 주는 고통 같았다.

대위나 소령급의 피교육자들이 나서서 돈을 걷었다. 기간요원들에게 잘 봐달라는 뜻으로 전달되는 돈이었다. 약효는 곧바로 나타났다. 많은 훈련이 생략되고 축소됐다. 막상 월남에 가보니 오음리 교육대는 전혀 불필요한 곳이었다. 월남전에 필요한 지식은 월남 현지에 가서야 비로소 습득할 수 있었다. 오음리에서 들려준 이야기는 교육관들을 돋보이게 하기 위해 지어낸 소설에 불과했다. 파월장병교육대는 그럴듯한 명분을 이용하여 군 간부들의 자리를 늘리기 위해 만든 부정한 곳이라는 생각마저 들었다. 몇몇 장군들의 빗나간 발상으로 인해 국가예산이 낭비되고 32만5천명의 파월장병들이 불필요하게 생고생을 하게 된 것이다.

전쟁터로 떠나는 마당이라 누구나 가족을 그리워했다. 살아서 돌아올지 죽어서 돌아올지 모른다며 풀들이 죽어 있었다. 이런 처지에 있는 전우들의 심리적 약점을 악용하여 적은 돈이나마 착취한다는 것은 상상 밖의 야비한 행위였다. 출국하는 날 아침, 파월장병들은 춘천까지 다섯 시간에 걸쳐 뙤약볕 도보행군을 했다. 발바닥에 물집이 생기고 발목이 아파 거의가 절뚝거렸다. 더위를 먹고 쓰러지는 장병도 많았다. 군대 상식대로라면 이들은 차량으로 수송됐어야 했다. 수송예산도 이미 반영됐을 것이다. 문서상에는 차량으로 수송한 것으로 꾸며 놓고 그 휘발유를 내다 팔았을 것이라는 생각도 들었다.

고통의 오음리에서, 나와 함께 고생을 하고 파월한 하사관들 중에서 여럿이 전사했다. 전사한 전우들의 얼굴이 떠오를 때마다 그들의 주머니에서 코 묻은 돈을 받아낸 교육대 간부들의 모습들이 오버랩 되곤 한다. 갑자기 파리 떼가 생각났다. 1951년 1·4후퇴 때 충청도 음성으로 피난을 나갔다 돌아오니 온 마을이 불타 있었다. 구들 밑에 파묻은 쌀과 김치가 불에 그을려 매콤한 매연 맛이 깊이 배어 있었다. 물에 씻었지만 소용이 없었다. 초근목피로 연명하다가 피똥을 누는 이들이 많았다. 아이들이 따뜻해 보이는 묘지에서 햇볕을 쬐다가 갑자기 배가 아프다며 데굴데굴 구르곤 했다. 그러다 변을 보면 손가락 굵기의 회충들이 가득 나왔다. 이러한 계절에 20대 후반의 젊은 여인이 머리에 꽃을 달고 히죽히죽 웃고 다녔다. 어쩌다 제 정신이 돌면 4살 난 여아를 부둥켜 안았고, 정신이 나가면 팽개쳤다. 어느 날 그 여인은 마을 밖 신작로 배수로에 하늘을 보고 잠들었다. 여아는 엄마의 젖에 입술을 대고 이따금씩 눈만 깜박였다. 파리 떼가 여아의 눈에 몰려들었다. 쫓을 힘도 없었다. 어쩌다 눈을 감았다 뜨면 조금 날아올랐다 다시 내려앉았다. 눈 속에 마지막으로 남은 습기를 빨기 위해! 우리 사회에는 이 모녀의 처지로 상징될 수 있는 불쌍한 인구들이 있고,

파리 떼로 상징될 수 있는 인구들이 있다. 위의 교육대 이야기는 일반 사회와 비교해 보면 애교 수준에 불과하겠지만 순수해야 할 군에서 더군다나 목숨을 걸고 이역만리로 떠나가는 전우들을 상대로 이런 일을 저지른다는 것은 액수에 관계없이 서글프고 화나는 일이었다.

춘천역이었다. 부산행 특별열차에 몸을 실었다. 고국을 등지고 전쟁터를 향해 떠난다는 기막힌 절박감보다는 우선 지긋지긋한 악마의 소굴을 빠져 나왔다는 안도감이 앞섰다. 여기저기서 콧노래가 들렸다. 웅성웅성 이야기 소리도 들렸다. 기차가 춘천역에서 점점 멀어지자 차츰 이별의 아픔과 전쟁의 공포감에 젖어들기 시작했다. 부산에 이르기까지, 기차는 무거운 침묵만 싣고 달렸다. 부산항, 군악대가 경쾌한 군가와 유행가를 쉴 새 없이 연주했지만 배웅 나온 가족에게나 떠나는 병사들의 무거운 마음에는 별 기별을 주지 못했다. 여학생들이 단체로 나와서 쉴 새 없이 노래를 불러줬지만, 장병들의 눈망울은 가족을 찾는 데만 분주했다. "사랑해", "몸조심해", "무사히 돌아와야 해, 꼭, 알았지?" 이리저리 가족을 찾아내서 몇 마디 나누기가 바쁘게 환송행사는 끝이 나고 말았다. 생전 처음 보는 2만 톤짜리 군함에 승선했다. 고층아파트 몇 개를 포개놓은 것만큼 거대했다.

투박한 뱃고동 소리가 무겁게 내려깔리면서 배는 부두로부터 한 뼘씩 멀어져 갔다. 몇몇 병사가 가지고 있던 라디오에서 '당신과 나 사이에'라는 애조 띤 유행가가 흘러나왔다. 거대한 색소폰에서 나는 듯한 뱃고동 소리, 난생 처음 들어보는 그 소리가 터질 듯한 이별의 아품을 더욱 아프게 자극하면서 파월장병과 그 가족들의 가슴에 일생 내내 지워지지 않을 긴 여운을 남겨놓았다. 살아서 돌아온 용사들에게는 추억의 소리로, 전사한 용사들의 가족에게는 가슴을 저미는 진혼곡으로 길이 남아있을 것이다. 부산항 전체가 손바닥만 하게 멀어져 가더니 이내 수평선 밖으로 사라졌다. 가슴을 저미던 이별의 애절함도 서서히 몽롱한 과거 속으로 멀어져 갔다.

서서히 배멀미가 찾아들었다. 청소구역이 할당됐다. 함상생활이라는 또 하나의 군대생활이 강요되었다. 상냥하고 통통하게 생긴 육사 18기생 장대위가 오음리에서부터 4년 후배인 나를, 때로는 보좌관이라 부르기도 하고 때로는 애인이라 부르기도 하면서 친근하게 대했다. 그는 나중에 3성장군으로 예편했다. 그는 함상에서 그가 맡은 일을 모조리 나에게 맡겼다. 나는 그를 대신해서 동료들에게 청소구역을 할당하고 청소상태를 검사하고 다녔다. 원래 나는 위가 약해서 배멀미가 남보다 더 심했다. 나도 남들처럼 주어진 구역만 청소하고 침대에 누워있으면 얼마나 좋을까하는 생각이 들 때가 한두 번이 아니었다. 그 때마다 선배대위가 원망스럽기도 했다. 더러의 동료급 장교들은 청소를 하지 않고 꾸물대면서 임무를 부여하는 나를 향해 짜증까지 냈다. 같은 처지에 처해 있으면서 누구는 넓은 공간을 헤매고 다니면서 임무를 부여하고, 감독하고, 보고하기에 바쁜 반면 누구는 나보다 훨씬 튼튼하면서도 누워서 불평이나 하고! 서운한 생각도 들었다.

3일이 지나니까 배멀미가 가시고 차츰 얼굴들이 밝아지기 시작했다. 병사들이 갑판 위로 올라와 항해를 즐겼다. 망망대해를 마치 내 몸으로 직접 가르며 달리고 있는 것 같은 쾌감을 느끼는가 하면 시커먼 바닷물을 내려다보면서 깊고 험한 물살에 공포감을 느끼기도 했다. 나르는 물고기, 튀어 오르는 물고기들에 한동안 정신을 빼앗기기도 했다. 망망대해의 밤하늘은 참으로 아름다웠다. 길게 손을 뻗으면 잡힐 듯, 온 하늘의 별들이 가까이 내려와 있었다. 수없이 많은 별똥별이 '길게 늘어진 연줄' 처럼 곡선을 그리며 쉴 새 없이 떨어져 먼 바다 위에 내렸다. 흰 가운을 입은 필리핀 종업원이 딸랑이 종을 흔들고 다니면서 식사시간을 알렸다. 함정의 장교식당은 넓고 깨끗했으며 피아노도 한 대 놓여 있었다. 식사를 마친 후 피아노에 앉아 재즈곡을 치고 나가는 미국인 종업원이 멋있어 보였다.

 식탁에는 영어로 쓰인 메뉴판이 놓여 있었다. 생전 처음 보는 것이었다. 내가 앉은 식탁의 사람들, 나에게 메뉴를 설명해 달라고 부탁했다. 나라고 해서 영문 메뉴판에 익숙한 건 아니었지만 단지 필리핀 종업원과 대화를 할 수 있다는 것 때문에 그들은 나의 영어 실력을 신뢰했다. 내가 메뉴를 정해 종업원에게 알려주면 다른 사람들은 모두 '미투'(me too, 나두요)를 반복했다. 미투 식 주문 때문에 주방에는 며칠 안 가서 닭고기와 쇠고기가 동이 났다. 반면 다소 낯선 양고기와 칠면조 고기 같은 것들은 고스란히 남게 되었다. 하여튼 식탁에 앉아서 자기가 좋아하는 음식을 마음껏 주문하고 서비스 받을 수 있다는 것은 지금으로서는 인건비 때문에라도 상상조차 할 수 없는 머나 먼

황금시절(good old days)의 상징이었다.

　일주일 만에 나트랑이라는 유명한 항구에 도착했다. 누구도 그 항구가 무슨 항구인지를 알지 못했다. 하선하라고 해서 배에서 내렸고, 승차하라고 해서 트럭에 탔다. 트럭은 나트랑시의 후미진 골목길을 통과하여 태양열에 검게 타버린 대지 사이를 뚫으면서 달렸다. 억세게 생긴 검은색 가시나무 관목들이 도로변에 듬성듬성 늘어서 있었다.

　그 후 3년이 지나 나는 나트랑 항구를 휴양 차 들렸다. 이때 다시 본 나트랑은 가히 환상적이었다. 끝없이 길게 뻗어간 백사장을 따라 야자수가 줄을 이어 늘어섰고, 길고 긴 실파도가 쉴 새 없이 밀려와 한가롭게 부서지고 있었다. 밤이면 또 다른 정취가 무대의 제2막을 장식했다. 낮게 드리워진 십자성, 교교히 비치는 달빛, 화려한 전등불에 비춰지는 기다란 파도가 어우러져 자아내는 앙상블이 남국의 정취를 한껏 북돋아 주었고, 야자수 밑에 모여 앉은 선남선녀들은 조개구이 한 접시를 앞에 놓고 술잔을 기울여가며 밤 가는 줄 몰라 했다. 전쟁 속에서도 낭만은 있었다.

이 순간을 무를 수만 있다면!

밀가루 반죽을 두 손으로 늘려놓은 것 같이 기다랗게 늘어진 베트남 국토, 동해안을 따라 1번 도로가 남북으로 길게 늘어져 있었다. 이 도로를 따라 광활한 농토가 전개되어 있었고, 미군이 설치한 송유관이 끝 간 데 없이 이어져 나갔다. 한국군은 바로 이 1번 도로 주변에서 월남 주민과 친구가 되기 위한 선무작전을 펴면서 베트콩 지배지역을 하나씩 평정해 나갔고, 미군은 국경지대에서 월맹 정규군과 치열한 전투를 벌이고 있었다. 맹호사단은 퀴논시를 중심으로 한 북부 지역을, 백마부대는 나트랑과 뚜이호아시를 잇는 남부 지역에 배치돼 있었다. 백마사단 중에서 제28연대는 북쪽 뚜이호아 지역에, 제29연대는 사단사령부와 함께 닌호아라는 중간 지역에, 그리고 제30연대는 맨 남쪽인 나트랑 지역을 맡고 있었다. 제28연대 지역은 베트콩과 월맹군의 소굴로 육군소위가 가면 '죽지 않으면 병신'이 된다고 전해지는 지역인 반면 남쪽 제30연대 지역은 소위가 가도 1년 내내 베트콩 구경 한번 못하는 그야말로 안전지대였다. 파월 새내기들은 땅거미가 내려앉을 무렵에야 사단사령부 보충대에 도착했다. 숙소로 지정된 우중충한 군용 텐트가, 대낮에 받은 고열과 특유의 천막 냄새를 마구 뿜어내고 있었다. 해가 지면서 모기가 달라붙기 시작했다. 월남 모기! 어찌나 극성맞던지 촘촘히 짜인 작업복까지 뚫고 들어오기 때문에 월남의 밤은 모기약 없이는 견디지 못했다. 보충대 중대장은 이 사실을 너무나 잘 알고 있을 테지만 그 흔해 빠진 모기약 하나 지급하지 않아 월남에서 보내는 첫날밤을 모기에게 뜯기며 지새게 했다.

군함에서는 멀미를 핑계로 청소조차 제대로 하지 않고 침대에 누워 있던 친구들이 보충대에 오면서부터는 갑자기 초롱초롱 눈빛을 반짝이면서 여기저기에 전화를 걸며 분주하게 움직였다. 일하는 데에는 꾀를 부리던 사람들이, 살아남는 데에는 재주가 참으로 뛰어나구나 싶었다. 이튿날이었다. 맹활약(?)을 벌이던 친구들은 사령부에 남게 됐다며 즐거워했고, 나 같이 배경 없는 30여 명의 장교들은 시누크(CH-47)라는 육중한 헬리콥터를 탔다. '따따따……', 시누크 지붕에서 맞물려 돌아가는 두 개의 프로펠러가 내는 굉음이었다. 밖은 볼 수 없고, 소리만 요란하게 고막을 울렸다. 어두컴컴한 기체 내에 갇혀버린 새내기들의 입은 40분 동안 굳게 다물어져 있었고, 조용한 눈망울들에는 공포의 빛이 역력해 보였다.

나는 보병 제28연대의 파트너인 제30포병대대에 배치됐다. 보병연대 본부와 포병대대 본부는 해안가 넓은 백사장을 낀 광활한 대지에 함께 위치해 있었다. 군수부대, 병원, 간호장교 숙소, 보병 제1대대 본부, 한국군 PX, 헌병대, 보안대도 같이 있었다. 기지 주변에는 윤형 철조망이 5중으로 설치돼 있었고, 밤에는 기지 밖에서 기어 들어올지도 모를 베트콩을 감시하기 위해 전등불이 촘촘히 밝혀져 있었다. 위치가 적나라하게 노출돼 있기 때문에 1년에 몇 차례씩은 베트콩으로부터 심한 박격포 사격을 받았다. 한때는 십여 명의 특공조가 철조망을 뚫고 들어오다 우리 초병들의 집중사격을 받아 사살된 적도 있었다. 언제나 적에게 노출돼 있는 기지를 방어하기 위해서는 적극적인 공격수단을 강구해야만 했다. 때로는 대규모 작전을 수행하기도 했고, 큰 작전이 없는 날에는 매일같이 베트콩이 다니는 길목에 나가서 매복을 했다. 베트콩은 야간에 활동하기 때문에 그들이 다닐 만한 길목에 소대 단위로 매복해 있다가 그 길을 따라 오가는 베트콩을 잡는 작전이었다. 이렇게 늘 공격작전을 하는 이유는 마을을 베트콩으로부터 보호하기 위해서이기도 하지만, 베트콩을 늘 공격하지 않으면 반대로 한국군이 공격을 당하기 때문이었다.

연대기지로부터 3km 떨어진 서남쪽 지역에는 삼각산보다 더 우람한 바위산이 우뚝 서서 한국군 기지를 내려다보고 있었다. 집채보다 더 큰 바위들, 더러는 25층 아파트보다 더 큰 바위들로 엉켜져 이루어진 산이었다. 정상에는 높이 150m나 되는 깎아 세운 듯한 쌍 바위가 하늘을 찌를 듯 우뚝 솟아 있었고, 그 밑에는 천길만길 시커먼 바닷물이 호수 물처럼 잔잔하게 고여 있었다. 월남에서도 유명한 봉로만이었다. 동그란 봉로만의 저편에는 눈이 부실 만큼 하얀 백사장이 둥근 띠를 이루고 있었다. 그 띠에 갇혀 있는 깊은 물은 태양의 위치에 따라 다양한 색깔을 연출해 냈다. 때로는 검푸른 색, 때로는 에메랄드 색, 때로는 투명한 가을 하늘색들이었다. 아침부터 저녁에 이르기까지 바라볼 때마다 색깔이 다르고 느낌이 달랐다. 평화 시라면 가히 환상적인 풍경이었을 것이다.

정상적으로라면 나는 도착하자마자 포병대대 본부로 가서 대대장과 포대장에게 신고를 해야 했다. 그러나 내가 도착한 날은 그 유명한 한 달간의 '홍길동 작전'이 시작되기 하루 전이었다. 그래서 나는 대대장과 포대장의 얼굴도 보지 못한 채, 곧바로 보병 3중대로 직송됐다. 포병 관측장교로 파견된 것이다. 보병 제3중대는 기동타격중대였다. 급한 상황이 전개되거나 다른 부대에 작전 지원을 나갈 때마다 시도 때도 없이 불러대는 5분 대기조 같은 것이었다. 그래서 제3중대는, 연대가 가지고 있는 14개 중대 중에서 가장 많은 전과를 기록했다. 백마사단 전과의 90%는 제28연대가, 연대 전과의 50%는 제3중대가 올렸다. 보병 제1대대는 연대기지 내에 위치해 있었고, 제2대대와 제3대대는 각기 북쪽과 서쪽으로 30~40분간의 차량거리에 뚝뚝 떨어져 있었다.

모든 보병부대들은 베트콩의 활동을 감시할 수 있는 수많은 거점을 선정해서 중대 또는 소대 단위로 벙커진지를 운영하고 있었다. 이를 홈베이스라고 불렀다. 마치 옛날 일본의 성처럼 중요한 거점 지역에 성을 구축함으로써 거점과 거점 사이에 산재해 있는 민간 마을들에 베트콩이 발을 붙이지 못하도록 통제하는 개념이었다. 나는 바로 이런 통제형 거점 방어 개념이 우리 한국 방어에도 적용돼야 한다고 생각한다. 이는 복잡한 이야기이니까 여기에서는 소개를 생략한다. 월남전은 게릴라전이었다. 게릴라는 민간 복장을 하고 다녔다. 마을에서 만나는 민간인이 양민인지 베트콩인지는 누구도 알 수 없는 일이었다. 게릴라가 가장 중요하게 생각하는 자산은 주민이다. 주민의 도움 없이는 작전을 할 수 없다는 것이 게릴라 전술의 핵심이기 때문에 마오쩌둥은 "게릴라는 고기요, 주민은 물"이라 가르쳤던 것이다. 간첩을 신고하는 사람도 주민이고, 적군의 움직임 등에 대한 정보를 주는 사람들도 주민이고, 배고픈 군인에게 밥을 지어주는 사람들도 주민이다. 주민들의 도움 없이는 작전에서 성공할 수 없는 것이다.

그래서 한국군은 게릴라전의 전문가인 채명신 장군을 초대 주월군 사령관으로 보냈다. 그는 주민과 게릴라를 분리시키기 위해 대민활동을 강조했다. "100명의 베트콩을 놓치는 한이 있어도 한 사람의 양민을 보호하라", "병사 한 사람 한 사람은 모두가 외교관이다", "예의를 가지고 주민을 대하라." 이러한 명령적 구호에 따라 한국군은 마을 주민에게 쌀을 주고, 교량과 건물을 지어주고, 태권도를 가르쳐 주고, 잔치를 열어주고, 치료를 해주었다. 월남에서 '따이한' 하면 친절의 대명사였다. 같은 물자라도 미군이 주면 거부하지만 한국군이 주면 고마워했다. 낮에는 민간 마을에 따이한의 이미지를 심어, 주민의 마음을 한국군 편으로 만들고 밤에는 이러한 민간인들이 베트콩으로부터 보복을 받지 않도록 마을을 지켜 주었다.

이 지역에는 '피의 계곡'이라 불리는 베트콩 요새가 있었다. 집채만 한 크기의 바위들로 구성된 계곡이라 항공기들이 아무리 많은 폭탄을 퍼부어도 끄떡없었다. 지하 2층, 3층 심지어는 5층까지 동굴이 형성돼 있어 난공불락이었다. 용감한 청룡부대가 이 기지를 공격하다가 많은 희생자를 냈다 해서 붙여진 이름이 '피의 계곡'이었다. '앞으로 전진' 하는 식으로 공격하다가 숨어서 쏘는 베트콩의 공격을 받은 것이다.

제3중대 중대장은 육사 16기생으로 깡마르고 작은 키를 가졌지만 생도 때에는 럭비선수였다 한다. 그는 많은 훈장을 탔지만 훗날 2성 장군으로 군을 마감했다. 관측장교인 나는 언제나 중대장과 한 팀으로 행군하면서 중대에 포병화력을 지원해 주는 역할을 수행했다. 나에게 자리를 인계한 장교는 육사 1년 선배였다. 전에는 별로 친해 본 적이 없던 선배였지만 나를 보자마자 너무나 반가워했다. '야, 육사 선배라는 게 이렇게 좋은 거로구나!' 작전 전날, 그는 하루 종일 싱글벙글 했다고 한다. 나중에 알고 보니 그는 나의 도착이 하루라도 늦으면 어떻게 하나 하고 근심을 했다는 것이다. 하루만 늦었어도 그는 한 달간의 험한 작전에 투입될 뻔했다는 것이다. 많은 장병들이 귀국을 불과 며칠 앞두고 전사했다. 이는 모든 장병에게 징크스로 작용했다. 이러했기에 귀국을 하루 앞둔 시점에서 나를 보자마자 그토록 기

뻔했다는 건 인간적으로 충분히 이해가 갔다. 이것도 전장심리의 하나일 것이다. 새 주인을 만난 나의 당번병과 무전병이 와서 첫인사를 하고는 내가 짊어지고 나갈 군장을 꾸려 왔다. 4개의 수통에 물을 담아왔다.

"소대장님, 물을 아껴 드십시오. 물만큼은 남에게 주지도 말고 달라해도 안 됩니다. 산 속에 있는 물에는 베트콩이 독을 넣는다고 합니다. 시장에서 파는 수박에도 독을 넣는다고 합니다. 반드시 수통 물만 드셔야 합니다."

이튿날 검은 새벽, 각자는 무거운 표정에 완전군장을 메고 헬리콥터 장으로 행군했다. 마치 밤 도깨비 행렬처럼 보였다. 승객정원 5명, 헬리콥터가 땅에 닿는 둥 마는 둥 기우뚱거리며 병사들을 태웠다. 헬기가 날아가는 동안 모두가 말이 없었다. 생전 처음 타보는 헬리콥터! 옆문을 닫지 않은 상태에서 옆으로 누워서 날아갔다. 안전벨트를 맸지만 금방이라도 쏟아져 내릴 것만 같아 있는 힘을 다해 앞 의자를 움켜쥐었다. 그러나 나중에 알고 보니 그렇게 움켜쥘 필요가 없었다. 낮게 떠가는 헬기를 향해 정글 속에서 총이라도 쏘면 어떻게 하나, 마음을 졸였다. 밑에는 뽀송뽀송하게 보이는 푸른 벼가 융단처럼 깔려 있었고 그 사이로 간간이 나타나는 개울들에서는 희뿌연 흙탕물이 희미한 여명을 받아 반짝 반짝 빛을 냈다. 정글로 뒤덮인 산이 끝도 없이 전개됐다. 검푸른 솜을 뭉글뭉글 깔아놓은 것처럼 보드랍고 아름답기까지 했다. 이내 넓고 평평한 고산지대가 펼쳐졌다. 산 정상은 뾰족한 봉우리가 아니라 넓게 전개된 또 다른 평야였다. 사람 키를 훨씬 넘는 갈대밭이 전개됐다. 하지만 위에서 보기엔 아름다운 잔디밭이었다. 처음 보는 이국의 경치, 신기하고 아름답기  까지 했다. 사람 키를 넘는 갈대밭 위에 헬기가 공중 부양된 상태에서 정지했다. 뒤뚱거리는 동안 병사들이 2m 정도의 높이에서 뛰어내리자마자 쏜살같이 사방으로 튀어나가 엎드렸다. 몸에 밴 동작이었다. 중대마다 내리는 곳이 달랐다. 광활한 정글 산에 2개 사단 병력이 이런 식으로 바둑판처럼 깔렸다. 가장 길었다는 홍길동 작전은 이렇게 시작된 것이다.

정글 속에서의 행군은 언제나 일렬종대였다. 1996년 9월 18일, 강릉 해안에 북한 잠수함이 자살골로 좌초했다. 잠수함에는 승무원을 포함해 26명의 무장간첩이 타고 있었고, 이들은 좌초를 당하자마자 산으로 달아나, 11명은 산속에서 스스로 자살을 했고, 13명은 사살되고 1명은 생포되고 1명은 북으로 달아났다. 이러한 결과를 얻기까지 군은 1996년 9월 18일부터 11월 7일까지 51일 동안 매일 평균 7만 명의 병력을 산에 깔았다. 당시 합참의장은 병사들이 일렬횡대로 늘어서서 산을 샅샅이 뒤질 것으로 착각했다. 하지만 나무가 우거진 산 속에서의 수색은 절대로 횡대일 수 없다. 길을 따라 일렬종대로 이동하기에도 벅찬 것이 산악작전이다. 그래서 길목을 잡는 지혜가 필요한 것이다. 이를 위해서는 지휘관의 전략적 판단이 절대적으로 중요한 것이다. 베트콩은 이렇게 이동하는 한국군을 잡기 위해 길목을 지켰다. 부비트랩을 설치해 놓기도 했고, 웅덩이를 파서 독침을 꽂아놓은 후 위장을 해놓기도 했고, 매복을 하기도 했다. 강릉작전을 지휘한 그 4성 장군은 이런 기본적인 상식조차 없이 태백산 일대에 병사를 저인망식으로 깔아 포위망을 좁혀감으로써 불필요한 피해를 야기했다. 대령 1명, 대위 2명. 하사관 1명, 사병 4명이 사망했고, 17명이 부상했다. 민간인 사망자도 여러 명 있었다. 월남전을 제대로 이해한 사람이었다면 이런 무모하고 무식한 작전을 펴지 않았을 것이다.

정글 속에는 집채만 한 바위들로 뒤엉켜 있는 곳이 많다. 그런 곳들에는 베트콩이 서식할 수 있는 동굴이 마련돼 있다. 나무 밑에는 만년 열대림에서 떨어져 내린 잎들이 수백 년 지나는 동안 검은 흙으로 변해 있었다. 아름드리 나무들이 촘촘히 들어서 있는 곳들은 행군하기에 편했다. 걸을 때는 한없이 땀이 흘렀지만 몇 분만 쉬고 있으면 한기가 돌 만큼 추웠다. 그러다가도 가시나무 관목 숲이 나타나면 사정은 달랐다. 두꺼운 가죽장갑을 낀 병사가 행군대열의 맨 앞에 서서 장수의 칼처럼 생긴 정글도를 가지고 통로를 개척해 주었다. 한 시간에 불과 몇 십 미터밖에 전진할 수 없었다. 햇볕은 여과 없이 내려 쬐고, 얼굴은 빨갛게 익고, 몸과 얼굴의 여기저기에는 생채기가 나있었다. 오후 2시가 되자 물이 동나 버렸다. 작업복이 소금가루로 하얗게 뒤덮였다. 땀이 말라 소금이 된 것이다. 입이 타들어갔다. 침조차 말라 버렸다. 처음으로 당해보는 목마른 고통, 참으로 가혹한 것이었다. 바로 이때, 50m 정도로 앞서 나간 선발대로부터 날카롭게 째지는 총성이 들려왔다. 모두가 반사적으로 바위틈에 몸을 숨기고 숨을 죽였다. 순간, 부산항에 나왔던 얼굴들이 주마등처럼 떠올랐다. 이 순간을 다시 무를 수만 있다면! 갑자기 세상 끝 절벽에 서있는 기분이 들었다.

초등하교 1학년 때의 늦가을, 추수한 논둑을 타고 국방군이 마을로 진격해 들어왔다. 개울을 사이에 두고 마을과 논둑이 마주보고 있었다. 외딴 이 마을에는 겨우 다섯 채의 집이 있었다. 마을에서 하루를 묵은 2명의 인민군 패잔병들이 갑자기 이웃집으로 들어가 따발총을 손에 들고 나오더니 개울을 향해 "쏘리 쏘리?" 하고 소리를 쳤다. 개울 건너 논두렁에는 국방군이 길게 늘어서서 마을 쪽을 바라봤.

"그래, 쏴라."

서울에서 피난 나온 누나가 있었다.

"누나, 저쪽에 늘어선 군인들은 누구야?"
"응, 국방군이야. 이제 곧 싸울 거야."
"야! 신난다. 우리 구경하자."
"그래 그러자."

대문 밖으로 나가려는 순간, 갑자기 정신이 들었는지 누나가 나를 잡아챘다.

"야! 총 쏘면 우린 죽어. 얼른 느네 집 방공호로 가서 숨어야 해."

대문을 들어서기가 무섭게 총소리들이 요란했다. 그리고는 한동안 조용해졌다. 나는 누나 손을 잡아끌며 구경 가자고 졸랐다. 벽에 바짝 붙어 살금살금 나왔다. 대문을 조금 열고 내다보았다. 국방군 아저씨가 앞집 지붕 위로 날쌔게 올라갔다. 누나 말로는 국방군 소위라 했다. 인민군과 서부활극이 벌어진 것이다. 마당 한가운데에는 두레박으로 물을 뜨는 깊은 우물이 있었고, 우물 위에는 동그란 노깡이 솟아 있었다. 인민군이 그 노깡 벽에 몸을 숨기고 지붕을 쳐다보려던 찰나, 지붕 위의 소위가 먼저 보고 쏘았다고 했다. 우물가에 피가 낭자했다. 이게 내 머리 속에 있는 전투의 모습들이었고, 그 모습들이 엎드려 있는 내 머리를 스쳐갔다.

순간 총소리가 멈추고 적막이 흘렀다. 나는 좌우 주위는 물론 빽빽하게 들어찬 나무속을 바쁘게 살폈다. 베트콩들이 나무 위에서 총을 쏠 수도 있었고 바위틈에서 솟아날 수도 있다는 생각을 했다. 곧 선발대로부터 무전을 통해 상황보고가 들어왔다. 총소리는 검은 옷을 입은 베트콩 소년이 유발시켰다. 한 그루의 나무 뒤에서 다른 그루의 나무 뒤로 날아다니듯 잽싸게 움직이는 소년에게 가해진 사격이 그토록 요란했던 것이었다. 중대 본부가 현장으로 접근했다. 조금 전 긴박했던 분위기와는 전혀 달리 현장은 평화롭기까지 했다. 검은 옷을 입은 맨발의 미동을 잡아놓고 몇 명의 병사가 말을 걸고 있었다. 얼굴이 어찌나 예쁘던지 병사들이 저마다 머리를 쓰다듬어 주었다.

하지만 그 미동은 어린아이가 아니었다. 발바닥은 군화의 바닥처럼 딱딱하게 굳어 있었고, 발가락 사이는 넓게 벌어져 있었다. 얼굴은 매우 예쁘고 어려 보이지만 오랫동안 산에서 활동한 베트콩이 틀림없어 보였다. 놓아주면 한국군의 위치를 베트콩 본부에 알려줄 수 있는 그런 상황이었다.

병사가 주워들은 몇 마디의 월남어 실력으로 소년에게 물었다. "브이씨, 어 더우?" 하니까 "콩비억" 하고 고개를 저었다. '베트콩이 어디 있느냐'는 물음에 '모른다'는 대답이었다. 서울의 소년들과 비교해보니 무섭다는 생각이 들면서도 다른 한편으로는 측은하다는 생각이 들었다. C-레이션 깡통을 따주고 과자와 초콜릿을 주었더니 참으로 맛있게 먹었다. 장난기 있는 병사가 어쩌나 보려고 담배를 주었더니 눈을 지그시 감고 담배 맛을 음미하기까지 했다. 그런데! 바로 여기가 베트콩 소굴이었다.

살아만 갈 수 있다면!

　몇 명의 병사들이 소년을 취조하는 동안 다른 병사들은 동굴 속을 수색했다. 큰 바위들이 뒤엉켜진 곳에 미로와 같은 동굴들이 끝도 없이 이어져 있었다. 전등을 비추며 이리저리 수색하는 병사들의 신경이 칼날처럼 곤두섰다. 동굴 속에서 이따금씩 총성이 울렸다. 총소리가 끝난 직후의 고요함은 불안감과 아울러 궁금증을 증폭시켰다. 이윽고 동굴 속에서 엄청난 양의 무기들을 꺼내기 시작했다. 박격포, 기관총, 총류탄, 소총 등 두 트럭분의 양이었다. 중대장의 얼굴이 딱딱하게 굳어 있었다. 너무나 엄청난 무기량이기 때문에 주위에 반드시 베트콩들이 숨어 있을 것이라는 생각이 든 것이다. 중대장이 떨리는 음성으로 전과를 보고했다. 후방에 있는 대대장과 연대장의 기뻐하는 소리가 수화기를 통해 쩌렁쩌렁 울렸다. 헬리콥터를 보내 노획품을 나르기 시작했다. 밀림 속이라 헬리콥터가 내려앉을 수는 없고, 그 대신 20m 정도의 나무 위에서 뒤뚱거리며 정지한 채 나무 틈사이로 커다란 망을 내렸다. 병사들이 이 망에다 노획한 무기를 잔뜩 채워주면 헬기는 이 망을 두레박 올리듯이 감아 올려 헬기 밑에 매달고 쏜살같이 날아갔다.

엄청난 전과에 흥분한 지휘관들은 병사의 갈증 같은 것에는 미처 착안하지 못하고 무기만 날랐다. 지휘관들에게 이런 전과는 금광에서 발견한 금맥보다 더 귀한 것이었다. 중대장 또한 갑자기 쏟아진 노다지에 정신이 나가 있었다. "대대장님, 헬기에 물 좀 보내 주십시오." 이 한 마디를 하지 못했다. 무기를 실어가려고 날아오는 헬기 망에 물통을 넣어 보냈더라면 얼마나 좋았을까… 밤이 깊었다. 갈증에 시달린 지 몇 시간이 지났다. 소변을 레이션 깡통에 받아 커피를 타 마시는 병사들 수가 늘어났다. 정글 속에서의 어둠은 글자 그대로 칠흑이었다. 햇볕이 내려쬐는 한낮에도 정글 속은 어두웠다. 베트콩들이 바위틈을 기어 나와 우리를 하나씩 공격할 것만 같은 생각이 들었다. 밤이 깊을수록 공포가 더해갔다. 하지만 그보다 더 견디기 어려운건 갈증이었다. 어디에서 도랑물이라도 있다면 죽음을 각오하면서까지 뛰어가고 싶은 심정이었다. 바위틈에 몸을 숨기고 있는 병사들에게서 간간이 신음소리가 들렸다. 당번병이 마지막 남은 오렌지 한 개를 중대장에게 건넸다. 어둠 속에서 중대장이 나를 바라봤다. 나는 못 본 체 했다. 그는 피- 하고 하얀 이를 드러내 보이며 반쪽을 내게 건넸다. 주는 그나 받는 나나 말할 힘조차 없었다. 말없이 받아 한입에 털어 넣긴 했지만 갈증은 오히려 더했다.

날이 새자 중대장은 대대장에게 긴급 요청을 했다.

"대대장님, 목이 탑니다. 오바."
"오! 고생했다. 즉시 보내주겠다. 물을 받을 수 있는 평지로 즉시 이동하라. 오바."

정글 속을 한발 한발 옮기는 것은 긴장의 연속이었다. 행여, 나무 위에, 바위틈에, 숲 속에 베트콩이 숨어 있다가 따따닥…… 쏘지나 않을까. 보이지 않는 부비트랩 철선이 나무 사이에 연결돼 있지는 않을까. 독이 묻은 쇠끝이 숨겨져 있는 함정에 빠지지는 않을까. 침묵의 행군을 계속하면서도 병사들의 눈은 지칠 줄 모르고 반들거렸다. 수통들에 물을 채웠다. 행군 중 휴식시간을 맞이했다. 몇몇 병사들이 사방으로 흩어져 경계를 했다. 나는 조금 떨어진 바위 뒤에 앉았다. 의심의 눈으로 사방을 두리번거리면서! 배낭을 옮겨놓는 순간이었다. "어-어!" 팔뚝 굵기의 슈퍼 급 지네가 나를 향해 더듬거리며 다가오는 것이 아닌가! 검푸른 등에 노란 선들이 험하게 그어져 있었다. 굵고 긴 다리들을 일사불란하게 움직였다. 악몽을 꾸듯, 소리를 지르려 해도 목청이 안 터졌다. 도망가려 해도 마치 다리가 땅에 붙어버린 것처럼 떨어지지 않았다. "김-병-장-" 간신히 소리를 쳤지만 모기소리였다. 아마도 내 얼굴은 사색이었을 것이다. 굵은 **뼈대**에 유난히

무성한 구레나룻을 가지고 있는 김 병장은 판단이 빠른 중대의 기둥이었다. 현장에서는 사실상 그가 병사들을 지휘했다. "뭡니까? 소대장님" 그는 날랬다. 내 시선이 머물러 있는 곳을 잽싸게 알아차리더니 순간의 주저함도 없이 철모 띠에 꽂혀있는 모기약을 꺼내 지네에게 쏘았다. 지포라이터 사이즈의 플라스틱 모기약 통을 납작하게 누르자 작은 구멍으로 액체가 힘 있게 분출된 것이다. 독한 약이라 지네가 괴로운 듯 몸을 꼬아댔다. 김 병장은 지네에서 눈을 떼지 않으면서 이 상병에게 명했다. "그어 대." 이 상병이 성냥을 그어 던졌다. 휘발성이 강한 모기약에 불이 붙었다. 그렇게 무서웠던 대형 지네가 삽시간에 재가 됐다. 이것이 전쟁터에서 1년을 거의 다 지낸 김 병장과 겨우 하룻밤을 보낸 소위와의 차이였다. 사람에 따라 무서운 것이 다 다르다. 나는 뱀보다 메뚜기를 잡아먹는 사마귀를 몇 배 더 무서워했다. 콩알보다 더 작은 삼각머리를 번쩍 치켜들고, 굵게 생긴 앞다리를 거만하게 들고 있는 모습이 그토록 혐오스러울 수 없었다. 그리고 뱀보다는 다리가 많은 지네를 더 무서워했다.

망망 산해를 지도 한 장을 가지고 다녔다. 계곡에 이르자 넘어야 할 산이 나타났다. 바늘구멍만큼의 틈도 없이 **빽빽**하게 가시나무가 들어찼다. 산에서 퍼져 나오는 기운이 어쩐지 음산하고 가시처럼 따갑게 느껴졌다. 산 속에 스멀스멀 베트콩이 배어있는 것만 같았다. 깡다구가 있어 보이는 중대장도 그 산을 통과할 엄두가 나지 않는 모양이었다.

"중대장님, 포를 쏴서 진로를 개척할까요?"
"네가 어떻게 길을 내냐?"
"어느 통로로 가시게요?"

새로 온 풋내기가 무슨 일을 하겠느냐는 표정이었다. 산 정수리의 좌표를 따서 포대에 불러주면서 연막탄을 요청했다. 정글에서는 지도 읽기가 어려웠다. 건너편 고지일것이라고 생각해서 연막탄을 쏘아보면 발밑에 떨어지는 경우가 허다했다. 올려다 보이는 고지 위에 연막탄이 떨어졌다. 나는 바로 그 자리에 6발의 포탄이 동시에 떨어지는 소위 "효력사"를 요청했다. 찢어질듯 작렬하는 소리는 뜨거운 태양 아래에서도 솜털을 세울 만큼 날카로웠지만, 그것이 우리 쪽 포이기 때문에 마치 체한 가슴이 뚫리듯 시원한 쾌감을 주었다. 포탄이 작렬하는 곳에 베트콩이 있었다면 아마도 고막이 파열되고 순간적으로 발작을 일으키며 정신이상자가 됐을 것이다. 능선을 따라 50m 간격으로 내려오면서 효력사를 요청했다. 드디어 100m 눈앞에까지 내려왔다. 파편이 산 밑에까지 날아왔다. 중대장과 병사들이 새파랗게 질렸다. 짐짓 중대장에게 물었다.

"조금만 더 내려 쏠까요?"
"됐어, 고만 해."

그 역시 내색은 안 해도 포탄의 위력에 굴복한 듯 했다.

정글 속에서 밤을 지낼 때는 텐트를 쳤다. 전갈이나 뱀이 접근하지 못하게 독한 모기약을 텐트 주위에 뿌렸다. 얼굴과 손에도 발랐다. 병사가 고무매트에 바람을 불어넣고 그 위에 모포를 깔아주었다. 하지만 병사들은 축축한 땅에 우의와 모포만 깔고 잤다. 밤낮을 이렇게 보내면서 지루한 작전을 계속했다. 한 달 후, 헬기들이 떼를 지어 날아왔다. 누구의 얼굴에나 털이 무성해 있었고, 피로에 지쳐들 있었다. 철수할 때의 기분은 이 세상 최고의 것이었다. 막사라 해야 모래밭에 천막을 치고, 합판을 이리저리 얽어매 벽을 만든 것이었지만 샤워를 할 수 있다는 그 하나만으로도 낙원처럼 느껴졌다. 작전이 끝나던 날, 중대장은 소대장들을 그의 천막으로 불러 모았다. 얼기 직전까지 '시아시'된 캔 맥주를 쌓아놓고 마음껏 마시라며 권했다. 크라운과 OB 맥주였다. 이런 순간을 가질 수 있다는 게 꿈만 같았다.

몇 번씩 살을 꼬집으면서 이 순간들이 생시인지 꿈인지를 확인했다. 꼬집음의 아픔은 고통이 아니라 죽지 않고 살아남았다는데 대한 기쁨과 희열이었다. 전축에서는 문주란의 '돌지 않는 풍차'를 비롯해 박재란, 현미, 정훈희 등 당대 여가수들의 히트곡들이 흘러나왔다. 고국에서는 싫증나던 곡들이었지만 이 순간에는 음의 마디마디가 가슴을 파고들었다. 고국은 온갖 꿈과 희망이 담겨있는 어머니의 품이었다. 살아서 고국에 다시 갈 수만 있다면! 무엇이든 할 수 있었고, 무엇이든 가질 수 있었다.

아름다운 남국의 밤하늘 아래 인분을 베개 삼아

　나는 혼자서 2개 중대를 동시에 지원하는 관측장교가 됐다. 제3중대가 작전을 나가면 제3중대를 따라가 포사격을 지원했고, 연대 수색중대가 장거리 정찰을 나가면 거기에도 따라 나갔다. 제3중대는 연대의 5분 대기조 같은 부대였고, 수색중대는 전투부대 중의 전투부대로 알려져 있었다. 대규모 작전을 기획하려면 그에 필요한 정보를 획득해야 했고, 그 정보를 얻기 위해 적진 지역을 숨어 다니는 것이 수색중대의 임무였다. 이런 관계로 나는 다른 관측장교들보다 3~4배 진하게 고생은 했어도, 지나고 보니 그만큼 더 보약이 됐다는 생각이 든다. 작전의 본질, 병사들의 심리, 전투 리더십 등에 대한 보다 다양하고 구체적인 직관을 기르게 된 것 같다. 작전계획을 짜는 지휘관은 그의 작전계획에 의해 병사들이 어떻게 움직일지를 훤히 상상할 수 있어야 한다. 이런 경험이 없는 사람들이 작전계획을 세우면 계획은 비현실적인 것이 되고, 현장 지휘관들로부터 불신 당하게 된다. 수없이 많은 마을작전과 매복작전에 참가하여 경험해 보니 마을작전이 산악작전보다 사뭇 위험했다. 마을을 수색하다가 보면 주민을 가장한 베트콩들에게 희생되게 마련이었다. 가장 속기 쉬운 것이 어린이와 부녀자들이었다. 어린아이들이 과자를 달라며 우르르 몰려왔다 간 자리에서 수류탄이 폭발하기도 했고, 계집아이가 주는 바나나를 받아먹다가 독을 먹은 병사도 있었다. 미군과 한국군의 찢겨진 사지가 나뭇가지에 걸려 있고, 목이 거꾸로 매달려 있었던 적도 있었다. 이런 광경을 목격한 병사들은 그 마을 전체를 적으로 간주하고 무자비한 보복을 가했다. 한국군이 가장 많은 피해를 본 곳은 정글이 아니라 마을이었다. 어제까지도 안전했던 길을 오늘 달리다가 저격을 받기도 했고, 어제까지도 우리가 C-레이션을 나누어 주고 잔치를 열어주던 마을에 오늘은 베트콩들이 들어와 점령하고 있기도 했다.

마을에서 불과 100m도 안 되는 곳에 한국군 소대기지가 있었다. 이웃 부대인 제2중대 소속이었다. 어느 날 갑자기 그 마을에 수십 명의 베트콩들이 들어왔다는 정보가 입수됐다. 내가 소속된 제1대대가 그 마을을 둘러쌌다. 마을에서 엄청난 양의 총탄이 날아왔다. 기갑 소대에 소속돼 있는 두 대의 장갑차가 보병 대대장의 명령에 따라 마을로 돌진하다가 적탄통이라는 로켓에 맞아 소대장을 포함해 4명이 순식간에 전사했다. 화가 난 대대는 총을 요란하게 쏘아댔지만 전과는

1967년 추석날 마을전투 끝에 불탄 마을을 수색하며 (가운데가 필자)

전혀 없었다. 400여 명의 한국군이 불과 10여 명의 베트콩들에 농락당한 것이다. 화가 치민 연대장은 월남 성장(도지사)과 협조하여 그 마을에 포격을 가했다. F-5기 4대가 거꾸로 내리꽂히면서 가공할 만큼의 포탄을 퍼부었고, 곧이어 포병이 포탄을 소나기 퍼붓듯 쏘아댔다. 마을 전체가 뒤집혔다. 포는 아주 먼 곳에 있기 때문에 관측장교인 내가 전투현장에서 좌표를 알려주고 명중되도록 포탄을 유도해 준 것이다. 새까맣게 탄 마을을 수색하기 시작했다. 여러 마리의 소가 검게 그을려 죽어 있었다. 동물들의 배는 풍선처럼 부풀어 올랐고, 타버린 동물들로부터 뿜어나는 냄새는 참으로 견디기 어려울 만큼 역겨웠다. 얼굴을 잔뜩 찡그린 어느 병사가 기다란 나뭇가지를 가지고 풍선같이 빵빵하게 부어오른 소의 배를 긁었더니 노란 진물이 흘러나왔다.

400여 명의 병력을 가지고도 한국군은 소수의 베트콩들로부터 귀중한 목숨을 잃고 처절한 분풀이만 한 것이다. 대대장도 연대장도 병사들을 1m 간격으로 세워 마을을 포위하도록 명했다. 하지만 이런 방법은 군을 모르는 일반 시민이나 취할 수 있는 옹졸한 방법이었다. 소단위 특공조를 편성해 예상퇴로에 매복해 있다가 잡는 것이 최고였다. 매복작전은 한국군의 강점이었다. 한국군이 올린 총 전과의 40% 정도가 매복작전에서 올린 것이었다. 그런데도 불구하고 적을 코앞에 둔 대부분의 고급 지휘관들은 이런 매복작전의 근본 철학을 이해하지 못하고 참으로 이상한 지휘를 했다. 강강술래 식의 줄을 세울 것이 아니라 예상 퇴로에 소대단위로 매복을 시켰다가 밤에 때려잡았어야 했다. 전투에서는 서두르는 쪽, 성질 급한 쪽이 피해를 보게 돼 있다. 대부분의 한국군 지휘관들은 참을성 있게 머리를 쓰지 않고, 병사들을 가지고 즉흥적인 인해전술을 폈다. 아마도 앞으로 전쟁이 난다면 똑같은 방법으로 싸울 것 같다. 1996년 미련하게 진행했던 강릉작전에서처럼. 우리는 가족이 아플 때, 능력 있는 의사를 갈망해 왔다. 아무리 훌륭한 의사라 해도 한 번에 한 사람의 목숨밖에는 건지지 못한다. 하지만 무능한 지휘관은 한 번에 수십-수만의 목숨을 절단 낸다. 뛰어난 지휘관을 만났더라면 아마도 국립묘지에 묻혀있는 수많은 참전용사들이 그처럼 일찍 가지는 않았을 것이다.

월남전에서의 죽음은 가지가지였다. 오음리에서 나와 함께 훈련받던 중사는 논둑을 따라 행군하던 중 멀리 앉아있던 헬리콥터에서 떨어져 나간 뒷날개에 맞아 전사했다. 어떤 포병 소위는 작전을 나갔다가 중대 병사에 의해 목숨을 잃었다. 작전지역에서 야숙을 하려면 동그랗게 진지를 구성해 가지고 사방을 촘촘히 방어한다. 병사들 사이에는 선을 연결해 놓고, 앞에서 조금이라도 이상한 징후가 있으면 당기는 방법으로 신호를 보냈다. 이렇게 만반의 준비를 해놓고 있을 때, 포병 소위에게 급한 볼일이 생겼다. "야, 이 병장, 나 저 앞에 가서 큰일보고 올 테니, 소리가 나도 쏘지 마. 알았지?" "네. 알겠습니다." 불과 3분, 이 병장만 단단히 믿고 그는 유유히 돌아왔다. 하지만 그 사이에 이 병장의 위치가 변경됐다. 임무를 교대한 김 상병, 부스럭 소리가 나고 시커먼 사람이 성큼성큼 걸어오자 극도로 긴장하면서 포병 소위를 향해 총을 쐈다. 목숨을 이 병장 한 사람에게만 의탁한 것이 잘못이었다.

  살아남는 경우도 다양했다. 월남에서는 편지가 여러 장씩 몰려온다. 어떤 병사는 애인으로부터 받은 여러 장의 두툼한 편지들을 윗주머니에 넣고 다녔다. 그런데 그 두툼한 편지뭉치를 총알이 뚫지 못해 목숨을 건진 병사도 있었다. 3성 장군으로 예편한 나의 동기생은 바위틈에 모기장을 치고 누워 있었다. 바로 그때 "휘익-" 하고 검은 물체가 모기장을 뚫고 콧등 위로 지나갔다. 그 무서운 적탄통(미니 무반동총)은 불과 100m를 지나가 폭발했다. 어느 기갑(탱크)병과 소위는 헬기로 40분 거리에 위치한 사단본부에 갈 때마다 긴급 상황이 벌어졌다. 그의 자리를 임시로 메우러 왔던 다른 소위들이 대신 출동하다가 3번씩이나 번번이 적탄통에 맞아 전사했다. 명이 긴 그 소위는 후에 2성 장군으로 예편했다.

  매복을 나갔다가 폭우를 만났다. 원체 억세게 쏟아지니까 물이 고이기 시작했다. 처음엔 판초 우의를 입고 배낭을 깔고 앉았다. 물이 점점 더 높이 차 올랐다. 조금씩 더 높은 곳으로 이동해 다니면서 쪼그려 앉다가 끝내는 높은 곳이든 낮은 곳이든 모두 다 물에 잠겼다. 베트콩을 잡기는커녕 익사가 문제였다. 물이 가슴까지 차올랐다. 헬리콥터가 뜨지 못하기 때문에 철수도 할 수 없었다. 캄캄한 밤에 섣불리 이동하다가는 깊은 웅덩이에 빠져 집단으로 익사할 수도 있었다.

이런 밤이야말로 일각이 여삼추인 지옥이었다.

　병사들이 곤히 잠든 한밤중, 갑자기 출동명령이 내렸다. 헬기가 중대원들을 실어다 추수가 끝난 마른 논바닥에 내려놓았다. 추후 명령이 떨어질 때까지 논바닥에서 대기하라는 게 명령의 전부였다. 4km쯤 떨어진 곳에선 제3대대가 작전을 하고 있었다. "따따닥… 쿵 …." 수많은 조명탄들이 하늘을 대낮 같이 밝혔다. 손수건 몇 개 크기만 한 낙하산에 조명탄이 매달려 실바람에 나부끼면서 흘러내렸다. 꺼지기 전에 또 다른 몇 개가 떠올라 밤하늘을 밝게 비췄다. 처음엔 신기했지만, 나중엔 아름답고 평화롭기까지 했다. 눈을 부비면서 출동했던 병사들이 논둑에서 대기하고 있는 동안 긴장이 풀리기 시작했다. 멀리서 은은히 들려오는 총소리를 자장가 삼아, 끝없이 펼쳐지는 조명탄의 유희를 바라보면서 병사들은 논둑을 베개 삼아 한 사람씩 잠들어 갔다. 날이 새자 이들은 마른 인분을 툭툭 털고 일어났다. 뒤통수가 께름칙하여 뒷머리를 자꾸만 털어 냈다. 몇 녀석이 기분 나쁘다며 침을 내뱉고는 인분이 없는 곳을 골라 배낭을 깔고 앉아 퉁명스런 얼굴로 C-레이션을 먹기 시작했다. 입을 오르내리는 하얀 플라스틱 스푼이 그때 따라 유난히도 희어 보였다. 중대장은 기막힌 듯 그런 병사들을 뻔히 바라보고 있었다.

　나중에 알고 보니 컴컴한 새벽에 논둑으로 나와 일렬로 늘어앉아 변을 본 후 조심스레 발을 들어 올려 남의 변을 피해가며 돌아가는 것이 그들의 생활문화였다. 좀 산다는 집에는 반 수세식 화장실이 있었다. 매끈매끈한 콘크리트 바닥에 디딤 자리를 만들고, 그 사이에 경사진 도랑을 파서 물만 부으면 잘 씻겨 내리게 했다. 월남인들은 컴컴한 새벽에 가장 활발하게 움직였다. 검은 옷을 입고, 삿갓처럼 생긴 풀모자를 쓰고, 농작물로 채워진 바구니를 막대기의 양쪽 끝에 매달아 어깨 위에 메고 출렁이면서 빠른 걸음으로 움직였다. 새벽에 일하고 무더운 낮에는 '시야스타'라고 하는 열대 식 낮잠을 잤다.

가옥의 벽과 바닥은 두꺼운 콘크리트로 지어져 있었고, 하얀 벽과 스페인 식 붉은 기와가 마을의 특색이었다. 마을마다 남국의 상징인 야자수가 있었고, 대나무 숲이 두껍게 우거져 있었다. 초록색 사이를 뚫고 새어나오는 흰 벽과 붉은 지붕의 조화는 멀리서 보기엔 환상적이고 낭만적이었다. 그 속에 수많은 꿈들이 서려있을 것만 같았다. 하지만 가까이 가서 보면 속 빈 강정이었다. 가구 같은 건 거의 없었다. 그들은 그물 띠를 그네처럼 걸어놓고 몸을 웅크린 채 흔들거리다 잠을 잤다. 차가운 바닥에 침대가 덜렁하니 놓여있지만 잘해야 우리의 평상 같은 것들이었다. 문은 아예 없었다. 화장실에도 문이 없었다. 칸막이라야 야자수 잎을 엉성하게 얽어맨 것이 전부였다.

물을 가르던 거대한 구렁이의 신선한 충격

넓은 평야에 해발 20m 높이의 분묘처럼 생긴 독립 고지가 있었다. 2개 소대 병력이 간신히 진을 칠 수 있을 만큼 작았으며, 나무 한 그루 없는 빨간 점토 흙으로 이뤄진 고지였다. 산의 북쪽에는 모래 반, 물 반인 강이 100m 정도의 넓은 폭을 차지하면서 S자 형으로 형성돼 있었고, 그 뒤로는 검푸른 정글 산이 끝도 없이 펼쳐졌다. 고지의 남쪽에는 광활한 논이 평야를 이루고 있었다. 그리고 평원에는 잘 정리된 농수로가 바둑판처럼 그어져 있었고, 그 농수로에는 뿌연 색의 물이 풍부하게 흘렀다. 중대장이 2개 소대의 병력을 이끌고 이 외로운 고지에서 3일 밤을 지내게 되었다. 굵은 물방울을 순식간에 쏟아 붓는 열대성 소나기가 막 지나간 후라 발을 옮길 때마다 군화에는 붉은 진흙이 찰떡같이 달라붙었다. 병사들마다 고양이가 뒷발질하듯이 발

을 털어 보지만 그렇게 해서 떨어질 흙이 아니었다. 그런 진흙 속에 개인호를 파고 그 위에 카키색 개인용 텐트를 쳤다. 이렇게 쳐진 텐트 속에서 열대의 살인적인 더위를 견딘다는 것은 엄청난 고역이었다. 견딜 수 없이 더운 대낮이었지만 잠은 마구 쏟아졌다. 호 속에서 낮잠을 자고 있는 중에도 살인적인 더위에 의해 온몸이 땀에 젖는다. 젖은 러닝셔츠와 팬티를 그대로 입고 있으면 땀이 나오자마자 저절로 말랐고, 그런 과정에서 소금가루가 조금씩 쌓여갔다. 몸에서 빠져나가는 염분을 보충하기 위해 병사들은 소금 알을 자주 먹었다. 소금 알과 모기약은 개인의 필수품이었다.

나는 낮잠에서 깨어나 머리맡에 접어놓았던 바지를 툭툭 털어 입었다. 그런데 갑자기 정강이를 면도칼로 긋는 것 같은 매우 이상한 느낌이 왔다. 반사적으로 바짓가랑이를 다리에서 뜨게 한 후 흔들었더니 새까만 연탄색깔을 띤 전갈 한 마리가 떨어져 나왔다. 온몸이 오싹했다. 이것에 쏘이면 독사에 물린 것 이상으로 생명이 위독해진다. 원체 독성이 빨리 퍼져서 헬리콥터에 실려 가도 생명을 구하기는 어려웠다. 그 전갈은 병사들에게 구경거리가 됐다. 병사들이 몰려와 나뭇가지를 가지고 이리저리 놀렸더니 전갈이 다리를 치켜들고 대들 기세였다. 전갈의 공격 자세에 화가 난 병사들이 발화성이 강한 모기약을 뿌리고 성냥을 그어댔다. 기염을 토하던 전갈이 순식간에 검은 재가 되었다. 전갈이 스쳐간 정강이에는 그 후 몇 년간 검은 줄이 길게 그어져 있었다.

바로 이때였다. "야! 저것 좀 봐" 하는 소리가 들렸다. 모든 병사들이 산 밑에 있는 커다란 연못을 내려다보며 벌린 입을 다물지 못했다. 용같이 생긴 동물이 상체를 1m 이상 물 위로 내놓고 물을 가르면서 달리고 있었다. 뱀인지, 용인지, 괴물인지 분간이 안됐다. 호수에 굵은 파랑을 일으키며 달리는 괴물의 모습은 그야말로 일생일대의 장관이었다. 무서움과 신비감이 교차하는 마음으로 한 사람씩 연못가로 내려갔다. 발길은 연못가를 향하면서도 눈은 동물이 연출해내는 장관에 고착돼 있었다. 연못가에 가서 보니 뱀의 길이는 10m, 직경은 20㎝ 이상 돼보였다. 갑자기 많은 병사들이 모여들자 뱀은 호수 가운데에서 움직이려 하지 않았다. 몇 명의 병사가 발을 구르고 우-우 하고 소리를 치며 돌을 던져봤지만 꼼짝도 하지 않았다. 몇몇 병사들이 물속으로 조금씩 들어가면서 뱀과 눈을 맞췄다. 주위에 있던 짧은 막대기를 들고 뱀을 위협했다. 물이 가슴까지 차오르자 뱀이 갑자기 물속으로 잠수했다. 물속 깊이 들어간 병사의 얼굴에 갑자기 공포감이 서렸다. 눈이 점점 더 커졌다. 뱀이 물속에서 그를 향해 다가올 것이라는 공포 때문이었다. 막대기로 자기 무릎 앞을 좌우로 부지런히 저으면서 뒷걸음질을 쳤다. 뒷걸음질 치다가 넘어진 병사의 얼굴은 그야말로 사색이었다. 뱀은 이렇게 여러 차례 병사들을 골려주었다.

그런 게임으로는 그 괴물을 어찌해 볼 도리가 없었다. 나는 야전 전화선을 길게 토막 내 커다란 올가미를 만들어 뱀을 향해 던지게 했다. 몇 번의 실패 끝에 뱀의 목이 커다란 올가미 안에 들어왔다. 올가미를 잡아채자 뱀의 목이 올가미로 조여졌다. 뱀이 육지로 나오자 속도가 빨라졌다. 막대기 길이보다 끈의 길이가 더 길어서 막대기는 뱀의 접근을 저지하지 못했다. 커다란 두 개의 둑 사이로 희뿌연 흙탕물이 흘렀다. 한 병사가 뱀을 끌고 왼쪽 둑에서 달렸으나 그는 곧 뱀의 속도 때문에 쫓기는 신세가 됐다. 오른쪽 둑에는 다른 병사들이 나란히 달리고 있었다. 양쪽 논둑이 갑자기 단거리 경기장이 됐다. "야, 김 병장. 그 막대기 이리로 던져." 그러나 김 병장은 쥐고 있던 막대기를 던질 수 없었다. 그나마 던지면 뱀이 더 자유로워져서 그에게 달려들 것만 같아서였다. 키가 작고 뚱뚱한 중대장이 왕년의 기록 때문이었는지 바통을 받아 쥐고 달렸다. 그의 고개가 좌우로 분주하게 돌아갔지만 그는 뱀의 상대가 못 됐다. 눈이 점점 더 커지고 짙은 눈썹이 위로 치솟았다.

나는 그에게 끈을 던지고 오른쪽 둑으로 건너뛰라고 소리쳤다. 막대기를 던지자 올가미가 뱀의 목에서 벗겨졌다. 뱀은 아직도 올가미에 걸린 줄 알고 폭 1.5m 정도의 수로를 가로질러 따라왔다. 병사들은 뱀이 공격하러 따라오는 줄로 알고 제각기 흩어졌다. 병사들이 흩어지자 뱀은 성황당 같이 쌓아올려진 돌무덤 속으로 들어가기 시작했다. 꼬리부분만 남게 되자 갑자기 서운한 생각이 들었다. 나는 육중한 정글 가죽장갑을 끼고 있는 병사에게 꼬리를 잡아당기라고 했다.

"소용없습니다. 소대장님, 뱀은 절대 뒤로는 나오지 않는 답니다."
"야, 그래도 한번 당겨봐. 힘껏."

여러 명이 달려들었다. "하나, 둘, 셋." 힘을 순간적으로 집중했더니 뱀이 조금씩 끌려나오기 시작했다. 이렇게 여러 번을 하자 뱀은 허리까지 끌려 나왔다. 그런데 또 다시 큰 일이 생겼다. 뱀이 완전히 나오면 아무리 꼬리와 몸통을 잡고 있어도 상체를 움직여 단번에 물 것이기 때문이었다.

"야, 꼬리에서부터 굴의 입구까지 노출된 뱀의 온 몸을 빈틈없이 대들어 발로 눌러. 내가 하나 둘 셋을 하면 발을 조금 풀었다가 다시 밟아야 해. 발을 푸는 동안 당기는 사람들은 한 번에 아주 조금씩만 당겨야 해. 한꺼번에 많이 당기면 뱀에게 물려."

드디어 목 부분이 보였다. 힘이 센 병사가 정글 장갑을 끼고 목의 잘록한 부분을 힘껏 조였다. 뱀의 입이 크게 벌어졌다. 평소에 색시 같던 의무병이 핀셋을 가져다 이빨을 모두 뺐다. 병사들은 안심하고 뱀을 나란히 팔에 걸치고 사진들을 찍었다. 뱀의 머리에서 꼬리까지 15명의 병사가 나란히 서서 들어 올렸다. 연대에서 헬리콥터가 날아와 그 뱀을 가져갔다. 어린 마음에 모두는 그 뱀이 창경원에 갈 줄로만 알았다. 하지만 나중에 들리는 소문으로는 부연대장님 등 어른들이 보신용으로 삶아 드셨다고 했다. 이빨이 없기 때문에 오래 살지 못한다는 것이다.

몇 년이 지난 후 나는 그때를 회상하며 후회를 했다. 아무런 목적의식 없이 하나의 생명을 절단 냈기 때문이었다. 베트콩의 목숨도 바로

유사한 사진

이런 것이었다. 소위 때, 베트콩이 많이 있다는 정보를 가지고 수색 작전을 나갔다. 불과 200m 거리에 있는 나무숲에서 검은 옷을 입은 베트콩(?)들이 날아다니듯 이리저리 도망을 쳤다. 이를 지켜본 중대원들은 모두 그들을 베트콩으로 단정했다. 산 속에 검은 옷을 입고 뛰어다니는 사람들이 양민이라고는 생각할 수 없었다. 그래서 그들에게 105밀리 야포탄을 퍼붓도록 유도했다. 내가 유도한 포탄이지만 그 위력은 참으로 무서웠다. 나에게까지 파편이 날아올 정도로 무자비하게 때렸다. 이를 지켜보는 보병들은 입을 벌린 채 나뭇가지들이 잘려지고 쪼개져 내리는 장관을 한동안 지켜보고 있었다. 쏠 만큼 충분히 쏘았다. 사격이 멈춰지자 병사들은 독 안에 든 쥐를 잡는다는 부푼 꿈을 가지고 포탄 세례를 받은 정글을 수색했다. 그런데 그 꿈은 곧 물거품이 되고 말았다. 숲 속을 샅샅이 수색했지만 핏방울 하나, 하다못해 나뭇가지에 걸려 찢어진 옷자락 하나 발견할 수 없었다. 아마도 거기엔 지하 아지트가 건설돼 있는 듯 했다. 그렇지 않고서는 이리 저리 뛰어다니던 여러 명의 검은 옷들이 갑자기 사라질 방법이 없었다. 핏방울조차 발견할 수 없었던 당시의 허망했던 사실, 그 당시에는 너무나 서운했지만 지금 이 글을 쓰고 있는 순간에 다시 생각해 보면 참으로 다행이라는 생각이 든다. 그들은 살았어야 했다. 40년 전의 진실은 지금의 진실이 아니었다. 현재의 잣대로 과거를 단죄해서는 안 된다는 이유가 바로 여기에 있는 것이다.

어느 소대장의 최후

　움직이지 않아도 땀이 줄줄 흘러내리는 6월 오후, 갑자기 헬기들이 줄을 지어 날아오더니 내가 속한 중대를 낯선 마을로 데려갔다. 김제평야 같이 광활하게 펼쳐진 논에는 짙푸르게 자란 벼가 정강이 높이까지 자라 있었고, 논물도 풍부하게 채워져 있었다. 넓은 평야에 띄엄띄엄 마을이 보였다. 숲 속에 묻혀있는 마을들이 송곳 같은 기운을 뿜어내는 것만 같아 기분이 이상했다. 아니나 다를까! 곧 이어 건너편 마을을 사정없이 폭격하는 전투기들의 모습이 눈에 들어왔다. 네 대의 미군 전투기가 마치 독수리처럼 수직선으로 내려 꽂혔다 야자수 높이에서 다시 날아오르면서 사정없이 폭격을 가하고 있었다. 흙먼지가 피어오르고, 나뭇조각이 야자수 숲 위로 날아오르고, 연기가 온 마을을 자욱하게 덮었다.

"따다다다닥… 쾅 …" 한 미디로 장관이었다. 이런 것을 보고 전쟁을 예술이라고 표현하는구나 싶었다. 전투기 공격이 끝나자 포병사격이 뒤를 이었다. 전투기가 뿜어내는 소리는 부드러우면서도 둔탁하지만, 야포 포탄이 작렬할 때 내는 소리는 날카롭게 째졌다. 검은 옷을 입은 사람들이 날아다니듯 마을과 마을 사이를 쏜살같이 뛰어 다녔다. 4개 소대가 마을을 하나씩 배정 받았다. 소위 전략촌 마을들이었다. 억센 가시나무들이 빽빽하게 마을을 둘러쌌고, 그 가시나무 울타리에는 동그란 총구멍들이 촘촘히 뚫려 있었다. 베트콩들이 마을에서 밖을 향해 총을 쏘기 위한 것이었다. 중대본부 역시 제4소대와 함께 장갑차를 타고 마을로 들어갔다. 앞으로 전진 하면서도 온 신경은 뒷마을로 곤두서 있었다. 장갑차가 논물을 가르면서 마을을 향해 달리는 동안 차 위에 설치된 기관총이 뒷마을을 향해 무차별적으로 불을 뿜어 댔다. 사수가 공포감을 느낄수록 그만큼 내뿜는 기관총 소리도 요란했다. 이에 질세라 뒷마을에서도 우리를 향해 엄청난 사격을 가해왔다. 바싹 마른 나뭇가지를 꺾을 때 내는 "딱" 소리만 내고 여운을 내지 않는 총알들이었다. 이런 소리는 총알이 나를 향해 날아올 때 내는 소리다. "따쿵-" 하고 여운을 남기는 총알은 다른 방향으로 날아가는 총알이다.

M-16 소총의 초속은 마하 2.8이다. 소리보다 2.8배 빠른 것이다. 바늘에 실 따라 가듯, 총알이 먼저 나가면 그 뒤를 이어 총소리가 따

라가는 것이다. 총알을 맞은 사람은 총소리를 미처 듣지 못한 채 의식을 잃게 된다. 내가 속해 있던 중대본부와 제4소대는 아무런 피해 없이 마을에 도착했다. 장갑차에서 막 내리려는 순간이었다. 제2소대 무전병의 울먹이는 소리가 수화기에 울려 퍼졌다. 소대장이 전사했다는 내용이었다. 내가 들어간 마을과 불과 10m 떨어진 이웃마을에 도착하여 장갑차에서 막 내리려는 순간 뒷마을에서 무차별적으로 쏟아붓는 베트콩의 총알에 머리를 맞은 것이다. 소대장의 전사 소식에 모두의 표정이 얼어붙었다. 하지만 지휘관은 한 부하의 죽음에 오래 애도할 여유가 없었다. 중대장은 기지에 남아있던 부중대장을 불러 제2소대장의 자리를 메우도록 조치했다.

부중대장은 부대에 남아 작전지역에 보급품을 보내주는 등 내조의 역할을 하고 있었다. 먹 거리도 포장하고, 고국에서 온 편지도 포장해서 헬리콥터 장으로 가져가 작전지역으로 보내주는 일들이었다. 이처럼 비교적 한가한 시간을 보내고 있던 부중대장에게 청천병력(?) 같은 명령이 떨어진 것이다. 그를 작전지역으로 데려오기 위해 특별 헬기가 마련됐다. 헬기는 그를 공동묘지가 있는 벌판에 내려놓았고, 그 역시 벌판으로부터 장갑차를 타고 넓은 논에 채워진 흙탕물을 가르며 마을로 들어왔다. 장갑차가 속력을 다해 달리는 동안 건너편 마을에서 또 다시 총알이 쏟아져 날아왔다. 차에서 내린 그의 얼굴이 사색이었다. 그는 나보다 1년 선배로 성격이 유순하고, 행동에 여유가 있어 보였다. 나를 볼 때마다 씨익- 웃던 그였지만, 그 순간만큼은 얼이 빠져 있었다. 이 장면은 두고두고 그의 약점이 됐다. 훗날 그가 큰소리

를 칠 때마다 나는 그의 기를 꺾었다. "아! 그때 얼굴이 꽤 창백해 보였습니다" 이 농담 한마디면 그의 기세가 즉시 꺾였다.

 온통 숲으로 뒤덮인 마을에 모기떼가 극성이었다. 손으로 아무 곳이나 문지르면 수십 마리씩 뭉개졌다. 톡톡하기로 이름난 정글용 작업복이었지만 월남 모기의 침은 당해내지 못했다. 독한 모기약으로 얼굴과 손 그리고 작업복 위에 범벅을 해도 떼거지로 달려드는 모기떼를 막지 못했다. 모기를 막기 위해 모든 병사들은 정글용 가죽 장갑을 끼고 판초우의를 뒤집어썼다. 야간에는 방어 초소들을 잘 선정해야 마음을 놓을 수 있었다. 전사한 소대장과 친분이 있던 제4소대장은 슬퍼하느라 아무 일도 하지 못했다. 내가 그를 대신하여 울타리를 돌면서 병사들에게 초소를 잡아주고 대응 요령을 꼼꼼히 지시해 주었다. 임무가 끝나자 잠이 쏟아졌다. 베트콩이 우리의 위치를 알고 있기 때문에 언제 공격해 올지도 모른다는 불안감을 가지고 있으면서도 쏟아지는 잠에는 저항할 수가 없었다. 전장의 선머슴, 부중대장이 그날 밤 전과를 올렸다. 논 속을 포복해서 마을로 접근해 오는 월맹 정규군 3명을 사살한 것이다. 공장에서 갓 뽑아낸 듯한 소총 세 자루와 적탄통(미니 무반동총) 한 개를 노획하는 큰 전과를 올렸다. 이튿날, 병사들은 대나무 작대기를 뾰족하게 깎아 가지고 마을 바닥을 촘촘히 찔러댔다. 분명히 땅속에는 비밀 땅굴이 있을 것이라고 생각했지만 그렇게 찔러서 발견될 땅굴이 아니었다. 불과 3일간이었지만 생각조차 하기 싫은 기분 나쁜 전투를 치렀다. 몸과 마음이 지칠 대로 지쳤다. 작업복에는 진흙과 모기약이 범벅이 되어 덕지덕지 말라붙어 있었다. 철수용 헬리콥터를 기다리는 동안 병사들은 전우들의 시체를 나란히 눕혀 놓고 그 앞에서 C-레이션 깡통을 따서 시장기를 메우고 있었다. 전우의 죽음 앞에서도 배고프고 졸리는 것은 참을 수가 없었다.

기지로 돌아와 첫 밤을 맞았다. 있어야 할 소대장 자리가 텅 비어 있었다. 그제야 소대장의 죽음이 실감됐다. 그는 몇 달 전에 많은 전과를 올려 고국으로 포상 휴가를 다녀왔다. 그때부터 많은 여학생들과 알게 되어 펜팔을 맺고 있었다. 월남의 여름 해는 정말로 길었다. 저녁 식사를 끝냈는데도 해는 중천에 떠 있었다. 식당에서 오자마자 그는 편지부터 읽기 시작했다. 편지 읽는 소리가 간간이 새어나왔다. 월남의 영웅, 미남의 소위를 흠모하는 여고생들의 사연들이었다. 그의 침대 머리맡에는 언제나 꽃봉투가 한 뼘씩 쌓여 있었다. 읽을 때는 누워서 뒹굴었다. 기분이 좋으면 18번인 문주란의 '돌지 않는 풍차'를 불렀다. 약간 음치이긴 해도 특유의 가락과 감정이 있었다. 고개를 약간 뒤로 젖힌 채 눈을 지그시 감고 마치 예배를 끝마무리하는 목사님처럼 팔을 하늘로 치켜 올리고 목을 좌우로 저어가면서 소리를 뽑아내곤 했다. 하지만 그 모습은 이제 더 이상 보이지 않았다. 텅 빈 침대 위에는 임자 잃은 꽃봉투만 쌓여갔다.

그는 침대 밑에 귀가 쫑긋하게 올라간 귀엽고 통통한 황색 강아지를 길렀다. 주인을 잃은 첫 날부터 그 강아지는 식음을 전폐했다. 병사들이 안아주고 밥을 떠 넣어 줘도 먹지 않았다. 매일 밤 내는 애조띤 울음소리가 병사들의 마음을 아프게 했다. 어느 날 그 강아지는 천막이 보이는 모래 언덕, 뜨겁게 달아오른 모래위에 잠들어 있었다. 그 강아지의 죽음과 함께 소대장에 대한 추억도 소멸돼갔다.

나 역시 몇 명의 아가씨들과 펜팔을 맺었다. 그 중에서 가장 인상적인 아가씨는 조치원 아가씨였다. 글씨도 예쁘고 내용도 재미있고, 글솜씨도 깔끔했다. 수십 통의 편지를 주고받으면서도 서로는 신상을 소개하지 않았다. 사진도 교환하지 않았다. 생활에 대한 이야기만으로 재미있었다. 보병대대로 파견된 포병 연락장교, 대위 한 사람이 그녀의 편지를 탐내기 시작했다. 자기에게 양보하라고 매일같이 성화를 바쳤다. "야, 지 소위. 너는 많잖아. 그 아가씨 내게 좀 넘겨라, 응?" 견디다 못해 그에게 편지를 쓰도록 양보했다. 그 후 그녀는 아무에게도 편지를 쓰지 않았다. 마지막 편지가 날아왔다. "사람은 내 남 없이 더 많이 배워야 할 것 같습니다." 그녀가 내게 심어주었던 분위기가 섬세하고 깊었던 것만큼, 그 마지막 편지가 내게 남긴 여운도 좀처럼 가시지 않았다.

전장의 이슬들

검푸른 정글산 밑자락에서부터 논과 밭으로 이뤄진 넓은 평야가 펼쳐져 있었다. 10m폭의 희뿌연 강물이 산기슭과 평야 사이를 가르고 있었다. 강물 주변에는 대나무, 버드나무, 갈대가 어우러져 짙은 숲을 이루고 있었다. 베트콩이 귀신처럼 출몰한다는 음산한 지역이지만 겉으로 봐서는 인적조차 없는 평온한 들판이었다. 이 들판에 베트콩이 많이 들어와 있다는 첩보가 입수됐다. 대나무와 버드나무로 형성된 숲이 강가로부터 가늘게 이어 나오다가 시골 초등학교 운동장 크기만큼 둥그렇게 펼쳐져 있었고, 숲 속에는 겨우 한 사람이 숲을 헤치며 다닐만한 소로가 이리저리 연결돼 있었다. 수많은 병사들이 숲 속을 아무리 다녀 보아도 사람이 숨을 공간은 없었다. 그런데 미군은 어째서 여기에 베트콩이 많이 있다는 정보를 한국군에게 주었을까.

미군에는 특수 정찰기가 있었다. 날아다니면서 인체로부터 발산되는 암모니아 가스의 양을 측정해서 암모니아 지도를 만드는 정찰기였다. 이 지역에 작전을 나오게 된 것은 바로 이 대나무 숲에서 암모니아 가스가 집중적으로 탐지됐기 때문이었다. 상식적으로는 베트콩이 있을 리 없는 곳이었지만 백마 제28연대의 2개 대대 병력이 사흘 째 그 벌판에 주둔하고 있었다. 낮이면 뜨거운 땡볕을 피하기 위해 숲 가장자리에 텐트를 쳤고, 밤이면 소대 단위로 흩어져 매복을 했다. 기지 내에서는 쌀밥, 국, 김치, 야채들을 먹지만 야외에 나오면 C-레이션이라는 깡통 음식을 먹어야 했다. 병사들은 이미 통조림 고기에 질려 있었다. 그런데 근 40년이 지난 지금은 그 C-레이션에 대한 향수가 새로워졌다. 몇 년 전까지만 해도 남대문 시장에서 팔았다는 말을 들었는데 지금은 살래야 살수가 없다고 한다.

열을 펑펑 내뿜는 깡마른 밭, 드문드문 고추나무가 시들어 있었다. 고추라 해봐야 연필심 굵기보다 조금 더 굵었지만 혀끝에 대면 혀가 잘려나갈 듯이 매웠다. 병사들은 C-레이션 깡통과 뚜껑 사이에 고추를 넣고 작두질을 해서 몇 쪽의 고추를 고기 속에 넣은 후 고체 알코올에 끓였다. 느끼한 음식에 늘 실증을 느끼던 터라 매콤한 자극이 입맛을 돋우어 주었다. 병사들은 과자가 든 깡통을 따서 과자를 버린 후 봉지 커피를 끓여 마셨다. 다른 용기에 커피를 끓였다면 그런 맛이 나지 않았을 것이다. 따분한 땡볕을 이겨내기 위해 어쩌다 찾아낸 맛이었지만 그 맛은 지금까지도 그리워질 만큼 특별했다. 작전을 한다는 것은 이렇게 기다리는 시간, 헬리콥터로 이동하는 시간, 정글을 누비는 시간들로 채워지고, 적과 어우러져 전투를 하는 시간은 극히 찰나에 불과했다. 나는 작전을 나갈 때마다 영문 단편소설을 철모 밑에 넣고 다녔다. 병사들이 따분해서 몸을 뒤틀고 있는 시간에 나는 영문소설을 읽었다. 이는 훗날 내게 엄청난 도움이 됐다. 만일 내가 그런 식으로 조각난 시간들을 이어 쓰지 않았다면 내게는 미국유학이라는 새로운 기회도 없었을 것이며, 프리랜서의 길도 없었을 것이다.

닷새가 지났다. 베트콩에 대한 경계는 완전히 사라지고 병사들은 지루한 캠핑 생활에 따분해했다. 다음날이면 철수를 할 예정이었다. 그런데 갑자기 많은 비가 내렸다. 월남의 계절은 건기와 우기로 나누어진다. 우기에 내리는 비는 언제나 장대비였고 일단 시작한 비는 아침에도 낮에도 사정없이 퍼부었다. 군화에 붉은 진흙이 덕지덕지 붙어 걷기조차 힘들었다. 이렇게 비가 쏟아지면 병사들은 낮잠을 즐겼다. 한 병사가 잠에서 깨어나 텐트 자락을 위로 올리고 장대같이 쏟아붓는 빗줄기를 내다보면서 상념에 잠겨 있다가 문득 우중충한 숲 속에서 가늘게 솟아오르고 있는 연기에 정신이 바짝 들었다. 옆 전우를 툭툭 치며 턱으로 가리켰다. 감각이 뛰어난 옆 전우가 판초우의를 입고 살살 기어갔다. 땅굴의 덮개가 감쪽같이 위장돼 있었다. 숨을 쉬기 위해 꽂아놓은 대나무 대롱이 나뭇가지에 밀착된 채 위장돼 있었다. 바로 그 대롱을 통해 연기가 모락모락 올라왔던 것이다. 아마도 베트콩이 닷새 동안의 배고픔을 참다못해 설마 하는 마음으로 밥을 지었을 것이다. 닷새 동안, 한국군은 땅위에서, 그리고 베트공은 땅 밑에서 생활을 했던 것이다. 이 기막힌 내용이 지휘계통을 통해 보고 됐다. 연대장의 눈이 반짝 빛났을 것이다. 독 안에 든 쥐이긴 하지만 잘 못 시작했다가는 병사들이 많이 상할 수 있었다. 연대장은 주월한국군에서 전과를 가장 많이 올린 유능한 분으로 소문나 있긴 했지만 그는 꾀와 지혜를 동원하지 않고 "즉시 공격하라"는 성급한 명령부터 내렸다. 생각할 시간을 갖지 않고 기계처럼 내린 명령이었다.

병사들이 몇 개의 아지트로 접근하여 문을 열고 수류탄을 집어넣었다. 폭발음이 들리자 땅 속에 숨어 있던 베트콩 소대 병력이 여기저기에서 문을 열고 나와 필사적으로 덤볐다. 많은 장갑차가 적탄통이라 불리는 원시적 로켓의 공격을 받아 파괴됐고, 타고 있던 병사들이 즉사했다. 맞붙어 싸우기 때문에 누가 유리하고 누가 불리한 상황도 아

니었다. 한국군도 베트콩도 수십 명씩의 사상자를 냈다. 시체들로부터 나온 피가 장대 같은 빗물에 씻겨 뿌옇던 강물을 붉게 물들였다. 퉁퉁 불은 시체 조각들이 강가의 나뭇가지에 걸려 이리저리 맴돌고 다녔다. 비참한 전투였다.

하지만 그 전투는 이렇게 치르지 않아도 될 전투였다. "땅 속에는 베트콩, 땅 위에는 한국군!" 이런 상황은 누가 봐도 한국군에 유리한 것이었다. 우리는 저들의 존재를 발견했지만 저들은 우리를 모르고 있었다. 이에 더해 우리에겐 시간이 그야말로 많았다. 하지만 지휘관은 이토록 유리한 조건과 환경을 이용하지 못하고 많은 병사들의 생명을 절단 냈다. "어떻게 공격하면 병사들을 상하게 하지 않으면서 전과를 올릴 수 있을까?" 간부들을 불러 이런 회의를 했더라면 방법은 매우 많았을 것이다. 가장 쉬웠던 방법은 숲 위에 기름을 뿌리고 불을 지르는 것이었다. 또는 그 숲 속에 나 있는 소로에 마다 부비트랩(지뢰 같은 폭발물)을 대량으로 설치해 놓고 멀리서 기다릴 수도 있었다. 미군 전투기를 불렀다면 10분 이내에 날아올 수 있었다. 전투기가 손바닥만 한 숲 속을 뒤집어 놓는 동안 한국군은 멀리에서 지켜보기만 하면 되는 일이었다. 공군 조종사들에게는 식은 죽 먹기였고 신나는 일이었을 것이다. 그런데도 한국군 지휘관들은 불쌍한 병사들부터 투입했다. 바로 이런 게 보병장교들의 사고방식이다. 이렇게 성장한 장교들이 장군이 되고 국방장관이 된다. 과학적 사고를 하지 않는 보병 장군들이 군을 이끄는 동안 한국군은 과학화로부터 멀어질 수밖에 없다. 군의 과학화란 과학 장비를 사재는 것이 아니라 군의 운용을 과학화해야 하는 것이다. 병사를 사랑하지 않는다고 말하는 지휘관은 없다. 하지만 많은 전투를 지켜보면서 그것을 실증해 준 지휘관은 거의 보지 못했다. 솔직히 많은 지휘관들에겐 전과가 병사보다 더 중요했다. 6·25전쟁을 치렀던 어느 한 장군은 이런 기막힌 말을 했다. "병사들의 생명에 일일이 신경 쓰는 지휘관이 무슨 전투를 하느냐? 전투를 하면 누구나 죽게 돼 있다. 남한의 젊은이는 북한보다 2배 이상 많기 때문에 우리가 이긴다."

부상을 당한 병사는 병원 헬리콥터가 날아와 싣고 갔다. 부상을 입은 병사에게 헬리콥터는 구세주였다. 하지만 자기를 태우고 가는 헬리콥터가 미군 소속이냐 한국군 소속이냐에 따라 부상자의 마음은 천지 차이였다. 미군 의료시스템은 신뢰하지만 한국 의료시스템에 대해서는 그렇지 못했다.

나는 월남전에 42개월간 참전했지만 부하의 생명을 위해 머리를 써서 작전을 하는 지휘관은 내가 속했던 부대의 제3중대장과 그의 휘하에 있던 제1소대장 이외에는 별로 보지 못했다. 아마 지금 전쟁이 일어난다면 사정은 더 악화될지도 모른다. 머리를 쓰지 않는 작전의 또 다른 사례를 소개한다. 넓은 마을에 베트콩 1개 중대가 들어왔다. 정찰기가 날아다니면서 주민을 상대로 방송을 했다. "마을에 베트콩들이 많이 들어와 있습니다. 이 마을이 곧 파괴됩니다. 모든 양민은 밖으로 나와 주십시오" 얼마간의 민간인들이 부녀자와 아이들을 데리고 나왔다. 전투기와 포병 공격이 시작됐다. 마을이 쑥대밭으로 변했다. 연대 병력이 또 다시 강강술래처럼 손에 손을 맞잡고 마을을 포위했다. 이를 놓고 연대장은 물샐틈없이 포위됐다며 좋아했다. 밤이 되자 적막이 찾아들었다. 마을은 쥐 죽은 듯 고요했다. 낮에는 방심하지 말고 철통같이 경계하자고 다짐들을 했지만 밤이 되자 병사들의 마음에는 공포가 찾아들었다. 밤새 긴장했던 병사들이 새벽이 되자 하나 둘 눈을 감았다. 바로 이때 베트콩은 약 50명씩 두 개의 팀으로 나눠 한 줄로 늘어선 한국군의 포위망 두 곳을 집중 공격했다. 50여 명이 집중해서 돌파하는 곳에는 기껏해야 한국군 병사가 겨우 5~6명이 있었을 뿐이다. 5~6명의 한국군이 50여 명의 베트콩에 의해 유린당하는 동안, 옆에 엎드린 병사들은 자기 앞만 응시하고 있었다. 아군의 피해만 있었고, 베트콩 피해는 없었다.

바로 이런 게 '선방어'의 진면목이다. 한국군 30만이 155마일에 일렬로 늘어서 있다. 지금 전쟁이 터진다면 이와 똑같은 현상이 발생할 것이다. 예를 들어 인민군은 위 월남전 사례에서 발생했던 것처럼 문산과 철원 두 곳에 병력을 집중하여 돌파를 시도할 것이다. 문산 지역 10km 전선에는 겨우 한국군 1개 사단이 방어를 담당하고 있다. 그런데 이 10km에 인민군은 5개 보병사단과 전차 2개 사단쯤을 투입할 것이다. 10km의 전선에서 한국군 1개 사단이 인민군 5개 사단 및 전차 2개 사단에 의해 유린당하는 동안 다른 지역에서 북쪽을 응시하고 있는 수많은 사단들은 아무런 도움을 줄 수 없는 것이다. 철원 지역에서도 똑같은 현상이 발생할 것이다. 문산과 철원이 동시에 뚫리는 것이다. 그러면 문산과 철원 사이에 존재하는 수십 리 전선에서 적을 응시하고 있는 수많은 다른 부대들은 싸우지도 못한 채 이 두 지역을 돌파한 10여 개의 사단들에 의해, 마치 어머니 등에 엎인 어린아이가 포대기에 둘러싸이듯이 졸지에 포위되고, 서울이 맥없이 함락될 것이다. 한국군은 아직도 이에 대한 확실한 대책 없이 "우리에겐 젊은이가 북한보다 많다"며 느긋해 한다.

내일 이기기 위해 지휘관은 오늘 싸워야 한다

　　보병 제1대대에 인기 높은 소대장이 있었다. 꾀 많고, 재치 있고, 사교성도 좋고, IQ도 높았다. 농구나 배구를 할 때면 순발력이 뛰어나 무엇이든 못할 게 없는 유능한 청년으로 보였다. 그가 소대원을 이끌고 매복을 나갔다. 어스름한 초저녁에 둑을 따라 행군을 했다. 세 사람이 나란히 걸을 수 있는 하얀 색 둑이 광활한 평야를 두 조각으로 가르고 있었다. 길과 나란히 흙탕물이 흐르는 수로가 길게 뻗어나갔고, 양쪽으로 전개된 광활한 평야에는 벼가 검푸르게 자라고 있었다. 맨 앞에서 행군하는 향도에게 스타라이트스코프라는 야시장비가 지급됐다. 별빛이나 반딧불만 있어도 멀리까지 볼 수 있는 최신의 야간 망원경이었다. 망원경을 든 향도가 걸음을 멈추었다. 불과 300미터 전방에서 중무장을 한 수십 명의 베트콩 부대가 마주보고 행군해 오는 것을 본 것이다. 불과 5~6분이면 좁은 둑에서 마주칠 수밖에 없는 상황이었다. 한국군 소대는 베트콩을 먼저 발견했지만 베트콩들은 그 사실조차 모르고 천진하게 다가오고 있는 것이었다. 이런 상황에서 전투를 한다면 누가 이겼어야 하는가? 당연히 한국군 소대가 이겼어야 한다고 생각할 것이다.

하지만 평소에 영리했던 소대장은 위기의 순간을 맞이하여 정말로 이해할 수 없을 만큼 바보짓을 했다. 길에서 불과 10m 떨어진 논 가운데 경주 고분만큼 큰 사이즈의 흙더미가 하나 솟아 있었다. 소대장은 그 좁은 포인트로 30명의 소대원을 몰아넣고, 둑을 따라 일렬로 늘어서 있는 베트콩부대에 총격을 가하도록 조치했다. 베트콩은 삽시간에 기다란 둑 뒤에 엎드려 좁은 돌출부에 옹기종기 모여 있던 한국군에 집중사격을 가했다. 베트콩은 피 한 방울 흘리지 않고 달아났고, 10여 명 이상의 한국군 병사만 절단났다. 유능한 소대장, 과학 장비로 무장된 병사들, 적보다 먼저 보았다는 결정적인 장점을 가지고도 이렇듯 바보짓을 할 수 있을까? '항재전장!' 옛날 1960년대에 군에 유행되던 말이었다. 항상 전장에 있는 것처럼 생각하라는 뜻이었다. 단상에 오른 높은 지휘관들은 누구나 연설문에 이 '항재전장'이라는 단어를 유행어처럼 사용했다. 어디에서 무엇을 하든 마음은 항상 전쟁터에 두고 전투를 생각하라는 것이다. 하지만 그 소리를 귀가 따갑도록 들어오면서 자란 많은 장교들은 매일 매일 전쟁을 하고 있으면서도 전쟁을 생각하지 않았다. 입으로만 '항재전장'이었고, 마음에는

'전투의 승패는 기획하는 것이 아니라 닥쳐봐야 아는 것이고, 전투는 운이다' 이런 생각들이 자리하고 있었다.

그런데 매우 희귀하게도 내가 속했던 중대에는 '항재전장'을 병사들에게 생활화시킨 이름 없는 보병 소대장이 있었다. 왜소할 정도로 체구가 작고, 사관학교를 졸업하지도 않았으며, 주위로부터 이렇다 할 인기도 끌지 못했다. 하지만 그는 전투에 나가 항상 이겼다. 내가 속했던 제28연대에서 그의 전과를 따라갈 소대장은 없었다. 무엇을 어떻게 했기에 항상 이길 수 있었을까? 그는 틈만 나면 병사들을 인근 모래밭으로 데리고 나갔다. 모래 위에 전투지역 모형을 만들어 놓고, 병사들에게 가상 상황을 생각해 내게 했다. 병사들은 있을 수 있는 상황을 열심히 생각해냈고, 그런 상황에서는 어떻게 대처해야 하는지에 대한 아이디어들을 냈다. 이것이 습관화되자 병사들에겐 휴식 시간에도 그런 가상 상황을 생각하는 버릇이 생겼다. 병사들 모두에

전투 잘하는 최 소위(가운데) 좌측이 필자

게 상상력과 임기응변 능력이 길러졌고 이로 인해 병사들은 위기상황에서 스스로의 생명을 보호할 수 있는 능력을 가지게 되었다. 만일 앞에서 패했던 소대장이 이런 생활을 했더라면 그는 이처럼 허무하게 부하들을 죽음으로 내몰지는 않았을 것이다.

내일의 전투에 이기기 위해 지휘관은 오늘 싸워야 한다. 내일의 싸움은 지휘관이 오늘 무엇을 생각하고 준비했느냐에 의해 이미 판가름 나 있다. 내일의 전투는 오늘의 준비를 실현해 보이는 결과에 불과한 것이다. 위의 최 소위는 항상 오늘 싸운 것이다. 군 지휘관들은 "결과는 싸워봐야 안다"는 말들을 한다. 이는 전적으로 틀린 말이며 게으른 자의 변이며 부하의 생명을 가볍게 여기는 무책임한 변이다. 전투는 병사들의 훈련된 직관과 몸놀림으로 하는 것이지 현장에서 일일이 소대장이 소리쳐서 하는 게 아니다. 현장에서의 전투행위를 장교가 일일이 지휘하는 전투는 백전백패한다. 전투는 시스템과 시스템의 우열을 판가름하는 과정이다. 소리치는 지휘관이 이기는 게 아니라 바로 이 초라해 보이는 소대장처럼 평소에 훌륭한 시스템을 가꾼 장교가 승리하는 것이다. 하지만 이런 교훈을 터득한 장교들은 별로 많지 않아 보였다. 수많은 장교들이 자기들의 신체적 자신감과 그릇된 영웅심만 가지고 철저한 준비와 시스템 없이 병사들을 전장으로 내몰았다. 이는 부하를 살육하는 행위였다.

공수특전대에서 체력을 연마하고 사명감을 길렀다는 대위가 수색중대장으로 왔다. 그는 2개 소대만을 이끌고 깊고 깊은 산 속으로 수색 작전을 나갔다. 나는 3중대에서 숙식을 했지만 그 대위가 이끄는 수색중대를 지원하러 나갔다. 중대장은 평지를 걷는 것이 유쾌한 듯 내게 많은 자랑을 했다.

"어이, 지 소위, 내 팔뚝 좀 만져봐, 딱딱하지? 내 허벅지 좀 만져봐, 돌 같지? 이거 대관령에서 스키 타면서 단련시킨 몸이야. 어디, 지 소위 팔뚝 좀 만져보자. 에게, 요렇게 말랑말랑한 팔뚝을 가지고 뭐 연애 한번 제대로 하겠냐?"
"중대장님, 애인 많으세요?"
"그놈의 시간이 있어야지, 안 그래도 고국에 돌아가면 애인 많이 만들 거다."

물살이 거센 개울을 밧줄로 건너기도 했고, 가슴까지 차는 개펄 속을 헤치기도 하면서 며칠 동안 행군을 했다. 덕지덕지, 검은 개펄 흙이 묻은 작업복을 입은 채 태고의 기운이 물씬거리는 정글 속으로 들어갔다. 중대본부에서 지도를 가지고 행군하는 경로를 꼼꼼히 챙기는 사람은 나밖에 없었다. "어이, 지 소위, 지 소위만 믿는다. 여기가 지도에서 어디쯤이야?" 3일 만에 정글 산 뾰족한 정상에 이르렀다. 직경 3m 가량의 네이팜탄 분화구가 산 정상에 패어 있었다. 분화구 밑바닥에 맨발 자국이 보였다. 물기가 촉촉이 배어나기 시작하는 것을 보니 금방 지나간 자국이었다. '금방 이곳을 빠져나갔다면 우리가 접근해 오는 걸 보고 부랴부랴 피한 게 아닐까?' 나는 속으로 그런 생각을 했지만 중대장은 태평이었다. 제1소대장이 내게 다가와 귓속말을 했다.

"지 소위님, 저기 저 봉우리를 보십시오. 월맹 정규군이 중무장을 하고 두 갈래로 내려옵니다. 완전 포윕니다. 큰일 났습니다. 어떻게 하지요?"

상황이 급하게 돌아가니까 소대장은 중대장보다 내게 먼저 의지했다.

"빨리 사주 경계부터 하시지요. 나무 뒤와 돌 뒤를 하나씩 차지하고, 전투는 1소대장님이 챙기십시오. 절대 총을 먼저 쏘지 마십시오."

이미 월맹 정규군 100여 명 정도에게 포위돼 있었다. 병사들은 눈만 반짝이면서 바위틈이나 거목들의 뒷부분을 하나씩 차지하고 숨을 죽인 채, 다가오는 적을 주시하고 있었다. 나는 멍하게 서있는 중대장의 딴딴한 팔뚝을 잡아채 가지고 분화구 속으로 몸을 낮췄다.

"중대장님, 빨리 연대장님께 상황보고를 하십시오."
"연, 연대장님, 중대는 포위되었습니다. 저는 보고 드렸습니다. 구해주십시오. 이상입니다."

중대장의 얼굴이 사색이었다. 목소리가 떨리고 두서가 없었다. 연대장이 답답해했다.

"야, 이 병신 같은 놈아! 너 내려오면 권총으로 쏴 죽일 꺼다. 제대로 보고 좀 해봐. 도대체 어떻게 됐다는 거야."

수화기에서 울려 퍼지는 화난 목소리가 쩌렁쩌렁 산을 울리는 듯

했다. 중대장은 수화기를 떨어뜨린 채, 정신 나간 사람이 돼 버렸다. 배배 꼬인 검은 줄에 매달린 수화기에서는 연대장의 질타 소리가 계속됐다. 어찌나 크게 울리는지 월맹군에게 들릴 것만 같았다. 나는 그 수화기를 몸에 밀착시켜 소리부터 막았다. 그리고 지도 위에 몇 개의 좌표를 찍은 후에 속삭이는 소리로 연대장에게 보고했다.

"연대장님, 지 소위입니다."
"오, 그래그래, 어서 말해보라."
"중대는 좌표 어디에서 월맹군 정규군에게 포위됐습니다. 중무장한 병력 100명 정도입니다. 여기는 큰 바위와 큰 나무들이 많습니다. 모두 바위 뒤에 숨어 있습니다. 개활지 같으면 먼저 쏘아보겠는데 여기는 바위산이라 수적으로 불리합니다. 여섯 개 지점을 불러드릴 테니 거기에 포병 사격을 해주시고, 곧이어 무장 헬기를 보내 무차별 사격을 가해 주십시오. 월맹군이 머리를 들지 못할 때를 기해 포위망을 빠져나가겠습니다."
"오, 지 소위 알았다. 즉시 하겠다. 건투하라."

곧 이어 째지듯 작렬하는 포 소리가 온 산을 울렸다. 나는 나에게 시선을 맞추는 1소대장에게 밑으로 내려 뛰라고 눈짓을 했다. 병사들이 민첩하게 뛰었다. 첩첩 산 속인데도 시골의 신작로처럼 넓은 길이 나 있었다. 맨 뒤에서 따라오는 병사가 제일 무서웠을 것이다. 길가엔 엎드려 마셔보고 싶을 만큼 맑은 샘물이 있었다. 정글 속의 어둠은 서서히 오는 게 아니라 카메라의 셔터처럼 갑자기 드리워졌다. 나는 대열의 가운데서 내려 뛰면서도 머리를 굴렸다. 적의 소굴에서 적이 다니던 길을 따라 달리다가는 베트콩 소굴로 들어갈 것이라는 생각이 들었다.

"앞으로 전달, 무조건 좌측으로 틀어라."

이내 병사들이 바위틈 사이로 미끄러지는 소리가 들렸다. 아마도 낮에 이런 바위틈을 미끄러지라고 했다면 모두가 망설였을 것이다. 드디어 잣송이에 잣이 박혀 있듯이 바위틈 사이 사이에 병사들이 하나씩 박혀 있게 되었다.

나는 또 생각했다. '여기는 월맹군 소굴이다. 베트콩은 우리가 어디 있는지 대강 알 수 있을 것이다. 우리가 여기에 없다는 걸 인식시켜 줘야 한다. 우리 가까이에 포를 쏘면 그들은 우리가 여기에는 없을 것이라고 생각할 것이다.' 나는 포대에 있는 동기생에게 부탁했다. 그는 155밀리 포대에서 귀국을 불과 며칠 앞두고 있었다. 그는 틈틈이 나를 위로하며 밤새내 포를 쏘아주었다. 매 5분 단위로 포탄이 작렬했다. 귀를 찢듯이! 한 병사가 내게 기어왔다. "소대장님, 포탄이 너무 가까이 떨어져 파편이 날아옵니다." 포탄이 내는 섬광을 보고 시계를 체크해보니 3초 후에 작렬 음이 들렸다. 소리는 1초에 340m를 가기 때문에 포탄이 작렬하는 곳은 우리로부터 1㎞ 떨어진 곳이었다.

"야, 임마, 섬광과 소리 사이에 몇 초가 지나는지 네가 한번 체크해 봐."

그제야 병사는 안심을 했다. 밤에 작렬하는 포탄으로부터 병사들은 얼마나 큰 심리적 압박을 받는가? 이 병사 덕택에 나는 매우 귀중한 사실을 터득했다. 포병의 위력은 물리적인 파괴력보다 바로 이런 심리적 공포감을 주는 데 있다는 사실을! 이는 훗날 내가 다시 두 번째로 월남에 파견되어 포대장 직을 수행할 때 병사들의 생명을 지켜줄 수 있었던 마술의 원천이 됐다.

정보의 가치는 사용자에 따라 다르다

　파병기간 1년 중에서 나는 10개월 동안 그야말로 강도 높은 고생을 했다. 다른 포병 소위들이 한 개의 중대를 지원할 때, 나는 2개 중대, 그것도 전투 강도와 빈도가 가장 높은 수색중대와 기동타격중대를 동시에 지원했다. 수색중대가 작전에 나가면 수색중대에 투입됐고, 3중대가 작전에 나가면 3중대에 투입됐다. 이는 좀 과한 조치였다. 그게 안쓰러웠던지 포병 대대장은 나를 뽑아내 사단 사령부 월남어 교육대로 보냈다. 월남어를 배우도록 하기 위한 게 아니라 귀국을 연장시키기 위한 하나의 보상수단이었다. 월남어 교육은 참으로 재미있었다. 우리말처럼 높낮이가 없는 그런 말이 아니라 노래하듯 말해야 의사가 통하는 말이었다. 그래서 음치는 배우기가 참 어려웠다. 월남 말 중에는 중국말도 꽤 많이 들어있다. 대통령을 한문으로 '총통'(總統)이라고 써놓고 '똥~통~'이라고 곡선을 넣어 발음했다. 한문으로 '위험'(危險)이라 써놓고 '윙이~힘~'이라고 발음했다. 우리말처럼 편편하게 발음하면 알아듣지 못한다. 5성으로 작곡된 음을 내야 소통이 됐다. 내가 어학을 배우는 요령은 좀 특이했다. 대개의 학생들은 책 내용을 무작정 외웠지만 나는 내용에 상응하는 현실 장면을 상상해가면서 외웠다. 책 내용을 외우면서 장면들을 연상하기 때문에 다이얼로그(대화) 한 줄 한 줄에 마다 영화 장면이 생기는 셈이었다. 책이 없어도 장면들을 연상해가면서 다이얼로그를 복습할 수 있기 때문에 걸으면서도 대본 없이 외울 수 있었고, 눈을 감고 누워서도 외울 수 있었다. 동료들이 영화를 보러 가자고 할 때마다 거절하지 않고 따라 나섰다. 영화라고 해봐야 옛날 활동사진 시대처럼 운동장 한가운데 영사기와 야전용 스크린을 차려놓고 땅바닥에 주저앉아 보는 것이었다. 나는 영화를 보면서도 다이얼로그(dialogue)를 중얼거렸다. 이렇게 하니까 실제생활에서 비슷한 상황에 접할 때마다 저절로 외국어가 튀어 나왔다.

이는 영어를 배울 때에도 적용했다. 영어 책 내용만 달달 외운 사람들은 미국에 가서 어떤 상황에 직면했을 때 적절한 말이 잘 나오지 않아 고생을 한다. 책의 내용과 가상 장면과를 연결시키는 방법은 특히 수학을 공부할 때에도 적용됐다. 나는 모든 수학 공식 및 이론을 배울 때마다 현실 세계를 가상했다. 수학을 현실과 매치시키는 것이다. 현실 세계를 연상하지 않고 시험에 급급해 하면서 익히는 공식과 이론은 아무런 응용력이나 창의력을 발휘하지 못한다. 수학을 공부한 사람들은 많다. 많은 이들은 수학을 딱딱한 공식으로 생각한다. 하지만 나는 수학 세계를 현실세계로 통역하는 능력을 길렀다.

이런 연상법 때문에 나는 사관학교 때, 영어와 수학은 늘 1~2등을 차지했다. 훗날 응용수학 계열의 박사과정에서 세상에 없는 새로운 수학공식 2개를 만들어 냈고, 석사 이상의 학도들이라야 사용할 수 있는 수학정리(theorem)를 6개나 만들어 냈고, 복잡한 군수문제를 푸는 알고리즘도 만들어 냈다. 알고리즘이란 논리적 명령대로만 따라하면 고등학교 출신도 실무에서 복잡한 문제를 해결할 수 있는 명령서 묶음을 의미한다. 내가 만든 알고리즘은 "제한된 예산 범위 내에서 장비의 가동도(availability)를 극대화시키기 위해서는 1번 부품 몇 개, 2번 부품 몇 개, … 17번 부품 몇 개를 구매해야 하는가?"에 대한 문제를 푸는 '요령'이었다. 이는 미 해군이 그동안 풀지 못했던 골칫거리를 일거에 해결해 준 기념비적인 작품이었다. 미군 소령 한 사람이 후에 석사 논문을 썼다. 논문주제는 내가 만든 공식과 알고리즘을 이용해서 도출해낸 수리부속 구매 세트와 기존에 미 해군에서 편법으로 사용해온 모델(당시 400만 달러 프로젝트)을 이용하여 구매한 수리부속 세트를 비교하여 기존의 모델이 얼마나 엉터리였는가를 보여주는 것이었다.

나를 가르친 교수들도 내가 이 공식을 만들어 낸 과정을 끝내 이해하지 못했다. 오직 결과에만 승복했다. 이 분야의 수학인들은 내가 만든 수학 작품에 내 이니셜인 Jee를 붙여 인용하고 있다. 시험에서 좋은 점수를 얻기 위한 인스턴트식 학습은 손끝 기술에 불과할 뿐, 생각하는 방법을 길러주지 못한다. 내가 연상법을 터득하게 된 것은 어릴 때의 고학 덕분이었다. 하나의 진리를 터득하려면 엄청난 궁리를 해야 했다. 이해하지 못할수록 궁리가 많았다. 나만의 독특한 그림을 그려가며 궁리의 폭을 넓힌 것이다. 그래서 내가 다닌 미국 학교에서 나는 응용력의 천재라는 소리까지 들었다. 그것도 37~39세의 만학에! 내 이름은 지금도 그 학교에서 전설적인 인물로 회자되고 있는 모양이다.

다시 월남으로 가보자. 3개월 과정을 마친 후 나는 1등을 했다. 동료 장교들은 내가 영화도 보러 다니고, 맥주도 마시러 다니고, 공부벌레처럼 굴지도 않았는데 1등을 했다며, 머리가 좋다고 말했다. 하지만 나는 맥주를 마시면서, 길을 가면서, 식사를 하면서 속으로 영화장면들을 생각하면서 대사를 외웠다. 연상법이 아니었다면 불가능했던 일이었다. 오히려 머리는 다른 사람들이 나보다 더 좋았다고 생각한다. 월남어 학교를 졸업하기 직전, 나는 중위로 진급을 했다. 대대장께서 정찰기에 대위를 태워 보내 내게 중위 계급장을 달아주게 했다. 단지 중위 계급장을 달아주기 위해 정찰기를 보낸 것이다. 이를 보고 다른 부대 장교들이 부러워했다. 졸업 후 나는 월남어와는 무관한 대대 사격지휘 장교로 보직되어 상황실에 투입됐다. 다른 부대에서는 대위 두 사람이 교대하면서 근무하는 자리를 나는 혼자서 지켰다. 대대장은 나의 요약보고를 매우 좋아했다.

상황실에는 매일 수많은 첩보가 접수됐다. 첩보의 신뢰성에 따라 A급부터 D급까지 분류돼 있었다. 이들 첩보들은 접수되는 순서대로 두꺼운 첩보일지에 기록됐다. 한 달이면 깨알같이 작은 글씨로 200쪽이 넘는 책이 됐다. 하루에도 7~8쪽이나 되는 첩보내용을 장교들이 일일이 읽는다는 건 불가능했다. 그래서 상황실 선임하사가 중요하다고 표시해주는 첩보만 대강 훑어봤다. "응, 그렇구먼. 이 지역이 늘 말썽이군." 일단 날짜가 지나면 모든 내용들이 두꺼운 첩보철 속에 묻히고 만다. 하루 이전의 첩보 내용, 열흘 이전의 첩보 내용을 다시 들춰내 읽는 사람은 없다. 자료는 많지만 모두가 땅 속에 묻혀 있는 것이나 다름없었다. 마치 보석의 원석이 땅 속에 방치돼 있듯이! 그런데도 사람들은 "저 첩보일지 속에는 모든 첩보가 다 들어있다"고 믿는다. 그리고 많은 첩보를 즉시즉시 사용할 수 있도록 가공하려는 사람은 별로 없었다. 나는 중사에게 똑같은 지도판을 3개 만들라고 했다. 중사는 유머 감각이 뛰어나고 급한 상황에서도 언제나 여유가 있어 보였다.

"중위님, 상황판을 3개씩이나 만들어 무얼 하시게요?"
"나도 몰라. 일단 한번 만들어 봐."
"합, 옛~써~ 즉각 대령하겠습니다."
중사는 다섯 손가락을 꼬부려 장난스레 거수경례를 하고 돌아가려 했다.
"김 중사. 하나는 초저녁용, 또 하나는 밤중용, 그리고 또 다른 하나는 새벽용이야. 상부로부터 첩보 내용을 받아 적을 때마다 상황판을 골라 표정을 하라구. A급은 적색, B급은 청색, C 및 D급은 노랑색으로. 알았어?"

"아! 존경하는 중위님, 이제야 감이 옵니다. 돌아가겠습니다."

첩보를 받아 적는 노력이 10이라면 지도판 위에 점 하나를 표시하는 노력은 1도 안됐다. 하나하나의 점은 의미가 없었다. 그러나 여러 날에 걸쳐 표시된 수많은 점들은 일련의 분포와 추세를 나타냈다. 시간대별로 베트콩이 어떻게 이동해 다니는지에 대해 훤히 읽을 수 있었다. 바로 이것이 통계의 묘미였다. 매일 밤 나는 이 상황도에 따라 사격을 가했다. 구태여 내가 좌표를 찍어줄 필요가 없었다. 누구라도 상황판만 보면 언제 어디에 사격을 해야 할지 알 수 있었기 때문이었다. 내가 잠이 들더라도 병사들은 정해진 시스템에 의해 포를 날렸다. 얼마 후, 체포된 베트콩의 진술이 나왔다. "한국 포병에는 눈이 달렸다." 시간이 갈수록 내가 해야 할 일들을 병사들이 점점 더 많이 메워 줬다. 그렇게 하지 않고서는 대위 두 사람이 해야 할 업무를 당해낼 도리가 없었다. 매일 아침, 나는 밤새 있었던 상황들을 손바닥만 한 쪽지에 요약하여 대대장 숙소로 직접 가져다 드렸다. 구두로 보고를 하지 않아도 그 쪽지만 읽고도 만족해 하셨다. 무섭기로 소문난 대대장이었지만 내가 가면 언제나 즐거운 모양이었다. "응, 응, 알았어. 그래그래, 수고했어. 어서 가봐. 아니 우유 한잔 줄까?"

어느 날 미군 중령이 나의 직속상관인 작전참모를 찾아왔다. 나의 직속상관은 소령이었다. 내가 통역을 맡았다. 미군 중령은 포병 대대장이었고, 예하 포대들이 월맹 접경지역에서 아직 빠져 나오지 못하고 있기 때문에 포들을 헬기로 공수를 해야하는 처지에 있었다. 하지만 헬리콥터로 포를 수송해 본 적이 없기 때문에 시험용으로 1개포만 잠시 빌려 줄 수 없겠느냐고 정중하게 부탁했다. 그 시범에는 미군 장성들이 많이 참석할 것이라며 시범의 중요성도 강조했다. 나의 직속 상관인 작전참모는 이를 쾌히 승낙했고 대대장도 이를 허락했다. 다음날, 나는 1개 분대를 포차에 태우고, 차 뒤에는 포를 매단 채 미군부대로 갔다. 하지만 그 미군 중령은 없고 대신 뚱뚱하게 생긴 미군 소령이 나와 있었다. 그는 고압적인 자세를 취했다. 트럭에 타고 있는 우리 병사들을 거만한 표정으로 훑어보더니 모두들 차에서 내려와 일렬로 서라고 했다. 예상 외의 행동에 기분이 몹시 상했다. 하지만 나는 정중한 표현을 써서 물었다.

"혹시 무엇 때문인지 말해 줄 수 있습니까?"
"검열을 해야겠다."
"나는 미군 중령 아무개의 부탁을 받고 도와주러 온 사람이다. 당신한테 검열을 받으러 온 게 아니다."
"내가 누군지 아느냐, 나는 한국에서 오랫동안 고문관을 지냈다. 한국군 장군들도 내 명령에 순순히 따랐다."
"검열을 하려거든 한국에 가서 그런 장군들에게나 해라."

소령이 무의식중에 내게 달려들려고 했다. 나는 선 자리에서 미군 소령을 뚫어지게 바라보면서 아주 낮은 목소리로 병사들에게 말했다.

"야, 오늘 이 건방진 놈, 손 한번 봐주자. 이놈 발밑에다 일제히 조준 사격을 가하라. 얼른 쏴버려."

따따따따닥! 수많은 총알이 그의 발 밑, 모래 바닥에 꽂혔다. 그는 체신이고 뭐고 내팽개친 채 혼비백산 도망을 쳤다. 지프차도 내팽개쳤다. 병사들이 그의 발밑을 따라가며 조준 사격을 가했다. 그는 아마 십 년 이상 감수했을 것이다. 병사들이 웃어대며 그를 야유했다. 그에겐 일생일대의 모욕이었을 것이다.

의외로 빨리 돌아온 내게 작전참모가 사유를 물었다. 자초지종을 설명했더니 내가 경솔하게 큰일을 저질렀다며 질책을 가했다. 나는 아무 일 없을 거라고 말했지만 직속상관은 감히 어디라고 미군을 그렇게 건드렸느냐며 겁을 냈다.

"과장님, 미군에 대해서는 배알도 없이 대해야 하나요?"
"허~허~ 이 친구, 뭘 한참 모르는구먼!"

작전참모는 내게 그가 한국에서 겪어 본 미 고문관의 위력에 대한 사례들을 설명해 주면서 내가 큰일을 저질렀다는 사실을 인식시키려 했다. 대대장의 예쁨을 받고, 또 대대장을 위한 통역이라면 도맡아 하는 내게 작전과장이라고 해서 그 이상의 야단을 칠 수도 없었다.

이튿날이었다. 이 웬일인가! 미군 중령이 다시 찾아와 중위에 불과

좌로부터 작전과장, 미군 하사, 필자

오른쪽이 필자

한 내게 정중히 사과했다. "나도 그 소령을 좋아하지 않습니다. 그는 곧 다른 곳으로 갈 것입니다. 그는 어제 제 계획을 망쳐놓았습니다. 하사관 한 명을 파견할 터이니 우리가 요청할 때, 포를 좀 지원해 주실 수 있겠습니까?" 그때부터 나는 미군 하사관과 함께 근무하면서 회화능력을 더 기를 수 있었다. 이렇게 8개월을 지하 벙커 속에서 보냈다. 햇빛을 보지 못하는 벙커생활은 힘든 것이긴 했지만 그런 대로 재미있었다. 그런데 햇빛이 유난히도 밝던 어느 날, 갑자기 코피가 쏟아졌다. 그리고 졸도했다. 들것에 실려 나가 생전 처음 알부민이라는 주사를 맞았다. "안되겠다. 내가 좀 편하자고 저놈 하나 부려먹다가 사람 잡겠다. 당장 미군부대로 보내." 그래서 나는 졸지에 미군부대 연락장교가 됐다. 그때의 몸무게는 47kg. 26세의 청년 사관에겐 어울리지 않는 몸매였다.

미군부대는 동지나해의 아름다운 모래 위에 있었다. 부대 위치 자체로 휴양지였다. 투명한 바닷물, 희고 고운 모래밭, 한가로이 흔들리는 야자수 잎새들, 시시각각으로 변하는 물 색깔, 파도만이 주인인 적막함, 이 모두가 쉽게 접할 수 없는 감추어진 아름다움이었다. 낮에는 자연 속에서 하루를 보냈고, 밤에는 맥주, 밴드, 춤이 자아내는 미 병영 문화권 속에서 시간 가는 줄 모르게 휴양생활을 보냈다.

대대장이 귀국하고 신임 대대장이 부임했다. 신임 대대장이 맨 먼저 해야 하는 일 중의 하나는 자매 마을에 가서 신고를 하는 일이었다. 대대장 당번으로부터 전화가 왔다. 신임 대대장이 자매 마을에 가서 잔치를 베풀고 연설을 할 때 통역을 하라는 것이었다. 월남어 교육대에서 1등을 했으니 얼마나 잘하겠느냐는 게 참모들의 중론이라 했다. 하지만 월남 말을 배우긴 했지만 8개월이나 쓰지 않아 통 자신이 없었다. 설사 졸업 직후였다 해도 공식 연설을 즉석 통역한다는 건 어림없는 일이었다. 아무리 생각해도 극복할 길이 보이지 않았다. 캔 맥주 한 개를 들고 바닷가로 나갔다.

먼 바다를 바라보다가 문득 아이디어가 떠올랐다. 바로 내가 대대장이 되는 길이었다. 다음날, 대대장이 무슨 연설을 하든지 상관없이 내가 대대장이 되어 연설을 하는 것이었다. 방으로 뛰어와 연필을 잡고 내가 대대장이 되었다는 생각으로 연설문을 작성했다. 그리고 사전을 찾아가면서 월남 말로 옮겼다. 드문드문 웃기는 말도 집어넣었다. 그래야 통역이 잘됐다는 말을 들을 수 있다는 생각에서였다. 다음

맨 좌측이 필자

날, 신임 대대장이 수많은 주민들을 놓고 마이크로 연설을 했다. 연설을 하는 동안 나는 그의 말을 기록하는 척 했다. 대대장이 한동안 연설을 하시고는 나를 쳐다보았다. 통역할 차례라는 것이었다. 그때마다 나는 써간 원고를 조금씩 읽었다. 노인들이 고개를 크게 끄덕였다. 웃기는 말을 할 때는 와~ 하고 웃었다. 박수도 쳤다. 대대장이 싱글벙글 하셨다. 주민들이 고개를 끄덕이고 웃는 것을 보니 대대장인 자기도 연설을 잘했고, 통역도 잘됐다는 것이다. 주민들이 가져온 떡을 먹고 맥주와 콜라를 마시는 동안 대대장과 노인들 사이에 많은 대화가 오갔다. 그런 대화 정도는 통역할 수 있었다.

내가 고지식하게 했더라면 대대장도 나도 모두 난처했을 것이다. 연설을 끝낸 대대장은 여러 참모들 앞에서 나를 극찬했다고 한다. 그리고는 나를 뚜이호아 시내에 있는 월남군 연대의 연락장교로 보냈다. 월남군 연대장은 중령이었는데 성장(도지사)을 겸임했다. 주월한국군은 미군과의 유대보다 월남 성장과의 유대를 더 중요시했기 때문에 내가 미군부대를 떠나 월남성장 옆으로 가야 한다는 것이었다. 월남의 군수 자리는 통상 대위~소령들이 겸직했다. 일반적으로 월남군 장교들은 미군에 대해서는 당당하고 추상같은 태도를 취했지만 한국군에 대해서는 친절하고 자상한 형제처럼 대해줬다. 한국군이 그들의 처지와 사정을 잘 이해해 준다는 것이었다.

그런데 한 가지 내가 알 수 없는 것은 월남 사람들의 생리구조였다. 그들을 지켜주고 있는 미군에 대해 왜 그렇게 적대감을 가지고 있었는지 도시 알 수가 없었다. '바람과 함께 사라지다' 라는 영화 장면들이 떠오른다. 부자의 미남 클라크 케이블은 '아름답지만 버릇없는' 비비안리를 인내하며 잘 대해주었지만, 그녀는 잘해주면 줄수록 콧대를 더 높이 세웠다. 그러던 어느 날 싸늘하게 버림을 받았다. 떠나는 클라크 케이블을 향해 그녀는 가지 말라 울부짖었지만 그 때는 이미 마음을 접은 뒤였다. 고마워 할 줄 모르는 월남 민족, 잘해 주면 해 줄수록 콧대만 세우는 이상한 민족, 스스로를 지키지 않으려는 월남 민족, 드디어 미국은 마음을 접었다. 미군이 떠나자 그 버릇없던 월남인들은 1975년 4월 30일에 패망을 맞이했다. 천만 명에 가까운 사람들이 도망가다 죽고, 물에 빠져 죽고, 재교육 캠프의 이슬로 사라지는 비운을 당했던 것이다. 그리고 운 좋은 사람들은 미국 등으로 건너가 미국의 품에서 상대적으로 풍요로운 삶을 살고 있다. 미국을 그토록 싫어했던 사람들이!

정동영과 강정구 등은 미국을 증오하는 사람들이다. 그러나 정동영은 자식을 미국으로 유학 보낸 후 자기도 미국으로 가서 장기간 체류했으며, 강정구의 아들들도 미국에서 산다고 한다. 이처럼 미국의 덕을 크게 보는 사람들이 어째서 미국을 증오하는지 그 2중적 정신구조를 이해할 수 없다. 대한민국에서 온갖 부를 누리며 살고 있는 친북 좌익들, 그들 역시 적화통일이 되면 미국으로 도망갈 것이다.

월남으로부터 망명하여 프랑스에서 명상의 마을 플럼빌리지를 설립-운영하고 있는 틱낫한이라는 중도 월남에서 평화를 외치며 극렬 시위에 앞장섰던 사람이다. 그로 인해 월남이 패망했고, 수많은 월남 국민이 죽었다. 그렇게 해놓고 그는 프랑스로 도망가서 고승인체 하면서 잘 살고 있다.

이러한 내막을 아는지 모르는지 환경재단, 조선일보, 조계종 등이 나서서 그를 초청했고, 그는 수행자 24명을 대동하고 2003년 3월 16일 인천공항에 도착했다. 이들 후원 주체들은 그의 국회연설을 포함한 19박 20일간의 바쁜 일정을 기획하고 후원했으며 조선일보는 매일같이 그의 활동과 연설내용을 생중계했다. "전 국민 평화염원 걷기명상"이라는 주제를 가지고 월남에서 외치던 평화를 한국에 까지 와서 전염시킨 것이다. 당시는 노무현 시대, 평화를 가장한 좌경화 작업이 요원의 불길처럼 한창 타오르고 있을 때였다.

나는 지금 틱낫한처럼 대한민국을 파괴하는 사람들 역시 같은 상황을 맞이하면 다른 사람들 보다 먼저 외국으로 도망할 것이라고 생각한다.

정인숙과 정일권

1969년 5월. 나는 월남 근무 22개월을 마치고 귀국하여 육군본부에서 갓 준장으로 승진한 비육사 출신 장군의 전속부관이 됐다. 관리참모부 내의 핵심 부서인 예산회계처장이었다. 장군 부속실에는 4명이 있었다. 보좌관인 중령, 중위인 나, 정 상병 그리고 예쁘게 생긴 아가씨가 있었다. 점심시간이 되자 부속실에 아가씨들이 떼를 지어 놀러왔다. 그런데 날마다 얼굴들이 바뀌었다.

"미스 윤."

"네?"

"인기가 대단한가 봐요, 친구들이 그렇게 많아요?"

그녀는 대답 대신 책상을 내려다보며 실실 웃기만 했다. 그러던 어느 날 그녀가 내게 말문을 열었다.

"지 중위님, 요즘 우리 사무실에 아가씨들이 왜 자꾸만 오는지 아세요?"

"……."

"베트콩 구경하러 오는 거래요."

"베트콩이 누군데? 혹시……나…를 두고 하는 말인가요?"

"어유, 지 중위님은 눈치가 빠르시네요."

"내가 어째서 베트콩이래요?"

"깡마르고, 체구가 작고, 얼굴이 검고, 머리가 짧고, 입술이 푸르스름해서 영락없는 베트콩이라고 소문이 났대요. 장교들이 그랬대요. 월남에 못 가본 아가씨들 그 방에 가면 베트콩 구경할 수 있다구요."

전속부관이 하는 일은 전화를 받고, 공·사를 불문한 모든 심부름을 잘해내는 것이었다. 청량리까지 가서 장군 댁 세금을 납부하는 일도 많이 했다. 사적인 심부름이지만 열심히 하다 보니 사회를 아는 데 많은 도움이 됐다. 장군이 말씀만 내려주시면 알아서 하는 것이 전속부관의 핵심능력이며, 능력이 부친다고 보고하면 무능한 장교가 되는 것이다. 장군의 심부름을 잘하기 위해서는 여러 영관급 장교들의 도움을 받는 요령이 필요했다. 고급 장교들의 능력을 이용해야만 심부름을 잘해낼 수 있었다. 그래서 이웃 영관장교들로부터 귀여움을 받는 것이 아주 중요했다. 전화를 걸어오는 사람과 장군과의 인간관계에 대한 센스도 필요했다. 장군이 귀찮아 하는 전화를 연결하면 그에 대한 짜증은 전속부관이 받아야 했기 때문이었다.

부속실에 있는 정 상병은 기생오라비라고 불릴 만큼 얼굴이 매끄럽게 생겼다. 그는 가끔 장군의 지시내용을 잊기 때문에 장군 방에서 자주 꾸중을 들었다. 나는 그를 단지 경상도 말을 쓰는 병사라고만 생각했다. 9월초, 나는 결혼식을 4일 앞두고 있었다. 그런데 어이없게도 정 상병이 갑자기 휴가를 가겠다고 했다.

"어이, 정 상병. 미안한 말이지만 내가 9월 6일에 결혼식 하는 거 알고 있나?"
"예. 압니다."
"장군을 모시는 일은 너와 나만 할 수 있는데, 네가 휴가를 가면 나는 결혼식을 연기해야 하지 않는가? 어떤가? 청첩장도 발부됐고, 식장도 이미 예약이 돼 있는데."
"그래도 저는 가야 합니다. 이미 여자 친구들하고 조를 짜놓았습니다."

나는 입장이 곤란해 중령 보좌관에게 이 사실을 보고했다. 중령이 화를 내고 언성을 높여 야단을 쳤다.

"야, 임마. 네가 인간이야? 결혼식장에 가서 심부름은 못해 줄 망정 이놈아 그걸 말이라고 해?"

그걸로 끝인 줄 알았다. 그런데 황당하게도 정 상병은 장군이 파티에 나가기 위해 황급히 차에 오르는 순간, 느닷없이 휴가를 다녀오겠다고 보고를 했다.

"오? 그래. 잘 갔다와."

장군은 나와 보좌관이 그의 휴가를 이미 허락한 것인 줄 알고 건성으로 대답을 한 것이었다. 정 상병의 돌출행동에 대해 나는 화가 많이 났다. 2층 사무실로 올라와 정 상병을 다그쳤다.
"야, 임마. 너 그따위 버릇, 어디서 배웠어?"
"아까 보시지 않았습니까? 장군님이 허락하셨는데 부관님이 왜 이러십니까?"
"정 상병, 한 인간에게 결혼이 얼마나 중요한 대사인 줄 너도 알지?"

이런 설득은 그에겐 아무 소용이 없었다. 누적되는 화를 꾹꾹 참았다. 장군 방에서 소란을 피우는 일만큼은 적극 피하고 싶었기 때문이었다.

"정 상병. 명령이다. 못 간다. 알았어?"
"그게 무슨 명령입니까?"

그는 시니컬하게 웃으면서 모욕감까지 주었다. 오래 참았던 것만큼 감정이 폭발했다. 그 때부터는 내 정신이 아니었다. 몇 대의 주먹이 날아갔다. 그래도 그는 약을 올리려는 듯 피식피식 웃었다. 두 손을 뻗어 내 어깨를 잡고 덤빌 기세까지 보였다. 아마도 체구가 작고 바싹 마른 나를 우습게 본 모양이었다. 생각이 여기에 미치자 나는 합기도 실력으로 그를 메어꽂았다. 억- 소리를 내면서 공중에서 한 바퀴 돌아 콘크리트 바닥에 떨어졌다. 그 다음부터는 짐승처럼 패 버렸다. 두드려 팰수록 분노가 더욱 증폭됐다. 재떨이도 날아갔다. 그 기세가 무서웠던지 그가 갑자기 잘못했다며 무릎을 꿇고 두 손을 비볐다. 그렇지 않았다면 아마도 나는 그를 죽을 때까지 팼을 것이다. 일단 분노의 세계로 접어들면 이성이 끼어들지 못한다. 분노의 세계에서 과잉 여부를 따지는 것은 부질없는 일이다.

"지 중위님. 잘못했습니다. 용서해 주십시오. 살려 주십시오."

요란한 소리에 인근 사무실에서 병사들이 몰려왔다.

"지 중위님, 그만 하십시오. 저희들이 주의를 주겠습니다."

그의 팔이 부어올랐다. 병사들과 함께 그를 병원으로 데려갔다. X-레이를 찍었다. 의사가 두 얼굴을 번갈아 보더니 "이 정도면 괜찮아. 찜질만 하면 돼"하며 내게 힘을 실어주었다. 다시 사무실로 갔다. 일직 근무를 서던 소령이 갑자기 나를 힐난했다. 평소의 그는 나에게 매우 친절했었다. 그런데 갑자기 안면을 바꾸니 혼란스러웠다. 나중에 알고 보니 그 소령은 이미 정 상병의 어마어마한 배경을 알고 있었던 것이다.

"내 잘못은 장군님한테 평가받을 테니, 소령님은 상황보고만 하십시오. 내 죄를 용서할 권한이 없으면 나를 힐난하지 마십시오."

이 말 한마디에 소령은 머쓱해 가지고 돌아갔다. 이어서 병사들이 나섰다.

"중위님, 저희들이 찜질해 줄 테니 퇴근하십시오. 탈영 같은 건 없을 겁니다."

정 상병 역시 반성을 하고 있다며 나를 안심시켰다. 하지만 이튿날 정 상병은 약속을 어기고 탈영했다. 장군이 출근하자마자 나는 지난밤에 있었던 일과 탈영사실을 상세하게 보고했다.

"잘했어. 그놈은 혼 좀 나야 해. 불성실한 놈이야. 같은 일을 여러 번 시켰는데도 제대로 할 때가 없었어. 괜찮아."

그런데 오후, 장군이 김계원 참모총장 비서실에서 받은 전통(전언통신문)을 한 장 가지고 오셨다.

"야, 지 대위. 이걸 좀 읽어봐. 염려는 하지 말고."

나는 1969년 9월 1일에 대위로 임시진급을 했다. 중위를 3년간 달아야 대위가 되었지만 그 때에는 대위의 수가 모자라 중위 1년 반 만에 임시진급을 시켰다. 정일권 국무총리가 김계원 육군참모총장에게 보낸 전통에는 이런 내용이 적혀 있었다. "병사를 무단 구타한 몰지각한 장교가 있는 바, 엄중히 처벌하고 결과 보고할 것" 이 전문은 9월 3일에 내려왔다. 장군이 이 전문에 대한 이야기를 대령급 과장들에게 하셨다. 3~4명의 대령 과장들이 아는 사람들을 동원해 국무총리실로 다리를 놓아가며 구명운동을 했다. 하지만 그렇게 해서 될 일이 아니었다. 정면 돌파만이 해결책이었다. 나는 이웃 병사로부터 정 상병의 집주소를 얻어냈다. 물어보니 정 상병은 내무반에서 '상당한 집'의 자손인 것으로 파다하게 알려져 있었다. 퇴근길에 주소 쪽지를 손에 쥐고 찾아가 보니 서교동 2층집이었다. 30세가량의 여인이 꼬리치마를 입고 나와 대문을 열어주었다. 냉랭한 표정이었지만 깔끔하고 예쁘게 생긴 여성이었다. 그녀는 거실 소파에 자리를 권한 후 말문을 열었다.

"외국에 오래 머물렀다가 바로 어제 돌아왔어요. 와보니 글쎄 내가 가장 예뻐하는 막내 동생이 매를 맞고 얼굴과 팔이 퉁퉁 부어있지 뭐예요. 때려도 어떻게 그렇게 무지막지하게 때릴 수 있어요? 우리 아버님께서 화가 몹시 나 계세요."
"알고 왔습니다."

그녀의 모친이 돌 직전으로 보이는 사내아이를 안고 TV를 보고 있었다. TV 소리에 대화하기가 거북했다. 그녀가 짜증을 냈다.

"엄마, TV 끄고 2층으로 올라가이소 마."

"국무총리실에서 총장실로 전문을 보냈더군요. 사병 내무반에서도 정 상병은 상당한 댁 자손으로 알려져 있더군요. 저는 4개월 동안 정

상병과 한방에서 일했는데도 그걸 몰랐습니다. 만일 그걸 알았더라면 더 많이 때렸을 겁니다."

잘못했다고 빌러 온 줄 알았던 그녀에게 이 말은 세도가에 대한 증오심으로 비쳤을 것이다. 잠시 할 말을 잃었는지 그녀는 눈만 동그랗게 뜨고 있었다.

"아버님께서 몇 시쯤 오시나요?"
"10시쯤 돼야 오실 겁니다."
"세 시간 남았군요. 불편하시겠지만 여기서 기다리겠습니다. 저는 꼭 그 어른을 만나 뵈어야 합니다."

2시간 정도의 침묵이 흘렀다. 그녀는 손님을 두고 자리를 뜨는 일을 하지 않았다. 9시가 됐다.

"아버님이 늦으시는 모양입니다. 저와 이야기하시지요."
"아, 아닙니다. 저는 똑같은 말을 두 번씩 반복하기 싫습니다."
"내 판단이 곧 아버님 판단이니 나하고 이야기하시지요."
"정말입니까?"
"가정에서 그 정도의 역할은 하고 삽니다."

밤중까지 기다리겠다고 버티는 나의 기세에 오히려 그녀가 더 초조해 하는 기색이었다.

"정 상병을 불러 주십시오. 저는 그 애 앞에서 떳떳하게 말하고 싶습니다."

정 상병이 2층에서 내려왔다. 나는 정 상병을 앞혀놓고 사건의 전말을 자세하게 묘사해 줬다. 누나의 얼굴에서 노기가 일기 시작했다. 누나의 마음이 변해 가는 것을 눈치 챈 정 상병이 가끔 반발하려 했지만 그녀는 위엄 있게 제지했다.

"누님께서 제 입장이라면 어떻게 하셨겠습니까?"
"나라도 두들겨 팼을 겁니다."
"누님, 참 훌륭하시군요."
"제가 어깨에 달고 있는 이 계급장, 그저께 달은 것입니다. 누님께서 보시기엔 하찮은 계급장이지만 제 일생에는 귀중한 이정표입니다. 저는 4개월 전까지 월남에 있었습니다. 어느 집 자식 치고 귀하지 않은 자식이 어디 있겠습니까? 대위는 소위에겐 하늘입니다. 그런데 그 하찮은 소위의 명령에 따라 병사들이 죽기도 하고 살기도 합니다. 21명의 우리 병사가 베트콩의 기습을 받아 몰살한지가 불과 5개월 전의 일입니다. 그 중에 살아 나온 병사가 하나 있었습니다. 야전삽을 가지고 논바닥을 이리 파서 구르고, 저리 파고 구르면서 몸을 숨겼습니다. 5시간이나 공포 속에서 지냈습니다. 어둠이 깔리자 그 병사가 소대장에게로 달려왔습니다. 소대장을 붙들더니 엉엉 울었습니다. 소대장이 병사의 아버지였습니다. 월남에서 죽고 다친 병사들도 다 귀한 자식들입니다. 여기에 있는 정 상병, 그 병사들과는 매우 다른 특별한 대접을 받고 있습니다. 배경 좀 있다고 상급자를 우습게 여기다가 구타를 당했습니다. 그리고 국무총리까지 동원하여 상급자를 처벌해 달라 합니다. 대한민국 국무총리가 정 상병 하나만을 위해 있는 건가요? 만일 국무총리가 이런 일에 나선다면 그분의 체면이 어떻게 되겠습니까? 세인들의 웃음거리가 되지 않겠습니까?"

"동생 말을 들을 때는, 지 대위님이 우락부락하고 힘도 세고 상식이 안 통하는 사람인 줄 알았어요. 듣고 보니 제가 참 부끄럽습니다."

이어서 그녀는 동생을 꾸짖기 시작했다. 세상에 못난 놈이라고.

"결혼식 잘 올리세요. 그리고 행복하세요. 저애를 내일부터 부대로 보내겠습니다. 제가 가서 장군님께도 사과드리고 싶어요. 하지만 뜻만 전해드리세요. 그리고 애가 나가거든 혼을 더 내주세요. 그냥 두면 사람 노릇 못 합니다. 아버님께서 내일 당장 전문을 취소하실 겁니다. 제가 책임지겠어요."

그녀는 밖에까지 나와 택시를 잡아주며 다시 한 번 결혼을 축하한다고 했다. 마음 같아서는 결혼식에 참석하고 싶다고까지 말했다. 이튿날 아침 나는 정여인과의 만남에 대해 장군에 상세히 보고했고, 장군은 만족해 하셨다. 이어서 정 상병이 출근했다. 기가 푹 죽어 있었지만 곧바로 장군 방으로 들여보냈다. 정 상병이 나타나자 장군은 기다렸다는 듯이 엄청난 고성으로 꾸중을 하셨다.

그녀는 사리가 분명했다. 어려 보이는 내게 얼굴까지 붉히며 사과를 했지만 내 마음속에 비친 그녀의 이미지는 그야말로 깔끔했고 존경스럽기까지 했다. 나도 이겼고 그녀도 이겼다. 만일 그녀의 정신세계가 세속적이었다면 그때 그녀의 위치로서는 나 같은 풋내기쯤은 철저히 무시했을 것이다.

이튿날 국무총리실에서는 아무런 연락이 없었다. 그렇다고 사건의 당사자인 나와 정 여인과 사이에 오고갔던 말만 믿고 참모총장실에서 국무총리가 보낸 전통문에 대한 응신을 생략할 수도 없었다. 국무총리실로서도 일단 육군 참모총장실로 내려 보낸 전통을 상당한 절차 없이 취소시킬 수도 없었을 것이다. 형식과 체면이 문제가 된 것이다. 결국 내가 정면 돌파에 또 나섰다. 퇴근 후 정복을 입고 정일권 국무총리실로 들어갔다. 비서관들이 나를 힐긋 힐긋 훔쳐봤다. 한 비서관에게 전문의 사본을 내보였다.

"이 전문을 기안하신 분을 만나고 싶습니다."

얼떨결에 당한 일이라 당황하는 기색이 역력했다.

"그분은 출타중이십니다."
"저는 내일 아침 결혼식을 합니다. 오늘밤에 모든 걸 해결해야 합니다. 국무총리실이 병사의 구타 사건과 같은 사소한 일을 다루는 곳인지 확인만 하면 됩니다. 어느 분입니까? 이 전문을 기안하신 분이.

이름과 주소, 전화번호는 있을 거 아닙니까? 오늘 밤 그분 댁으로 찾아가야 합니다. 어서 알려주십시오. 시간이 없습니다. 떳떳한 공문을 띄워놓고 왜들 주저하십니까?"

막무가내로 다그치자 자기들끼리 눈짓을 주고받는 듯 했다. 나이 든 비서관이 다가왔다.
"아, 대위님, 그 전문 때문이시라면 염려 마시고 돌아가십시오. 내일 아침에 취소 전문을 치겠습니다. 취소시키라는 명을 받아 놓고 있었습니다. 약속합니다."

결혼을 하는 이튿날 아침, 나는 전화로 중령 보좌관에게 결과를 설명하고 결혼식에 가기 위해 시간에 쫓기면서 이발소로 갔다. 아침 일찍 문을 여는 이발소가 드물었다. 적당히 깎아 달라고 재촉하며 이발을 마치기가 무섭게 택시를 타고 시계 바늘을 보아가며 남산 드라마센터 예식장으로 달려갔다. 신랑이 나타나지 않아 조바심을 하던 동기생 사회자가 안도의 숨을 몰아쉬며 마이크를 잡고 예식을 선언했다. 예식이 아니라 전투였다.

1969년 11월 29일, 나는 월남에서 귀국한지 7개월 만에 장군을 따라 다시 월남으로 갔다. 내가 모시던 장군이 사이공에 있는 주월한국군사령부 참모장으로 부임한 것이다. 나는 그 장군의 요청에 따라 사이공에서 6개월간 전속부관으로 근무했다. 그리고 1970년 5월, 지난 1차 파월 때 22개월에 걸쳐 나름대로 정이 들고 익숙했던 곳, 투이호아 전투지역으로 다시 내려갔다. 한 달 동안 항공정찰기를 타고 다니면서 항공관측임무를 수행하다가 이내 포대장으로 부임했다. 온 나라를 떠들썩하게 했던 정인숙 사건은 바로 이 시기에 발생했다. 나와 여러 시간을 함께 했던 '정 상병의 누나'가 바로 비극의 여주인공 정인숙이었다.

신문지상에 보도된 정인숙은 내가 만났던 정여인과는 전혀 다른 모습으로 채색돼 있었다. 신문은 정인숙을 사리 분별력이 없는 나쁜 여인으로 부각시켰지만 내가 만났던 정인숙은 사리가 분명하고 공정했다. 자기의 피붙이가 관련되면 무조건 팔이 안으로만 굽는 세속인들과는 전혀 다른 깨끗한 여인이었다. 아마도 기사를 만든 기자들이 세속적인 고정관념을 가지고 마음대로 예단하고 각색하여 삼류소설을 썼을 것이다. 최근에도 나는 언론 기사들을 그다지 신뢰하지 않는다.

전속부관은 선의의 거짓말도 해야

　1969년 11월 29일, 장군을 따라 보잉707을 타고 사이공으로 날아갔다. 결혼 3개월만이었다. 주월한국군사령부는 사이공 시내에 있었다. 사령부라고 해봐야 콘크리트 울타리벽 속에 소박한 건물 몇 개가 들어 있는 곳이었다. 본청만이 3층짜리 건물이고 나머지 건물들은 창고 같이 생긴 1층 건물이었다. 아마도 이 건물들은 지금쯤 가난한 월맹의 점령 하에서 황폐해 있을 것 같다. 벽을 따라 철조망이 쳐있고, 모래주머니를 쌓아 만든 초소들에는 총을 치켜든 병사들의 모습이 드문드문 보였다. 사령부에는 3명의 장군이 있었다. 사령관은 3성, 부사령관은 2성, 참모장은 1성 장군이었다. 장군들의 숙소들은 옛날 왕가들이 살던 대규모 저택이었고, 계급 순으로 1, 2, 3공관으로 불렸다. 대령들은 한때 훌륭했던 렉스호텔을 숙소로 사용했다. 대령 이상의 일과는 대개 파티로 종결됐다. 미군, 월남군, 한국군, 각국 대사관 간부들, 한국에서 오는 VIP, 월남 정부 관리들이 만들어 내는 파티는 일주일 내내 계속됐다. 고위급들에게 월남의 밤은 파티의 밤이요 때로는 향락의 밤이었다.

국제파티는 보기엔 화려해도 영어에 능통하지 못하는 사람들에겐 고역이었다. 월남 장교들은 오랜 불란서 문화권에서 자란 탓인지 대개 유창한 영어를 사용했고, 서양식 매너가 몸에 배어 있었다. 하지만 한국군 장교들은 그렇지 못했다. 훗날 1987년, 연구소를 그만두고 미국으로 갔을 때였다. 그 때에도 파티에서 내가 본 한국군 장군들의 매너와 사교적 센스는 일반적으로 말레이시아, 인도네시아, 중동 심지어는 아프리카에서 온 장군들보다 뒤떨어져 보였다. 국방연구원에서 쫓겨나 미국으로 건너가 한동안 먹고 잘 데가 없었을 때, 내게 호의를 베풀어 주신 미국 할머니가 있었다. 그분이 외국 장군들을 저택으로 초청한 적이 여러 차례 있었다. 다른 나라 장군들은 알아서 텃밭에 나가 상치와 당근 같은 걸 뜯어오기도 하고, 불을 피워 고기를 굽기도 하고, 샐러드 등을 만들며, "무엇을 또 할까요?" 묻기도 했고, 설거지와 청소도 알아서들 했다. 하지만 한국군 장군들은 소파에 앉아 자기들끼리 고국에 관한 이야기들을 나누기에 여념이 없었다. 외국에 나왔으면 외국을 배우고 외국인들과 어울릴 줄 알아야 한다. 그게 배움과 민간 외교의 길이다. 특히 한국의 외교관들은 몸만 외국에 나와 있었다. 내가 미국에서 본 외교관들은 겨우 교민들과 어울려 골프와 술

자리로 나날을 보냈다 해도 과언이 아니었을 것이다.

 다시 월남으로 가보자. 흥청거리는 파티 문화권에서도 긴장과 불안감은 늘 마음속 깊이 깔려 있었다. 1969년 구정을 기해 베트공과 월맹 정규군이 합세하여 총공세를 취했다. 이를 '구정공세'라 불렀다. 물론 사이공도 강타를 당했다. 얼마나 혼이 났던지 일부 한국군 장군들은 그때부터 신경안정제를 복용해야 잠을 잘 수 있었다고 했다. 화려한 사이공 거리였지만 곳곳에서 테러가 자행됐다. 음식점 밖에 주차한 지프차 밑에 부착된 시한폭탄이 터져 많은 이들이 목숨을 잃었다. 주월한국군사령부에 들어오는 모든 차량은 정문에서 한동안 멈춰 차 밑에 시한폭탄이 부착돼 있지나 않은지 검사를 받아야 했다. 헌병이 커다란 거울을 막대기에 달아 가지고 차량 밑을 여기저기 비춰보는 것이 검사였다.

 한국에서는 전속부관에게 퇴근이라는 게 있었다. 하지만 월남에서는 24시간 장군과 함께 행동했다. 장군의 침실은 2층에 있었고, 전속부관의 침실은 아래층 파티 홀 귀퉁이에 마련된 조그만 대기실이었다. 거기에서 전화도 받고, 장군이 소리를 지르면 "예" 하고 달려가야 했다. 통상 잠은 12시를 넘어야 잘 수 있었고, 후덥지근해서 늘 에어컨을 켜고 잤다. 문도 없이 앞과 뒤가 뚫린 대기실에서! 장군들 중에서 가장 바쁜 사람은 내가 모시고 있던 참모장이었다. 그는 건강한 분이었지만 업무량이 과한데다 웬만하면 눕지 않는 성격이라 피곤을 참고 견디다가 안면신경이 마비된 적이 있었다. 고국에서 찾아오는 귀빈들이 많아, 하루에 세 번씩이나 40분 거리에 있는 탄소누트 공항을 왕복해야 했고, 손님을 서운치 않게 하기 위해 공개 파티에서부터 은밀한 접대 파티에 이르기까지 신경을 써야 했고, 선물을 마련하는 데에도 세밀하게 신경을 써야 했다. 그러던 어느 날, 고국에서 갑자기 귀한 손님이 급한 임무를 부여하기 위해 방문한다는 연락이 왔다. 사령관이 새벽 2시에 갑자기 참모장에게 지시를 내린 것이다. 참모장은 한참 자고 있는 대령 참모들을 갑자기 소집해야 했다. 대령 참모들의 차는 수송부에 있기 때문에 부르려면 절차가 복잡하고 시간이 걸렸다.
"지 대위. 운전병을 대령 숙소로 보내 5명의 참모를 빨리 데려와."

급하기는 한데 어이없게도 운전병이 없어졌다. 밤중에 바깥 구경을 나간 모양이었다. 실로 난감했다. "죄송합니다. 운전병이 없습니다" 하고 곧이곧대로 보고했다간 불벼락이 날 판이었다. 나는 당번병에게 5명의 참모 명단을 건네주면서 빨리 전화를 걸어 회의소집을 통보해 놓으라고 지시한 후에 차고로 갔다. 미제 8기통 시보레이 세단, 기어를 작동하여 전진과 후진 요령을 터득한 후 인적 없는 사이공 거리로 나서 호텔로 갔다. 영감님 같은 대령들이 눈을 비비며 차에 올랐다. 공관에 다 와서야 정신들이 드는 모양이었다. "어! 이거 지 대위 아냐? 야, 지 대위. 자네 운전까지 하는군. 어? 허허허." 소위 시절에는 야외 훈련이 참으로 많았다. 무료한 낮 시간에 나는 포차 운전병을 꼬여서 트럭을 가지고 운전을 배우기 시작했다. 양평 시내를 거쳐 꼬불꼬불한 도로를 타고 용문산까지 차를 몰았다. 좁은 다리를 건널 때가 가장 아슬아슬했다. 운전을 하는 동안에는 운전병과 모자를 바꿔 썼다. 멀리서 헌병 차가 마주보며 달려왔다. 소위 계급장이 붙어있는 내 모자를 쓰고 선임탑승자 자리에 앉아 장교 행세를 해야 하는 운전병, 여간 불안해하는 눈치가 아니었다. "야, 임마. 의젓하게 경례를 받아야 해. 이상하게 보이면 걸리는 수가 있어." 막상 헌병으로부터 인사를 받으니까 기분이 좋은 모양이었다. 그 후 월남에서의 중위시절에 나는 미군부대와 월남군 부대의 연락장교로 있으면서 지프차를 직접 몰고 다녔다. 출발할 때, 정지할 때, 기어를 변속 할 때에, 컵에 담은 물이 흔들리지 않도록 부드럽게 운전하는 연습도 했다. 이렇게 배운 운전 실력 덕분에 그날 밤 밖으로 샜던 운전병과 내가 불호령을 면할 수 있었던 것이다. 당시까지만 해도 장교들의 운전은 금지돼 있었다.

어쩌다 장군들이 모이면 2층 장군 방에서 시간을 보냈다. 장군들이 유쾌한 시간을 보낼 동안, 전속부관들은 나의 조그만 부속실에서 참새 모임을 가졌다. 자기 장군에 대한 흉을 보기도 했고, 좋은 점을 드러내 칭찬하기도 했고, 또 새로운 뉴스 같은 걸 가지고 조잘대며 시간을 보냈다. 전속부관들이 차고 다니던 권총은 서부활극에서 보는 큼지막한 6연발 리볼버였다. 하지만 장군들의 권총은 각양각색의 예술적 디자인으로 만들어진 아주 작은 사치품이었다. 보석으로 아름답게 수놓아진 것들도 있었다. 장군들이 위층으로 올라갈 때, 맡긴 이런 권총들은 한동안 전속부관들의 장난감이 됐다. 돌아가면서 권총을 구경했다. 6개의 약실에는 오발을 예방하기 위해 한 개의 약실을 비워 두었다. 실수로 방아쇠를 당기더라도 약실에 총알이 없으면 안전하기 때문이었다.

약실은 시계 방향으로 돌아간다. 내가 그날 처음 만져본 권총은 너무나 작았다. 방아쇠를 한번 당겨도 총알이 나가지 않는다는 것을 믿고 나는 대기실 천장 코너에 대고 격발을 해보았다.

전속부관시절, 맨 좌측이 필자

"땅!!" 이게 웬 일일까? 황당하게도 총알이 발사된 것이다. 순간 식은땀이 흘렀다. 전속부관이 총알을 잘못 장전한 것이다. 콘크리트 건물이라 2파 3파의 에코 현상까지 가담해 소리가 증폭됐다. 나는 순간 천장에 대고 격발한 것에 대해 감사했다. 2층에 있던 장군들이 일제히 튀어나와, 반질반질한 고급나무로 설치돼 있는 가이던스를 잡고 제비들처럼 나란히 고개를 내밀었다. "야, 뭐야" 하고 다그쳤다. 눈앞이 캄캄했다. 오발이었다고 하면 총알을 잘못 장전한 다른 전속부관이 더 혼날 참이었다. "예, 아무 것도 아닙니다." 2층을 향해 일단 이렇게 소리부터 질러놓고 장군이 보이는 쪽으로 뛰어갔다. 뛰어가는 짧은 순간에 머리를 굴렸다. "벽에 세워 두었던 탁구대가 홀 바닥에 쓰러졌습니다. 놀라시게 해서 죄송합니다." "야, 놀랬다 야." 이 실수를 통해 나는 매우 중요한 교훈을 얻었고, 이는 몇 달 후부터 시작된 포대장 근무 때 아주 요긴하게 적용됐다.

"격발을 할 때엔 총을 어깨 위에 올려놓고 하늘을 향해 경건하게 하라!" 포대장 시절, 나는 병사들에게 이를 하루에도 열 번씩 훈련시켜 쑥스럽지 않도록 습관화시켜 주었다.

장군은 강아지를 좋아했다. 누군가가 '치와와' 한 쌍을 선사했다. 그렇게 작은 강아지는 처음 보았다. 꼭 그림자가 다니는 것만 같았다. 장군은 암컷의 이름을 '미미'로 불렀고, 수컷은 '끼끼'로 불렀다. 아무리 늦게 퇴근해도, 당번병은 미미와 끼끼를 안고 장군 방에 들어갔다. 강아지와 노는 것이 낙인 듯 했다. 이렇게 아끼는 강아지에게 뜻하지 않는 사고가 발생했다. 사령부 사무실에 앉아있는데 공관에서 다급한 목소리의 전화가 걸려왔다. 얼마 전, 공관에는 중사 계급장을 단 장군의 처남이 와 있었다. 그 중사가 지프차를 후진하다가 하필이면 재롱이 철철 넘치는 '미미'를 치어 숨지게 했다. 아무리 처남이지만 이는 보통 일이 아니었다. 평소에는 친척 티를 제법 내는 녀석이었지만 원체 큰일을 저질러 놓았기 때문에 풀이 죽어 있었다.

"부관님, 죄송합니다. 저를 좀 살려 주십시오."

나는 공관 인력을 모두 동원해서 온 장안을 뒤져서라도 '미미'와 비슷하게 생긴 놈을 구해놓으라고 했다. 시장에 나가 한 놈을 구해오긴 했지만 뚱뚱하고 애교도 없었다. 병사들이 하루 종일 "미미야, 미미, 미미, 이리와" 하고 훈련시켰지만 낯선 개는 딴전만 부렸다. 그 다음날 다시 시장에 나가 '미미'처럼 날씬한 놈을 찾아보라고 했다. 그리고 그날 밤에는 당번병이 '끼끼'만 데리고 장군 방으로 올라갔다. "야, 미미는 어디 갔냐?" 기껏 일러두었건만 순진한 당번병의 얼굴이 빨개지고, 머뭇거렸다. 당번병이 못미더워 내가 따라 들어간 게 참 다행이었다. "그녀석이 갑자기 설사를 해서 강아지 병원에 데려다

주었습니다." 5일간 매일 장군은 '미미'의 안부를 물었지만 중사는 더 이상 날씬한 암컷을 구할 수 없다고 했다.

드디어 그 새로운 강아지는 '미미'라는 이름에 꼬리를 흔들고 덤비기 시작했다. 그 제서야 당번병이 두 마리의 강아지를 올려갔다. 얼른 보아도 '미미' 대치품은 뚱뚱하고 재롱이 시원치 않았다. 장군은 고개를 갸우뚱거렸다. "이 개, 잘못 찾아온 게 아니냐?" 당번병의 얼굴이 또 새빨개졌다. 그래도 다행인 것은 '미미'라는 이름에 꼬리를 치고 덤빈다는 사실이었다. "그녀석이 병원에 좀 있더니 살이 찌고 좀 둔해진 것 같습니다." 순간은 모면했지만 참 기막힌 거짓말을 한 것이다. 한국의 어머니 상이 떠올랐다. 무서운 가장을 모시고 사는 어머니들이 왜 거짓말을 하는지 알 수 있을 것 같았다. 집안에 큰소리를 내지 않으려고 이리 묻고 저리 묻는 어머니 상이 바로 나의 모습이 아니었나 하면서 그 거짓말로 인한 죄책감을 스스로 자위했다.

대통령들에 '가신'이 문제되는 시절이 많았다. 그럴 때마다 '친척 중사'가 떠오른다. 처음엔 30여 명의 공관 요원들이 모두 타인들로만 구성됐었다. 그 때에는 모두가 장군을 일사불란하게 모셨다. 하지만 그 친척 중사가 공관에 들어오면서부터 화기애애한 분위기가 깨졌다. 중사는 친척 티를 냈고, 그로 인해 공관 식솔들은 두 파로 갈라졌다. 그 녀석에게 잘 보이려는 파와 "눈꼴이 시다"는 파로 나누어진 것이다. 나는 장군을 수행해 다니느라 전화로만 원격통제를 했지만 밤늦게 공관에 들어가면 분위기가 냉랭했다. 그때까지 장군을 '나의 장군' 이라고 생각했던 병사들이 "그래, 네 놈만의 장군이다"하는 식으로 마음이 떠났다. 장군에 대한 충성심도 떠났고, 공관 살림도 "내 살림이냐, 네 살림이냐"는 식으로 주인 없는 살림이 돼 버렸다. 이렇게 되자 재미있던 월남 생활이 귀국 날짜만 기다리는 인고의 시간으로 바뀌었다. 겉으로는 좋은 말을 하고 웃어주지만 속으론 무엇이든 잘 안돼서 일이 터지기를 은근히 바랬다. 이 사례는 국가에도 적용된다. 대통령의 가신들과 친척들이 설치면 설칠수록 장관들과 고위 공직자들은 대통령으로부터 마음이 떠난다. 그리고 국가는 '장군의 공관' 처럼 빈집이 돼 버린다.

인과응보

　나는 전속부관의 자리를 자기발전의 발판으로 활용하기로 마음먹었다. 장군을 떠났을 때의 내 위상을 염두에 두면서 참모들에게 겸손하게 행동하고 그들에게 도움이 되는 일을 하기로 했다. 참모들이 장군의 결재를 받으려고 부속실을 들어설 때마다 나는 언제나 활짝 웃으면서 반겼다. 그들은 결재의 차례를 기다리는 사이에 소파에 나란히 앉아 담배도 피우고 차도 마셨다.

"어이, 지 대위. 담배 안 피우나?"
"네, 못 피웁니다."

　그들은 서로 담배 구걸을 했다.

"어이, 원호참모. 담배 있어?"
"아, 나도 챙기질 못했는데."

이런 광경을 목격한 나는 다음날부터 윈스턴, 말보로, 켄트, 살렘, 럭키스트라이크 등등 여러 종류의 담배를 사다 놓았다. 그리고 이 담배 곽들을, 동동 걷어 올린 팔소매 틈에 찔러 넣었다. 양쪽에 3갑씩! 거울에 비쳐보니 화려한 색깔들로 치장된 듯한 내 팔뚝이 너무 괜찮아 보였다. 이 모습을 본 참모들은 싱글싱글 웃으면서 내게 다가와 팔뚝에서 담배 개비를 뽑아갔다. 고참 병장인 사무실 당번이 이를 보고 싱글벙글 웃으면서 자기 일을 찾아서 했다. 차에 대한 각 참모들의 취향을 일일이 기록했다가 참모가 오면 자동적으로 참모들이 좋아하는 차를 대령했다.

참모들이 결재를 받으려고 기다리는 시간이 아까워 보였다. 나는 출근하자마자 참모들에게 부지런히 전화를 걸었다. 결재 제목, 소요시간, 긴급정도를 물어서 결재 시간을 예약해 주었다. 그리고 참모들에게 도움이 될 만한 뉴스나 정보도 알려 주었다. 장군과 소원한 관계에 있는 참모들의 장점을 메모했다가 차 속에서 하나씩 장군에게 풀어놓기도 했다.

"참모장님, 부관참모 말입니다. 고전음악에 참 조예가 깊더군요. 마작도 수준급이라는 것 같던데요. 참, 족보 있는 개를 키우고 있는데 이번에 강아지를 여러 마리 낳았다 합니다."

"오, 그래?"

"혹시~ 내일 아침 조찬 때 자리가 하나 남는데 부관참모를 추가시킬까요?"

"그래, 그렇게 해봐."

"강아지가 예쁘다고 하기에 암놈으로 하나 골라서 서울 댁에 갖다 드리도록 부탁했더니 그렇게 좋아하시더군요. 사모님께서도 강아지 좋아하시지 않습니까?"

부관참모! 부관병과 장교들은 임관시절부터 소대장을 하지 않고 사무실에서 병사들의 부대배치를 위한 인사명령을 내는 사람들이다. 이른바 사람장사, "내 아들을 좀 좋은 데 보내주시오"하는 식의 부탁을 많이 받는 사람들인 것이다. 월남에서는 훈장 장사를 한다는 비난을 받기도 했다. 무늬만 군인이지 사실 하는 일들은 행정관들이었다. 그들에 대해 들었던 이야기들이 그리 아름답지 못해 나는 부관병과 장교들에 대해 별로 좋지 않은 편견을 가지고 있었다. 내가 모시는 장군 역시 그러했다. 육군본부에 계실 때, 장군은 그가 다른 지인으로부터 청탁받은 한 병사에 대해 바로 이 부관참모에게 선처를 부탁한 적이 있었다. 그런데 이 부관참모는 이러이러 해서 참 곤란하다고 하면 될 것을 가지고 장군의 부탁을 그냥 무시해 버렸다. 육군본부에서의 부관병과 대령이라면 웬만한 장군 이상의 끗발이 있었다. 원수가 외나무다리에서 만난다는 식으로 이 두 사람이 하필이면 주월한국군사령부에서 직속 상하관계로 만난 것이다. 부관참모인 대령도 괴로워했지만, 결재를 해줘야 하는 장군의 마음도 개운치 않았다. 이런 어색한 사이가 전속부관인 나의 주선으로 좋아지기 시작한 것이다. 두 사람은 마작의 고수여서 시간이 갈수록 더욱 가까워 졌다.

이런 사이공 생활도 불과 5개월 만에 끝이 났다. 어느 날 갑자기 장군이 나를 불렀다. "지 대위, 내일 백마부대 포병 사령관에게 가봐. 아마 포대장 자리를 내줄 꺼다. 나가 봐" 도대체 영문 모를 일이었다. 왜 갑자기 장군이 그런 결심을 했는지 그리고 왜 장군의 얼굴이 밝지 않은지 궁금하기도 하고 불쾌하기도 했다. 무언가 서운해 하는 눈치였다. 장군에게 "영문을 잘 모르겠습니다." 하고 물으면 금방이라도 화를 낼 것 같아 그대로 나왔다. 당시 파월된 병사들은 워낙 거센데다 총기를 가지고 있기 때문에 포대장 직책은 한국에서 이미 포대장 경력을 마친 고참 대위들로 보직됐으며 통상 나보다 4~7년 선배들이 하고 있었다. 임관 4년생인 임시대위가 나갈 수 있는 자리가 절대 아니었다. 자초지종을 알고 싶어 인사참모인 대령에게 달려갔다.

"참모님, 참모장님께서 갑자기 제게 백마부대로 내려가라 하시는데 영문을 모르겠습니다."
"아, 그거 우리 몇몇 참모들이 지 대위를 키워주기 위해 만들어준 자리요. 여기서 전속부관만 하고 있으면 어떻게 해, 백마부대 포병 사령관에게 다 연락이 돼 있으니 나가서 좋은 경력 쌓으시오. 지 대위가 잘 커야지."

이런 설명을 듣고 보니 3명의 포병출신 참모들이 평소 나에게 툭툭 던진 말들이 생각났다. "이 사람, 여기 오래 앉아있으면 안 되는데." 내가 없는 동안, 이 세 분들이 장군에게 진언을 했다고 한다. "지 대위를 그만 쓰시고 놓아주십시오. 백마부대 포대장으로 내 보내시지요." 이 말을 들은 장군은 아마도 나를 이렇게 의심했을 것이다. '저놈이 혹시 참모들을 꼬드겨 장난질 친 게 아냐?'

나는 이내 수송기에 몸을 싣고 백마 포병 사령부로 날아가 사령관에게 신고를 했다. 그랬더니 9사단 백마부대 포병사령관이 이렇게 말해주었다.

"내가 좋아하는 세 분의 주월사 참모들이 차례로 내게 전화를 했네. 자네 주월사령부에서 아주 좋은 평판을 얻었더군. 자네의 행동이 갸륵해서 장군으로부터 억지로 떼어내 나한테로 보내는 것이니 각별히 잘 보살펴 달라는 부탁이 왔었네. 자네 옛날에 30포병 대대에서 근무했지? 그리로 나가서 포대장을 맡게."

군복을 궁둥이까지 잘라 입어라

　사령부에서 내주는 헬기를 타고 월남의 옛 고향인 뚜이호아로 다시 왔다. 소위와 중위시절에 22개월을 보냈던 뚜이호아, 1년만에 다시 와 보니 비록 전쟁터라 해도 친숙하고 반갑게 느껴졌다. 내가 맡은 제2포대는 뚜이호아 번화가에서 북쪽으로 2㎞ 떨어져 있는 소복한 산능선에 자리하고 있었다. 50m의 능선 고지였다. 능선의 높은 곳에는 보병 제2대대 본부가 1개 중대 병력을 거느리고 있었고, 낮은 곳에는 내가 지휘할 제2포대가 배치돼 있었다. '기지'(base)라고 해봐야 포와 차량과 목재 더미가 어지럽게 널려진 붉은 흙바닥이었다. 얼마 전까지만 해도 이 포대는 베트콩이 우글거리는 봉로만 위의 바위산 속에 요새를 짓고 생활했었다. 집요하기로 이름난 베트콩이 자기들 소굴로 겁 없이 들어온 한국군 기지를 그냥 두지 않았다. 틈틈이 박격포를 쏘아댔다. 어느 날, 박격포탄이 탄약고에 명중됐다. 탄약고 속의 화약에 불이 붙어 탄약고에 쌓아두었던 포탄들이 몇 시간에 걸쳐 연쇄적으로 폭발해 많은 사상자가 났다. 병사들의 사기가 떨어지고, 언제라도 베트콩이 또 공격해 올 것이라는 데 대한 공포 분위기가 확산돼 있었다. 그래서 부랴부랴 황급히 이곳으로 피난을 오게 된 것이다. 이제부터 이 붉은 흙바닥에 새로운 벙커 기지를 건설해야 했다. 불도저가 뾰족한 봉우리를 평평하게 밀어 놓았다. 기둥으로 사용하기 위한 사각 목재들이 무더기 단위로 여기 저기 쌓여 있었다. 새로 이동해 온지라 곳곳에 텐트가 쳐져 있었다.

포대의 동쪽에는 맑고 깨끗해 보이는 시원한 바다가, 남북으로 길게 흐르는 해안선을 끼고 전개돼 있었다. 인도지나해였다. 해안선을 따라 기나긴 백사장이 흘렀고, 백사장을 따라 야자수와 관목이 어우러진 숲이 또 다른 띠를 이루어 남북으로 뻗어 있었다. 그리고 그 숲을 따라 1번 도로가 남북으로 뻗어 나갔다. 포대의 동쪽을 제외한 3면은 모두가 검푸른 산으로 둘러싸여 있었다. 특히 서쪽에 펼쳐있는 정글산은 수 백리 밀림지대로 이어지는 광대한 산맥의 한 자락이었다. 포대와 산기슭까지의 거리는 불과 1km, 논과 밭이 그 사이를 메우고 있었다. 베트콩은 산에서 우리 포대를 빤히 내려다보면서 박격포를 쏘지만 우리는 망망대해와 같은 밀림 산 속 어디에서 그들이 박격포를 쏘는지 알 방법이 없었다. 베트콩이 봐줘야 살 수 있는 처지였다. 병사들은 하루하루를 공포 속에서 보냈다. 낮이면 진지 공사에 땀을 흘렸고, 밤이면 무거운 눈꺼풀을 치켜 올리면서 보초를 서야 했다. 하루하루가 힘들고 불안하고 짜증났다. 기지 건설을 완료하려면 6개월 이상 걸린다고 했다. 여기에 기후까지 병사들을 압박했다. 5개월 후면 우기가 다가오고, 우기가 되면 장대비가 내려 건설 작업이 불가능해 진다. 걱정이 이만저만이 아니었다. 하늘에선 6월의 태양이 붉은 열을 펑펑 쏟아냈고, 땅에선 숨을 콱콱 막을 만큼 맹렬한 지열을 내뿜고 있었다. 그야말로 찜통이었다. 많은 병사가 병원으로 후송됐지만 경상자들은 부대에 남아서 텐트 속에 쪼그리고 앉아 발등과 배에서 나는 진물을 닦아내고 있었다. 이들은 포대장이 다가 가도 인사조차 하지 않고 짜증스런 얼굴을 했다. 부임한지 불과 이틀 만이었다. 단한 개의 지붕도 마련돼 있지 못한 이 흙바닥에 박격포탄이 날아왔다. 병사들이 순식간에 흩어졌다. 사격이 멈추자 목재 더미와 차량 그리고 포 옆에서 병사들이 툭툭 털고 일어섰다. 다행이 박격포탄이 변두리에만 떨어졌다. 박격포가 봐준 것이다.

작업 과정을 지켜보는 과정에서 불안한 요소가 감지됐다. 단지 느낌 하나로 코멘트를 가했더니 갑자기 하사가 표범으로 변했다. "포대장님, 그렇지 않아도 짜증나 죽겠는데 이거 왜 이러십니까?" 양손을 허리에 얹고 눈을 아래위로 부라리며 마치 한번 해보자는 투였다. 기가 막힐 일이었다. 아무리 파월된 병사들이 거칠다 하지만 이럴 수는 없었다. 나는 말없이 작업장을 떠나 포대장 천막으로 왔다. 괘씸하다는 생각에 분노가 치솟았지만 처음부터 감정을 내세울 일이 아니었다. '맞아, 입장을 바꿔놓고 생각해야 해!' 입장을 바꿔보니 어느 정도는 이해가 갔다. 하사는 내게 대든 것이 아니라 포대장에게 대든 것이다. 포대장이 그들의 적이었던 것이다. 과거의 포대장이 병사들을 고압적으로 다루면서, 병사들의 애로에는 냉담했다고 한다. 이런 포대장에 대한 병사들의 불만이 최고조에 이르렀고 급기야는 한 병사가 술을 마시고 총기를 휘둘러 3명이 죽는 사고가 발생했다고 했다. 이 엄청난 사고로 인해 전임 포대장이 처벌을 받아 조기귀국을 당했고 바로 그 자리에 내가 들어간 것이다.

설사 포대장이 잘 해준다 해도 환경 자체가 병사들에게는 엄청난 불만이었다. 언제 박격포탄에 맞아 죽을지 몰랐다. 끈끈하게 무더운 데다가 모기마저 극성을 부려 잠도 제대로 자지 못했다. 날이 새면 진지공사라는 중노동을 해야 했다. 공사 일을 하다가 사격명령이 떨어지면 100m 경주 식으로 달려가 포를 쏘아야 했다. 밤이면 모기떼와 싸우고 졸음과 싸워가며 보초를 서야 했다. 똑같이 파병돼 왔건만 동네 친구는 군수부대에 배치돼 편하게 놀러 다니고 군수품을 내다 팔아 한 밑천 잡았다는 소식들이 들렸다. 이런 환경 속에서 짜증이 안 나면 그게 이상한 일이었다.

대대에는 포대장 한번 나가 보겠다고 줄을 서있는 고참 대위들이 많이 있었다. 이들은 겨우 임관 4년짜리의 애송이가 낙하산을 타고 내려온데 대해 매우 불쾌해 했다. 그러면서도 그들에겐 구경거리가 하나 생겼다. 애송이인 내가, 거친 병사들을 만나 불과 한 달을 견디지 못하고 쫓겨날 것이라고 장담하면서 지켜보는 것이었다. 지금 이

하사로부터 당하는 시련이 그들에겐 구경거리가 될 수 있었다. 성공이냐 실패냐의 분수령이었다.

벌주는 일은 누구나 할 수 있었다. 계급 자랑, 성질 자랑도 누구나 할 수 있는 일이었다. 하지만 나만은 무엇인가 달라야만 한다는 생각이 들었다. 순간 나폴레옹과 한니발을 생각했다. 만일 그들이 내 입장에 서있다면 이를 어떻게 해결했을까? 그들 역시 병사의 마음을 얻으려고 시도했을 것이다. 나폴레옹! 그가 엘바섬에서 탈출해 나오자 왕실의 병사들이 그를 잡으러 왔다. 그는 웅변을 통해 그 병사들의 마음을 되돌렸고, 그 병사들을 데리고 나가 워털루 전투를 치렀다. 한니발은 혈혈단신 이국땅 스페인에 건너와 마을을 지날 때마다 청년들의 마음을 잡았다. 마을을 지날 때마다 병사의 수가 눈덩이처럼 늘어났다. 그는 그 이방인 병사들을 이끌고 역사상 처음으로 알프스를 넘어 이태리에서 승리를 거뒀다. 예수를 생각했다. '그분처럼 훌륭한 위인도 아무런 잘못 없이 온갖 수모를 당했는데 나 같은 사람이 무엇이 잘났다고 이만한 수모에 자존심을 상해야 하나. 제자들이 그를 따른 것은 그가 무릎을 꿇고 제자들의 발을 씻겨주었기 때문이야' '내가 화를 내고 때리면 앞에서야 잘 하는 척 하겠지. 하지만 그들은 뒤에서 내게 해코지를 할 거야. 몸은 잡아봐야 소용없어. 마음을 잡아야지, 마음을!'

마음을 얻으려면 진실과 능력에 대한 신뢰를 보여야 했다. 달콤하고 번드레한 웅변은 몇 사람의 마음을 얼마간 유혹할 수는 있어도 부하들을 오래 감동시킬 수는 없었다. 계급 하나로 모든 부하들이 처음부터 잘 따라 준다면 이 세상엔 유능한 리더도, 훌륭한 리더도 없었을 것이다. 월남에 지원해 온 많은 병사들은 집안의 어려운 살림을 걱정했다. 이런 생각은 장교들에게도 있었다. 진급과 보직이 돈으로 거래되고 훈장도 돈으로 거래된 사례들이 있었다. 푼돈 때문에 병사들끼리 총질을 하는 경우도 있었다. 돈에 대한 충동이 있는 한 사고는 언제든 일어날 수 있었다. 생각이 여기에 이르자 나는 병사들에게 돈을 버리고 이역만리에서 겪는 병영생활을 추억 만들기의 생활로 바꾸어 보자고 설득할 생각을 했다. 돈보다 더 귀중한 것이 젊은 시절의 추억이라는 사실을 일깨워 주고 싶었다. 나는 작업 중인 병사들을 집합시켰다.

"나는 여러분의 마음을 잘 압니다. 여러분의 동료들이 군수부대 등에서 돈도 벌고 휴양지에도 다니면서 좋은 시간을 보내고 있는데, 나는 뭐냐. 매일 같이 박격포 공포에 시달리고 끝없는 진지 공사에 노동자처럼 일하면서 고단한 생활만 하다가 손에 쥔 것 없이 허무하게 귀국하는 게 아니냐? 아마 이렇게 생각할 것입니다. 그러나 생각을 조금만 돌려보십시오. 어렸을 때 우리는 '밖에서 잃은 것을 안에서 찾자'는 말을 배웠습니다. 안에서 얻으려면 능력을 길러야 합니다. 지금 우리는 능력을 기를 때이지 돈을 벌 때가 아닙니다. 지금 이 나이에 돈을 쉽게 얻으면 정신이 파괴됩니다. 정신이 파괴되면 장래는 어떻게 되겠습니까? 일생 내내 쉽게 버는 방법만 생각하다가 험하게 늙을 것입니다. 군수부대 친구들이 버는 돈은 그들을 파멸시키는 독약인 것입니다. 우리는 지금 원정군 자격으로 파병됐습니다. 이러한 기회는 그 무엇으로도 바꿀 수 없는 인생의 보물입니다. 우리의 형들에게도, 동생들에게도 이런 기회는 다시없을 것입니다. 파병 기회 자체로 우리는 엄청난 것을 얻은 것입니다. 늙어서 자식들에게 인생을 회고해 준다고 생각해 보십시오. 병사로서 총을 들고 정정당당히 싸웠다고 말해주고 싶습니까, 아니면 남들이 싸우고 있는 동안 뒤에서 치사하게 돈을 벌어왔다고 회상해 주고 싶습니까? 부산항을 떠날 때 가족들이 나와서 무엇을 당부하던가요? 돈을 벌어 오라 하던가요, 손끝 하나 다치지 말고 몸 성히 다녀오라고 하던가요? 이 상황에서 돈을 벌면 얼마나 벌겠습니까? 얻는 것 없이 인격만 치사해 집니다. 우리 그런 것을 잊기로 합시다. 우측에 보이는 저 산에서 여러분 또래의 꽃다운 젊은이들이 목숨을 많이 잃었습니다. 몸속에서 마지막 기운이 빠져나가는 것을 의식하면서 그들은 무엇을 생각했겠습니까? 그게 돈이었겠습니까? 지금은 추억을 쌓을 때이지 돈을 벌려 할 때가 아닙니다. 저 아름다운 바다가 눈 아래 보입니다. 끝없는 백사장이 보입니다. 야자수 잎들이 보입니다. 이처럼 아름다운 곳이 한국에 어디 있던가요? 여기에서 찍는 사진 한 장이 백만금보다 더 귀합니다. 이다음 늙었을 때, 그런 사진을 어떻게 찍어내겠습니까? 이제부터는 사진을 찍읍시다. 그리고 재미있게 생활해 봅시다."

병사들의 눈알이 반짝이기 시작했다. 복잡했던 마음이 단순하게 정리되는 듯 했다.

"이제부터 몇 가지 제안을 하겠습니다. 입고 있는 전투복 바지, 잘라 입으십시오. 궁둥이까지도 좋고 무릎까지도 좋습니다. 이 더위에 치렁치렁한 바지를 왜 입습니까?"

병사들의 눈이 휘둥그레졌다. 아무리 편리함을 추구한다 해도 규정된 군복을 자르는 행위는 상상할 수도 없는 것이었다. 그들은 귀를 의심하는 모양이었다.

"식사 때면 여러분들은 식기를 들고 줄을 섭니다. 거지 될 일 있습니까? 식당에 노트를 비치하겠습니다. 분대마다 사람을 보내 노트에 시간을 예약하십시오. 다른 분대와 중복이 되지 않도록 기록하십시오. 분대별로 가서 오붓하고 여유 있게 식사를 하십시오. 한 시간에 걸쳐 잡담하며 식사를 해도 좋습니다."
"앞으로는 일체의 집합이 없습니다. 일조점호, 오전과 오후의 일과 개시 집합, 일석점호 모두를 생략합니다. 집합해 있다가 박격포가 떨어지면 어떻게 합니까? 기상시간은 6시, 취침시간은 10시입니다. 나머지 시간은 분대장 인솔 하에 사용하십시오. 세수를 해도 좋고 안 해도 좋습니다. 팬티를 입던 안 입던 자유입니다. 아침 식사를 10시에 하든 12시에 하든 분대 마음대로 하십시오."

초롱초롱한 눈빛이 내 얼굴에 집중됐다. 순종과 경이의 눈빛들이었다.

"하지만 분대장을 포함한 모든 간부들은 매일 밤 나와 회의를 해야

좌측이 필자

합니다. 내일 무엇을 해야 하며, 일을 할 때 가장 효율적인 방법이 무엇이며, 사고가 날 수 있는 요소가 무엇이며, 예방하려면 어떻게 해야 하는지에 대해 토의를 해야 합니다."

"언젠가는 군대에서 나가야 합니다. 사회에 나가면 억울한 일을 많이 당합니다. 어떻게 당했는지 요령 있게 호소할 수 있는 능력 정도는 가져야 할 것 아닙니까? 매일 토의를 하면 아이디어가 좋아집니다. 자기의 말을 요령 있게 전달하고, 남의 말을 제대로 들을 줄 아는 능력이 향상됩니다. 이런 훈련은 학교에서도 가르쳐 주지 않습니다. 여러분, 이제까지 내가 제시한 제안들, 어떻습니까?"

"……."

"한번 해볼 만합니까?"

"예~"

그리고 포대장에게 함부로 대들었던 그 하사는 본보기로 응분의 혹독한 기합을 받았다. 이른바 빠따였다.

자다가 탄 훈장

중대장급 초급 지휘관은 매월 1회씩 병사와 신상면담을 하도록 규정돼 있다. 하지만 우기 철이 오기 전에 벙커 식 내무반 8개동과 상황실 및 포대장 벙커의 건축을 서둘러 끝내야 하는 상황에서 병사들을 불러 가족사항으로부터 애로사항에 이르기까지 시시콜콜 묻는다는 건 짜증나고 자존심 상하는 일이었다. 아무리 규정이라 해도 나는 1년 내내 병사들을 개별적으로 부르지 않았다. 대신 병사들이 쓰는 편지를 보기로 했다. 들어오는 편지는 개봉할 수 없어도 나가는 편지는 보안검열의 대상이 됐다. 대부분의 장교들은 보안검열을 하사관에게 맡겼다. 숫자가 담겨졌는가만 체크한 후 편지를 봉해서 보내도록 한 것이다. 하지만 나는 편지 읽는 일을 스스로 맡아 했다. 개인별로 신상 파일을 만들어 놓고, 편지내용과 수신인과의 관계를 메모했다. 오는 편지는 주소와 성명만 메모했다. 한두 개의 편지는 별 의미가 없었다. 하지만 많이 모이니까 신상파악이 제대로 됐다. 신상면담을 통해서는 얻을 수 없는 사실들과 느낌들이 시시각각 들어 있었다.

트럭 운전병이 면허증 갱신에 대해 고민하고 있었다. 옛날 면허증은 쉽게 따지는 것도 아닌데다, 3년마다 갱신해야 했다. 시한을 넘으면 면허증 자체가 취소됐다. 이를 회복하려면 처음부터 다시 지옥 같은 획득 과정을 거치면서 돈을 써야 했다. 그런데 그 갱신 기간이 파월 기간 중에 걸려 있으니 얼마나 걱정이 됐겠는가? 나는 경남 도지사에게 정중하게 편지를 썼다. "전투에 전념해야 할 병사가 이런 일에 마음을 쓸 수는 없는 것 아닙니까. 고국의 모든 국민이 파월장병들을 위로합니다. 매일같이 편지와 위문품을 보내주십니다. 존경하는 도지사님, 이 병사에게 가장 귀한 선물을 보내 주시기 바랍니다."

어린 대위의 간절한 소망에 도지사가 매우 친절하게 답장을 보내주었다. 도지사의 서명날인이 들어 있는 그 편지를 고이 간직했다가 귀국해서 운수교통과에 제시하면 무조건 갱신시켜 줄 것이라는 약속이었다. 나는 이 편지를 당번병을 통해 그 병사에게 전달했다. 생색내는 것이 싫어서였다.

또 다른 편지를 읽어보니 중태에 빠진 어머니를 걱정하는 병사가 있었다. 그를 위해 대대장님께 특별휴가를 부탁했다. 주월사령부에 전화를 걸어 보잉 707 여객기의 좌석 하나를 얻어냈다. 그리고 그 병사를 불렀다.

"어머님이 몹시 아프시다며? 자네, 독자라고 했지?"
"……."

병사는 눈만 크게 떴다.

"차를 내 줄 테니 대대본부 인사과로 가봐. 보름간의 휴가다. 사이공까지 가면 고국에 가는 보잉 707 여객기를 탈 수 있어. 모래 오전 11시에 떠나는 보잉기에 자네 자리를 마련했어. 잘 갔다 와."

나는 그에게 20달러를 봉투에 넣어 주었다. 말단 포대장이 그의 부하를 태워주기 위해 주월사령부에 전화를 걸어 병사의 좌석을 마련해 준다는 것은 병사들 수준에서는 상상이 가지 않는 것이었다.

"포대장님, 감사합니다. 정말 감사합니다."

1996년 어느 날 나는 수원 소재의 경기대학 최고경영자 과정에 특강을 나간 적이 있었다. 앞에서 나를 뚫어지게 바라보는 학생이 있었다. 강의가 끝나자 그는 자기의 이름을 댔다. 바로 이렇게 휴가를 보내주었던 부하였다. 그는 지금은 귀뚜라미 보일러 대리점을 많이 가진 부자가 됐다고 했다. 그날, 그는 내게 동원참치 스페셜과 술을 대접하며 이런 말을 했다. "포대장님, 그때는 참 크게 보이시더군요. 패기의 화신이셨죠." 당시 47㎏의 바싹 마른 체구가 그때 당시의 병사들 눈에는 크게 보였던 모양이었다. 또 다른 병사는 내게 많은 보약을 만들어 주고 금전적 지원도 하고 있다. 또 다른 병사는 논산에서 매년 쌀을 보내고 인삼을 보내주고 있다.

또 다른 편지를 읽었다. 태권도 5단인 박 병장이 갑자기 세상을 비관하는 편지를 쓰기 시작했다. '평소에 쾌활하던 녀석이 왜 그럴까?⋯⋯혹시⋯?' 나는 위생병을 불렀다.

"어이, 김 상병. 박 병장에게 자연스럽게 접근해 볼래? 그 녀석 혹시 말 못할 병 걸린 거 아닌지 말야. 내가 그러더란 말은 하지 말고. 눈치 못 채게 물어봐. 알았지?"
"예, 알겠습니다. 곧 보고 드리겠습니다."

얼마 후 위생병이 다시 왔다. 눈이 커다래 가지고.

"맞습니다. 그런데 포대장님 어떻게 그런 걸 다 아셨습니까?"
"얼마나 심하디? 콘돔을 사용하지 않는 건 자네 책임이야. 교육 좀 시켜."

나는 연대 군의관에게 특별히 부탁해서 그 녀석으로서는 도저히 구할 수 없는 명약(?)을 구해 위생병에게 건네주었다. 포대장이 구해줬다는 말은 절대로 하지 말라고 당부하면서. 이런 조치가 취해질 때마다 소문은 그날로 모든 병사들에 퍼졌다. 포대장은 자기들과 일일이 대화하지 않고서도 병사들의 행동과 애로를 귀신처럼 꿰뚫어보고 있다는 인식이 확산됐다. 그리고 포대장이 병사들에게 일일이 생색내지 않고 애로를 해결해 주듯이 그들 역시 포대장에게 생색내지 않고 보이지 않는 곳에서 스스로 일을 찾아 했다.

하루는 연대 기지에서 보급품을 수령해오던 병사가 헌병 초소에서 뺨을 맞고 왔다. 인사계와 중위가 쉬쉬하며 소곤거리는 것을 우연히 목격했다.

"뭐야?"
"아, 포대장님, 아무 것도 아닙니다."
"누가 맞았다구? 어서 말해봐."
"김 병장이 연대 헌병 초소에서 C-레이션을 빼앗기지 않으려다 뺨을 맞고 왔답니다."

이 말을 듣는 순간 화가 머리끝까지 올랐다.

"김 병장을 불러와."
"포대장님, 졸병들은 원래 다니면서 헌병에게 맞게 돼 있습니다. 예사로운 걸 가지고 무얼 그렇게 걱정하십니까? 진정하십시오."

사관학교 2년 후배인 중위의 말이었다. 그는 후에 2성장군으로 예편했다. 나는 그 말에 더욱 화가 났다. 나는 우람하게 생긴 15명의 고참들에 총을 장전시킨 후 트럭에 태웠다. 날은 벌써 어두웠다. 트럭을 타고 가다가 베트콩들로부터 공격을 받을 수도 있는 그런 상황이었다. 연대 정문 헌병대에 도착하자마자 차를 세웠다.

"야, 이 헌병 놈들 포위해."

헌병들이 덜덜 떨었다. 뺨을 맞은 김 병장을 앞으로 내세웠다.

"어느 놈이야, 나와."
"접니다."
"너, 임마 계급이 뭐야?"
"네, 상병입니다."
"오라, 너 바로 하극상을 저질렀구나. 너 내일 영창에 넣을 꺼다."

겁이 나자 그 녀석은 다시는 안 그럴 테니 한번만 용서해달라고 빌었다. 한동안 엎드려뻗쳐를 시켰다. 그래도 분이 안 풀렸다.

"야, 사단 헌병대장에게 전화 걸어."

주월사령부 헌병참모인 대령의 사랑을 받았던 터라 예하부대 헌병장교들은 충분히 요리가 가능하다는 생각에서 였다. 전화를 걸었더니 마침 퇴근해 버렸다. 헌병 세 녀석 모두가 손이 발이 되도록 빌었다. 비는 모습을 보는 병사들의 얼굴에 만족감이 흘렀다. 남의 부하들에게 혼만 내주고 그냥 돌아서 온다는 것도 모양새가 좋지 않았다. 그래서 나는 가져갔던 C-레이션 5개 박스를 던져 주면서 앞으로 필요하면 병사들에게 달라하지 말고 내게 직접 전화하라고 말했다. C-레이션 1개 박스는 당시 시중에서 5달러에 거래됐다. 그 후부터 녀석들은 우리 포대 차번호 '30포 2-' 자만 보면 무사 통과시켰다. 이는 모든 병사들에게 신나는 무용담이 됐다.

분대장 이상과의 간부회의가 매일 2시간씩 계속됐다. 첫 번째 회의는 "어떤 내무반을 지어야 하는가"가 의제였다. 베트콩의 박격포 공세 때문에 내무반은 지붕을 지면과 일치하도록 땅에 묻으라는 상부 지시가 있었다. 빨간 진흙 속에 내무반을 지붕까지 묻으면 더위에 숨이 막히고 냄새가 나며 우기에는 습기가 차고, 마루 밑에서 물이 솟아 밤새내 물을 퍼내야 했다. 아무리 상부의 명령이라지만 이러한 내무반에서는 나도 살기 싫었다. 밤늦도록 나는 병사들이 남기고 간 작업장에 쪼그리고 앉아 궁리를 했다. 이틀만의 궁리 끝에 아이디어가 떠올랐다. 물을 퍼내지 않으려면 물이 마루 밑에서 자동적으로 흘러나가도록 해야 했다. 사람들은 집을 지을 때, 바닥을 좌우로 수평이 되도록 판다. 그런데 나는 가로와 세로가 다 같이 한쪽 귀퉁이로 기울어지도록 땅을 팔 생각을 했다. 네 개의 코너 중에서 한 개의 코너를 향해 물이 흐르도록 경사지게 파는 것이었다. 마루 밑에서 샘물처럼 솟아난 흙물은 가장 낮은 한쪽 코너를 향해 내려갈 것이고, 거기에 드럼통을 묻으면 맹물은 위에 뜨고 흙은 가라앉게 된다. 맹물은 파이프를 연결해서 자연스럽게 배수시키고, 흙은 가끔씩 마루 뚜껑을 열어 퍼내면 될 일이었다.

쾌적한 내무반, 바람도 잘 통하고 채광도 잘 되고 시원한 내무반을 짓기 위해서는 벽의 50%만 땅에 묻기로 작정했다. 병사를 박격포 파편으로부터 보호하기 위해서는 철판과 흙으로 덮인 튼튼한 지붕을 벽에서 3m 정도 길게 내뽑기로 작정했다. 지붕 위에 떨어지는 박격포는 모두 안전할 것이다. 지붕 밖에 떨어지는 포탄의 파편이 내무반에 들어오려면 3m의 거리를 수평으로 이동해서 직각으로 낙하해야 했다. 그런데 그렇게 이동하는 파편은 없다. 지붕 하나만 넓게 빼면 내무반의 50%만 땅에 묻어도 안전할 수 있었던 것이다. 생각이 여기에 미치자 나는 나도 모르게 무릎을 쳤다. 그리고 신이 났다. 하지만 일방적으로 내 생각을 지시하면 병사들은 피동적으로 행동한다. 그래서 다음날 회의에 이 문제를 회부했다.

"내무반을 지금 짓는 방식대로 지으면 우기 철에 마루 밑에서 샘이 솟는다. 그러면 밤새내 물을 퍼내야 한다. 물을 퍼내지 않아도 되는 그런 집을 지을 수는 없을까?"
"그런 방법이 있으면 다른 부대에서 벌써 했게요?"

좀 늙어 보이는 상사가 가소롭다는 생각으로 던진 말이었다. 기분이 좀 상했지만 못들은 체 했다.

"방법이 있다. 문제가 있으면 반드시 해결책도 있다. 반드시 있으니 찾아내야 한다. 자, 우리 분대장들 중에 누가 먼저 말해 볼까?"

내 눈이 가는 데마다 하사들은 마주치지 않으려고 얼굴을 숙였다.

"야, 맥주 한 깡씩만 가져와라. 커피 좀 끓여오고. 마시고 나면 말해야 해."

10여분 후에 제2분대장을 지명했다. 그는 말을 약간 더듬어서 고문관으로 불렸다. 그가 얼떨결에 한참 중얼거렸다. 자기도 무슨 말인지 몰랐다. 중사가 그에게 면박을 주었다.

"니는 마, 좀 알아 묵도록 말해라. 도대체 무슨 말인겨?"
"아 아, 김 중사, 여기에는 계급이 없습니다. 모두 다 편하게 말하는 대화의 장소입니다. 2분대장 말을 들으니 나는 조금은 알아들을 수 있을 것 같은데…."

나는 그가 한 말 중에서 살릴 수 있는 몇 개의 단어를 찾아내 내가 생각해낸 방안으로 연결시켜 주었다. 듣기에도 그럴 듯한지 그가 고개를 끄덕였다.

"마 마 맞습니다. 포 포 포대장님, 바로 그런 말인데 제가 말하는 게 서툴렀습니다. 감사합니다. 포 포 포대장님."

나는 김 중사를 돌아봤다.

"거 봐요. 김 중사, 2분대장이 일리 있는 말을 했잖아요."
나는 그 하사에게 여러 번 발표 내용을 따라하게 했다.
"자, 이렇게 말하니까 알아듣겠나?"
"예, 알아먹겠습니다."

이 얼마나 멀고 먼 길인가? 나는 토의가 막힐 때마다 힌트를 주면서 하사들을 표 나지 않게 유도했다. 한 시간이 지나자 내가 생각했던 결론이 그들로부터 나왔다.

"첫째, 지붕을 넓게 내뽑을 것, 둘째, 바닥을 경사지게 팔 것, 이 두 가지만 준수하고 각 분대는 마음대로 집을 지어라. 원형으로 지어도 좋고, 빨갛게 지어도 좋다. 이의 없지?"

그들이 아이디어를 내고, 그들이 시행하는 것이라 주인의식이 싹트기 시작했다. 토의는 하루도 거르지 않았다. 하루를 거르면 열흘을 거를 수 있다. 열흘을 거르지 않으려면 단 하루도 거르면 안 된다. 하사들은 매일 무엇을 착안해야 포대장에게 예쁨을 받고 동료들에게 쭉정이가 안 될까 생각하면서 일했다. 분대원들의 도움도 받았다. 내무반에서는 분대장을 중심으로 모든 병사들이 토의를 했다. 착안사항이 날로 예리하고 다양해 졌다. 어제까지는 예사로 지나치던 것들이 오늘은 문제로 부각됐다. 관찰력이 향상되어 가는 것이었다. 이렇게 4

개월을 훈련하니까 다음부터는 내가 참석할 필요조차 없었다. 나는 밖으로 나가 검열이나 전투력 점검 등이 언제 있는지 등에 대한 외부 정보를 얻어 무전기로 포대에 알렸다. 알리기만 하면 금방 시행됐다. 이처럼 시스템을 설치하고 궤도에 올리는 데에는 상당한 노력이 필요했다. 하지만 일단 시스템이 돌아가고 나니까 포대장은 여유를 가지고 보다 큰 것에 눈을 돌릴 수 있었다.

병사들은 그들이 갖게 될 내무반 설계를 매우 좋아했다. 좋아하는 것만큼 진도가 빨랐다. 6개월 이상이 걸릴 것이라던 작업이 불과 3개월 만에 끝났다. 병사들마다 철침대가 있었다. 내무반은 웬만한 가정집보다 더 깨끗하고 넓고 시원했다. 휴양을 가라고 해도 "여기가 최고"라며 가지 않았다. 나는 외부에 나가 교환병의 친절 정도를 체크했다. 교환병과 정문 보초병의 매너는 그 부대의 대외 이미지를 좌우했다. 지적만 해주면 교육은 하사관들이 알아서 철저하게 시켜 주었다.

전쟁터에서는 포성이 자장가였다. 고요와 적막은 오히려 긴장과 공포를 유발했다. 필자가 너무도 곤히 잠들었던 어느 날 밤, 나민하 소위가 매복을 나가 모두 42명의 베트콩을 사살했다. 1970년 11월이었다. 나민하 소위는 그날로 특진을 했고, 영웅이 되어 고국을 방문했다. 그가 김포에 도착하자 국회의원들까지 공항에 나와 그를 영접했다. 바로 그 매복전에서 우리 포대의 장교들과 병사들은 나를 깨우지 않고 베트콩 퇴로에 1,800발의 포탄을 밤새내 날렸다.

당시에는 미군이 포탄 사용량을 통제했기 때문에 하루 밤에 50발 정도 밖에 쏠 수 없었다. 하지만 간부들은 필자에게 물어보지도 않고 배짱 좋게 1,800발이라는 엄청난 포탄을 밤새 쏜 것이다. 이로 인해 베트콩 18명이 퇴로에서 죽었다. 보병이 24명을, 우리 포병이 18명을 사살한 것이다. 베트콩들도 우리 포대를 향해 박격포를 쏘았다. 포대 장교들이 훈장을 탔다. 필자는 자다가 훈장을 받게 됐다. 간부들이 깨우지 않는 것은 필자의 조치가 뻔할 것이기 때문이었다. 또한 당시 필자의 몸무게는 47kg, 가끔 코피를 흘렸다. 월남전에서만 40개월을 보내고 있었으니 월남사람처럼 마를 만도 했다. 그래서 간부들은 필자가 과로하지 않도록 여러 가지로 챙겨주었을 것이다. 며칠 후 사단 포병사령부에서 이 1,800발을 문제 삼았지만 사령관은 "포는 그렇게 운영해야 하는 거야" 이렇게 감싸주었다 한다.

　1970년 11월 13일, 이세호 주월한국군 사령관이 참모들을 이끌고 고지로 날아와 나민하 소위와 그의 부하 병사들 그리고 나와 나의 부하들에게 화랑무공훈장을 달아주었다. 그런데 그 후 두 달 정도 지나자 사단부관참모부에서 중위가 찾아와 행정착오가 발생해 화랑보다 한 단계 더 낮은 인헌무공훈장으로 바꾸어야 하니 화랑무공훈장을 돌려 달라 했다. 나는 너무 어이가 없어 "인헌도 화랑도 다 내겐 필요 없으니 그냥 가져가고 다시 오지 마시오" 하고는 화랑무공훈장을 던져 버렸다. 나는 사이공 사령부에서 전속부관을 하면서 사단 부관부 참모들이 돈을 받고 훈장을 판다는 부끄러운 말들을 많이 들어왔다. 그 중위가 그런 심부름으로 왔을 것이라고 직감했기에 더럽다는 생

고지에서 수여받은 화랑무공훈장,
며칠 후 사단 부관장교가 인헌무공훈장으로 바꾸어 갔다.

각이 들었고, 나 또한 훈장 같은 것에는 별 관심이 없었다. 결과적으로 지금 내가 가지고 있는 훈장은 이렇게 해서 인헌무공훈장이 된 것이다. 훗날 사이공에 들려 당시 주월사 정보참모였던 전제현 대령에게 지나가는 말로 이 사실을 전했더니 그는 몹시 화를내며 훈장을 탄 날짜인 11월 13일까지 기억하고 있었다. 그는 훗날 2성장군으로 예편했다.

군대에도 자유공간은 있다

　부대에 포대장은 없는 존재와도 같았다. 단체 행동도 해 본 적이 없으며 그들을 집합시킨 적이 한 번도 없었다. 모두가 그들 마음대로 했다. 마음대로 했지만 그들의 마음속에는 언제나 포대장이 있었다. 사단에서 소령이 지휘검열을 나왔다. 그가 왔을 때 9개 분대들은 제각기 행동했다. 어떤 분대는 영내 25m 사격장에서 사격을 했고, 어떤 분대는 포를 가지고 훈련을 했으며, 어떤 분대는 인접 분대와 배구를 했고, 어떤 분대는 내무반에서 기타를 치며 노래를 불렀다.
　분대단위로 작성된 시간표가 포대장에게 제출됐기 때문에 포대장은 앉아서도 각 분대가 무엇을 하고 있는지 알 수 있었다. 하지만 그 검열관의 눈에는 포대가 오합지졸로 보였을 것이다. 그는 "포대가 군대가 아니고 개판"이라며 나의 직속상관인 대대장에게 귀띔을 했다. 그러나 당시 이신오 대대장은 싱긋이 웃으며 2포대장은 절대로 그런 포대장이 아니고, 2포대는 주월사령부에까지 잘 알려져 있는 모범부대라며 포대의 생활개념을 자세히 설명해주었다고 한다.

드셌던 병사들은 어느새 양같이 순해졌고 행동이 민첩했으며 포사격과 소총 사격이 가히 경지에 올랐다. 그들은 일을 무서워하지 않고 스스로 찾아서 했다. 어느 날 대대본부에 외출했다가 돌아와 보니 십여 대의 차량이 분해되어 있었다. 적재함을 분리해 해묵은 녹을 긁어낸 후 페인트를 칠하고 있었다. 이어서 그들은 포를 분해하여 녹을 제거하겠다고 졸랐다. 그들의 등쌀에 못 이겨 나는 사단에 부탁해서 병기전문 하사관을 지원 받아 포의 정밀성이 파괴되지 않도록 지도케 했다. 그의 감독과 지도하에 포대원들은 단 하루 만에 모든 포를 새 포로 둔갑시켰다. 수류탄, 탄창, 소총탄약도 반질반질하게 기름으로 닦았다. 이 모두는 내가 시킨 일이 아니었다. 어느새 병사들의 생활습관이 돼버린 착안과 부지런함이 스스로 찾아낸 일들이었다.

가장 잊을 수 없는 기억은 소총 사격에 관한 것이다. 한국에서나 월남에서나 소총 사격장은 부대로부터 멀리 떨어져 있는 안전지대에 설치돼 있다. 병사들이 사격을 하려면 거창하게 날을 잡아 부대 단위로 행군해 나가야 했다. 1개 분대가 사격을 하는 동안 나머지는 소위 PRI라고 하는 사격 자세 연습을 했다. 땡볕에 사격을 할 때에는 여간 고통스러운 게 아니었다. 사격장에서는 안전을 위한다는 명분하에 군기 잡는 얼차려가 당연한 과정인 것처럼 여겨졌다. 그래서 병사들은 사격하러 나간다는 말만 들어도 주눅이 들고 상을 찡그린다. 사격 결과가 좋지 않으면 공포 분위기가 조성되고 각종 기합이 주어졌다. 사격점수를 정신점수로 착각하는 것이다. 정신이 똑바르지 않기 때문에 사격점수가 좋지 않다는 신념하에 기합을 주는 것이었다. 그러나 정신자세를 강조하는 식으로는 사격실력이 향상되지 않는다.

어떤 지휘관들은 무조건 많이 쏴봐야 한다며 훈련의 양을 강조한다. "실탄을 많이 쏘아봐야 해. 거기에는 못 당한다니까" 하지만 나의 생각은 이들과는 달랐다. 나는 불도저를 빌려다 영내 한쪽 끝에 사람 키만큼 깊은 도랑을 파서 25m 사격장을 만들었다. 사거리가 겨우 25m인 것이다. 파낸 흙은 표적(Target) 지점에 올려 쌓고, 병사들이 엎드리는 사격선에는 모래주머니를 깔고 지붕을 만들어 주었다. 이 사격장을 만드는 동안 바로 인접해 있는 보병 대대 참모들과 나의 직속 상급대대 참모들이 제발 그만 두라고 성화를 했다. "감히 어떻게 영내에 사격장을 만들 생각을 다 하느냐", "뭘 몰라서 저런다", "사고가 나면 어쩔려고". 하지만 이 사격장은 따분한 병영생활에 상당한 활력소가 됐다. 모든 분대가 매일 한 시간씩 사격을 했다. 무조건 많이 쏴봐야 한다는 생각은 틀린 생각이었다. 잘 쏘는 요령을 터득해야 했다. 사격의 요령이 무엇이냐에 대해 토의를 했다. 무조건 생각해 보라고 하면 착상을 하지 못한다. 마치 거북이 등을 뚫듯이 딱딱해 보이는 주제에 대해 실마리를 뚫어줘야 토의가 시작된다.

"사격을 잘 하려면 우리 무엇부터 따져봐야 할까?"

"자세입니다."

"어떤 자세."

"자세가 정확하고 숨을 멈추고 방아쇠 당길 때 조심하라는 거, 그거 있지 않습니까?"

월남 백마 포대장 시절

"그게 뭔데?"

"왜 있지 않습니까. 애인 가슴을 만지듯 부드럽게 당기라는 것 말입니다."

"야, 그건 방아쇠를 당길 때 흔들리지 말라는 것이고. 방아쇠 당기기 전에 정확히 조준을 해야 하잖아."

"조준부터 잘 해야지요."

"어떻게 하면 잘 하는데?"

여기서부터는 막혔다.

"야, 조준이라는 게 뭐냐. 조준 구멍을 통해 목표물을 조준대(가늠대) 위에 정확히 올려놓는 거, 그거 아냐?"

"맞습니다. 바로 그걸 잘 해야 합니다."

"어떻게 하는 게 잘 하는 건데?"

여기에서 또 막혔다.

"조준구멍(가늠구멍)을 눈에 바짝 갖다 대면 구멍이 크게 보이냐 작게 보이냐?"
"크게 보입니다."
"멀리 갖다 대면?"
"작아 보입니다."
"자, 그러면 구멍을 크게 만들어 조준해야 정확하겠냐, 작게 만들어 조준하는 게 정확하겠냐?"
"구멍을 크게 해야 조준이 정확합니다."

그제야 진수를 알았다는 듯 고개를 끄덕였다.

"야, 총과 몸이 30도 되게 하라는 식은 잊어버려. 가늠구멍을 눈동자에 더 가까이 갖다 댈 수 있도록 스스로 자세를 만들어 봐. 광대뼈가 나와 있으면 고개 꽤나 돌려야 할 걸."

병사들이 각기 자기에게 가장 알맞은 폼을 개발하느라 열심이었다. 자신 있는 병사로부터 두 세 사람씩 가서 쏘았다. 하루에 9발만 주었다. 표적지에 각자의 이름을 쓰고 9발씩 쏜 후에 그 표적지를 분대별로 모아서 내 책상 위에 갖다 놓도록 했다. 명중도가 좋지 않은 표적지를 따로 뽑아내 놓고 표적지의 주인들을 불러 모았다. 이들 중에는 제법 똘똘한 병사들이 많았다.

"너 왜 이렇게 막 쏘았냐? 눈이 안 좋으냐?"
"아닙니다. 눈도 좋고 신중하게 쏘았습니다."
"그래?……. 그럼 성적이 좋았던 총을 좀 가져와 봐."

명중률이 높았던 총들을 이들에게 주면서 쏘아보라 했다. 그랬더니 9발 모두가 거의 한 구멍으로 통과했다. 병사에 결함이 있었던 게 아니라 소총에 결함이 있었던 것이다. 이렇게 해서 찾아낸 불량 소총이 18%나 됐다. 100점을 맞는다 해도 소총 불량 때문에 82점이 되는 것이었다. 나는 이런 불량 소총을 모아서 바꾸어 달라고 대대로 보냈다. 그 후 사단 병기부대장은 주월한국군 전체에서 불량 소총을 찾아내 교체한 부대는 우리 부대 하나뿐이었을 것이라고 말해주었다.

이런 사격생활을 한 지 10개월 만에 주월한국군사령부에서 전투력 점검단이 내려왔다. 이웃에 있는 대부분의 보병 중대들이 60점 이하를 받았다. 이런 부대들은 처벌을 받는다며 모두들 걱정들을 하고 있었다. 내가 속한 포병대대 본부 기지에 있는 제1포대 역시 60점 이하를 받아 대대장의 입장이 실로 난처하게 돌아갔다. 이 소식을 듣고 나는 40분에 걸쳐 지프차를 몰고 달려가 주월한국군사령부에서 검열단장으로 내려온 강복구 해병 대령을 졸랐다. 그는 부대 내에 지어진 정자에서 보병 연대장과 맥주를 한잔 하면서 쉬고 있었다. 그런 그를 내가 갑자기 찾아가 졸라댄 것이다. 하도 졸라대니까 연대장도 거들어주었다. "지 대위가 자기의 실력을 꼭 보여드리고 싶어 저토록 조르는데 한번 기회를 주십시오." 이럴 수도 저럴 수도 없던 검열단장이 드디어 명령을 내렸다.

연대장이란 보병 제28연대장이었는데 그는 포병 대위에 불과한 나를 예뻐해 주었다. 긴 작전을 하고 철수했을 때 내가 연대장 이하 연대 지휘부 참모들을 초청하여 포대장 실에서 식사를 대접했기 때문이었다. 나는 사이공 사령부에서 매일 열리는 파티에 익숙해 있던 터라 파티에 대한 안목이나 매너가 야전에만 있던 장교들과 사뭇 달랐고 연대장 이하 연대참모들은 식사 내내 나를 칭찬해주었던 적이 있었다. 이러한 안면이 있었기에 연대장이 나를 적극 도와준 것이다.

검열단장 강복구 대령의 지시가 떨어지자 검열단으로 나온 영관급 장교들이 나를 쏘아 보았다. 검열단 앞에서는 모두가 벌벌 떠는데 새파란 대위가 감히 어디라고 겁도 없이 단장을 졸라 우리를 귀찮게 구느냐는 표정들이었다. 그도 그럴 것이 검열단원들은 육회와 야채, 생선회 등을 차려놓고 냉장고에서 갓 꺼낸 시원한 맥주를 즐기려고 한 판 벌이고 있던 차였기 때문이었다. 그 더운 여름날에 이보다 더 설레는 음식도 없었다.

나는 포대를 떠나 연대로 출발하면서 뾰족하게 솟아난 앞산의 시커먼 봉우리에 대고 105밀리 6문, 155밀리 2문의 포를 집중 사격할 수 있도록 미리 연습을 해놓으라고 했다. 검열관들이 내 부대의 정문에 들어서자마자 약속한 대로 앞 봉우리에서 포탄들이 장엄하게 작렬했다. 그들을 환영한다는 뜻이었다. 하지만 화가 잔뜩 난 소령들은 도착하기가 무섭게 당번병, 취사병, 행정병 등 평소 사격훈련에 열외 되기 쉬운 병사들을 포함해 무작위로 36명을 불러 모아 서슬이 시퍼런 표정으로 손등에 도장을 찍었다. 실 거리 사격장은 6중으로 둘러싸인 철조망 밖에 있었다. 검열관들의 명령에 따라 내 병사들은 50m에서부터 350m에 이르기까지의 표적지에 1인당 50발씩 사격했다. 내가 봐도 민첩하게 쏘았다. 이들은 탄창 속에 오물이 끼어 실탄을 잘 밀어내 주지 않을 경우에 대비해 탄창 내부를 분해하여 기름을 칠해 놓았다고 했다. 내가 연대로 출발한 시각에서부터 그들이 착안해낸 것이었다. 이런 걸 어찌 포대장 혼자서 다 착안할 수 있다는 말인가. 36명이 쏜 1,800발 100% 모두가 표적에 명중됐다. 그런데 매우 기이하게도 칭찬을 해야 할 검열관들이 기분 나쁜 표정으로 내 얼굴을 노려봤다. 도시 영문 모를 일이었다.

"왜 그러십니까?"
"여보, 야마시를 쳐도 좀 그럴 듯하게 치소 100점이 뭐요, 100점이."
"제가 어떻게 장난질을 할 수 있겠습니까?… 그러시면 좀 불편하시더라도 검열관님들께서 표적지를 손수 가져다가 꽂아 주십시오."

이번에는 그들이 손수 병사들을 인솔해 나가 표적지를 설치했다. 그런데도 또 100점이 나왔다. 그러자 이번엔 다른 말을 했다.

"여보, 포대장, 도대체 애들을 얼마나 잡아놨소. 아이들 움직이는

표적지의 탄흔을 체크하는 소령과 필자

게 아주 민첩한데 저렇게까지 만들려면 애들을 얼마나 잡았겠소."

그들의 눈에도 확실하게 100점을 맞긴 했지만 그들은 도저히 100점으로 기록해 줄 수 없다고 했다. 100점으로 보고하면 자기들이 사령관에게 이상한 사람들로 비쳐진다는 것이었다. 참으로 기가 막혔다. 나는 순간 머리를 회전하여 어떻게 하면 대대장의 입장을 살릴 수 있을까를 생각했다.

"그러면 1포대 점수와 우리 포대 점수를 합쳐 평균을 내 주십시오."
"알았소. 의논해 보지요."

이렇게 해서 대대장의 고민이 해결됐다. 대대장은 내게 신세를 졌다고 말했지만, 이는 그가 참모들의 온갖 고자질에도 아랑곳하지 않고 나를 굳게 믿어준 은혜에 비하면 아무 것도 아니었다. 대대장이 믿어주자 나에 대한 참모들의 간섭이 줄어들었다. 그만큼 자유공간이 확보된 것이었다.

문제 있는 곳엔 반드시 해결책이 있다

해가 지면 하늘을 찌를 듯 우뚝 솟은 앞산이 온 주위에 망령 같은 검은 그림자를 드리웠고, 이는 기지의 분위기를 마치 귀신이라도 곧 엄습해 올 것만 같이 음산하게 만들었다. 밤이 되면 산 밑에서부터 봉우리에 이르기까지의 넓고 높은 공간에 광솔불 같이 훨훨 타는 불꽃들이 날아다녔다. 짐승의 눈에서 내뿜는 불꽃이라면 겹겹으로 포개진 정글의 두터운 나뭇잎 층을 뚫고 나올 수 없었다. 그 음산한 불꽃들은 분명히 날아다녔지 뛰어다니는 것이 아니었다. 포를 쏘아대면 없어졌다가 포가 멈추면 다시 돌아 다녔다. 그 불꽃들은 포의 위력을 알고 있는 듯 했다. 이것이 기분 나빠 나는 가끔씩 화력 쇼를 벌였다. 앞산에 대고 무차별 사격을 가하는 것이었다. 기관총을 떠난 예광탄이 검은 공간에 붉은 색의 선을 그으며 산 속으로 날아가는 것을 신호로 모든 총과 포들이 기염을 토해 냈다. 105밀리 포, 155밀리 포, 무반동총, 기관총, 그리고 M-16 소총들이었다. 나의 포대가 벌이는 화력 쇼에 고무된 이웃 보병대대 병사들도 박격포 등을 동원하여 가세했다.

앞산을 향해 전개된 검은 공간은 총알들이 긋고 가는 붉은 선들과, 포탄들이 작렬할 때 퍼지는 주황색 섬광들로 가득했고, 기분 나빴던 공간은 이내 그야말로 휘황찬란한 공간으로 변했다. 기지에서 나는 콩 볶는 소리, 온 산에서 작렬하는 파열음들이 뒤섞여 내는 화음의 잔치에는 그 어떤 록 음악으로도 구현해 낼 수 없는 힘과 쾌감이 듬뿍 들어 있었다. 화력 쇼는 그야말로 종합예술이었다. 스스로 쏘아대면서도 스스로 감탄했다. 총 한 자루, 포탄 한 발의 의미는 미미했다. 하지만 집단이 내는 힘은 참으로 엄청났다. 바로 여기에서 병사들은 개인보다는 집단의 의미가 중요하다는 것을 터득했을 것이다. 드디어 쉭- 딱 하고 조명탄이 하늘 중턱에 켜지면서 바람에 나부끼며 흘러내리면 온 하늘이 대낮처럼 밝아진다. 시키지 않았는데도 모두가 총을 놓고 하늘을 보며 함성을 지르고 박수를 치고 휘파람을 불어댔다. 이것이 화력 쇼의 피날레였다. 이렇게 한바탕 하고 나면 병사들의 스트레스가 확 풀리고 분위기가 한층 밝아졌다.

당시 미군 당국은 한국군이 쏘는 실탄과 포탄을 통제하기 시작했다. 그래도 다른 부대들에는 실탄이 남아돌았다. 실탄도 부지런해야 많이 쏠 수 있었다. 휘하의 중사와 상사들은 실탄이 남아도는 부대에 돌아다니면서 남는 재고량을 수집해 왔다. 다른 부대에서는 배정 받은 실탄을 소화하지 못해 가끔씩 사격장으로 나가 소나기 식으로 사격해 버리기도 했다. 창고에 실탄이 너무 많이 쌓여 있으면 검열에서 지적 받기 때문이었다.

잠시 주제를 떠나 이와 유사한 한국군 사례를 하나 소개한다. 1980년대 중반까지만 해도 한국군 부대들에서는 배당 받은 쌀이 남아돌았다. 갑자기 검열이 나오면 다급한 나머지 쌀을 뒷산에 지고 가서 땅에 파묻는 부대들도 있었다. 쌀을 부대에서 필요한 만큼만 가져가도록 하면 될 것을 '정확'을 기한다며 매일 인원을 파악하고, 그 파악된 인원에 맞추어서 쌀은 576g, 보리는 252g씩을 곱해서 배급해 주니까 쌀과 보리가 늘 남았던 것이다. 곧이곧대로 남는다 보고하면 상급부대 참모들은 행정이 귀찮아진다며 짜증을 냈다. "당신네 부대는 규정을 어기고 외박과 외출을 많이 보내지 않았느냐. 그래서 쌀이 남는 게 아니냐"는 등의 책임추궁도 했다. 이런 상급부대의 행태를 너무나 잘 아는 예하부대 간부들은 "배급받은 쌀 100%를 이상 없이 소모했음"이라는 간단명료한 보고를 하게 된다. 이는 쌀에만 해당하는 게 아니라 모든 군수품에도 해당하는 낭비였다. 나는 연구소에 근무하면서 이러한 배급제를 가계살림 개념으로 바꾸려고 노력했지만 군수인들의 반발로 욕만 잔뜩 먹었다. "학자가 뭘 알아." 군수품과 예산을 다루는 사람들에게 나는 적(enemy)으로 인식됐다. 아마도 이러한 현상은 지금도 계속되고 있을 것이다. 그리고 이는 군뿐만 아니라 모든 정부부처에 공통된 현상으로 아마도 지금까지 시정되지 않고 있을 것이다.

 다시 월남으로 가보자. 저녁에 음산한 앞산에 대고 화력 잔치를 벌이는 것은 베트콩의 의표를 어느 정도 찌르는 것이긴 해도, 베트콩이 쏘아대는 박격포 세례에 대한 적극적인 대책은 되지 못했다. 부대에 부임하자마자 내가 가장 먼저 해결해야 했던 것은 베트콩들의 박격포 공격으로 부터 당하는 병사들의 공포를 해소시켜 주는 것이었다. 진지라 해봐야 야전천막뿐인 상태에서 가끔씩 베트콩이 산에서 박격포를 쏘아대니 사는 길은 오직 한 가지 베트콩이 봐주는 길뿐이었다. 수많은 선배장교들이 있었지만 이런 상황에서는 다른 묘책이 없다고들 했다. 그때까지 알려진 적의 박격포 공격에 대응하는 방법은 5만분의 1 지도에서 몇 개의 봉우리를 찾아내 거기에다 6문의 포를 집중해서 날리는 것이었다. 6발의 포탄이 떨어지는 지점에는 가공할 공포가 형성되겠지만, 그로부터 멀리 떨어져 있는 베트콩들에게는 웃음거리밖에 안 되는 그런 방법이었다. 베트콩이 박격포를 쏘는 지점이 꼭 산봉우리일 수는 없는 것이다. 그들은 포신만 덜렁 메고 다니면서, 산의 어느 곳에서나 눈으로 목표를 직접 관측하면서 나뭇가지나 팔뚝에 포신을 의지한 채 포탄을 날린 후 그 자리를 속히 떠났다. 이런 적을 향해 봉우리 사격을 한다는 것은 난센스라는 생각이 들었다.

 어느 날 밤, 그 을씨년스런 도깨비불을 바라보고 있다가 문득 옛날이 생각났다. 수색중대에서 정찰작전을 나갔다가 월맹 정규군에게 포위됐던 바로 그날 밤의 일이었다. 베트콩 소굴에서 밤을 새면서 나는 베트콩에게 한국군이 그 자리에 없다는 것을 표시하기 위해 우리 병사들 옆에다 포를 쏘아달라고 한 적이 있었다. 포탄이 바위틈에서 작렬하는 소리는 포에 대한 상식이 없는 병사들에게는 엄청난 공포였다.

1km 밖에서 작렬하는 포탄 소리에 사색이 되어 가지고 내게 다가와 "소대장님, 파편이 옆에 떨어집니다. 포를 멀리로 보내 주십시오" 하던 병사가 생각났다. 연이어 또 다른 장면이 생각났다. 소위 때였다. 산악작전에서 길을 개척하기 위해 우리 중대가 가야 할 능선을 따라 50m 간격으로 포를 내려 쏠 때였다. 포탄이 1km 앞에서 작렬하니까 그 독하다는 중대장의 얼굴이 하얗게 변했었다. "아하! 이것이 바로 1km의 공포로구나" 나는 신들린 듯이 사격지휘소로 달려 가 지도 위에 그리스 펜으로 격자를 그었다. 2km 단위로 적당히 바둑판 격자를 그은 것이다. 그 바둑판 네 귀퉁이에 포탄이 한 발씩 작렬한다면 가운데 들어 있는 베트콩은 그야말로 혼비백산할 것이 틀림없었다.

사격지휘 장교 중위는 그 격자들에 대한 사격제원을 쏜살같이 산출해 냈다. 포탄은 소총과 달리 손으로 던지는 돌처럼 포물선을 그리며 날아간다. 포탄을 멀리 날아가게 하려면 추진용 화약의 양이 많아야 한다. 정해진 목표물을 명중시키려면 그 화약의 양을 계산하고, 굴뚝같이 생긴 포신을 상하로 몇 도, 좌우로 몇 도에 지향시킬 것인가를 계산해야 한다. 이때에 공기의 온도, 습도, 바람을 계산에 넣어야 한다. 이렇게 결정된 자료를 사격제원이라 하며 이러한 계산은 숙달된 병사만이 할 수 있다. 이 사격제원들이 각 분대로 배급됐다. 하나의 포에 20개 정도의 표적이 배당됐다. 각 포는 계속 포신을 돌려가면서 20개의 목표에 포를 날려야 했다. 그리고 그 다음날엔 바둑판의 정점을 약간씩 이동시키기로 했다. 이렇게 한판 쏘게 되면 산 전체가 콩을 볶는다. 아무리 간이 큰 베트콩이라도 이런 융단포격에는 혼비백산하지 않을 수 없다고 생각했다. 이러한 준비를 하고 있었을 때, 때마침 베트콩이 박격포 세례를 가해왔다. 병사들은 신들린 듯이 이 융단포격을 가했다. 포탄을 포구에 집어넣는 속도가 거의 눈에 보이지 않을 만큼 빨랐다. 멀리에서 포탄을 포구를 향해 던지면 그게 곧 장전이었다. 나는 혹시 포구에 신관이 부딪쳐 사고가 나지 않을까 두려웠지만 숙달된 병사들은 걱정 말라고 했다. 그게 그들의 자존심이었다.

이런 대책이 없었을 때, 병사들은 박격포 세례가 끝날 때까지 공포에 떨면서 목재 틈에 숨어 엎드려만 있었다. 그러나 이번엔 달랐다. 6백발의 포탄이 단숨에 날아갔다. 1개의 포마다 100발씩을 신나게 쏜 것이다. 박격포는 겨우 3발 떨어진 후에 중단됐다. 박격포를 쏜 베트콩이 혼비백산했음에 틀림없어 보였다. 사격을 지휘했던 중위가 대대 작전주임인 소령에게 긴급한 목소리로 박격포 공격이 있었다는 사실과 포대가 발사한 탄약의 양을 보고했다. 소령은 "지금이 어느 때인데 그렇게 많은 포탄을 쏘느냐"며 야단을 쳤다. 미군이 탄약 통제를 강화하고 있는 이때에 웬 정신 나간 짓을 하느냐는 것이었다. 나는 대대장께 사실대로 보고를 했다. 원체 많은 양을 쏘았기 때문에 대대장도 난감해 하는 눈치였다. "대대장님, 사실 그대로 포사령관님께 보고해 주십시오. 600발은 속일 수 없는 큰 숫자입니다" 대대장도 다른 대안이 없었는지 포병사령관으로부터 꾸중을 들을 각오를 하면서 사실대로 보고를 드렸다. 그런데! 꾸중을 예상했던 대대장은 사령관으로부터 의외의 칭찬을 들었다.

"포탄은 아낄 때는 아껴야 하지만, 쓸 때에는 시원하게 써야 하는 거야. 야, 고놈, 배포 한번 크고 시원시원하구나. 포는 그렇게 운영하는 거야. 베트콩 놈들, 간담이 서늘했겠구먼."

나는 포병 사령관으로부터 그 후 많은 사랑을 받았고 그의 사랑은 한국에 와서까지도 계속됐다. 이때부터 나는 포를 쏘는 일에 대해서는 누구의 통제도 받지 않았다. 3개 포대가 쏘는 포탄 양의 70% 이상을 나의 포대가 쏘았다. 어떤 때는 하루에 3번도 쏘았고, 어떤 때는 며칠 간 거르기도 했다. 낮에도 쏘는가 하면, 밤중과 이른 새벽에도 쏘아댔다. 베트콩은 나의 포대가 언제 융단포격을 가할지 전혀 예측할 수 없었을 것이다. 그 후 1년간의 재임기간 중 나의 병사들은 단 한발의 박격포 세례도 받지 않았다. 역시 공격이 최선의 방어였다.

사이공 뎁브람!

"아름다워라 사이공!" '사이공 뎁브람!' 이라는 노래가 있다. 이 민요는 한국의 아리랑처럼 월남인들의 정서가 듬뿍 담긴 애창곡이다. 하지만 가사의 내용도 멜로디도 내가 처음 본 사이공 거리의 아름다움은 다 표현하지 못했다. 사이공은 참으로 아름다운 도시였다. 거리는 프랑스 사람들에 의해 설계됐으며, 구획정리가 자로 잰 듯 반듯했다. 아름드리 가로수들이 검푸르고 두터운 열대 잎으로 아스팔트 전체에 그늘을 드리우고 있었으며 이 푸르름은 일 년 내내 지속되었다. 길 좌우에는 넓고 아름다운 정원을 가진 프랑스식 저택들이 놋쇠 번지 표를 달고 있었으며, 울창한 정원수 사이로 보이는 새하얀 벽과 핑크 색 지붕은 검은 망사 속에 가려진 귀부인의 화사하고 기품 있는 얼굴을 연상케 했다. 사이공 여인들이 펼치는 오토바이 행렬은 아스팔트 위를 미끄러져 다니는 백조의 여인들이 벌이는 발레의 행렬이라 할 만큼 우아하고 낭만적이었다. 자연스럽게 쌍꺼풀 진 시원한 눈, 길게 풀어 내린 생머리, 짧은 상체와 길게 흘러내린 각선, 얇고 보드라운 아오자이 속에 율동하는 아담한 몸매, 달리는 오토바이 위에서 파들파들 휘날리는 치맛자락, 사이공 여인들의 프로필은 이렇게 소개될 수 있을 것이다.

사이공에서 약간 남쪽으로 떨어진 '붕타우' 라는 섬 도시는 월남에서도 1급지로 꼽히는 아름다운 휴양지였다. 반달 같이 휘어져 간 백사장을 따라 검은 아스팔트길이 모래 바닥과 같은 높이로 낮게 깔려 돌아갔고, 그 위로 이어지는 산허리에는 새하얀 별장들이 띄엄띄엄 늘어서 있었다. 별장의 푸른 정원에는 열대성 꽃들이 집시의 새빨간 루주색처럼 소복소복 박혀 있었으며, 정원 숲 사이로 살짝 살짝 내보이는 하얀 벽들은 선명한 초록색 색깔과 대조를 이루어 더욱 희어 보였다.

거리가 네온사인 무드로 접어들 때면 열대의 뜨거운 열기 속에서 기력을 잃고 있던 생명들이 차츰 생기를 회복해 가기 시작했다. 온갖 세계인들이 어울려 자아내는 이국적 정취는 밤이 무르익을수록 점점 더 짙어지고 있었다. 크고 작은 밴드 무대들이 건물마다 마련돼 있었고, 테이블 위에 놓인 빨간 촛불 주위에서는 술집여인들이 자아내는 이국적 정취에 취한 선남선녀들이 술잔을 비우며 정염의 눈빛을 주고받았다. 웨이트리스들은 자연스런 방법으로 팁을 요구했다. '사이공

티'를 한 잔 사주면 그게 바로 팁으로 계산되었다. 나팔꽃처럼 생긴 유리컵에 한모금도 채 안 되게 담겨진 콜라 같은 것이 곧 사이공 티였다. 여인들은 나비처럼 이 테이블, 저 테이블로 옮겨 다니면서 한바탕 애교를 부려 고객의 마음을 사로잡은 후 사이공 티를 요청했다. "사이공 티, 오케이?" 긴 목선을 휘어 보이며 얼굴 밑으로 다가와 가쁜 숨결을 내뿜는 것이 그녀들의 애교였다. 그런 애교 앞에서 티 한잔을 놓고 차마 안 된다 할 수는 없었다. "슈어, 플리~스!" 한 잔에 5달러 또는 10달러. 한번 가면 최소한 석 잔은 사야 했다. 한 달에 150달러를 받는 한국군 대위로서는 어쩌다 한두 번이나 가 볼 수 있는 곳이었다. 하지만 이들은 겨우 서민층을 상대하는 여인들에 불과했다. 고관대작들은 이러한 여인들을 상대할 필요가 없었다. 모든 시설이 구비된 스위트룸에서 큰돈을 쓰면서 시간을 보냈다. 이런 곳에 있는 여인들은 사이공 티를 파는 것이 아니라 몸 자체를 고가에 팔고 있었다. 한국군 중에서는 장군, 헌병대장, 보안대장 등 돈 꽤나 만지거나 이권을 부탁받을 수 있는 소위 끗발 있는 간부들만이 갈 수 있는 곳들이었다.

노상 음식점들도 사이공의 명물이었다. 중국, 대만, 사이공, 싱가포르 등에서 한결 같이 눈에 거슬리지 않는 거리의 명물이 바로 노상 음식점들이다. 보도는 검푸르게 우거진 가로수로 덮여 있고, 그 밑에 설치된 형형색색의 비치파라솔 밑에서 사람들은 한가롭게 간식을 즐긴다. 쇼핑과 구경으로 걷다 지친 사람들이 그 밑에 앉아 국수, 과일, 냉음료 등을 시켜놓고 여유를 즐기는 낭만의 공간들이다. 세발자전거도 명물이었다. 사이공 거리는 택시로 다니면 별 맛이 없다. '럼브레타'

라는 세발자전거를 타야 맛이 났다. 이 세발자전거들은 도시 정경들을 하나하나 즐길 수 있도록 느린 속도로 다녔다. 자전거처럼 사람이 발로 젓는 것도 있지만, 동력을 이용하는 것도 있다. 세발자전거 앞에는 두 사람이 앉을 수 있는 바구니가 있었다. 땅에 닿을까 말까한 높이에 편히 앉아 한가롭게 거리를 구경할 수 있었고 아무데서나 세워서 사진을 찍거나 쇼핑을 할 수도 있었다. 사이공 거리를 이렇게 다녀본 사람들은 그래서 그곳을 다시 가고 싶어 한다. 이러한 풍경은 서울을 어떻게 바꿀 것인가에 대한 실마리를 준다.

서울시가 갖고 있는 교통과 환경, 관광과 시민문화에 대한 문제들을 일거에 개선하기 위해서는 지금의 서울 거리와 교통을 개념부터 바꿔야 할 것이다. 옛 사이공과 싱가포르가 그런 모델이 될 수 있을 것이다. 서울 거리 몇 개를 선정해서 모델로 가꿔볼 필요가 있을 것 같다. 서울의 거리는 자전거, 골프카트 형 차량, 럼브레타 식 세발자전거들이 다니는 낭만의 거리로 변화시키고, 곳곳에 공간을 마련하여 문화 행사와 거리 토론회 등 볼거리들이 스스로 채워지도록 하면 어떨까 싶다. 이렇게 하면 교통문제와 공해문제가 일거에 해결되면서 서울을 세계적인 관광명소로 가꿀 수 있을 것 같다는 생각이 든다. 도심이 이렇게 바뀐다면 극렬시위 공간도 사라질 것 같다.

동양의 파리요 흑진주라 불렸던 사이공, 40여 년이 지난 지금은 어떻게 변해 있을까. 한마디로 늙고 병든 고도가 돼 버렸을 것이라는 생각이 든다. 공산치하로 통일된 지 30여년, 월맹은 통일 후 8년간 문을 닫고 암흑과 공포의 정치를 했다. 자유에 물들었던 사람들을 때려 죽이고 굶겨 죽였다. 이렇게 죽은 사람들이 더러는 700만, 더러는 1,000만이라 한다. 106만 명의 난민이 보트를 타고 도망가다가 11만 명이 빠져 죽었다는 보도가 있다. 이러한 희생을 치르고 통일을 이루어 낸 베트남! 지금 얼마나 잘 살고 있는가?

최근 베트남 곳곳을 다닌 사람들의 이야기로는 지금의 베트남은 1964년 한국군이 최초로 파병되었을 때보다 훨씬 낡고 병들어 있다 한다. 화려했던 사이공 거리가 남루하게 퇴색해 있고, 새로 들어선 건물은 보이지 않는다 했다. 생활은 피폐할 대로 피폐해 있고, 사이공 거리를 달리는 아가씨들의 얼굴도 예처럼 화사하지 않다고 한다. 30여 년 전보다 뒤떨어져 있는 것이 지금의 베트남인 것이다. 현지 답사자들의 마지막 말이 가슴을 때렸다. "무엇을 위한 통일이었는가?" '사이공 뎁브람', 아마도 이 아름다운 선율마저 부르주아들이 부르던 것이라며 금지돼 있을지 모를 일이다.

지휘관은 전장의 경영인

　부대의 정문인 위병소, 여기가 불친절하면 부대 이미지가 상한다. 외부인이 전화를 걸어왔을 때, 교환병이 상냥하지 못하거나 전화 연결을 끝까지 보살펴 주지 않아도 이미지가 상한다. 야전변소, 취사장, 식당이 불결해도 이미지가 상한다. 나는 이 세 가지를 위해 많은 훈련을 시켰다. 부대 밖에 나갔을 때, 나는 내 신분을 속이고 가끔 포대에 전화를 걸어 교환병의 친절 정도를 점검해 보았다. 아무리 규모가 작은 야전부대라 해도 근본적인 위생 시스템과 폐수처리 시스템이 갖추어지지 않으면 파리와 악취가 퍼진다. 맑은 물 속을 들여다보는 것을 꽃을 보는 것보다 더 좋아했던 나는 이런 것이 참 싫었다. 내가 월남 전쟁터에서까지 위생과 폐수에 신경을 쓴 것은 월남의 마을 주변을 오염시키기 싫어서라기보다는 단지 부대의 청결을 위해서였다. 부대의 한 구석에서 냄새나는 물이 흘러나가고 거기에 파리와 모기가 서식하는 것은 상상하기조차 싫은 일이었다. 취사장과 샤워장 바닥의 구석에 오물이 끼어있는 것도 싫었다. 그래서 나는 물 한 통만 버리면 자동적으로 청소가 될 수 있을 만큼 바닥을 경사지게 했고, 오물이 끼지 않도록 반들반들 하게 갈게 했다. 여기에서 배출되는 하수는 파이프를 통해 지하에 묻어놓은 콘크리트 탱크로 집중됐다. 탱크 밑바닥에는 침전물이 가라앉고 위에는 맑은 물이 떴다. 맑은 물은 파이프를 통해 철조망 밖으로 흘러나갔고 침전물은 가끔씩 뚜껑을 열어 꺼내다가 폐유를 부어 태웠다. 그리고 그 맑은 물이 나가는 곳에도 가끔씩 소독약을 붓도록 했다. 포대 주변은 예상했던 대로 파리도 없고 냄새도 없었다.

 야전에서 냄새나지 않는 화장실을 갖는다는 것은 얼른 보면 불가능한 것으로 생각될지 모른다. 그러나 골몰히 생각을 하면 언제나 방법은 있다. 변소 건물 전체를, '깨끗하게 다듬어진 나무' 판으로 지었다. 포탄을 포장했던 나무판들이었다. 용변시의 디딤 바닥은 지면으로부터 1m 높이에 부상하도록 설치했고, 올라가기 위한 계단도 나무로 만들었다. 발판 밑 1m 높이의 공간에는 드럼통을 반으로 잘라 만든 변기통을 밀어 넣었다. 그리고 드럼통 바닥에는 남아도는 비닐 조각을 깔아 드럼통을 항상 깨끗하게 유지했다. 변을 본 병사는 하얀 분말의 DDT를 뿌리도록 했다. DDT로 하얗게 덮인 변에는 파리가 내려앉기조차 거부했다. 하사관들은 DDT를 전혀 사용하지 않는 다른 부대들을 돌면서 남아도는 DDT를 얻어다가 언제나 넉넉하게 쌓아두고 있었다. 저녁때면 변기통들을 갈퀴로 끌어내 폐유를 붓고 태웠다. 신기할 만큼 남는 재도 미량이었다. 옥외 화장실 바로 옆에는 따로 소변기를 만들었다. 구덩이를 깊게 판 후에 바다 모래를 가져다 부었고 그 위에 소변기를 설치하여 배수가 잘 되도록 했다. 사관학교 시절에 고안했던 '최후의 한 방울론'이 여기에도 적용됐다. 그리고 대변을 보기 전에 반드시 소변을 먼저 보게 했다. 변기통에 쌓여진 변은 사방으로 통하는 바람에 저절로 건조되어 냄새가 별로 없었다. 한번 깨끗하게 유지한 야전변소는 언제나 깨끗하게 유지됐다. 한번은 포병 사령관이 내려와 위생시설과 내무반 환경을 둘러보고는 감탄을 연속했다. 나더러 이다음 서울시장을 하라는 농담까지 했다. 그 후부터 포병 사령관은 각 포대로 부임해 가는 대위들에게 나의 포대를 견학하고 오라며 3일간의 견학기간을 주었다. 사관학교 3년 선배 한 분은 한국에 돌아와 그때의 일을 이렇게 고백했다. "야, 지 대위. 사실 나는 그때 후배가 지휘하는 부대로 견학하러 간다는 게 좀 뭐해 다른 동기생 부대에 가서 실컷 놀다가 사령관한테는 주워들은 소문으로 너를 칭찬했다. 많이 배우고 왔다고 했지. 허허."

전쟁터에서 포병과 보병과의 관계는 별로 좋지 않다. 6·25 때에는 보병이 포병의 지원을 얻기 위해 관측장교에게 닭고기를 바쳤다는 우스개 소리도 있었다. 그때에는 포탄이 부족했고, 그래서 끗발 있는 관측장교라야 포탄을 지원받을 수 있었다고 한다. 하지만 월남전에서는 달랐다. 통상 보병장교들은 포병장교를 포를 쏘는 하나의 기능인, 자기의 명령에 따라 포를 날리는 하수인쯤으로 생각했다. 그래서 포병 장교의 비위를 거스르는 보병 지휘관들이 왕왕 있었다. 하지만 포병은 보병들이 생각할 수 없는 대포병전을 수행한다. 거기에는 보병이 알 수 없는 지혜와 전술이 필요하다. 고객은 왕이라 한다. 하지만 대부분의 고객은 눈먼 왕이다. 기술을 가진 사람들이 고객이 필요로 하는 상품을 만들어 내 놓으면 그 때에야 비로소 살까 말까를 결정하고, 좋다 나쁘다를 평가한다. 이렇듯 보병도 눈먼 왕에 불과했다. 포병전술로 갖가지 지원 상품을 개발해 주어야 눈먼 왕은 비로소 "그거 참 좋소. 제발 그것 좀 해주시오"라고 선택하는 것이다.

　유능한 보병 지휘관이라면 다른 병과들의 도움을 받아 내는데 영리해야 한다. 포병, 전차, 헬기, 불도저, 통신, 공병 등 다른 병과 장교들의 도움은 물론, 공군과 해군의 능력까지도 잘 얻어내는 지휘관이 유능한 지휘관이다. 전쟁이란 제한된 시간 내에 다양한 장비들을 결정적인 공간에 집중시키는 전장의 경영이다. 경영이란 수많은 타인들의 능력을 활용하여 목적을 달성하는 기술이다. 따라서 전장의 경영자인 지휘관은 전문 특과들의 기능을 존중해주고 수많은 타인들을 인격적으로 대해야 마음으로부터의 도움을 받을 수 있다. 이런 도움들을 시간계획에 따라 스케줄링 하는 것이 바로 디지털 시대의 작전계획인 것이다. 보병의 주 무기는 소총이다. 보병이 왕이라는 말은 그야말로 나폴레옹 시대에나 유행했던 옛 노래에 불과한 것이다. 보병들은 지금 이 순간에도 이런 시대착오적 쇼비니즘에 깊이 빠져 있다. 포병과 항공의 위력은 대단하다. 그들은 그들대로의 능력이 있다. 하지만 보병장교들은 우쭐한 기분에 취해 있었다.

"어이, 포병, 이리 좀 와봐. 여기, 여기, 여기를 좀 때려, 알았어?"

지휘봉이나 지시봉 같은 걸로 지도를 가리키며 이렇게 주문했다. 보병장교들의 거친 매너, 포병장교들은 무시당한다는 생각에 반사적으로 저항했다.

"이 보시오. 포병에도 전략과 전술이 있고, 포탄의 전략적 배분이란 게 있어요. 우리가 보병의 종인 줄 알아요?"
"포병이 쏘라면 쏠 일이지 무슨 잔말이 많아."

보병과 포병간의 알력은 대개 이런 것이었다.

내가 29세의 나이로 포대장으로 부임하니까 바로 이웃에 있는 보병대대 상황실과 포대 상황실 사이에는 이러한 식의 기 싸움이 진행되고 있었다. 나는 처음 며칠 밤, 보병 상황실에 올라가 시간을 보냈다. 그들의 상황을 지도에서 직접 파악하고 포병 지원방법을 스스로 창안해서 "이렇게 이렇게 하면 어떻겠느냐" 제안들을 했다. 보병 작전장교는 나보다 사관학교 2년 선배였는데 이런 나의 지원방법을 매우 반겼다. "아, 그렇게도 해줄 수 있어요? 고맙습니다. 부탁합니다" 며칠간 이렇게 하다 보니 보병대대 상황에 대해 일정한 패턴을 발견할 수 있었다. 그때부터는 일일이 보병 상황실에 가지 않아도 그들로부터 상황만 전달받으면 지원방법을 구체화할 수 있었다. 나의 적극적인 지원방법에 대해 중령인 보병 대대장이 극찬을 했다. 이러한 칭찬은 나의 직속상관인 포병 대대장에게도 전달됐다. "여보, 브라보 포병 지 대위 있지 않소. 아, 그 친구 대단해. 싹싹하고! 밤마다 우리 상황실에 오잖아. 어쩌면 그렇게 가려운 곳을 잘 긁어 주는지" 포병 대대장에게는 "자식 참 잘 두었다"는 식의 칭찬이었다.

어슴푸레 땅거미가 내려앉기 시작하면 중대장들이 중대원들을 이끌고 매복 작전을 나갔다. 검정 칠을 하고 나가는 그들의 얼굴은 언제나 무거워 보였다. 상부에서는 A지점으로 나가라 하지만 그곳은 기분 나쁜 곳이라는 생각이 들 때가 있다. 융통성 있는 중대장들은 무엇 때문에 여기에서 죽을 필요가 있느냐며 B지점으로 나갔다. 또한 이들은 상부의 작전장교를 믿지 않는다. 그들은 작전 현실을 잘 알지도 못하면서 예하 지휘관과 의논 한번 해보지도 않고 일방적으로 작전명령을 내렸다. 이렇게 해서 B지점으로 매복을 나가는데, 만일 포대장이 그 사실을 알지 못하고 상부에서 공식적으로 내려오는 작전상황만 전달받으면 포병은 B지점에 부대가 없는 줄로 알고, 포를 날려 우군을 살상할 수 있었다. 그래서 보병 중대장들은 작전 출동을 하면서 길목에 있는 내게 들려 눈을 찡긋했다. "나 B지점으로 나갑니다."

어느 날 나의 포진지에서 날아간 포탄이 밀림 속에서 작전을 하고 있던 아군 보병들을 강타했다. 하필이면 제12중대의 4개 소대장이 모두 부상을 당했고, 4명의 분대장이 중상을 입었다. 무전기에서 아우성 소리가 들려왔다. 나보다 사관학교 2년 후배인 중위가 뛰어와 다급하게 외쳤다.

"포대장님, 우리 포가 보병을 때린 모양입니다. 부상을 많이 당했다고 합니다. 포 사격은 중지시켰습니다."

나는 거의 반사적으로 사격지휘 망루에 올라가 소리를 쳤다.

"전원 동작 그만! 현재 서있는 위치에서 한 발작도 움직이지 말라. 선임하사와 포반장들은 즉시 내 앞에 집합하라. 155밀리 포반장들도 집합하라."

모든 병사들의 위치를 현재의 위치에 동결시킨 것은 실수를 저지른 포반 요원들이 처벌을 피하기 위해 은근슬쩍 증거를 인멸할 것에 대비한 조치였다. 간부진 5명을 뽑아 1번포로부터 방향포경이라는 조준경의 눈금을 일제히 점검하도록 했다. 그 결과 내 책임 하에 있는 6문의 105밀리 포에는 전혀 이상이 없었다. 사고를 일으킨 포는 나의 진지로 파견되어 독자적으로 포를 운영하는 155밀리 포반에 있었다. 정비를 한 후에 조준경의 영점을 제대로 맞춰놓지 않고 편각을 장입한 것이 화근이었다. 예를 들면, 45도 동쪽으로 지향해야 할 포구가 65도 동남쪽으로 지향한 것이다. 마치 체중계의 바늘을 0에 맞추지 않고 30에 맞추어 놓은 후 몸무게를 재는 것과 같은 것이었다. 이렇게 재면 70kg이 100kg으로 되는 것이다.

전광석화 같은 조사로 내게는 책임이 없다는 것이 증명됐다. 그 후 내가 나 자신을 생각해봐도 어떻게 그런 순발력이 나왔는지 대견스러웠던 그런 장면이었다. 155밀리 파견반을 맡고 있던 중위와 하사관들이 자기들의 실수였음을 인정했다. 하지만 졸지에 귀한 부하들을 헬리콥터에 태워 병원으로 후송 보낸 보병 중대장은 제정신이 아니었다. 며칠 후 작전이 끝나자 그는 내게 와서 울화를 터트렸다. "다른 포대장이었다면 총으로 쏴버렸을 겁니다. 당신의 순수해 보이는 얼굴이 당신을 살린 겁니다" 그 중대장은 그 후 2성 장군으로 예편했고, 사건 후 33년 만에 우연히 만나 술잔을 나누기도 했다. 60이 넘은 나이에 다시 만나 소주잔을 주고받았을 때 그는 이렇게 회상했다. "포대장을 총으로 쏘아버릴 생각까지 했지만 막상 포대장의 얼굴을 보니 선하고 약하게 보여 오히려 정이 갔습니다."

월남전에서 나는 산포(山砲)에 대한 개념을 터득하는 기회를 가지게 됐다. 대형 헬기로 포를 산봉우리에 날라놓고 산에서 직접 아래를 내려다보면서 포를 쏘는 전술이다. 나는 도봉산, 삼각산 등에 올라 서울 북방에 전개된 평야를 내려다 볼 때마다 산포를 생각하곤 했다. 포를 산정과 능선에 배치하면 얼마나 좋을까에 대해서다. 평야를 가득 메우며 전진하는 대규모의 적군을 장시간 고착시키는 데에는 산포가 최고라고 생각했다. 곡사포는 적을 직접 볼 수 없는 먼 곳, 산 뒤에 있다. 105밀리 포만해도 사정거리가 15km나 되기 때문에 전선으로부터 통상 10km내외 거리에 위치한다. 포진지와 적군 사이에는 산들이 있다. 그래서 포병진지에서는 적의 움직임을 직접 볼 수 없다. 곡사포를 쏘려면 적과 마주하고 있는 포병 관측장교의 눈을 빌려야 한다. 보병 중대장과 함께 행동하는 관측장교가 적의 위치를 지도에 표정해서 후방에 있는 포진지에 알려주면, 포진지의 계산조가 포의 상하좌우 각도와 화약의 양을 계산해서 포반 병사들에게 사격제원을 알려준다. 그제야 포반 병사들은 포구를 돌리고 포탄을 꺼내고, 신관을 연결하고, 화약을 집어넣고 방아쇠를 당긴다. 그래서 반응속도가 느린 것이다.

하지만 산에서 쌍안경을 가지고 평야를 내려다보면서 포를 쏘면 마치 소총을 쏘는 것처럼 빠르다. 적이 들어차 있는 평야에 바둑판식으로 금을 그어 정사각형 정점에 포를 한발씩 날린다면 온 천지에 콩을 볶는 듯한 공포감을 주게 된다. 이는 내가 포대장을 하면서 적의 박격포 공격을 퇴치했던 '포에 의한 심리작전'의 성공 사례이기도 하다. 이렇게 바둑판 네 귀퉁이마다 포를 날리면 평야에 널려진 적군은 전후좌우 어느 곳으로도 움직일 수 없게 된다. 포병 사격이 끝날 때까지 엎드려 있을 수밖에 없다. 이때 전투기와 무장헬기 등의 공습이 이어지면 대량살상을 꾀할 수 있다.

월남에서는 보병의 작전지역이 포병기지로부터 너무 멀리 떨어져 있어서, 포 자체를 작전지역으로 수송해야 할 때가 많았다. 모든 포를 나를 수는 없기 때문에 통상 보병대대 규모 작전에는 2문의 포를 산봉우리로 공수할 때가 많았다. 헬리콥터에 의한 포병의 공중기동작전인 것이다. 이는 월남전 특징 중의 하나였다. 내가 직접 지원하는 보병은 제2대대였지만, 나의 상관인 포병 대대장은 제1대대와 제3대대가 작전을 나갈 때에도 나에게 부탁을 했다. 다른 포대에 맡기려 해도 믿음이 가지 않는다는 것이었다. 나는 되도록 많은 경험을 쌓는 것이 좋다고 생각하여 쾌히 복종했다.

"예, 대대장님, 알겠습니다. 걱정 마십시오."

보병 제2대대장과는 늘 친숙하지만 다른 대대장들은 안면조차 없었다. 그런 보병 대대장을 작전지역에서 처음으로 만나면 분위기가 서먹서먹했다. 파월된 지 얼마 안 되는 보병 제1대대장은 덩치 큰 포가 대대본부와 같이 배치된다는 사실에 대해 매우 못마땅해 했다. 소리를 내는 포 때문에 대대본부가 베트콩의 표적이 된다는 것이었다. 작전을 숨어서 해보려는 소극적인 생각이었다. 하지만 상부의 명령을 거부할 수는 없었다. 보병대대 본부와 2문의 포가 산봉우리에 함께 진을 쳤다. 나는 그 2문의 포를 지휘하려고 산정으로 나선 것이다. 낮에는 기세등등하던 대대장이 밤이 되자 매우 초조해했다. 낮에는 눈 아래로 내려다보이던 계곡이 밤이 되자 시커먼 지옥처럼 보였다. 그 밑에서 마치 베트콩 대부대가 검은 옷을 입고 떼를 지어 올라올 것만 같은 환영이 떠올랐다.

"대대장님, 기분이 좀 어떠십니까?"
"뭐 좀 그렇습니다만…"
"포 소리를 좀 내 드릴까요? 그러면 좀 안정이 되실 겁니다."

"한번 해 봅시다."

기분 나쁘게 부각되어 오는 시커먼 계곡에 대고 2문의 포가 포문을 열었다. 신관에 0.3초를 장입하고 소위 '영거리사격'이라는 것을 시작했다. "펑"소리를 내며 포탄이 포구를 떠나자마자 200미터쯤 날아가 정글 위에서 째지는 소리를 내며 작렬했다. 연속적으로 작렬하는 위력적인 소리에 잔뜩 움츠렸던 가슴들이 활짝 펴졌다. 겁에 질려있던 보병들이 활개를 치고 나와 손뼉을 쳤다. 이게 바로 포의 위력이었다. 전쟁터에서 적막은 간을 오그라들게 한다. 어떤 소대장은 매복을 나가 히스테리를 일으키면서 소리를 지르기도 했다. 비밀이 보장돼야 할 장소에서 소대장이 소리를 지르니 참으로 안타까운 일이었다. 그래서 어떤 중사는 다수의 안전을 위해 그 소대장을 처치할 생각까지 했었다고 한다.

나의 병사들은 그 어느 포대보다도 더 많은 일을 하면서도 불평하지 않고 내가 하려는 일을 마음 편하게 하도록 해주었다. 처음엔 그토록 거칠었던 병사들이 불과 2~3개월이 지나면서 양처럼 순해지기 시작했다. 나의 직속상관인 포병 대대장은 내 병사들을 공작용 재료 같다고 표현했다. 내가 땅에다 원을 그리든 네모를 그리든, 일단 그림만 그려놓으면 병사들이 속을 채워준다는 것이었다. 내가 이끌던 120명의 부하들, 그들만 가지면 무엇이든 못할 것이 없었다. 나이 든 노 상사는 처음에 나를 애같이 취급했다. 하지만 얼마 안 가서 내가 나타나면 멀리에 있다가도 무거운 철모를 쓰고 땀을 흘리면서 뛰어와 경례를 붙였다. 조그만 부대이긴 했지만, 나는 어느덧 카리스마가 되어 있었다. 그리고 이임식에서 나는 이임사를 제대로 하지 못했다. 단상에 서자마자 병사들이 울먹였기 때문이었다. 나무판으로 얽어 만든 1m 높이의 단(壇)에는 "하면 된다"는 검은 글씨가 남겨 져 있었다.

'돌아가면 나도 남들처럼 자유와 평화를 마음껏 누릴 수 있겠지!'

오직 이 하나의 소망을 간직한 채, 매일매일 달력에 X표를 긋기를 44개월, 한국 나이 27세로부터 30세에 이르기까지의 꽃다운 청춘을 나는 이렇게 전쟁터에 묻었다.

죽으면 썩을 살, 아끼면 무엇 해

　월남에서 돌아온 이후 나는 양구 21사단에 일시 배치됐다가 곧바로 광주로 내려가 4개월간의 고등군사반 과정을 마친 후, 화천의 855군단포병대대로 전속됐다. 겨울의 화천은 그야말로 시베리아였고 을씨년스러웠다. 민가 하숙집들은 대개 얇은 흙벽 건물이었다. 겨울에는 벽의 안쪽에도 두꺼운 성애가 쌓여 한 데나 다름없었다. 이불을 돌돌 말고 면장갑을 낀 채 쪼그려 앉아 덜덜 떨면서 신문을 읽어야 했다. 나는 한글신문 대신 영자신문을 구독했다. 월남에서 꾸준히 영문 단편소설들을 읽긴 했지만 신문을 읽으니 용어들부터 낯설었다. 첫 페이지를 읽는데도 한 시간이 걸렸다. 한 줄을 읽는 데에도 사전을 뒤져야 했다. 그렇게 하기를 6개월, 그 때부터는 영자신문을 읽는 편이 훨씬 편해졌다.

　화천에서 6개월을 지내는 동안 나는 거의 매 주말마다 서울로 외박을 나갔다. 당시 대대장은 전반적으로 주말 외출을 통제해 왔지만, 내가 대대장의 비위를 잘 맞추면서 외박을 나가는 바람에 다른 장교들의 외출에 대해서도 관대해졌다. "대대장님, 월남에서 지겹게 떨어져 살았는데 1주일에 하루는 가족과 있어야 하지 않겠습니까. 그렇지 않으면 저 이혼당합니다." 이렇게 호소하는 데에야 대대장도 어찌 할 수가 없는 모양이었다.

　전략정보과정에 대한 모집이 있었다. 10개월에 걸친 전략정보 교육과 집중적인 영어 훈련은 나에게 많은 자양분을 제공해 주었다. 출퇴근 버스에서는 물론 휴일에도 꼬박 책상에 앉아 공부를 했다. 당시 나는 이태원 쪽 남산 1호 및 3호 터널 앞에 지어진 8평짜리 군인아파트에서 살았다. 공부하는 정신이 가상하다며 이웃집 선배 사모님들이 마실 것과 반찬과 간식거리를 만들어 넣어주었다. 영어과정 1등, 이로 인해 대위로서는 유일하게 합참 정보국에 근무할 수 있는 기회를 얻게 됐다. 국방부와 합참 전체를 통 털어 대위는 오직 나 혼자뿐이었다. 30여 개의 해외공관에 파견된 무관들을 상대로 파우치(외교행낭)를 주고받는 파우치 담당장교, 이른바 끗발 있는 직책을 담당하게 된 것이다. 이 직책에 있으면서 나는 많은 비밀문서를 읽을 수 있었고, 이는 상당한 공부가 됐다. 이 직책을 인계해 준 전임자도 사관학교 3년 선배였고, 2년 반 후에 내가 이 직책을 다시 인계해 준 후임자 역시 내가 사관학교 4학년 때 전방실습을 나갔다가 사귄 일반장교출신 소령이었다. 해외 무관들로부터 보내오는 비밀문서들은 합참 정보국 여러 부서들에 배부되는 것들이었다.

전임자는 사무실 한쪽에 기다란 테이블을 설치해 놓고 그 비밀서류들을 각 과별로 쌓아놓은 후, 10여 개 부서에 일일이 전화를 걸어 비밀문서가 왔으니 빨리 와서 가져가라고 했다. 하지만 선배 소령의 마음처럼 빨리빨리 움직여주는 부서는 별로 없었다. 비밀문서를 행여 분실할까 염려하여 점심식사도 제시간에 하지를 못했다. 배가 고픈 선배는 미처 문서들을 찾아가지 않은 부서들에 전화를 걸어 신경질을 냈고 이로 인해 때로는 말싸움도 있었다. 이렇게 해서 선배와 다른 부서 행정장교들 사이에는 감정이 악화돼 있었다. 인계인수가 끝나자마자 나는 마치 신문배달 소년처럼 비밀문서들을 옆구리에 끼고 각 층을 돌면서 배달해 주었다. 문서들을 앉아서 받는 행정장교들은 출신은 달라도 모두 다 선배들이었다. 내가 그들의 사무실에 나타나면 환한 미소를 지으면서 강제로 붙들어 앉히며 이야기도 해주고 커피도 대접해 주었다. 이런 사이에 나보다 나이 먹은 선배들로부터 유익한 정보도 듣고 인심도 얻게 됐다.

나는 어렸을 때, 초등학교 선생님으로부터 "죽으면 썩을 살, 아끼면 무엇 해"라는 말을 깊이 새겨들은 일이 있다. 내가 조금만 더 고생하면 수많은 사람들과 사이좋게 지낼 수 있는데 구태여 내 일, 네 일 따지며 싸워서 얻을 게 없다는 생각이 들었다. 언제나 내가 손해 본다는 기분으로 세상을 살면 마음이 편해진다는 진리도 터득했다. 조금을 얻기 위해 마음을 상하게 하고, 이미지를 상하게 할 필요는 없다는 생각도 했다. 이 간단한 문서배달이 내게 준 이익은 실로 엄청난 것이었다. 국방부와 합참에서 나는 인기 좋은 대위가 됐고, 소문이 퍼지면서 지 대위의 존재를 모르는 사람이 없을 정도가 됐다. 급한 공문을 만들어야 할 경우 다른 부서 아가씨들에게 달려가면 언제나 서비스를 받을 수 있었다. 그녀들은 다른 타자를 치다가도 내 일부터 해주곤 했다. 타자에 관한 한, 내 사무실, 다른 사무실이 따로 없었다. 대위를 달고 있었던 1972~74년 사이에 있었던 일들이었다.

1974~75년 사이에 나는 미국에 가서 경영학 석사과정을 공부했다. 그리고 돌아오자마자 나는 국방부에 있는 PPBS실에서 생전 처음으로 육사 10년 선배인 대령 밑에서 근무했다. 그런데 그 선배와 나는 악연으로 만났다. 그 선배 때문에 예편도 생각했고, 그 선배로 인해 1년 반 동안 집단 따돌림의 생활도 했다. 아마도 나는 그 선배로부터 근무평정 점수를 최하로 받았을 것이다. 1977년 9월, 나는 박사과정을 밟기 위해 또 다시 도미했다. 바로 그 때 중령 진급 심사가 있었다. 그런데 내가 파우치 담당장교로 일했던 그 시기에 대령들이었던 분들이 진급심사위원으로 차출되어 나를 진급시켰다 한다. 동기생들 가운데 극히 소수가 선발되는 특진 케이스였다. 선배 대령이 매긴 근무성적은 좋지 않았지만 지 소령만은 여러 사람들이 다 잘 알고 있다며 중론을 모았다고 한다. "죽으면 썩을 살, 아끼면 무얼 해." 이 가르침이 이루어낸 결과였다고 생각한다.

매주 2회씩 30여 개의 외교행낭(Diplomatic Pouch)을 꾸려야 했다. 밤늦도록 각 행낭에 서류를 집어넣고 문서목록을 작성하고 납으로 봉인하고 나면 손바닥이 벗겨지고 무좀도 생겼다. 그런데 파우치를 쌀 때마다 해군의 아주 어린 하사가 사근사근한 목소리로 전화를 걸어 도와주러 오겠다고 했다. 그는 해군본부 장성들의 심부름을 받아 일본에 나가 있던 해군 무관에게 부탁할 일들을 가지고 왔다. 그 작은 부탁들을 하기 위해 그는 대방동 해군본부에서 달려와 내가 하는 일을 도와준 것이다. 그 다음에 이어지는 그의 부탁들은 별것 아니긴 해도 모두 기분 좋게 수용해 주었다. 대위와 하사 사이에 서로 의지하는 친구가 된 것이다. 반면 정작 부탁이 많은 육군본부 소속의 소령은 모든 부탁을 기분 상하는 식으로 해왔다. "이건 어느 장군의 지시사항인데……." 내가 그의 부탁을 들어주지 않으면 장군으로부터 혼날 것이라는 암시였다. 진급이 걸려있는 영관급 장교들이라면 장군들 세계에서 좋은 평판을 얻어야 하기 때문에 이런 어조의 부탁(?)을 잘 수용하겠지만 대위에 불과한 내게는 이러한 언어가 반발심만 불렀다.

파우치를 외국으로 내보내려면 항공수송업자와 거래를 해야 한다. 모 항공수송업체에는 미스 홍이라는 아가씨가 있었다. 나는 과에서 가장 졸병인지라 할 일이 너무 많아 파우치 일을 잊고 있을 때가 많았다. 하지만 미스 홍은 시간만 되면 정확하게 전화를 해주었다. 목소리가 그야말로 꾀꼬리 소리처럼 아름다웠고 윤기가 철철 넘쳤다. 아나운서 목소리보다 더 아름답고 발음도 정확했다. 각 파우치가 어느 항공기에 실려 무슨 항공편으로 어디어디를 경과하여 어느 날 몇 시에 어느 항공기 편으로 목적지에 도달할 것이라는 것을 불러주려면 한 시간 정도 통화해야 했다. 그녀의 외국어 발음은 참으로 훌륭했다. 지금이라면 팩스나 전자 메일로 할 수 있는 일을 당시에는 그렇게 목소리로 한 것이다. 통화내용은 삭막하기 이를 데 없지만 통화를 시작할 때와 끝맺음할 때 주고받는 상냥한 인사가 너무 좋았고, 사무적인 목소리를 낼 때에도 그녀의 음성이 너무 듣기 좋아 시간 가는 줄 몰랐다. 같은 사무실 선배들과 아가씨는 그녀에게서 전화가 올 때마다 애인한테서 전화 왔다며 실실 웃었다. 하지만 2년 반을 그렇게 했으면서도 나는 한 번도 미스 홍을 만나보지 못한 채 바쁜 유학길에 올랐다.

생전 처음 밟아 본 미국 땅

　1974년 7월, 불과 1년 전까지만 해도 꿈조차 꿔보지 못했던 유학길에 올랐다. 유학과 나와는 전혀 무관한 것으로만 알아왔기 때문에 인생은 자기의 선택이 아니라 사주팔자처럼 이미 정해진 각본에 의해 굴러가는 게 아닌가 하는 생각이 들었다. 샌프란시스코에서 해안을 따라 남쪽으로 2시간 거리에 있는 몬터레이 반도(Monterey Peninsula)에 작은 비행장이 있다. 비행장에 도착하자 이미 재학 중인 선배들과 함께 너그럽게 생긴 미국인 중년 부부가 나와 있었다. 생전 처음 들어보는 스폰서(Sponsor) 부부였다. 미국생활에 원만하게 적응하는 데 도움을 주고 싶어 스폰서를 자청했다는 것이다. 아파트를 얻는 일, 자동차를 사는 일, 면허증을 따는 일, 집기를 장만하는 일들을 일일이 돌보아

준다고 했다. '바로 이래서 미국을 용광로(Melting Pot)라 부르고 있구나' 하는 생각이 들었다. 세계로부터 온 잡다한 민족을 흡수하고 포용하여 미국인으로 만든다는 뜻이었다.

마을 부녀회관 옆에 커다란 창고가 있었다. 거기에는 주민들이 쓰다가 기증한 침대, 전등, 책상, 소파, 부엌 도구, 가재도구 등 헌 집기들이 가득 차 있었다. 나는 스폰서의 도움으로 그것들을 빌려왔다. 스폰서는 주말이면 가끔 가정파티를 열어 그의 친구들을 초대해 주었다. 미국생활의 다양성을 스폰서 혼자 말해주기는 역부족이었다. 그래서 파티에 초대된 미국 친구들이 십시일반으로 다양한 정보를 제공해 주었다. 이는 단시간 내에 미국생활을 이해하는 데 결정적인 도움이 됐다. 더러는 계속적으로 친구가 돼주었고, 면허증을 따는 일에 안내자 역할도 해주었고, 가구를 옮기는 데 트럭도 내주었고, 사고를 당했을 때 먼 길을 달려와 차를 견인해 주기도 했다. 미국인들은 피부 색깔이 다양한 이국인들에 대해서까지 이와 같이 스폰서 시스템을 운용해오고 있었다. 연간 미국으로 흘러드는 이민과 유학 인구는 수만의 규모다. 월남과 캄보디아로부터 대량으로 유입된 피난민들도 있었다. 물론 대량난민에 대해서는 정부의 집중된 프로그램이 있었지만 그 후부터는 스폰서들이 담당했다. 미국인과 분쟁이 붙으면 스폰서가 대신 나서준다. 미국인들은 자기 자식들을 몇 명씩이나 가지고 있으면서도, 우리나라 사람들이 버린 고아와 장애인을 입양해 손수 키우고 있었다.

학교가 있는 몬터레이 지역은 바다와 동산과 농장이 어우러져, 미국에서도 아름답기로 이름 나 있는 곳이었다. 에덴의 동쪽을 촬영한 목가적인 농촌 마을도 여기에 있고, 미국시장에 마늘과 야채의 70%를 공급한다는 대평원도 여기에 있고, 영화 '피서지에서 생긴 일'에 나오는 아름다운 해변도 여기에 있다. 국제적으로 유명한 페블비치 골프장도 여기에 있고 해변가 숲 속에 성곽을 짓고 사설 경비집단을 고용하는 '17마일 드라이브' 라는 백만장자 클럽도 여기에 있다. 킴노박, 클린트이스트우드 등의 영화배우들도 살고 있었다. 낮이면 물개들이 사람과 어울리고, 밤이면 이들이 우는 소리를 들으면서 잠을 자는 그야말로 휴가의 고장이요 은퇴의 고장이요 낭만의 고장이었다. 존 스타인백이 이곳에서 태어나 살았고, 그의 소설들이 이 고장을 배경으로 하고 있어서 일명 '존 스타인백 컨트리' 라고 불렸다. 「분노의 포도」, 「캐너리 로우」 등 그의 작품들이 바로 이곳을 배경으로 하여 쓰였다. 하와이가 세계인들이 모여드는 대중적인 관광지라면 이곳은 격조 있는 사람들이 즐겨 찾는 시(Poet)의 고향이었다.

쌀쌀한 우기가 되면 긴 행렬처럼 늘어선 강한 파도가 흰 수염을 성글게 날리면서 달려와 검은 바위 벼랑에 부딪쳐 하늘높이 솟구쳤다가 하얀 가루가 되어 내렸다. 따뜻한 건기가 되면 파도마저 조용해져 물개나 수달피들이 한가롭게 사람들과 눈을 맞추며 던져주는 음식을 천연덕스럽게 즐겼다. 반달같이 굽어간 백사장에는 바닷물이 들락거리면서 윤기어린 모래 길을 다져놓았고, 그 길을 따라 수많은 남녀들이 가장 편한 옷을 입고 석양을 즐겼다. 크고 작은 바닷새들이 종종걸음

존 스타인백 마을 해변에서

으로 모래 속에서 먹이를 쪼아냈다. 오리만큼이나 큰 갈매기가 먹이 하나를 물고 이리저리 쫓겨 다니면, 연약한 새들이 실 다리를 재빠르게 움직이며 턱밑으로 쫓아다녔다. 큰 새가 먹이를 모래 위에 놓고 황급히 쪼아대는 순간에 흩어지는 부스러기를 주워 먹기 위한 것이었다. 이를 보면서 나는 바로 우리나라가 저 조그만 새들의 신세라는 생각을 했다.

거리도 목가적이었다. 길을 건너려는 사람이 있으면 운전자는 멀리서부터 속도를 낮추어 보행자에게 사인을 주었고, 보행자는 운전자와 웃음을 주고받으면서 유유히 길을 건넜다. 복잡한 쇼핑센터에서도 자기 옷이 남의 옷에 닿을까봐 애써 조심하는 기색이 역력했으며, 어쩌다 조금이라도 스치면 깜짝 놀라며 미안하다고 애교스럽게 인사를 했다. 식당이나 술집에 가면 종업원이 자리를 안내할 때까지 문 앞에서 줄을 서서 기다렸고, 부모와 함께 고급식당에 들어온 아이들은 의자를 바짝 당기고 몸을 꼿꼿이 세우는 데서부터 소리를 내지 않는 방법에 이르기까지 세심한 주의와 간섭을 받았다. 거리에 세워진 차의 유리 앞에는 차에 흉터를 남긴 사람이 써놓은 메모 쪽지가 남겨져 있었으며, 거리에서 차가 서로 부딪쳐도 웃으면서 보험에 관한 정보를 교환하는 모습들이 보였다.

먼저 유학 온 선배가 나를 태워 가지고 중고차 사냥에 나섰다. 이 마을 저 마을을 돌아다니다 보니 "For Sale"이라는 사인이 부착된 중고차들이 눈에 들어왔다. 모두가 집 앞의 한적한 도로변에 주차돼 있는 차량들이었다. 아주 깨끗하고 고급스러워 보이는 차에 겨우 300달러가 표시돼 있어서 혹시 잘못 써진 게 아닌가 하고 의심을 했다. 이렇게 해서 나는 그 지역 경찰서장이 타고 다니던 '플리트우드'라는 가장 큰 사이즈의 캐딜락을 3백 달러에 사서 타고 다녔다. 휘발유는 펑펑 마셔댔지만 안락하기로는 정상급이었다. 나에게 차를 판 사람은 차를 고치는 기술자(Mechanic)였다. 그 차가 언제 고장이 날지 모른다고 주의를 주면서 '핑크슬립'에 사인을 해 주었다. 손바닥만 한 핑크색 소유권이었다. 판 사람이 거기에 서명만 해주면 그걸로 거래는 끝이었다. 차를 산 사람이 자동차 등록소에 가서 이 핑크슬립을 내밀면 그걸로 소유권 이전등기는 완료된다. 30년 전의 미국 행정이 이토록 간편했지만 아직도 한국에서는 서류 때문에 많은 시간을 빼앗기고 돈을 내야 한다. 못사는 나라가 잘사는 나라를 따라가려면 정부는 국민시간을 미국인보다 더 절약시켜줘야 할 텐데 오히려 역행하고 있는 것이다.

그 매도자는 친절하게 나를 데리고 자동차 등록소까지 가서 절차를 도와주었다. 300달러에 산 차이기 때문에 세금은 겨우 10달러 정도였다. 미국에는 블루 북(Blue book)이라는 책이 있다. 중고차 시세가 적혀있는 손바닥 크기의 책이다. 팔고 사는 사람들은 그 책을 참고로 하여 가격을 협상하고 등록소(DMV)는 실제 매매가격에 따라 등록세를 매긴다. 매년 내는 자동차 세금 역시 블루 북에 의해 결정되었고, 싼 차에는 싼 세금이 부과됐다. 이러한 세금 제도 때문에 미국인들은 가급적 차를 오래오래 사용한다. 헌 차에 새로운 엔진을 달고 다니면 거의 세금을 내지 않는다. 한국에서는 새 차든 헌 차든 관계없이 배기량에 따라 세금을 내기 때문에 차를 오래 사용하려 하지 않는다. 오래된 차에, 높은 수리비를 지출하고 거기에 비싼 세금까지 내는 것은 비경제적이라는 생각에 차를 오래도록 사용하지 않는 것이다.

가을 찬비 내리는 을씨년스런 어느 날, 땅거미가 서서히 내려앉고 있었다. 내 큰 차가 꼬불꼬불한 길가의 보도블록에 스쳐 펑크가 났다. 생전 처음 당하는 일이라 어찌할 바를 몰랐다. 그때 비싼 호텔에서 휴가를 즐기고 있던 40대 부부가 산보에 나섰다가 어쩔 줄 몰라 하는 내 모습을 보자 팔을 걷어붙이고 스페어타이어를 꺼내 교환해 주었다. 그들 손에는 검은 기름이 묻었고, 차려입었던 고운 옷은 비에 흠뻑 젖었다. 그들은 내가 떠나는 모습을 바라보며 손을 흔들어 주었다.

교수들과 학생 장교들은 우리 같으면 엄두도 못 낼 많은 시간을 할애해 동네 아이들을 모집하여 축구팀, 야구팀을 조직하여 훈련도 시키고 게임도 시켰다. 미국인, 이국인을 가리지 않고 지정된 시간에 아이들 집을 돌아다니며 태워갔다. 시합을 할 때면 부모들이 나와 열띤 응원을 하면서 주스, 과일, 쿠키 등을 가져와 파티를 열어주었다. 이런 봉사활동이 바로 미국을 키우는 힘이라는 생각이 들었다.

나는 심리학 등 일반 경영학 과목들이 요구하는 리포트를 작성해야 했다. 리포트를 작성하기 위해서는 도서관에 산재한 학술 간행물들을 찾아야 했지만 찾는 법을 알지 못했다. 도서관 사서에게 애로사항을 털어놓자 매우 친절하게 데리고 다니면서 간행물 찾는 방법을 가르쳐 주었다. 미국인들이라면 겪지 않아도 될 일들에 많은 시간을 소비했다. 타자를 치는 일도 내겐 처음이었다. 도서관 지하실에는 타자기들이 많이 있었지만 아무리 열심히 치려 해도 도대체 글자를 빨리 찾을 수가 없었다. 작동 요령도 몰랐다. 지나가다가 내 모습을 훔쳐본 반 친구가 나를 자기 집에 초대하더니 부인에게 나를 위해 타이핑을 쳐줄 수 없겠느냐고 정중히 부탁을 했다. 채 30세가 안된 그녀는 무척 예의바르고 외교적이었으며, 나의 의사를 일일이 물어가며 문장을 고쳐주면서 타이핑을 쳐주었다. 나보다 어린 나이들이었지만 매너와 배려가 그토록 어른스러울 수가 없었다.

반에서 가장 우람한 미 해병대 소령이 가장 친한 친구가 됐다. 그는 남매를 키우고 있으면서도 한국 여아를 추가로 입양해 키우고 있었다. 어느 날 갑자기 나를 끌고 반 앞으로 나가더니 그의 뒤에 숨기고 반을 향해 말했다. "요사이 우리학교 정문에 거대한 캐딜락 한 대가 드나드는데 혹시 운전자를 본 사람 있습니까?" 반 친구들은 영문 몰라 하는 나와 익살스런 그 소령을 번갈아 쳐다보면서 박장대소했다. 미국에서 가장 신났던 순간 중의 하나는 그의 모터보트를 타고 넓은 바다를 향해 질주할 때였다. 물보라와 함께 상쾌한 바람이 얼굴을 때려줄 때의 그 기분은 정말 그만이었다. 하지만 고기를 잡기 위해 보트가 멈춰지는 순간부터는 지옥이었다. 그 때 생긴 어지럼증이 일주일은 지속됐다. 그는 나와 나이가 비슷했지만 이해심, 포용력, 남을 배려하는 마음 등에서 나보다 몇 배는 더 어른스러웠다. 바로 이런 것이 내가 따라갈 수 없는 것 중의 하나였다.

한국에서 맞춘 세 개의 안경, 미국 의사가 버리라 했다

　내가 다닌 학교는 미 해군성이 재단을 운영하여 석사 및 박사 장교를 양성하기 위해 1907년에 설립한 대학원으로 Naval Postgraduate School이라고 불린다. 미국은 해군의 나라다. 해군으로 출발했고, 지금도 해군이 가장 많은 예산을 사용하며, 해군으로 인해 전 세계에 물리력을 행사할 수 있다. 미국만이 가지고 있는 Long Range Power Projection Force 즉 군사력의 장거리 투사능력을 가진 것은 바로 해군력 때문이다. 해군은 해저, 해상, 공중을 모두 이용하기 때문에 군사과학을 선도하고 있다. 특히 원자력 공학, 기상공학, 전자공학, 시스템 공학 등에 세계적인 명성을 가지고 있다. 제2차 세계대전 때 신출귀몰하던 독일 잠수함 U-보트를 잡은 것은 역전의 용사도 아니고 명장도 아닌 젊은 수학자들이었다. 그래서 미국은 수학으로 전쟁을 하고, 수학으로 무기를 만들며, 수학으로 군수를 한다. 이 모두를 위한 응용수학(Operations Research)이 이 학교의 명물로 인정받아 왔다.

당시 한국의 육군 장교들 중에는 이 학교를 졸업한 사람들이 별로 없었지만 해군 장교들 중에는 더러 있었다. 대위로 합참에 근무할 1974년이었다. 미해군대학원 경영학 석사과정에 한 사람을 선발하는데, 응시할 장교를 파악하여 보고하라는 공문이 왔다. 나는 생전 처음 듣는 그 학교에 대해 알아보기 위해 그 학교를 나온 사람을 만나보고 싶었다. 수소문 끝에 해군사관학교 출신인 소령을 만났다. 나보다 2년 먼저 해군사관학교를 졸업한 사람이었다. 하지만 그는 내게 겁부터 주었다.

"나는 진해 해군사관학교에서 교수로 있다가 갔는데도 혼이 났는데, 당신은 책을 놓은 지 9년 만에 가지 않느냐. 욕심만 가지고 갔다가는 실패하기 쉽다. 그 학교는 매우 엄격해서 중도에 탈락하는 사람들이 많다."

겁이 나긴 했지만 가고 안 가고에 대한 결심은 나중에 하더라도 우선은 기회를 놓치지 말고 시험부터 쳐놓고 봐야겠다는 생각을 했다. 시험이라야 영어시험 한 가지뿐이었다. 한국에서의 경쟁은 토플과 비슷한 ECL(English Comprehension Level) 테스트 성적에 의해 판가름이 났고, 최종적인 입학허가서는 미 해군대학원이 육군사관학교 성적과 영어 점수를 고려하여 발부한다고 했다.

영어 공부만큼은 월남 전쟁터에서나 전방에서나 틈틈이 해두었기 때문에 나는 100점 만점에 97점을 맞았다. 당시까지는 군 최고의 기록이었다. 아마도 TV나 보면서 저녁시간들을 어영부영 보냈더라면 갑자기 나타난 이런 기회를 포착할 수 없었을 것이다. 차점을 받은 장교는 해군사관학교 출신 해병 중령이었는데 82점이었다. 국방부 인사과에는 그의 친구인 해군중령이 인사장교로 있었다. 그 인사장교가 나를 부르더니 해병중령에게 기회를 양보하라고 했다. 경쟁자였던 해병중령은 그 동안 미국에 여러 번 단기 코스를 다녀왔기 때문에 졸업에 성공할 수 있지만, 나는 9년 동안이나 공부와 담을 쌓은 사람이라 성공할 수 없다며 겁도 주었다. 오기가 발동한 나는 그의 요구를 거절했다. 이에 비위가 상한 인사장교는 자기가 인사권을 갖고 있기 때문에 해병중령을 반드시 보낼 것이라고 단호하게 말했다. 중령이라고 대위를 얕본 것이다.

마침 그 때에 국방부에는 주월한국군사령부에서 나를 귀여워 해주시던 대령 참모가 장군이 되어 총무과장을 하고 계셨고, 월남에서 내 직속상관이었던 포병사령관도 장군이 되어 장관 보좌관을 하고 계셨다. 두 분 모두 국방부에서는 끗발도 있고 발언권도 있었다. 이분들은 매우 바쁜 분들이라 나는 문제의 요지를 편지지에 담아 그들의 보좌관을 통해 전했다. 그러자 바로 그 다음날, 인사과 과장인 육군대령이 양쪽 장군 방에 따로따로 불려가 야단을 맞고, 인사장교인 해군중령은 해군으로 원대복귀 됐다. 여러 해 뒤에 내가 같은 대학원에서 박사학위를 받고 오자, 그 인사장교는 간접적으로 축하의 인사를 전해주면서 당시 자기가 매우 미안한 일을 했다고 솔직하게 사과했다.

  그 학교를 먼저 나왔다는 해군소령은 회계학이 가장 어려웠다고 했다. 고생을 덜 하려면 회계학만큼은 미리 공부를 해가라고 조언했다. 나는 당시 한국에서 가장 권위 있다는 서울대학교 이용준 교수가 쓴 공업부기와 상업부기 책을 사서 독학을 하기 시작했다. 용어가 상식과 조율되지 않았고, 기본개념이 잘 설명돼 있지 않아 이리저리 궁리를 해야 했다. 헷갈리고 머리 아프게 쓰인 책들이었다. 결국은 이해도 되지 않는 그 책들을 싸 가지고 미국으로 갔다. 입학을 하자 하버드대의 안토니 교수가 쓴 회계학원론(Fundamental Financial Accounting)이 교과서로 채택됐다. 영어로 돼 있긴 하지만 그 원서는 매우 쉽고 논리적으로 쓰여 있어서 혼자서도 충분히 이해할 수 있었다. 서울대 이용준 교수가 쓴 부기 책에 소개된 간접비 배분방식은 케케묵은 일본 책을 번역해 놓은 것이어서 미국에서는 더 이상 쓰지 않는 것이었다. 학문적 이론은 없고, 절차만 소개돼 있어서 개념을 파악할 도리가 없었다. 하지만 원서에는 간접비 배분방식에 기초수학이 응용돼 있어서 이해하기 매우 쉬웠다. 한국에서 권위 있다는 한국 책은 결국 쓰레기통으로 던져지고 말았다. '교과서 하나 제대로 없는 한국 학생들이 얼마나 불쌍한가!' 이런 생각이 들었다.

우리 학생들이 공부에 취미를 잃는 것은 결국 교과서 때문이라는 생각이 들었다. 한국 책들을 가지고는 독학 및 예습 능력을 기를 수 없게 돼 있다. 그래서 초등학교 교과서일수록 최고의 석학이 실명제로 정성껏 써야 한다는 생각이 들었다. 지금의 초·중등학교 교과서들을 읽어보면 균형감이 없고 요령부득으로 쓰여 있어 나도 무슨 뜻인지를 모르는 경우가 허다하다. 그래서 과외를 찾는 것이다. 교과서와 참고서들이 다양하고 훌륭하면 학생들은 이들을 가지고 충분히 독학도 할 수 있고 예습도 할 수 있다. 같은 내용을 여러 저자들의 시각으로 소화한다는 것은 사고방식을 다양화하는 데 가장 효과적인 방법이다. 또한 학생들은 각자의 인지구조에 따라 저자들에 대한 선호도를 형성할 수 있다. 첫째, 공부란 창의력을 기르는 과정이어야지 기존의 지식을 암기하는 과정이어서는 안 된다. 둘째, 독학은 사고력과 상상력을 길러주는 데 가장 좋은 학습과정이다. 그렇기 때문에 독학을 가능하게 하는 교과서와 참고서의 질은 그 사회의 창의력을 좌우한다고 볼 수 있다.

예습은 복습보다 훨씬 효과적인 학습방법이다. 예습을 하면 상상력이 길러지지만 복습을 하면 외우게 된다. 예습을 하면 교수의 말이 100% 들리지만, 예습을 하지 않고 강의를 들으면 한 시간 내내 불안하다. 그래서 교과서는 예습이 가능하도록 아주 정교하게 쓰여야 한다. 나는 사관학교 때, 경제학에 취미를 잃었다. 유학 당시 한국에는 사무엘슨 경제학원론이 두껍게 번역돼 있었다. 그 책을 미국에 가져가 읽어보니 요령부득이었다. 번역이 엉망이었기 때문이었다. 하지만 미국 책으로 예습을 하니까 경제학이 재미있었다. 그래서 한 시간에도 몇 번씩 던져지는 교수의 질문에 나는 부지런히 대답할 수 있었다. 특히 미시경제학은 수학이 전부였다. 미시경제학을 회계학과 연결시켜 가면서 소화하는 것도 하나의 즐거움이었다.

미국과 한국과의 차이는 안경에도 있었다. 미국에 가기 전에 갑자기 눈이 아파지기 시작했다. 알아보니 난시 때문이었다. 서울에서 가장 유명하다는 안과에 가서 안경을 맞춰 썼더니 쓰는 순간부터 어지러웠다. 다음날 안과에 가서 어지럽다고 말했더니 의사가 화부터 냈다. "일주일간 참고 써 보라니까요" 다른 두 곳의 안과를 찾아갔다. 찾아가는 데마다 처방이 달랐다. 모두가 다 어지러웠다. 이렇게 만든 세 개의 안경을 가지고 미국으로 떠났다.

미 육군병원의 안과를 찾아갔다. 의사가 세 개의 안경을 검사해 보더니 화를 내며 쓰레기통에 버리라고 했다. "이 모두가 당신의 안경이 아닙니다."(None of these is yours) 그 의사가 맞춰준 안경은 쓰자마자 세상이 달라져 보일 만큼 시원했다. 그리고 그 안경은 지금까지 30년 이상 쓰고 있다. 1979년 내가 박사과정으로 그곳을 다시 찾았을 때, 세 분의 한국군 장군들이 단기 과정을 위해 나의 모교를 찾았다. 그분들 역시 한국에서 맞춘 안경들에 대해 불평을 늘어놓았다. 내가 주선하여 그분들을 그 병원으로 모시고 갔다. "야, 이렇게 시원할 수가 있어? 세상이 달라 보이네!" 그분들은 한동안 내게 고마워했다.

의사만은 밥벌이 수단으로 택하지 말자

　몬터레이 반도(Monterey Peninsula)에서 보는 태평양은 특별히 아름다워 보였다. 유난히 희고 길게 이어진 파도, 넘실거리는 검푸른 물살, 타조 등처럼 생긴 그 지역 특유의 사이프러스 나무, 불타오르는 듯 붉게 깔린 레드 카펫, 병풍바위로 둘러싸인 천야 만야의 낭떠러지 밑에 넘실거리는 검은 물결, 긴 선으로 뻗어간 백사장, 사람을 향해 먹이를 달라는 물개들, 파도에 몸을 내맡긴 채 한가롭게 누워서 조개를 깨먹는 능청스런 수달피들, 사람만 나타나면 먹이를 달라고 두발로 일어서서 손을 벌리는 다람쥐들, 해안을 따라 열 시간을 달려도 달리는 곳마다 특유의 장관을 연출했다. 사람들이 하나, 둘씩 모이다 보면 다람쥐들이 나와 사람들 손끝에 코를 갖다 대고 먹을 것을 구했다.

손바닥에 먹이를 놓아주면 손처럼 생긴 두 개의 앞다리로 먹이를 움켜쥐고 사람처럼 일어서서 앙증맞게 먹었다. 어쩌다 한국 아이들이 이런 곳에 들르면 주위로부터 눈총을 받았다. 다른 생명들과 어울리는 방법을 훈련받지 못했기 때문이었다. 서양인들은 아이들에게 커다란 모션이나 빠른 모션을 쓰지 못하게 가르쳤다. 큰 소리로 말하면 다람쥐가 놀란다며 귓속말로 주의를 주기도 했다. 하지만 한국인 부모들은 아이들에게 그런 주의를 주지 않았다.

몬터레이 반도에 이 지역 주민들이 자랑으로 삼고 있는 매우 훌륭한 병원이 있다. 복도에는 물론 구석진 곳 어디에서나 티끌 하나 발견할 수 없었다. 화장실이나 부엌에서는 윤이 반짝이며, 정결한 유니폼을 입은 자원봉사자들이 찾아오는 손님을 친절하게 안내했다. 이 병원에서는 통상 한국 여성들이 청소에 고용되고 있었다. 새벽 4시에 일어나 출근하여 한국에서는 상상조차 할 수 없을 정도로 혹사당했다. 청소에는 약품들이 사용되고 청소 후에는 소독약들이 뿌려졌다. 병원은 그야말로 무균 지대일 수밖에 없다는 생각이 들었다.

보호자라는 개념은 미국에 없다. 일단 입원하면 모든 시중은 간호원이 든다. 하다못해 환자를 방문한 가족들이 환자의 요청으로 침대를 세워줘도 주의를 받는다. 간호원이 해야 할 일이라는 것이다. 허락 없이 환자에게 먹을 것을 주어서도 안 된다. 환자실에 마실 것을 사가는 것도 용납되지 않는다. 한국 병원과 미국 병원과의 차이는 이런 외형에서부터 관찰될 수 있었다. 한국인들의 느슨한 자세에 비하면 미국의 의사나 간호원은 혹사에 가깝도록 뛰어다녔다. 그러면서도 환자에겐 언제나 극진하고 상냥했다. 환자에 대한 배려는 미국인들에게 체질화돼 있었다. 병원에서 사이렌 소리가 나면 모든 사람들이 놀란 토끼눈을 해 가지고 벽 쪽으로 몸을 붙였다. 엘리베이터에 탄 모든 사람들이 정지하여 엘리베이터를 비워주었다. 도로에서 병원차가 사이렌을 울리면 모든 차량이 옆으로 붙어 기어갔다. 환자를 보면 모든 시민이 시간과 공간을 양보하는 것이었다. 한참 전에 일본에서 보름을 지낸 적이 있었다. 차를 타고 농촌지역을 지나는데 농촌 트랙터가 느린 속도로 지나가자 교차로에 있던 모든 승용차들이 10분씩이나 기다려 주었다. 승용차들이 얼마든지 지나갈 수 있는데 왜 모두 서서 시간을 낭비하느냐고 물었더니, 농촌에 와서는 농촌 사람들에게 예의를 표해야 하는데 바로 이렇게 기다려 주는 것이 그런 예의라는 것이었다.

사실 나는 사관학교라는 요람에서 포근히 지내다가 졸업을 하자마자 곧바로 월남 전쟁터에 가서 44개월을 지냈다. 그리고 얼마 후에 또 미국으로 갔다. 미국에서 받았던 친절과 배려가 나에겐 민주시민의 기본 에티켓으로 받아들여졌고, 가능한 한, 다른 사람들에게 친절해 지려고 노력했다. 하지만 한국에 돌아와 한국 사람들을 접하면서부터 심한 좌절감을 느꼈다. 같은 한국말을 사용하면서도 마치 이민족처럼 느껴졌다. 나중에 외국을 왕래하는 사람들의 말을 들어보니 이러한 느낌은 나만의 느낌이 아니었다. 문화적 충격(Cultural Shock)이란 통상 한국에서 살다가 외국으로 갔을 때 첫날 겪는 충격을 일컫는다. 하지만 나는 미국에서 서울로 왔을 때 문화적 충격을 겪었다.

살아있는 생명은 존중돼야 한다. 미국에 있을 때 이 말은 피부에 와 닿는 말이었다. 하지만 한국에 살면서 나는 생명과 인권이 존중받고 있다는 느낌을 별로 받아 본 적이 없다. 아이들이 병아리를 사다가 2층에서 떨어뜨리며 누구의 병아리가 살고, 누구의 것이 죽느냐를 놓고 내기를 했다. 여름 방학이면 아이들이 잠자리채를 들고 다니며 곤충을 마구 잡아 죽였다. 동물을 사랑하고 배려하면서 자란 미국의 어린이들은 자라서 미국을 인권국가로 만든 반면, 그렇지 못한 한국의 어린이들은 자라서 남을 배려하지도 않고, 구급차가 왱왱거려도 피해주지 않고, 남의 인권을 예사로 유린하는 것이 아닐까?

나에겐 꼬마 아들이 하나 있었다. 초등학교 나이에 청력을 잃어가고 있었다. 옆에서 작은 소리로 부르면 못 들은 척 했다. 서울대병원을 비롯해 유명하다는 병원을 찾았지만 의사들은 한 결 같이 이상이 없다고 했다. 손목시계를 좌우로 이동시키면서 소리 나는 쪽의 손을 들어 보라 했다. 센스가 빠른 꼬마는 잘 알아맞혔다. 나는 귀국 3개월 전에 논문심사를 마쳤다. 귀국하기 전에 녀석을 육군병원으로 데려갔다. 병사가 녀석의 환심을 사려고 온갖 비위를 맞춰가면서 청력 테스트실로 데려갔다. 한번은 이어폰을 귀에 꽂고 청력을 테스트했고, 또 한 번은 귀뿌리 뒤에 있는 뼈에 부착해서 체크했다. 시험결과를 손에 든 병사는 꼬마가 청력을 많이 잃었다고 했다. 그리고 이는 의사가 고칠 수 있는 병이라고 했다. 무슨 근거로 의사가 고칠 수 있다고 생각하느냐 물으니까, 귀의 내부 시스템엔 이상이 없는데, 외부에서 문제가 생겼다고 설명했다. 한국의 내로라하는 의사들이 이 병사보다 못했다. 테스트 결과를 살펴본 육군병원 의사는 2시간 이상 떨어진 오클랜드 해군병원으로 연결시켜 주었다. 병원규모를 보면 육군병원이 컸지만 해군병원은 소수의 어려운 환자들만 취급했다. 병원에도 계급이 있었다.

해군병원 소령 군의관이 만면에 미소를 띠면서 입원실로 들어왔다. 귀의 구조가 자세하게 그려진 큰 그림을 가지고 병의 성격, 수술 절차, 위험성에 대해 상세하게 설명하기 시작했다. 의사를 신뢰한 나는 "내 아들을 당신 손에 맡깁니다."라고 정중하게 말했다. 의사는 이 말을 경건한 자세로 듣고는 "최선을 다하겠습니다"라고 무겁게 대답했다. 이튿날 수술을 했다. 고막에 머리카락처럼 가는 파이프를 박는 수술이었다. 그 파이프를 통해서 고막 안에 고인 물을 밖으로 흐르게 하는 것이 수술의 목적이었다. 그런데 일주일 후에 체크해 보니 실망스럽게도 수술이 실패한 것으로 판명됐다. 다른 의사가 또 수술을 했지만 그 역시 실패했다. 이 두 의사가 내게 다가와 고개를 떨구며 사과를 했다. "물론 최선을 다했습니다만 우리들의 실력이 부족한 것 같습니다. 동부에서 참으로 훌륭한 의사가 왔으니 한 번 더 맡겨 주실 수 있겠습니까?" 새로 부임한 의사가 진료실로 들어오자 다른 남녀 의사들이 마치 여왕을 모시듯 줄줄이 뒤따랐다. 선임 의사가 현미경을 환부에 고정시켜 놓고는 다른 의사들의 얼굴을 둘러봤다.

"자, 보시오. 이게 바로 retraction attics의 definition(정의)입니다." 현미경은 하나이지만 두 사람이 동시에 양쪽에서 환부를 볼 수 있었다. 의사들은 돌아가며 환부를 관찰했다. "이 아이의 귓속에 세포 가루가 쌓이고 있소. 많이 쌓이면 신경을 눌러서 안면근육이 마비됩니다. 물론 이 아이의 귓속에는 물이 고이고 있소. 그 물이 청력을 상실케 하고 있는 것도 사실이오. 하지만 단순히 귓속에 가느다란 파이프를 꽂아 물을 뽑아낸다 해서 해결될 일이 아니오. 이 아이의 병은 심각하오. 이 아이를 한국으로 돌려보낼 순 없소. 나는 한국 의사들과 함께 일한 적이 있소. 내가 수술을 해야 하오."

이쪽 저쪽 아이의 귀에 시계를 대보는 서울의 의사들이 떠올랐다. 가장 빨리 날짜를 잡아도 한 달 후여야 했다. 그런데 나는 한 달 후에 귀국을 해야만 했다. 아이 수술 때문에 귀국을 연기한다는 건 있을 수 없었다. 첫 번째 수술 의사가 나를 힐끔 쳐다보더니 말했다.

"의사님. 이 애 아버지는 군인이라 한 달 후에 서울로 귀국해야 합니다."

이에 대해 선임의사가 화를 내면서 말했다.

"나는 이 애의 아버지 사정에는 관심이 없습니다. 이 애의 병을 내가 아는 이상 그냥은 보낼 수 없습니다. 이 아이를 한국 의사에게 맡길 순 없습니다."

난처해진 첫 번째 수술의가 내 어깨를 짚었다.

"지 선생님, 이 꼬마를 내게 맡겨놓고 가십시오. 제가 후속 조치까지 완료하여 김포공항으로 보내 드리겠습니다. 우리 집에는 이 아이 또래의 아이들이 다섯 명이나 있습니다. 잘 어울려 놀 것입니다."

이 말을 들은 선임의사가 수간호원에게 수술 스케줄을 보자고 했다. 한사람, 한사람의 사정을 점검하더니 어느 환자와 수술 차례를 바꿨다.

"좋습니다. 내일 아침 이 아이를 수술합니다."

모두의 얼굴이 밝아졌고, 첫 수술의가 내게 축하 악수를 청했다. 다음날 아침, 수술실로 들어가는 꼬마 녀석이 불안해했다. 선임의사가 나를 불렀다. 그의 배려에 대해 나는 의사와 똑같이 수술의를 입고, 신발을 신고, 입마개를 하고 모자를 쓴 후, 아이의 손을 꼭 잡고 수술실로 들어갔다.

"아빠, 나 수술할 때 아빠가 같이 있어줄 거지?"
"그럼, 아빠가 이렇게 손잡고 지켜줄게. 걱정 마."

언제나 아빠를 큰 사람이라고 생각해온 사내 녀석은 아빠의 동행 사실에 안심을 하는 듯 했다. 의사가 고깔 콘 같이 생긴 하얀 플라스틱을 코에 댔다. 녀석의 눈이 스르르 감겼다. 의사가 말했다. "He is gone"(잠들었다). 수술은 두 시간 동안 진행됐다. 자동 유리문 밖에 의자를 놓아주면서 거기에 앉아 안의 수술 장면을 지켜보라고 했다. 그야말로 엄청난 배려였다. 수술대에서 같이 수술을 하던 여의사가 간간이 내 쪽으로 다가와 유리문을 통해 두 손가락으로 동그라미를 지어 보이며 윙크를 보냈다. 수술이 잘 진행돼 간다는 신호였다. 환자의 아버지에 대해서 이렇게까지 극진히 배려하는 이들에서 나는 천사의 모습을 보는 듯 했다.

밤이 되자 나는 아이 옆을 떠나야 했다. 간호사들이 염려하지 말고 숙소에 가서 편히 쉬라고 했지만, 영어가 서툰데다 목이 아픈 아이를 그냥 남겨둘 수 없었다. 나는 쪽지에 글을 썼다. 아이가 밤에 필요로 하는 게 무엇일까 생각해서 좌측에 쓰고, 오른 쪽에는 영어로 번역을 해 놓았다. 녀석이 왼쪽에서 필요로 하는 걸 찾아 그 번호만 손가락으로 가리키면 간호원이 오른쪽에서 영어로 아들 녀석이 원하는 바를 알아차릴 수 있었다. 녀석에게 사용법을 교육시켜 놓은 후에야 숙소로 돌아올 수 있었다. 이튿날, 회복실에 갔더니 5~6명의 간호원들이 일제히 다가와 내 앞에 서서 이구동성으로 원더풀을 연발했다. 어떻게 그런 쪽지를 마련할 생각을 했느냐는 것이다. 그 쪽지가 없었다면 간호원도 내 아이도 많은 어려움을 겪었을 것이라고 했다.

의사들과 간호원들은 언제나 환자와 보호자들에게 해맑은 웃음을 선사한다. 하지만 내 눈으로 보기에 그들은 심하게 혹사당한다 할 만큼 바쁘게 뛰어다녔다. 특히 의사들은 수술실, 진료실, 세미나실을 뛰어다녔다. 걸어 다니는 모습은 볼 수 없었다. 세미나실에는 세미나가

담긴 비디오테이프가 준비돼 있어 틈나는 대로 찾아가 보았다. 새로운 지식을 흡수하기 위해서다.

의사의 실력은 날이 갈수록 진화하는가, 또는 퇴화하는가? 한국에서는 수술을 많이 하는 것이 의료 기술을 향상시키는 첩경이라고 말한다. 모르는 사이에 누군가가 의사의 실력향상을 위해 실험대상이 되고 있다는 말이 된다. 1982년, 국방연구원에 있을 때 나는 연구차원에서 미국에서도 유명한 월터리드 육군병원을 찾았다. 의사들의 실력을 어떤 식으로 향상시키고 있는가를 물었다. 그들에겐 시스템이 있었다. 병원, 연구소, 학교가 한 울타리 내에 있었다. 의사는 이 세 개의 분야를 로테이션으로 옮겨 다녔다. 통상 3년마다 자리를 옮긴다고 했다. 진료 시에 가졌던 의문을 연구소에 가서 연구하고, 연구결과를 학교에서 강의하며, 정리된 실력을 가지고 병원에서 환자를 진료한다고 했다. 이런 순환 시스템에 따라 열심히 일하면 자동적으로 실력이 배양되는 것이었다.

1980년 10월, 나는 학위를 마치고 귀국하여 가까이 지내던 7년 선배 댁을 찾았다. 그들은 아들을 의대에 보내고 싶은데 말을 통 안 듣는다며 설득 좀 시켜달라 신신당부했다. 나는 그 학생을 그의 방으로 데려가 이런 저런 미국 이야기를 들려주었다.

"부모님이 의대를 가라 하시던?"
"지겨워 죽겠어요. 의대는 죽어도 가기 싫거든요. 우리 부모님 좀 설득해 주세요."

"그럼, 그렇게 하고말고. 그런데 부모님은 왜 너더러 의사가 되라 하시던?"

"생활이 안정된다는 거지요. 돈을 잘 버니까요."

"야, 그렇다면 절대로 의사는 되지 마라. 세상에 할 일이 널려 있는데 하필이면 왜 하기 싫은 걸 꼭 해야만 하니? 우리 한국 부모님들, 참 문제가 많다니까!"

의외로 자기편을 들어주니까 신이 나는 모양이었다. 나는 그에게 미 해군병원에서 관찰했던 의사들의 실상을 이야기해 주었다.

"자식을 의사에게 맡길 때, 부모의 심정이 어떻겠니. 의사의 능력이 무한할 때 얼마나 구세주 같이 느껴지겠니. 능력 있는 의사, 참으로 성스럽게 보이더라. 그런 의사가 바로 하느님이더라. 그런 의사가 되려면 머리도 좋아야 하고, 공부도 열심히 해야 하고, 자다가도 뛰어 나가야 할 만큼 자기 생활을 포기하면서 오직 타인들의 생명을 위해 몸을 바쳐야 해. 이러한 각오 없이 단지 안정된 직업과 윤택한 생활을 영위하기 위해 의사를 선택하는 것은 범죄행위야. 돈을 벌려고 종합병원에 출근한 월급쟁이 의사에게 환자가 밀어닥치면 얼마나 짜증나겠니? 환자에게 불친절한 의사, 짜증을 내는 간호원은 100% 다 돈을 벌기 위해 직업을 선택했을 거야, 월급만 보이는데 환자가 사람으로 보이겠니? 능력이 모자라거나 희생정신이 없는 사람은 다른 직업은 다 가져도 제발 의사만은 되지 말아야 해. 의술 공부에 혼을 빼앗길 만큼 그것을 사랑하고 희생하는 생활에서 자기만족과 성취감을 느낄 자신이 없으면 부모님이 뭐라 하시든 절대로 의학은 하지 마라."

그 후 여러 해가 흘렀다. 우연히 소식을 들으니 그 아이는 한양의대를 나와 개업의사가 되어 있었다. 만일 내가 그의 부모 편을 들어 의대에 가라고 설득했다면 아마도 그는 의사의 길을 택하지 않았을지 모른다.

의사의 능력향상 못지않게 중요한 것은 의료 시스템 개선이다. 미국의 육군 연구소는 3백 마리의 양을 산에 풀어놓고 포탄을 발사했다. 불쌍한 양들은 부상을 당하기도 하고 즉사하기도 했다. 연구소는 각 부상 부위별로 죽어 가는 시간을 측정했다. 이는 전시에 쏟아지는 수많은 부상자들에게 후송 및 치료에 우선순위를 부여하는 데 사용하기 위한 것이었다. 이러한 개념에 따라 1980년대 초부터 미국은 현장 의사를 하나의 과정으로 설치하여 양성하기 시작했다. 의사가 사고 현장에 나가 될수록 많은 응급치료를 하면 그만큼 생명이 연장된다. 후송 도중 의사는 병원을 선정하고, 그 병원에 환자가 도착하자마자 무슨 조치부터 취해야 하는지에 대한 사전 명령을 내린다. 이를 뒷받침하는 시스템도 설치돼 있다. 환자에게 단 1초의 시간이라도 더 절약해 주려는 노력인 것이다. 이 병원 저 병원을 돌아다니며 박대당하다가 죽어 가는 한국인의 생명들이 떠오르는 순간이었다.

극기의 계절

　1961년도에 왕십리 미나리 밭에 지어진 한영고등학교 야간반을 졸업을 하고, 서울대학 수학과를 지망했지만 낙방했다. 아무리 열심히 살았다지만 이런 식의 미천한 독학으로 감히 서울대학교를 넘봤다는 게 쑥스러웠다. 고등학교를 졸업하자 나는 떠돌이 재수생이 되어 당장 숙식을 해결할 길이 막막했다. 바로 이 시기에 화장품 가방을 들고 다니면서 가정방문 판매를 하는 그 마당발 친구가 내게 또 한번 가정교사 자리를 소개해 주었다. 내가 가르칠 학생은 신당동 시의원 댁 차남으로 사대부고 3학년생이었다. 그 학생은 특히 수학 기초에 대한 질문을 많이 했다. 뭐 이런 질문까지도 하나 싶기도 했지만 질문 하나하나에 응답하다 보니 내 실력도 차분히 정리됐다. 결국 그 제자 학생은 서울공대에 입학했고, 나는 육사에 입학했다. 나의 정규교육은 육사로부터 비로소 시작됐다. 독학 과정에서 형성된 잠재력 때문인지 수학, 물리, 전기, 역학, 토목 등 수학 관련 과목들은 이해가 빠르고 비교적 쉬웠다. 본문과 예제만 공부하고 주제 뒤에 수십 개씩 나열돼 있는 문제들은 일일이 풀어보지 않아도 상위권을 유지할 수 있었다. 하지만 동기생들은 수십 개의 문제들을 일일이 풀면서 시간을 보냈다. 그들이 모든 문제들을 풀고 있을 때, 나는 고전소설, 위인전, 영웅전, 사상계 등 잡지에 심취할 수 있었다.

나는 석사 때, 경영학을 공부했다. 특히 재무관리, 회계, 기업감사, 경제에 치중해 공부했다. 미국에서의 경영학 과정은 인문계 과정이지만 최소한의 미·적분과 확률 및 통계를 가르쳤다. 사관학교를 졸업하면서 책을 놓은 지 9년이 지났지만 미·적분학은 아주 쉬웠다. 확률과 통계는 난생 처음 배우는 것이었지만 그것도 쉬웠다. 한 클래스에 있는 미군 장교들은 도서관에 토의실을 마련해 가지고 자기들끼리 지혜를 짜내가면서 문제들을 풀었다. 그러다가 문제가 풀리지 않으면 넓은 도서관에서 나를 찾아다녔다. 처음으로 들여다보는 생소한 문제였지만 나는 막힘없이 풀어 보였다. 지켜 서서 내가 푸는 모습을 보고는 고개를 설레설레 흔들며 돌아가곤 했다. 그들은 나를 수학의 천재라고 불렀다. 확률을 처음으로 가르친 교수는 Richards라는 성을 가진 키가 2m나 되는 미남 교수였다. 군말이라고는 단 한 마디도 섞지 않고 기계처럼 딱딱 끊어서 책 읽듯이 진행하는 그의 강의가 냉정해 보이기까지 했다. 첫 확률 시험에서 클래스 평균이 50점

러셀 리차드 주임교수와 함께

만점에 20점이었지만 나는 혼자서 50점 만점을 받았다. 반의 성적이 너무 나빠서 나만 빼고 모두가 재시험을 치렀다. 이것이 인연이 되어 4년 후의 박사과정에서 그는 내 논문 지도교수가 됐고 이어서 일생의 친구가 됐다.

기업감사 과목을 가르치던 Burns 교수는 감사를 수리공학적으로 접근하는 파이어니어로 미국학계에서 알려진 분이었다. 그 교수는 그가 박사논문 때 컴퓨터 시뮬레이션에 의해 풀었던 문제를 내게 내밀며 그것을 수학적으로 풀어보라 했다. 나는 경영학과에 속해 있었지만 응용수학과에서 제공하는 과목 2개를 선택하여 그 문제를 풀기 위한 기초를 쌓았다. 확률 모델링(stochastic modeling)과 LP이론이었다. "Simplex Method"와 같은 알고리즘, 즉 푸는 절차를 배우자는 것이 아니라 이론을 배우자는 것이었다. 그리고 그 배운 것들을 응용하여 수학공식을 만들어가지고 문제를 풀었다. 기업을 3개월만 관찰하고도 1년 치에 해당하는 재무제표의 건전성을 판단할 수 있는 과학기법이었다. 내가 Burns 교수의 문제를 수학으로 풀었다는 사실은 그에게 매우 충격적이었다. 내가 LP이론을 공부하고 싶었을 때 그 학기에는 그걸 제공하는 과정이 없었다. 나는 친한 교수에게 찾아가 이번 학기에 LP의 수학적 이론을 배우고 싶다고 말하자, 학교는 내게 Howard라는 학교 최고수준에 있던 교수를 전용으로 배당해 줬다. 일반 대학에서는 상상할 수 없는 배려였다. 교수와 학생이 1 : 1로 공부한다는 것은 정말 귀족학교에서나 있을 수 있는 것이었다. 교수가 노트에 속도 있게 쭉쭉 써 내려갈 때에 맥을 끊는다는 건 위험한 일이었다. 머리가 둔하다는 평을 들으면 이미지가 상하기 때문이다. 그래서 나는 예습을 참으로 많이 해 갔다.

기업감사를 가르치는 Burns 교수는 나에게 시스템공학 박사과정을 택하라며 로비전을 폈다. 하지만 1907년 그 학교 창설 이래 문과계통의 석사과정을 마친 학생이 곧바로 이과계통의 박사과정으로 연결된 기록은 없었다. Burns 교수는 내 편을 들어줄 교수들을 결집시켰다. 그는 나를 Smart Guy라고 생각하는 교수 4명을 모았다. 학원에서의 정치게임이 시작된 것이다. 그 교수는 자기의 요구를 받아들이지 않으면 자기가 학교를 그만두겠다고 협박했다. 그 교수를 잃기 싫어하는 학교당국은 교수회를 열어 나의 석사논문을 검토했다. 그리고 나를 옹호하는 교수들의 의견을 수용했다. 결국 조건부의 시스템공학 박사과정 입학이 허가됐다. 조건부란 시스템공학계의 핵심 과목을 1년간 집중적으로 이수한 후에, 성적이 좋으면 박사과정을 허락한다는 것이었다. 학교 내에서 내 개인적 스폰서로 지정된 경제학과 Whipple 교수가 한국의 국방장관에게 나를 박사과정에 입교하도록 허락해 달라는 취지의 정중한 편지를 보냈다.

바로 이 시기에 국방부에는 PPBS실 이라는 새로운 조직이 생겼고, 여기에는 미 해군대학원에서 석사과정을 먼저 마치고 귀국한 선배들, 한국 국내 대학원에서 석사를 마친 선배들이 모여 있었다. PPBS란 맥나마라의 그 유명했던 국방자원관리 기법이었다. 실에는 15명 정도의 선배들이 있었다. 이 실장이 바로 나에게 악몽을 가했던 육사12기 선배였다. 이들 중 한 고참 해병중령이 박사과정을 가겠다며 예산을 따 놓고 있었다. 바로 이런 시점에서 미국 교수가 국방부 장관 앞으로 보냈던 편지가 이 PPBS실로 이첩된 것이다. 이 편지를 받은 선배장교들이 나를 괘씸하게 생각했다고 했다. 그 해병중령을 위해 확보해 놓은 예산을 내가 가로채려 했다는 것이다. "그럴 것 같으면 누구든지 박사 하게?" 그들은 이렇게들 수근거렸다고 했다. 하지만 미국에 있던 나로서는 이런 사정을 알 리 없었다. 사정을 알 리 없는 나는 귀국 후 곧바로 PPPS실로 출근하여 명랑한 얼굴을 해가지고 선배장교들에게 인사를 했다. 미국에서 공부에 몰두하고 박사과정에 들어가려고 정신없어했던 내가 국방부에 PPBS실이라는 조직이 새로 생겼는지, 그 안에 누가 있는지를 어찌 알 수 있을 것이며 더구나 해병중령이 박사과정을 가기 위해 예산을 따놓고 있는지를 어찌 알고 그것을 중간에 가로채려 했다는 말인가? 나중에 들은 이야기이지만 그들은 내가 모든 것 알고 있으면서도 그 예산을 가로 채려 한 것으로 생각했다고 했다.

출근 첫날부터 모든 장교들이 나를 이상한 눈으로 보았다. 아마도 내 명랑했던 얼굴을 놓고 천연덕스럽고 가증스럽다고 생각했을 것이다. 당시는 누구 하나 말해주는 사람도 없었다. 단지 먼 훗날에야 비로소 사실을 알 수 있었다. 따가운 집단적 눈총은 1년 반 동안 계속됐다. 이런 기간에 나는 업무와 관련된 미국 문헌을 열심히 연구했다. 당시 세계적인 각광을 받던 국방경영 시스템 즉 PPBS(Planning Programming Budgeting Systems)에 관한 규정과 서적들을 대부분 독파했다. 외롭고 괴로울수록 책만 열심히 보았고, 그 결과 실력이 향상됐다.

신참 소령 때인지라 마음고생도 고생이지만 군에 대한 회의가 일기 시작했다. 제대를 결심했다. 공인회계사 시험 문제집을 사다가 공부하기 시작했다. 막 속도가 붙을 때 국방과학연구소 소장으로 계시는 육사11기 김성진 박사님이 로비를 해서 나를 홍릉에 있던 국방과학연구소로 데려갔다. 그런데, 자리를 옮겨 출근하기 시작한지 불과 1주일 만에 경천동지할 일이 생겼다. 나를 그토록 미워하던 PPBS실장에게서 전화가 온 것이다. 그 해병중령이 미국의 여기저기에 백방으로 노력하여 입학허가서(admission)를 받으려 했지만 실패했기 때문에 예산을 반납해야 하고, 예산을 반납하면 행정상 골치가 아프고, 체면이 서지 않으니 나더러 9월에 시작하는 박사과정을 시작하라는 것이었다.

"그렇게 하면 누군 박사 못해?" 큰 소리를 쳤다는 중령의 얼굴이 떠올랐다. 바로 이 정도의 사람으로 인해 나는 15명이나 되는 장교들로부터 1년 반 동안이나 마녀사냥을 당했던 것이다. 나는 실장의 요청을 단번에 거절했다. 박사를 따서 대통령이 된다 해도 새로 부임한 연구소를 떠나지 않겠다고 말했다. 눈치 빠른 그 실장은 나를 연구소로 데려온 대선배에게 전화를 걸어, 마지막 기회이니 후배의 앞길을 위해 나를 설득시켜 달라고 부탁을 했다. 연구소 소장인 그 선배님이 나를 설득했다. "마지막 기회이니 공부를 더 해봐" 나는 Whipple 교수에게 국제전화를 걸었다. 2일 후에 곧바로 연락이 왔다. "Congratula-tions, We are looking forward to seeing you soon."(축하한다. 빨리 보고 싶다) 석사과정을 마친지 2년만이었다. 37세에 시작했던 만학의 기회는 이렇게해서 마련했던 것이다.

석사 때, 나는 도서관 양탄자 위에 책과 학술간행물을 한 아름 찾아 쌓아놓고 기가 차서 울어 본 적이 있다. 아침 7시에 일어나려면 나도 모르게 "아구 아구"소리가 절로 났다. 하지만 박사과정에 와보니 그건 약과였다. 3년이라는 짧은 기간 내에 시스템 수학의 기초과정부터 시작해서 박사논문까지 끝내야 했기 때문에, 첫 학기부터 중압감으로 인해 많은 스트레스를 받았으며, 이는 지병처럼 따라다니던 위장병을 더욱 악화시켰다.

연중 내내 반팔로 지낼 수 있는 지중해성 기후였는데도 무릎과 발이 시리고 쩌릿해서 차라리 다리가 없는 편을 선택하고 싶을 만큼 고통스러웠다. 뒷골이 무겁고 나른해서 잠만 쏟아졌다. 한국 교포로부터 몇 차례 침을 맞긴 했지만 부담이 이만저만이 아니었다. 한 차례에 20달러씩 지불하는 것도 커다란 부담이었지만 가는데 20분, 오는데 20분, 침 맞는데 20분이라는 시간은 더욱더 감수할 수 없었다. 나는 침술사에게 사람하나 살려달라고 간청을 했다. 그가 싸준 침 뭉치를 가지고 나는 거의 매일 침을 놓았다. 그가 가르쳐 준 요령에 따라 배, 손 그리고 발에 침을 놓기 시작했다. 배에 꽂는 실 침의 수는 30개 내외였다. 침을 맞으면 체력이 소모됐다. 가누지 못할 만큼 몸이 까부라졌다. 나는 엉금엉금 기다시피 하여 2층 계단을 내려와서는 비틀거려지는 몸을 가누며 뛰기 시작했다. 3년을 하루같이 뛰었다. 뛰고 나면 지쳤던 몸에 생기가 돌았다. 비가와도 뛰었고, 새벽 두 시에도 뛰었다. 매일같이 뛴다는 것은 체력 향상에도 도움이 됐지만 나태해지는 것을 막아주었다. 하루를 거르면 열흘을 거르게 된다. 열흘을 거르지 않기 위해서는 하루를 거르지 않아야 했다. 바로 이런 것이 극기였다. 그 결과 박사과정이 끝난 시점에서의 내 건강은 그때까지의 내 일생에서 가장 좋아져 있었다.

뛸 때에는 반드시 생각할 거리를 미리 준비했다. 뛰면서 수많은 수학 이론을 터득했다. 뛰면서 수학문제 푸는 과정을 칠판에 수학기호들로 표현한다면 칠판 한두 개쯤은 빼곡하게 들어찼을 것이다. 이러한 훈련은 상상력과 논리력을 훈련시키는 데 있어 최고의 방법이었다. 이렇게 훈련이 되니까 교수가 칠판에 써 내려가는 수학기호들이 한눈에 들어오기 시작했다. 이런 훈련 때문인지 내게는 길을 가거나 운전을 하거나 밥을 먹으면서도 연상하고 생각하는 습관이 생겼다.

새로운 이론을 공부할 때마다 나는 3-5권의 책을 도서관에서 빌려왔다. 같은 이론이라 해도 이를 다루는 석학들에 따라 시각을 달리 하고, 다루는 요령 및 기법을 달리 한다는 것은 학문의 희열을 느끼게 해주었으며, 이 희열은 주말 공부를 위한 충분한 에너지원이 되었다. 남들은 교과서 하나도 다 소화할 시간이 없는데 그렇게 많은 책을 언제 다 보느냐고 했다. 이러한 사람들은 학문이 주는 희열을 알지 못한 채 성적과 학위만 딸 뿐이다. 공부는 하지만 사고력을 다양하게 기르지는 못한다. 이러한 나의 공부 방법은 수학에 대한 해석력을 낭만적이라 할 만큼 풍부하고 화려하게 길러주었다. 1년 후의 결산결과 내 성적은 4점 만점에 3.92였다. 그래서 조건부 박사 후보생에서 정식 박사후보생으로 인정받게 되었다. 공부를 하면서 나는 수학 책에서 제공하는 공식과 정리를 내 나름대로 소화했고, 그 위에 추가하여 내 나름의 독자적인 방법으로 공식과 정리를 증명하는 버릇을 길렀다. 공식에 매달려 공부하는 것이 아니라 공식을 따로 만들어 가면서 공부한 것이다.

박사과정 필기시험을 친 세 명의 후보 중에서 나 혼자만 합격을 했다. 며칠 후, 박사 자격 구두시험이 열렸다. 과 교수들을 포함하여 여러 분야의 교수들이 나를 공격하러 쳐들어 왔다. 순수 수학과 교수가 Implicit Function Theorem을 간단히 요약해 보라고 했다. 고등 함수이론에서는 Implicit Function Theorem이라는 걸 배운다. 응용수학에서는 LP(Linear Programming)라는 걸 배운다. 나는 LP를 배우면서 그 속에 Implicit Function Theorem이 잉태돼 있다는 걸 발견했고, Implicit Function Theorem을 배우면서는 LP의 배경을 음미했다. 바로 이런 것이 학문에서 얻는 희열이었다. 나는 구두시험장에서 나를 공격한 첫 교수에게 LP의 기본철학을 요약하면서 "바로 이게 Implicit Function Theorem의 기본 개념"이라고 답했다. 교수들의 눈이 휘둥그레졌다. 나처럼 생각해 본 교수가 없었기 때문이다. 다음 날 박사과정 친구들이 구두시험에 무엇을 묻더냐고 물었다. 내가 이를 설명했더니 그들은 매우 놀라면서 자기들은 나처럼 생각해 본 적이 없다고 했다.

이어서 확률통계학 교수가 물었다.

"해군 장교들의 근무연한에 관한 확률분포를 얻으려 하오. 그래서 현역장교들을 표본으로 하여 그 장교들의 과거 근무연한을 표본(Sample)으로 하려 하오. 여기에 어떤 문제가 있겠소?"

평소에 내가 늘 생각했던 문제여서 즉시 답에 나섰다.

"두 가지가 있습니다. 하나는 Inspection Paradox라는 문제이고, 다른 하나는 과거의 Life를 가지고 전체 Life를 예측하는 데 따른 문제입니다. 예편한 장교를 표본으로 잡지 않고 현역장교를 표본으로 했다는 것은 Past Life에 대한 확률분포를 가지고 전체 Life에 대한 예측을 하려는 것입니다."

"우물에 수많은 머리카락이 가라앉았습니다. 그 머리카락을 모두 끄집어내서 일일이 재어본다는 건 불가능합니다. 막대기로 물을 휘저었습니다. 그리고 떠돌아다니는 머리카락을 막대기로 건져 올렸습니다. 막대 위에 100개의 머리카락이 걸렸습니다. 이걸 표본(Sample)으로 잡았을 때, 어떤 문제가 일어납니까. 그 샘플은 모집단(universe)을 과대평가(Overestimate)한 것이겠습니까? 또는 과소평가(Underestimate)한 것이겠습니까? 과대평가한 것입니다. 머리카락의 길이가 길수록 막대기에 걸릴 확률이 그만큼 더 높지 않겠습니까?"

"현역을 샘플로 잡는 것도 똑같습니다. 현역으로 남아 있는 장교들은 예편한 장교들보다 군생활을 더 오래 할 확률이 높은 사람들입니다. Over Estimate의 문제가 있는 것입니다. 현역에 있는 장교들에 대해서는 이제까지 얼마나 근무했느냐, 즉 전생(Previous Life)의 길이만 얻을 수 있습니다. 앞으로 얼마간 더 남아 있겠느냐, 즉 후생(After Life)에 대한 통계는 없습니다."

"이 천장에 전구가 있습니다. 이 전구를 언제 갈아 끼웠을까요? 기록을 보면 각 전구가 얼마나 오래 사용됐는지(Pre-Life)에 대한 통계 분포가 나올 것입니다. 그러면 이 전구들의 미래는 어떨까요? 얼마나 더 오래 사용되다가 Life를 마칠까요?"

"전구의 Life는 지수분포(Exponential Distribution)로 표현됩니다.

전구의 전생과 후생은 확률적으로 똑같습니다. 현역장교에 대한 기록은 전생의 기록입니다. 후생은 전생으로부터 예측될 수 있습니다. 전생과 후생을 합치면 바로 장교들의 복무기간이 됩니다. 이를 수학적으로 증명해 드리겠습니다."

교수들이 서로의 얼굴을 돌아보며 기쁨의 웃음을 교환했다. 교수의 질문에 쩔쩔 맨 것이 아니라 교수들에게 그들이 미처 생각해보지 못한 접근방법을 강의한 꼴이 되었다. 'Inspection Paradox' 즉 'Length Biased Distribution'이라는 수학적 정리를 증명하는 절차는 매우 길다. 참고서 1쪽 짜리 분량이다.

"그러면 Length Biased Distribution의 유도과정부터 증명해 드리겠습니다."

교수들의 눈이 똥그래졌다. 그렇게 긴 증명과정을 어떻게 하겠다는 거냐는 의미였다. 나는 불과 3줄로 증명할 수 있다고 했다. 책에 없는 방법이었다. 전혀 Contex가 다른 Renewal Theory로 접근했다. 오히려 교수들에게 강의하듯 했다. 모두가 놀라는 눈치였다.

면접시험이 끝나자 논문 지도교수가 자기 방에 가서 기다리라고 했다. 초조하게 가다린 지 20분 후, '지만원 박사위원회' 6명이 일렬로 서서 들어왔다. 기쁨이 가득한 웃음을 머금고. 내가 마치 높은 사람이나 되는 것처럼 일렬로 서서 한사람씩 악수를 청하며 자리에 앉았다.

"정말 축하합니다."

"20분간, 우리는 합격 여부를 논의한 것이 아닙니다. 합격에 이의를 표시한 교수는 아무도 없습니다. 당신은 아마도 이 학교 창설 이래 가장 훌륭한 면접시험을 치렀을 것입니다. 박사학생을 맡고 있는 교수들이 모두 다 자기 학생도 당신 같으면 얼마나 좋겠냐고 부러워들 했습니다. 모두가 조언했습니다. 당신 같이 창의력 있는 학생을 어떻게 인도해야 훌륭한 논문을 쓰게 할 것인지에 대해."

최근 들어 그 어느 박사 후보도 첫 번째 시험에 패스해 본 적이 없다는 이 과정에서 모범생으로까지 칭찬을 받으며 합격하다니! 어리둥절했지만 내게도 이런 순간이 다 있구나 싶었다. 나보다 먼저 박사과정을 시작한 학생들, 모두가 두 번째 필기시험에서 간신히 합격했다. 이들은 나보다 2~3개의 A학점을 더 가지고 있다. 하지만 공부를 경제적으로 하다 보니 그들은 교수가 조금만 흔들어도 혼돈을 일으켰다. 내린 뿌리가 짧기 때문이었다.

드디어 논문을 쓰기 시작했다. 앞에서 소개한 바 있던 2m 키를 가진 Richard 교수가 논문지도를 맡았다. 정리(Theorem)를 증명하는 과정에서 나는 앞이 막혔다. 며칠 간 쉴 틈 없이 골몰했지만 한걸음도 나가지 못했다. 새벽 두 시에 잠을 청해 자다가 새벽 다섯 시에 꿈을 꾸면서 그 문제가 풀렸다. 꿈에 문제를 푼 것이다. "리뉴얼 이론, 아이겐밸류 및 아이겐 벡터!", 나는 일어나 신들린 사람처럼 정리(Theorem)에 대한 증명을 써 내려가기 시작했다. 옛날 석사과정에서 수학과 교수로 고급 함수이론을 강의했던 '닥터 위어'(Weir), 그는 카네기멜론을 나온 수재였다. 모든 교수들이 다 박사학위를 가진 닥터였다. 하지만 학생들은 무슨 이유에서인지 그를 '프로페서 위어'라고 부르지 않고 '닥터 위어'라고 불렀다. 그가 강의하는 모습은 차라리 명배우의 연기에 가까웠다. 모션 모션이 멋쟁이였고 강의가 그야말로 각본처럼 빈틈이 없었다. 어느 날 그는 박사논문을 쓰면서 꿈속에서 문제를 풀었다고 말해주었다. 연기가 뛰어난 교수였기 때문에 학생들은 "저 교수, 뻥이야 뻥" 이렇게 치부했다. 내가 꿈속에서 문제를 푼 바로 그날, 나는 가장 먼저 '닥터 위어'를 생각했다. 그리고 그에게 전화를 걸어 나도 당신처럼 꿈에서 문제를 풀었다고 말해주었다. 전화를 받은 그는 원더풀을 연발하면서 축하를 해주었다. 그 교수 역시 나를 열렬히 지지해준 교수들 중 한 분이었다.

그런데 내가 정리한 증명 방법을 지도교수에게 전달하는 데 문제가 생겼다. 책에 소개돼 있는 공식은 한 줄인데 내가 나름대로 유도한 공식은 세 줄이나 됐다. 같은 공식인데 어째서 1줄짜리 공식과 3줄짜리 공식이 같은 것이냐 하면서 교수는 내 말을 들으려 하지 않았다. 수학 기호들의 생김새에 비슷한 데가 없기 때문이었다. 나는 내 고유의 그림 그리기 방법대로 그를 설득하려 했지만 그는 숫제 들으려 하지도 않았다. 절망감이 엄습해 왔다. 가장 친한 친구이자 논문지도 교수인 그가 일고의 가치도 없다는 식으로 야릇한 표정까지 지었다. 한 줄짜리 공식을 가지고는 내가 증명하고자 하는 정리(Theorem)를 증명할 수 없지만, 내가 새로 만들어 낸 3줄짜리를 가지고는 깨끗하게 증명할 수 있었다. 더 이상 그를 설득시키려 하면 예기치 못한 불화로 진전될 것 같아 내일 다시 만나자고 했다.

차를 타고 오면서 나는 그 교수를 "돌머리"라며 고래고래 소리를 질렀다. 하지만 그것은 그냥 화가 나서 하는 소리에 불과했다. 나만 아는 방법을 강요하려 하지 말고 그가 이해할 수 있는 방법을 찾아야 하겠다는 생각을 했다. '라플라스 트랜스포메이션' 이라는 일종의 수학적 거울이 떠올랐다. 1줄짜리 공식을 라플라스 함수로 전환하고, 또 3줄짜리 공식도 라플라스 함수로 전환해서 라플라스 언어로 표현된 두 개의 상이 똑같은 것으로 나타나면, 밖에서 서로 달라 보이는 두 개의 공식은 같은 것이라는 '정리'(Uniqueness Theorem of Laplas Transformation)가 있다. 즉 달라 보이는 두 개의 공식을 라플라스라는 거울에 비춰 보니까 거울에 나타난 상이 똑같다는 것만 증명해 보이면 되는 것이었다.

집에 도착하자마자 신들린 듯이 라플라스 폼으로 두 개의 공식을 전환시켰다. "그러면 그렇지!", 나는 아직도 학교에 남아 있을 주임교수에게 전화를 걸어 결과를 말해줬다. 교수는 축하한다 하면서도 벌레 씹은 어조였다. 결국 그는 내가 유도하는 과정은 이해하지 못했지만 결과에 대해서는 승복할 수밖에 없었다. 국방과학연구소를 떠나 만 33개월 만에 나는 박사논문까지 아무런 잡음 없이 깨끗이 마쳤다.

1980년 9월 30일, 대학원 졸업식에는 수백 명의 석사들이 학위를 받았다. 하지만 박사는 나 혼자 뿐이었다. 나와 함께 박사학위를 받기로 예정됐던 다른 3명의 후보들이 졸업식 바로 전날까지 이어진 회의에서 모두 탈락했기 때문이었다. 그들은 박사학위 대신 석사학위를 받았다. 두 부인들이 자존심에는 아랑곳없이 내 어깨에 얼굴을 파묻고 한동안 울었다. 이들 중 한 사람은 미 공군 소령으로, 3년 내내 내게 늘 가정교사처럼 도움을 주었던 사람으로 나보다 실력이 월등했던 사람이었다. 그리고 이스라엘 소령은 6개월 후에 성공했다.

1980년 9월 미 해군대학원
O.R 박사학위 수여 장면

졸업식 날, 길에서 만나는 외국인 가족들이 한 결 같이 입을 모아 나를 알아보면서 축하의 인사들을 했다. "오늘 졸업식은 모두 당신의 것이었습니다"(The ceremony was all yours). 이는 내가 국제 장교들과 우정을 주고받으며 선의의 경쟁을 벌인 끝에 이루어낸 한 작은 승리였다. 내가 만든 수학 공식, 정리, 알고리즘은 각기 나의 성을 따서 'Jee's Formula', 'Jee's Theorem', 'Jee's Algorithm'으로 인용되고 있다. 이후 나는 그 학교에서 전설적인 케이스로 전해지고 있다. 문과분야 석사과정에서 이과분야 박사과정으로 변신한 첫 케이스, 평균 학점 3.8 이상만 박사과정에 받아주는 콧대 높은 학교에서 동양계 학생으로는 처음으로 박사를 한 케이스, 새로운 공식과 새로운 정리를 8개씩이나 실은 논문을 쓴 케이스, 여러 분야 교수들이 모여 희한한 질문을 하는 박사자격 구두시험에서 자유분방하고 다양한 이론과 해석으로 교수들을 즐겁게 해준 첫 케이스로 회자됐다.

직관력(Intuition)

　내게 장점이 있었다면 바로 일류 고등학교를 다닐 수 없었고, 그 3류 학교나마 꾸준히 다닐 수 없었던 잡초 같은 어린 시절이 있었기 때문일 것이다. 무엇이든 혼자 상상하고 혼자서 깨우치는 훈련을 했기 때문에 응용능력이 길러진 것이다. 그들보다 덜 배웠고, 문제 푸는 속도가 느리고, 그래서 대입성적이 다소 낮았겠지만 생각하는 능력만큼은 그들보다 우수했을 것이다. 새로운 것에 대한 소화능력을 기르는 것, 바로 이것이 공부의 목적이라고 생각한다. 인체의 소화능력은 조직체 스스로가 가지고 있다. 약품은 단지 조직체의 소화능력을 일시적으로 도와주는 데 있다. 공부도 이래야 한다. 미지에 대한 개척능력, 새로운 것에 대한 소화능력은 본인 스스로 키워야 한다. 단지 선생님은 그것을 일시적으로 도와주는 역할만 할 뿐인 것이다.

　그렇다면 한국식 교육은 무엇인가? 한국에서 창의력을 기르려면 오히려 학교에 다니지 않는 편이 훨씬 낫지 않을까? 창의력이 뛰어난 학생들은 그렇지 못한 학생들과 함께 같은 반에서 공부를 해야 한다. 이런 환경에 어울리는 가장 훌륭한 선생님이라면 학생 각자가 각자의 수준에 맞춰 독학을 할 수 있도록 여건과 분위기를 조성해주는 선생님일 것이다. 파고든다는 건 내용을 훤히 이해하는 데서 그치는 게 아니다. 이론의 밑에 깔린 철학을 개발해 음미를 해야 한다. 교과서와는 다른 자기 고유의 방법으로 똑같은 공식이나 정리를 증명할 수 있는 사고력을 개발해야 한다. 요점을 정리하여 손에 익숙시켜야 한다. 손이 생각을 따라주지 않으면 표현을 자유자재로 할 수 없다.

　이해만 하는 것으론 부족하다. 수학의 철학적 메커니즘을 핏속에 용해시켜 상식세계로 전환해야 한다. 모든 수학적 공식과 정리에는 물리적 해석(physical interpretation)이 따라야 한다. 영어회화를 배울 때, 책에서만 달달 외우다가 미국에 가면 갑자기 말이 나오지 않는다. 그래서 표현 하나하나를 외울 때마다 실생활의 장면을 상상하면서 말과 장면을 매치시켜야 한다. 이렇게 하면 미국에 가서 비슷한 장면이 나올 때 즉시 영어 표현이 나온다. 수학도 이와 꼭 같다. 수학세계를 현실세계로 매치시키지 않으면 그 수학은 아무런 기여를 하지 못한다. 수학공식과 정리를 노트나 책에서만 푸는 것은 배움이 아니다. 현실세계에 끌고 나와 해석하고, 응용할 줄 알아야 한다.

'직관'(Intuition)은 이러한 과정에서 자란다. 직관력을 키우지 못하면 발명 능력도 없다. 이를 더러는 훈련된 예측력(Educated Guess)이라 부른다. 배우고 음미하고 터득하려는 노력은 예리한 직관을 키우는데(Sharpen Intuition) 절대적인 과정이다. 공식을 재창조(Regeneration)하고, 응용하고, 새로 만들어 내는 능력을 기르지 못하는 사람은 공식을 숭상하고, 일생 내내 남이 만들어 낸 수학 모델만 찾아 헤맨다. 새로운 수학공식과 정리(Theorem)는 훈련된 예측(Conjecture)에서 출발한다. 그 예측을 증명해 나가는 것이 수학적 발명이다. 통계학의 '회귀분석'(Regression Analysis)이나 LP, 이공계를 공부한 이들은 이런 것들 쯤은 다 알고 있다 할 것이다. "아, 그런 거? 아주 기초적인 것이지" 이런 식으로 말하는 사람은 껍데기만 공부한 사람이다. 그들이 간단한 것이라고 생각하는 위 두 가지는 엄청난 철학적 의미, 광범위한 개념 및 응용분야를 잉태하고 있다. 간단한 절차와 요령(Simplex 등과 같은 알고리즘)을 원숭이 식으로 배운 후에 그걸 주제의 전부라고 아는 사람들이 우리 사회에는 너무나 많다.

학문에 첩경은 없다. 왕도가 있을 뿐이다. 그들은 단거리 경쟁을 연속했지만, 나는 처음부터 장거리 경쟁으로 틀을 잡았다. 좋은 점수를 목표로 한 게 아니라 좋아하는 과목에서 희열을 느끼며 시간에 대한 계산 없이 몰두했다. 몰두하다보니 직관력이 길러졌고, 그 직관력에 의해 나는 누구에게나 똑같이 보이는 사회현상에 대해 내 나름대로의 독특한 해석을 내리며 일반상식인들과는 다른 지만원 식의 처방을 내린다. 개선은 과학이다. 과학의 기초는 관찰이다. 이론(Theory)이 없는 관찰은 개선에 기여하지 못한다. 이론 없는 경험도 그렇다. 똑같은 것을 보아도 보는 사람에 따라 '본 것'이 다르다. 각자는 머리에 들은 것만큼만 보는 것이다. 직관력을 기른 사람이 한 시간에 볼 수 있는 것을, 그렇지 못한 사람들은 일생 내내 보지 못할 수 있다. 수백-수천명이 달려들어도 보지 못하는 문제를 한사람의 직관이 볼 수 있는 것이다. 체계적인 이론은 없지만 한 분야에 많은 경험을 쌓은 사람, 이런 이들을 더러는 전문가라고 부르지만 나는 원주민이라 부른다.

연구소 생활

1980년 10월 나는 학위증을 받아가지고 김포공항으로 귀국했다. 기체를 떠나 연결 복도를 통해 공항 건물로 막 들어서는 순간 검은 양복을 입은 두 청년이 내 이름이 쓰인 피켓을 들고 서 있었다. 무슨 일인가 싶어 왜 나를 찾느냐 했더니 중앙정보부에서 아무개 차장님이 모셔오라고 하셔서 나왔다고 했다. 미국으로 떠나기 직전 나를 국방과학연구소에 데려가셨던 그 11기 선배님이 중앙정보부 차장으로 나간 것을 처음으로 알게 됐다. "짐을 찾아야 할텐데요" "짐은 저희가 다 챙기겠습니다" 두 사람은 김포에서 이문동으로 이동하는 동안 일체 말이 없었다.

이튿날부터 출근하면서부터 나는 부장이나 차장급에 보고되는 일일정보 보고서를 읽을 수 있었고, 이른바 S-리포트라 불리는 도청자료도 읽었다. 그런 자료들 중에는 A 맥주 회사가 대만에 수출 길을 터놓으면 B사가 뛰어들어 과당경쟁을 유발시켜 수출가를 떨어트려 서로 피를 본다는 내용도 있었고, A정유사가 남미로부터 싼 가격에 원유수입 계약을 체결해놓으면 B정유사가 또 그 업체에 뛰어들어 수입가격을 올리는 등 그야말로 추한 내용들도 있었다. 이를 해결하기 위해 여러 차례 정부기관 대표자들이 모여 회의를 했지만 답답하게도 대안을 만들지 못했다. 내 생각 같아서는 무역협회에 권한을 주어 어느 한 업체가 뚫은 길에 다른 업체가 뛰어들 수 없게 했으면 좋겠는데 처음 간 풋내기가 서슬 퍼런 사람들 앞에 끼어들 처지도 아니었다.

나는 일단 중앙정보부 요원이 되기 위한 4개월짜리 단기 속성의 기초교육을 받았다. 그리고 많은 시간을 들여 북한자료, 공작, 심리전 등 될수록 많은 분야의 사람들로부터 새로운 이야기들을 들어 견문을 넓혔다. 당시의 중정은 참견하는 범위가 넓었고, 권한이 큰 데 비해 해결책을 이끌어내는 조정능력들에 한계가 있어 보였다. 그러던 어느 날, 전두환 대통령의 동기생인 그 차장이 내게 세 가지 안을 내놓고 2개월 안에 선택을 하라고 했다. 하나는 청와대 비서로 가는 길, 또 하나는 중앙정보부에서 과장으로 일하는 길, 그리고 또 다른 하나는 국방연구원이라는 연구소로 가는 길이었다. 나는 2개월 동안 참으로 많은 생각을 했다. 그리고 마지막 선택을 했다. "저를 연구소로 보내주십시오."

가장 먼저 손을 댄 부분이 국방비의 72%를 차지하고 있던 운영유지비 관리에 대한 것이었다. 각 부대별 자원배분은 어떤 메커니즘에 의해 배분되는지, 배분된 자원들은 각 부대단위에서 어떻게 사용되고 있는지에 대한 실태분석과 대안을 연구하기로 한 것이다. 그리고 그 연구결과는 곧바로 국방부 과장급 이상 군 수뇌부 모두가 모여 있는 국방부 전체회의에서 40분간 발표됐다. 연구소로 간지 1년 후의 일이었다. 연구원들은 대회의실 뒤에 있는 영상실에서 슬라이드를 넘기고, 나는 국방장관과 연합사 부사령관, 각군 총장 등 수많은 장군들과 대령들 앞에서 시나리오를 읽었다. 내가 쓴 시나리오라 해도 여러 번 읽어 발음을 숙달하지 않으면 소리에 윤기가 없기 때문에 연습을 많이 해 두었다. 일생에서 처음 해 보는 처녀 발표였다.

"이 자리에 계신 장관님, 각군 총장님, 그리고 참모님들 여러분, 여러분들 중에서 혹시 전방의 사단이나 비행단이 각기 1년에 얼마의 국방비를 소비하고 있는지 아시는 분, 계십니까? 아마 없으실 겁니다. 각 부대에 가계부 시스템이 설치돼 있지 않기 때문입니다. 얼마의 물자를 사용했는지, 어디에 무슨 목적으로 사용했는지를 기록하는 시스템이 마련돼 있지 않은 것입니다. 저는 몇 개 부대에 나가서 흩어진 자료를 대략 쓸어 모아 보았습니다. 전방 1개 사단은 대략 연간 300억원 정도의 돈과 물자를 사용하고 있습니다. 이는 삼성이나 대우의 연간 운영예산과 맞먹는 규모입니다. 그런데 이에 대한 관리책임자가 없습니다. 사단장님께 물어봐도 자기는 이 300억원에 대한 관리책임이 없다고 말합니다. "물자가 부족하면 청구한다, 주면 쓰고 안 주면 그럭저럭 보낸다, 이런 판에 내가 무슨 책임을 지느냐" 이렇게 말씀 하십니다. 제1사단이 사용하는 비용에 대해서 제1사단장이 책임 없다 하면, 누구에게 책임이 있습니까? 장관님이 책임을 지십니까, 총장님이 책임을 지십니까? 아니면 모두에게 공동 책임이 있다는 것입니까? 두 사람 이상에게 공동으로 책임이 있다는 말은 아무에게도 책임이 없다는 말이 됩니다. 국방비의 72%인 운영유지비가 바로 이렇게 무책임 하게 쓰이고 있는 것입니다. 책임은 한 사람에게만 부과돼야 합니다. 공동의 책임이란 있을 수 없는 것입니다. 사단의 예산은 사단장이 단일 책임을 져야 합니다. 사단장이 책임 관리를 하기 위해서는 사단단위의 관리제도를 가져야 합니다. 사단별로 관리참모를 가져야 하며, 관리회계 시스템을 가져야 합니다. 모든 부대는 경제주체입니다. 부대와 부대 간에는 거래관계가 형성돼야 합니다. 군수부대는 물자를 퍼주는 부자의 부대, 전투부대는 아쉬운 소리 해가며 받아쓰는 동냥의 부대가 되어서는 안 됩니다. 이제까지 군수부대는 물자를 사서 산타클로스 입장에서 미운 자 고운 자를 가리고, 힘 있는 자와 힘 없는 자를 가려가며 물자를 배급해 왔습니다. 군수물자는 먼저 가져가는 사람이 임자였던 것입니다."

"경제기획원은 돈에다 색깔을 칠해서 나누어 줍니다. 국방예산 담당관도 이런 식으로 경제기획원에 예산을 신청합니다. 이는 마치 100만원 봉급자에게 한 가지 돈으로 100만원을 주지 않고 노랑색 3만원, 파랑색 5만원, 빨간색 12만원 식으로 색을 칠해서 100만원을 주는 것과 같습니다. 색깔이 없는 100만원의 돈을 주면 가정주부는 누구의 통제도 받지 않고 현실에 맞게 창의적으로 예산을 사용합니다. 그런데 만일 100만원 중에서 3만원은 노랑색을 칠해서 쌀 사는 데만 쓰게 하고, 4만원은 파란색을 칠해서 문화비로만 쓰라고 해 보십시오. 쓰다 보니 파란 돈은 남고 노란 돈이 모자랍니다. 바꾸어 달라고 하면 행정이 매우 불편하고 불이익까지 받고 있습니다. 그래서 '가라 정리'가 유행하는 것입니다. 저는 이를 Colored Money System이라고 부르고자 합니다. 이제 군수사령부는 물자를 임의대로 사서 하급부대에 일방적으로 배급해 주는 산타클로스가 아니라, 사단으로 하여금 돈을 가지고 와서 필요한 물품을 구매하게 하는 백화점이 돼야 합니다. 지금은 군수예산을 군수부대에 주었습니다. 그러나 앞으로는 사단에 주어야 합니다. 가정주부에게 돈을 주는 것입니다. 군수물자 창고에는 많이 팔려서 모자라는 물자, 적게 팔려서 남아도는 물자가 생기게 됩니다. 남은 물자는 그만큼 다음해에 적게 구입하고, 모자라는 물자는 즉시 더 사다가 놓아야 합니다. 이제 소비자인 사단은 가정주부처럼 쿠폰을 가지고 백화점에 가서 물자를 구매해야 합니다. 사단은 소비자, 군수부대는 백화점, 경리는 은행이 되어야 합니다. 자원을 얼마나 효율적으로 쓰느냐는 소비부대의 창의력과 능동적인 자원관리 노력에 의해 좌우돼야 합니다. 군수사령부는 물자를 사서 배급을 하는 것이 아니라, 창고에 정돈해 놓고 사단에서 구매할 때까지 기다려야 합니다."

회의를 주관하는 실무자 대령이 맨 앞에 앉아 있다가 "경청해 주셔서 감사합니다"라는 내 말이 떨어지기가 무섭게 "홈런"을 쳤다는 식으로 힘 있게 엄지를 올려 보이며 윙크를 해주었다. 내가 시나리오를 읽어가는 동안 그 넓은 회의실은 쥐 죽은 듯 조용했다. 그날 오후 연구소장이 나를 부르더니 "국방부에 난리가 났소, 지 박사 홈런이오. 축하하오. 윗분들이 얼마나 지 박사와 나를 칭찬하시는지 기분이 너무 좋소. 장관님이 예산개혁을 시작한다 하오, 지 박사를 자주 부르실 거요" 며칠 후 윤성민 국방장관은 예산개혁이라는 프로젝트를 추진하기 위해 지휘서신 1호를 하달했다. 그 지휘서신은 내가 초안을 작성한 것이었지만, 국방장관은 글자 하나 고치지 않고 그대로 하달했다.

당시까지 국방물자는 공기나 물처럼 반자유재로 취급됐다. 주면 쓰고, 남으면 내다 팔거나 폐기처분해 버렸다. 정교한 광학장비도 함부로 다루었기 때문에 고장이 잦았다. "고장 나면 수리 보내면 되지 뭐" 이게 물자와 장비를 대하는 군의 정서였다. 미군이 거저 주는 물자이기 때문에 주인의식이 없었던 것이다. 예산개혁 작업이 시작되면서부터 모든 장비에는 관리 책임자가 지정됐다. 장비에 비용이 발생하면 관리책임자 별 비용카드에 비용이 기록되게 함으로써 상도 받고 벌도 받게 했다. 모든 장병에게 비용의식이 강요된 것이다. 이는 그야말로 엄청난 의식혁명이었다. 모든 사단에 처음으로 컴퓨터가 들어갔고, 자원관리참모부가 신설됐으며, 부대마다 비용절약 운동이 확산됐다.

그러나 잔치를 벌이면 중간에 한건 잡아 출세하려는 사람들이 늘 있게 마련이다. 사단단위 자원관리시스템 역시 내가 주도해야 할 일이었는데, 실무부서 장군들과 대령들이 중간에 나서는 바람에 개혁이

내 뜻대로 진행되지 못했다. 많은 사람들이 한 계급씩 올라갔다. 이로 인해 군의 일각에서는 "지만원 때문에 장군 여럿 됐다"는 말이 돌았다. 시스템 설계는 전문가의 영역이다. 그런데 실무 대령과 장군들은 내가 거저 해 주겠다는데도 불구하고 구태여 업체에게 개발비를 주었다. 업체가 개발한 프로그램들은 그야말로 엉터리였다. 그들이 만든 시스템에 의해 수많은 자료를 생산해 냄에도 불구하고 막상 경영개선에 필요한 자료는 생산하지 못했다. 업체와 어울려 돈 잔치만 한 것이다. 국방부의 예산개혁 분위기로 인해 1982년부터 당시 전두환 대통령은 국방비는 물론 정부 전체의 예산을 합리적으로 관리할 수 있는 제도개혁에 엄청난 열정을 보였다. 전 정부 부서에 영기점 예산제도(Zero Based Management System)를 강요했다. 이는 당시 미국 대통령 카터가 주도하던 것이었다. 그의 지시에 따라 당시 윤성민 국방장관은 5년에 걸쳐 예산 개혁을 주도했다. 예산개혁이 그를 장수 장관으로 만든 것이다. 이는 예산관리 근대사에 가장 칭찬받아야 할 의식개혁이었다고 생각한다. 그 후 지금까지의 모든 국방장관들은 그런 문제에 관심이 없었다.

몇 해 전 설치된 '국방획득청' 역시 내가 연구하여 윤성민 장관의 호응을 얻었지만, 중간에 차관 이하 수많은 국방부 국장들과 군수 장군들의 반대로 변질됐다. 꿩 대신 닭이라는 속담처럼 '전차사업단', '155밀리포 사업단' 하는 식으로 한 단계만 발전하는 선에서 마무리돼 버렸다. 육사 지역에 '시스템 대학원'을 만드는 방안을 만들어 국방장관에게 보고했다. 장관도 좋아했고, 당시 육사교장이었던 김복동 중장도 좋아했지만 이 역시 당시 김복동 교장과 알력관계를 가지고 있던 기획관리실장의 반대로 국방대학원에 체계분석대학원을 세우는 것으로 변질됐다. 이 대학원은 지금까지도 운영돼 오고 있다. 육사에 있는 교수들은 대부분 미국에 가서 박사 학위를 취득했기 때문에 육사생 만을 위해 존재하기에는 매우 아까운 존재들이었다. 당시 60명 정도의 박사들을 대학원 교육에 활용하기 위해 나는 육사 지역을 선택했지만, 이 역시 호랑이를 그리려다 고양이를 그린 것으로 종결됐다. 지금도 육사 교수부에 있는 이 아까운 존재들은 충분히 활용되지 못하고 있을 것이다.

1914년, 제1차 세계대전에서 독일 원수 슐리펜이 전선의 우측을 강화하여 해머(망치)로 사용해야 한다는 소위 슐리펜 계획을 작성했지만, 그 뒤를 이은 몰트케 장군이 그 작전계획을 변경해 가지고 작전을 했다가 실패했다. 여기에서 전쟁사 연구자들은 "슐리펜 계획은 슐리펜이 수행해야 성공한다"는 교훈을 남겼다. 그래서 미국에서는 이론을 개발한 학자를 곧바로 높은 직책에 임명해 쓰는 것이다. 나는 군에서 많은 개혁적 대안을 내놓았지만 기성 수구세력에 밀려 헛수고만 했다. 보좌에는 한계가 있다. 지휘관 자신이 유능해야 하는 것이다. 김영삼 전 대통령이 "머리는 남으로부터 빌릴 수 있다"고 말했다. 그러나 나는 그에게 이런 말을 들려주고 싶다. "머리가 비어 있으면 그 머리는 먼저 점령한 사람이 임자가 됩니다. 머리가 나쁘면 선동적인 말은 잘 들어도, 과학적인 내용은 골치 아프다며 멀리합니다. 그래서 당신의 머리는 좌익이 먼저 점령해 버렸고, 당신 시대로부터 대한민국이 좌경화의 길, 쇠퇴의 길을 달려왔습니다."

조달관리제도도 연구했다. 계약제도에는 크게 2가지가 있다. 하나는 '확정가 계약'(FFP ; Firm Fixed Price Contract)이고, 다른 하나는 '원가정산제 계약'(Cost Reimbursement Contract)이다. 전자는 마치 남대문 시장에서 기성품을 사는 것처럼, 계약 시에 한번 정한 가격을 끝까지 바꾸지 않고 구매하는 계약제도이고, 후자는 계약 시에는 가격을 정하지 않고 있다가 업체가 제조과정에서 합법적으로만 지출한 비용이면 모두를 사후에 정산해 주는 계약제도이다.

전자의 경우에는 이익도 업체 몫이요, 손해도 업체의 몫이다. 일단 가격이 확정되면 그 가격에서 얼마를 남기든 그것은 업체의 것이 되기 때문에 업체는 경영개혁 노력을 기울이게 된다. 그러나 이러한 확정가 계약을 해놓고서도 군은 정산을 통해 업체가 남긴 것을 도로 빼앗아 갔다. 이러다 보니 업체는 구태여 경영개선 노력을 기울일 필요가 없었 다. 이는 장기적으로 군과 업체 모두에게 엄청난 손해를 끼쳤다. 결국 업체의 방만한 경영이 유발시킨 낭비는 결국 국민세금으로 전가됐고, 업체는 방만하게 경영을 해야 더 많은 이익을 보았다.

사후원가정산제는 매우 비효율적인 제도이다. 업체가 유발시킨 방만한 경영결과를 모두 정부가 부담하기 때문이다. 따라서 사후 원가정산제는 연구개발 사업과 같이 기술적 성공 여부가 불투명하고, 사전에 원가를 확정할 수 없을 경우에만 어쩔 수 없이 적용하는 제도이다. 그런데 한국군은 사실상 100% 모두를 사후정산제로 하고 있으니 그 낭비가 얼마이겠는가? 선진국에서라면 지금 한국군이 구매하고 있는 거의 모든 방위산업 물자를 확정가계약으로 계약할 것이다. 형식적으로 보면 조달본부 계약 건수 중의 85% 정도는 확정가계약을 체결하고 있었다. 그러나 여기에는 사후관리라는 단서조항이 붙어 있어, 사실상 100% 모두가 다 원가정산제로 계약되고 있었다.

'확정가계약'을 체결하면 단 한명의 구매관이 수백 개의 계약을 처리할 수 있다. 그런데도 불구하고 구태여 '원가정산제계약'을 체결하기 때문에 200여 명의 조달본부 원가요원들이 윤곽이 뻔한 내용을 가지고 1년 내내 원가정산을 하고 있었다. 원가정산 노력에는 엄청난 시간이 소요되지만 원가 내용은 오직 업체가 발생시킨 '직접비'로 제한돼 있었다. 직접비만 계산하면 간접비와 이윤은 이미 국방부 원가과 요원들이 원시적으로 만들어낸 '제비율'이라는 율을 곱해 산출했다. 통상 200% 내외로 책정돼 있었다. 직접원가만 나오면 거기에 2배를 곱해 얹어주는 것이었다. 따라서 업체는 조달본부에 가서는 직접비를 높이려 온갖 노력을 경주하고, 국방부 원가과 요원에 접근해서는 비율을 가급적 높게 받으려고 노력했다. 시스템이 이렇듯 원시적이기 때문에 조립업체 입장에서 보면 같은 부품이라도 외국에서 수입하는 것이 국산부품을 구입하는 것보다 엄청난 이익이었다. 국산화라는 것은 말장난에 불과했다. 같은 제품을 외국으로부터 1억원에 구매하면 2억원의 간접비와 이윤을 할당받고, 2억원에 구매하면 4억원의 이윤과 간접비를 할당받았다. 비용을 부풀릴수록 이익인 것이다.

국산화에 대한 동기가 없는 것이었다. 참으로 기가 찰 노릇이었다.

　공무원들의 능력이 모자라기 때문에 이런 웃지 못할 제도를 운영하는 것이다. 이러한 국고낭비는 장부기록에도 나타나 있지 않고, 감사원 감사에서도 드러나지 않았다. 감사관들의 눈도 공무원의 눈만큼 깜깜하기 때문이다. 바로 여기에 고급 시스템 분석가들이 필요한 것이었다. 한명의 유능한 시스템 분석가가 수십조 원의 낭비를 예방할 수 있는 것이다. 모든 공무원이 다 분석능력을 가질 수는 없다. 능력이 없는 공무원들은 간단한 일만 처리하게 하고, 시스템 자체가 국고를 절약하게 만들어야 한다. 모든 예산집행은 구매행위를 통해 이뤄진다. 그런데 그 모든 구매행위가 이렇듯 무모한 행정에 의해 집행되고 있었다. 나는 이러한 실체를 장관에게 보고했고, 장관은 이를 실천하려 했지만 역시 중간 간부들의 억척스런 저항에 뜻을 이루지 못했다. 계약제도가 맑아지면 뒷거래가 없어질 것이기 때문이었을 것이다. 그래서 최근에 조달본부 구매관들이 항공기 부품, 잠수함 부품, 전차 부품, 특수 물자 등 광범위한 품목에 걸쳐 500~600배의 바가지 가격으로 구매할 수가 있었던 것이다. 당시에 나는 1,500배로 구매한 사례도 발견한 적이 있었다. 노태우-김영삼-김대중-노무현 시대에는 국방관리에 대한 개혁작업이 일체 보도된 바 없다. 아마도 지금은 더 악화돼 있을 것이다.

　당시에는 미국으로부터 무기를 구매하기 위해 FMS차관을 사용했다. 연간 2~3억 달러의 차관을 얻어 그 돈을 가져오지 않고 미국 콜로라도 덴버에 있는 연방은행(Federal reserve Bank)에 자동으로 예치해 놓은 후, 한국군이 구매한 액수만큼 정산을 하는 제도였다. 그런데 결산은 순전히 미국 정부에 의존했고, 한국 조달본부는 '미국이 어련히 알아서 정확하게 정산하려고' 하는 식으로 방치했다. 미국이 1달러짜리 부품을 1,500달러로 계산하여 정산을 해도 시정해달라는 요구를 하지 않았다. 수리부속구입비도 정비비도 이렇게 바가지를 쓴 것이다.

나는 전국 방방곡곡에 있는 레이더 기지, 방공포 기지를 돌아다니면서 전력의 공백상태도 파악했다. 묻혀있는 지뢰의 성능도 평가했고, DMZ의 취약성도 평가했고, 문산 통로를 지키는 부대들의 작전계획과 군수계획이 일치하지 않는 점들도 폭로했다.

특검단장 정호근 중장은 나를 한동안 방위산업 업체 감사를 위한 자문관으로 활용했다. 특검단 감사관들에게 전문지식이 없기 때문에 때로는 잘한 일을 잘못한 일로 오해하여 억울하게 처벌을 주거나, 개악을 하는 경우가 허다했다. 그래서 정호근 특검단장은 자기와 함께 동행하면서 감사관들이 관찰한 내용들과 그에 대한 감사관들의 판단이 적절한 것인지를 판단해 달라는 부탁을 했다. 진해 해군장교 클럽에서 파티를 했을 때였다. 해군 1성 장군이 "지 박사는 너무 예리하기만 하고, 따뜻하게 감싸주는 게 없어"라는 말을 했다. 그러자 옆에 계시던 특검단장이 그 해군장군을 불렀다. "자네 지금 무슨 말했어. 어느 놈이든 지 박사를 험담하면 내가 가만 두지 않는다. 지 박사는 국보다. 그리고 내 동생이다. 자네 벌주로 이 소주 한 병 다 마시게" 그 장군은 소주 한 병을 글라스에 담아 즉석에서 마시는 벌을 받았다.

대령 때의 사진

통상의 연구팀장들은 몇 명의 고급 연구원을 이끌고 연구과제를 수행했다. 팀장들은 통상 자기 팀에서 수행하는 과제를 몇 개의 챕터로 나누고, 각 연구원에게 챕터 제목을 할당해 주며 각자 연구해 오라고 지시했다. 권위주의였던 것이다. 각 장-절을 할당받은 연구원들은 과제 전체의 윤곽을 이해하지 못한 채 각자가 맡은 분야만 연구했다. 팀 전체가 그리는 그림이 코끼리인지 말인지 알지 못한 채, 어떤 연구원은 코끼리의 귀를, 어떤 연구원은 말의 다리를 그렸다. 팀장은 가끔 한 사람씩 불러 챕터별 연구의 진행사항을 체크하지만 그 체크 과정에는 토의가 없다. 팀장은 불만을 표시하고, 팀원은 기분이 상하는 그런 과정일 뿐이었다. 드디어 과제수행 기간이 만료되면 팀장은 연구원들이 제출한 챕터를 모두 합철하고 말았다. 과제는 하나의 제목을 달고 있지만 전체적으로 보면 뚜렷한 맥과 흐름이 없었다. 챕터마다 칼라와 문맥이 달랐다. 연구원과 팀장의 능력은 해가 갈수록 퇴화됐다. 이것이 한국사회에서 과제를 수행하는 일반적인 방법이었으며 아마 지금도 이렇게들 할 것이다.

하지만 나는 모든 과제를 토의에 의존했다. 여러 날에 걸쳐 연구원들을 모아놓고 브레인스톰 과정을 통하여 지혜를 짜냈다. 과제의 스펙을 확실하게 정하기 위한 것이었다. 마치 제품을 설계하는 사람들이 사양서(스펙)를 설계하듯이, 어떻게 생긴 과제결과를 내놓을 것인지에 대한 사양서를 쓰기 위한 과정이었다. 처음엔 막연했다. 각자가 내놓는 아이디어들은 어설프고 황당하기까지 했다. 황당하게 들리는 옆 동료의 말에서 각자는 힌트를 얻어가기 시작했다. 2주가 지나서야 모든 연구원들은 과제가 생산해낼 결과 즉 제품에 대해 뚜렷한 개념을 정하게 되었다. 개념이 뚜렷해지자 일은 일사천리로 진전됐다. 일은 나누어서 했지만 이웃 동료가 무엇을 하고 있는지를 알았다. 중간중간의 토의에 모두가 참여했다. 다른 동료가 연구한 내용에 대해 서로가 지혜를 짜내서 보탰다. 나는 수시로 연구원 방에 들려 그들이 혹시 마음에 가지고 있을지 모를 애로를 챙겨주고 연구 궤도를 수정해줬다. 모두에게 일하는 재미가 있었고 연구원과 팀장의 능력이 날로 향상됐다. 일을 늦게 시작했지만 과제는 가장 먼저 끝냈다. 결과에 대해 칭찬도 받았다. 과제가 끝나는 날이면 나는 나의 팀 15명을 데리고 나가 당시 스탠드바를 통째로 빌려서 마음껏 마시고 노래하게 했다.

허 공

열정적인 국가관, 연구에 대한 욕심, 더 배우고 싶은 욕망으로 가득 차 있던 마흔 둘, 국방 분야의 선진관리 실태를 연구하기 위해 미국에 갔다가 오는 길이었다. 창가 쪽으로 나 있는 세 개의 좌석, 공교롭게도 내 양쪽에 두 여인이 앉아 있었다. 창가에는 30대 후반으로 보이는 여인이 복도 쪽에는 30대 초반으로 보이는 발랄한 여인이 앉았다. 발랄한 여인이 스스럼없이 이야기를 꺼냈다.

"아저씨는 무어 하시는 분이라예."
"저요? 그냥 오파상 해요."
"장사꾼 같지 않은 데예."

"그럼 무어 하는 사람 같이 보이세요?"

미국에서 사는 이야기, 한국에서 부모-일가들이 사는 이야기 등등, 한 동안 시간 가는 줄 몰랐다. 두 여인 모두 생각이 리버럴하고 맺힌 데가 없었다. 시간이 가면서 창가에 앉은 30대 후반의 여인이 아프기 시작했다. 에어컨 때문인지 한없이 코를 풀며 추워했다. 코가 주체할 수 없이 나오자 민망해했다. 식사 때 확보한 두꺼운 냅킨으로는 감당이 안 되는 모양이었다. 나는 스튜어디스를 불러 사정을 설명하고 냅킨을 많이 가져다 달라고 부탁했다. 드디어 한기가 돈다며 몸을 떨기 시작했다. 스튜어디스를 다시 불러 담요를 여러 장 더 가져다 달라고 부탁했다. 재미있던 대화는 끊기고 괴로워하는 환자에 신경들을 썼다. 더 이상 앉아 있는 것이 괴로운 모양이었다.

"누우세요. 우리들 무릎 위로 다리를 올리세요."

발랄한 여성이 이렇게 제안했다.

"체면이 말이 아니지만 그래야겠어요. 용서하세요."

나는 담요 한 장을 내 무릎 위에 깔았다. 그 위로 그녀가 다리를 얹고 눕자, 모든 담요를 합쳐 두껍게 덮어 주었다. 그녀의 다리가 자꾸만 밑으로 흘러내렸다. 나는 밑에 갈린 담요자락을 두 손으로 움켜잡고 그녀의 다리가 더 이상 흘러내리지 않게 했다. 그녀는 편안해하면서 깊은 잠에 빠졌다.

어느 듯 비행기는 동경에 도착했다. 그녀가 황급히 일어나 가방을 챙기더니, 출구를 향해 뛰듯이 달려 나갔다. 정신이 없어서인지 아니면 민망해서였는지 고맙다 잘 가라 그런 인사도 없었다. 트랩을 내려가려던 그녀가 갑자기 돌아서 오더니 명함을 한 장 달라고 했다. 그리고는 잡아채듯이 가지고 나갔다.

"고마웠어요. 잘 가세요."

서울에 오자마자 나는 설악산에서 열리는 경영학회 세미나에 며칠 간 갔다. 그 사이에 사무실로 전화가 몇 번 온 모양이었다. 설악산에서 돌아와 사무실에 출근은 했지만 현실을 파악하기 위해 전방과 국방부 등에 부지런히 다녔다.

"어느 여성분으로부터 전화가 여러 번 왔었는데 오늘도 왔었습니다."

여비서의 말이었다.

"그래? 내가 피하는 줄로 오해할지 모르니, 다음에 전화 오면 내가 전화할 수 있는 전화번호를 남겨달라고 해."

어느 날 전화번호가 남겨져 있었다.

"여기 언니네 집이예요. 제가 서울 스케줄이 매우 바빠요. 오늘 저녁 식사 할 시간 있으세요?"

8군 영내 장교 클럽, 희미한 불빛에 마주앉아 와인을 곁들여 식사를 했다. 처음 갖는 식사기회였지만 두 사람은 금방 친숙해졌다.

"이게 오파상 명함이야?"

기내에서 받았던 명함을 테이블에 던지며 눈을 흘겼다. 그녀는 미국 어느 직장의 중견 간부였다. 희미한 불빛 아래서 그녀는 어린 아이처럼 즐거워하면서 노래까지 흥얼거렸다.

"우리 나갈래?"
"나가서 뭐하게"
"산보하게"
"그래."

두 살 차이였다. 장교클럽 마당 코너에는 고목의 은행나무가 있었다. 밑에서 올려 비친 불빛을 받은 나뭇잎들이 황금색 발광체처럼 아름다웠다. 나무 위에서 불을 내려 비추면 나뭇잎이 별로 아름다워 보이지 않는다. 그러나 밑에서 위로 조명을 쏘아주면 나뭇잎들이 발광체로 변하여 참으로 아름답게 보인다. 소리는 작게 냈지만 그녀는 신나해 하는 몸동작으로 노래를 몇 곡 불렀다. 스스로 자랑했던 그대로 그녀는 노래 선수로 보였다. 그리고 그녀는 그녀가 얼마나 멋있고 근사한지에 대해 은근히 자랑들을 늘어놓았다. 며칠 후 북악산 팔각정에 올랐다. 당시 포니 차를 몰고 올라가는데 보초 진지로 투입되는 병사들이 차를 세우면서 태워 달라했다. 태웠다가 내려 놔 주기를 두어 번, 그녀는 내게 눈을 하얗게 흘겼다.

"데이트 하러 가는 거야, 자선사업 하러가는 거야."

그리고 며칠 후 그녀에게서 전화가 왔다. 너무 바빠 시간을 더 내주지 못해 미안하다며 곧 공항으로 나가는 길이라 했다.

"공항에 나갈까?"
"아냐, 공항에 아는 사람들 많이 나와. 미국에 오면 꼭 연락하는 거 알지?"

비행기가 이륙한다는 오후3시, 연구소 창가에 섰다. 샛노란 낙엽이 가을바람에 하늘하늘 흔들리고 있었다. 멀리 보이는 콘크리트 구조물들이 갑자기 허공에 떠 있는 그림자처럼 보였다. 갑자기 가슴 속이 텅 비어지고 있었다. 8군 영내의 은행나무 아래서 그녀가 나지막하게 불러주던 노래들이 환청으로 다가왔다. 내 뺨에 살포시 대주던 그녀의 뺨에서 뿜어나던 서늘함이 가슴을 더욱 시리게 했다.

바삐 돌아가는 연구생활, 새로운 변화에 저항하는 기득권세력에 대한 도전과 다툼 속에서 시간은 화살처럼 지나갔다. 그러던 어느 날 또 그 창가에 섰다. 나무 가지에 앉아있던 흰 눈 가래가 하나씩 떨어져 내리고 있었다. 그리고 책상 위에는 미국에서 온 크리스마스카드가 놓여 있었다. 반가워야 할 그 크리스마스카드가 쓸쓸해 보였다.

가을이 되면 찾아드는 낭만의 병, 우수(melancholy)! 열아홉, 스무 살 때에는 스치는 바람결과 흔들리는 풀잎에서 우수를 느꼈다. 그리고 그 우수는 마흔 두 번째 가을에 한 번 더 찾아 왔다.

파랑의 계절

나는 1974년 6월에 생전 처음으로 유학길에 올랐다. 방학 없이 1년 반만에 마치는 경영학 석사 과정에 입학한 것이다. 미군의 군사원조 중에서 끊이지 않고 가장 오래 지속됐던 것은 교육원조였다. 나는 한국정부의 배려에 의해 유학을 한 게 아니라 미국 정부의 배려에 의해 유학을 간 것이다. 미 해군대학원은 미 육·해·공군 장교를 위한 학교였지만, 학교의 규모가 크기 때문에 연합군 육·해·공군 장교들도 일부 수용했다. 그 대신 교육비는 이웃 스탠포드나 버클리와 같은 명문 대학에 비해 약 3배 정도 비쌌다. 심지어는 교수와 1대 1로 공부하는 제도도 있었다. 도서관에서의 복사는 무제한 공짜였다. 당시 이런 대학원은 없었다. 나도 1 : 1식의 교육을 여러 차례 받은 적이 있다.

민간 대학에서는 상상조차 할 수 없는 귀족학교였다.

내가 입학했을 때 한국군의 육·해·공군 장교는 11명이었고, 그 중 육군이 6명이었다. 높게는 8년, 낮게는 2년 선배들 틈에 끼어 공부하기 시작했다. 4점 만점에 3.65 학점 이상을 받으면 명예롭게 학교 게시판에 부착되는 'Dean's List'에 올랐다. 내 이름도 거의 빠짐없이 올랐다. 이에 대해 선배들은 내가 한국 장교단의 명예를 올려주었다고 생각하는 게 아니라 못 마땅해했다.

"경영학 과정은 쉬운 과정이야. 우리 시스템 공학과정에서 낙제된 장교들이 가는 데가 바로 경영학과야."

내가 다닌 학교에서는 컴퓨터공학과, 기계공학과, 전자공학과, 기상학과, 원자물리학과, 수학과, 시스템공학과, 경영학과들이 있었다. 이들 과에 등록된 학생들은 다른 과에서 제공하는 과목들을 선택해가면서 학문의 인프라를 넓게 쌓았다. 나는 화가 나서 시스템공학과에서 제공하는 stochastic modeling이라는 확률수학 과목을 택하여 선배들과 경쟁했다. 선배들의 코를 납작하게 해줄 심산이었다.

같은 학교에서 선배들은 석사과정을 공부하고 후배가 박사과정을 공부하는데 대해 속상해 하는 2년 선배가 있었다. "지 소령은 한국 장교들은 안중에도 없고 교수들만 상대한다." "지가 잘나면 얼마나 잘 났냐." "박사 자격시험에서 떨어질 거다" 등 말초신경을 자극하는 말들을 했다. 마음을 다스리기 위해 나는 뛰면서도 예수님을 생각했다. '예수님 같이 훌륭한 성인도 남에게 조롱 받고, 모함 받고, 가시면류관까지 썼는데 내가 얼마나 잘났다고 그런 비아냥거림에 속상해 하는가.'

나는 40대의 대부분을 국책 연구소에서 보냈다. 1980년대 초에 내가 처음으로 연구소에 보직돼 갔을 때, 그 연구소는 몇명의 특정지역 현역 박사들이 휘어잡고 있었다. 그 연구소에는 많은 선배들이 있었지만 이들에게 '선후배' 라는 사실은 그리 중요한 고려 요소가 아니었다. 이들은 선배들을 그들 방으로 불러 따지고 지시하는 일도 서슴지 않았다. 그들의 텃세는 정도를 지나쳤다. 연구소에 먼저 들어와 높은 호봉을 향유하고 있다는 이유 하나로, 중령 박사가 대령 박사보다 높은 보직을 차지했고, 대령 박사를 중령 박사 사무실로 오라 가라 불러 대는가 하면, 심지어는 브리핑까지 하라고 요구하기도 했다. 내가 연구소에 부임하자 이들은 나를 자기들의 영향력 하에 두려 했다. 자기 말대로 움직여주지 않는다는 이유로 선배가 내게 욕을 하고 멱살을 잡아 몸싸움까지 벌인 적이 있었다.

싸웠다는 이유로 예비역 2성 장군인 연구소장이 나를 불러 국방대학원으로 보내 줄 터이니 연구소를 나가라고 단호하게 말했다. 여기에서부터 나는 투사가 되지 않고서는 이 연구소에서 살아남을 수 없다는 생각을 했다. 그래서 나를 추방하려는 그에게 대들었다.

"소장님, 저는 양 손에 해야 할 일을 가지고 연구소에 왔습니다. 소장님은 이 연구소에 무엇을 하러 오셨습니까? 저는 연구소에 할 일이 있어서 왔고, 연구소장님은 그냥 발령만 받아 오셨습니다. 이 연구소는 국가를 위해 존재합니다. 저는 국가를 위해 할 일이 있는 사람이지만, 연구소장 자리는 아무나 와도 할 수 있는 자리입니다. 두 사람 중에 연구소를 나가야 한다면 누가 나가야 하겠습니까? 나이 어린 학자들이 싸울 수도 있습니다. 싸웠으면 자초지종을 따져 주시든지 화해를 시키셔야지, 어째서 소장님은 그들 세력만 감싸십니까? 저는 그렇게 호락호락 나갈 사람이 아닙니다. 소장님께서는 그들을 싸고도시기 때문에 연구소 모든 사람들로부터 비난을 받고 계십니다. 제가 나가면 소장님도 함께 나가야 합니다. 같이 나가시지요."

언제부터 내게 이렇듯 대담한 기운이 담겨져 있었을까! 만만히 보였던 나로부터 엄청난 충격을 받았는지 그의 얼굴은 일거에 백지장이 됐고, 손과 얼굴에 심한 경련이 일었다. 연구소장실에서 고성이 오갔다. 소문이 일시에 퍼졌다. "지 박사가 아무개 박사와 붙었대." "연구소장하고도 붙었대" 소문이 퍼진 것만큼 그들의 체신도 떨어졌다. 그 후부터 연구소장과 그들이 한편이 되어 틈만 있으면 나를 왕따 시키려 했다. 하지만 대다수의 연구소 사람들은 심정적으로 나를 응원했다. 명절때마다 나는 연구소 경비병들에게 양말과 비누 같은 것이라도 선물들을 했고, 이들 기득권자들로부터 박해를 받는 힘 없는 사람들에게 지혜를 제공했다. 한 때 국회의원을 했던 여성 박사도 내가 보호해 축출을 면한 적이 있었다.

남들은 편하게 사는데 어째서 나만 괴롭게 세상을 사는가. 혹시 내 운명에 내가 모르는 그 어떤 것이 존재하는 게 아닐까. 괴로웠던 어느 날 새벽, 나는 평창동에 용하다는 할머니를 찾아갔다.

"실타래처럼 얽힌 일을 풀 사람은 임자뿐이야. 누구도 이 문제를 풀어줄 수가 없어. 다행이 임자에게는 총명함이 있으니 가서 풀어 봐요. 수학문제처럼 말이야."

아! 저렇게 연로하신 할머니가 어떻게 이렇듯 과학적일 수 있을까! 역시 내 운명은 내가 헤쳐 나가야 했다. 할머니가 참으로 고마웠다. 이판사판이라고 생각한 나는 목포 출신인 윤성민 국방장관에게 달려가 그들의 파행을 호소했다.

"장관님, 저들이 장관님과 동향임을 내세워 힘자랑을 하고 있습니다. 연구소장도 저들의 손에 놀아나고 있습니다. 저는 대령입니다. 아무개는 중령입니다. 연구소이기 때문에 대령도 장군도 중령 밑에 있어야 한다면 군 인사규정에 그런 예외조항을 넣어 주십시오. 그러면 저는 그 인사규정을 복사해 가지고 가족과 친구들에게 떳떳하게 보여 주면서, 대령이 중령 밑에서 일하는 것은 당연한 것이라고 말하겠습니다. 그렇지 않는 한, 제게 달아주신 이 대령 계급장은 명예스러운 게 아니라 치욕스러운 것입니다. 장관님, 제게 대령을 달아 주셨으니, 이제 대령을 떼어가 주십시오."

이 말을 들은 장관은 노기를 숨기며 말했다.

"이런지 얼마나 됐니?"
"1년쯤 됐습니다."
"왜 진작 내게 말하지 그랬니. 그동안 얼마나 마음의 고생이 컸겠니. 그래, 알았다. 이후부터는 내가 나서마."

당시 윤성민 국방장관은 나의 연구결과를 가지고 전군에 예산개혁을 주도하고 있어서 나를 보배라고 공언하며 총애했다. 내가 1년간의 고통을 참아왔던 것은, 이런 불미스러운 일을 가지고 장관과 나 사이에 존재하는 인격적인 관계를 허물고 싶지 않았기 때문이었다. 일단 장관을 그런 일로 써먹으면 아무래도 장관과 나 사이가 이전처럼 부드러울 수 없다고 생각한 것이다. 후에 들으니, 장관은 나를 내보내자마자 장관보좌관을 불러들여 화를 많이 냈다고 했다. 그렇게 화를 내는 모습은 처음이었다고도 했다. 국방장관은 그들 모두를 다른 곳으로 보내고 연구소장을 파면시키라고 지시했다. 그러나 그들은 교묘하게 비호세력을 이용해 미국의 연구소 등으로 피신을 했다. 연구소장은 1주일 내내 매일같이 장관실로 출근했다. 겨울 새벽 7시부터 장관실 문 앞에 꿇어 앉아 장관의 출근을 기다렸다가 용서를 빌은 것이다. 그들이 해체되고 난 후부터 연구소장은 연구소 일을 나에게 의논했다. 시간이 갈수록 그는 나를 신임했고 좋아했다.

나는 당시 전두환 대통령의 명에 의해 율곡사업 10년을 평가했으며, 그 결과는 일종의 핵폭탄이었다. 그 핵폭탄 중의 하나가 222사업이라고 명명된 공군방공자동화사업이었다. 당시 2억 5천만 달러에 구입한 공군방공자동화장비에 대해 나는 단돈 25달러 가치도 없는 폐품이라고 발표했다. 군 전체가 뒤집히듯 요란했다. 이기백 당시 국방장관과 김인기 공군총장이 전두환 대통령으로부터 엄청난 질책을 받았다. 이에 앙심을 먹고 이기백 국방장관, 황인수 국방차관, 황관영 기획실장 등이 주축이 되어 나를 연구소에서 내보내려고 했다. 이전의 연구소장은 나를 적극 감싸고 보호했지만 그것도 잠시였다. 불과 3개월 후, 10년 선배인 황관영 당시 기획관리실장이 연구소장으로 부임하자마자 나를 무조건 나가라고 했다. 내가 대통령에게 진정서를 낸다 해도 비서관들이 중간에서 장난질을 칠 가능성이 많을 것으로 여겨지는 순간, 나는 내 발로 연구소를 나갔다. "선배님, 오래 사십시오" 배참으로 던진 이 한마디가 저주가 될 줄은 몰랐다. 1987년 봄, 내가 미국으로 떠난 지 불과 2년이 지나 누가 봐도 건강해 보였던 연구소장은 유명을 달리했다.

율곡 사업은 1974년부터 태동됐다. 1985년과 1986년에 당시 전두환 대통령은 율곡 사업의 문제점들에 대해 신경질적일 만큼 관심을 보였다. 1986년, 당시 전두환 대통령은 1974년부터 1986년까지 13년간의 모든 율곡사업 성과를 낱낱이 재평가하라는 명령을 이기백 장관에게 내렸고, 결국 그 어마어마한 과제는 모두가 회피했다. 그러한 명령은 지금까지 오직 전두환 대통령만이 내렸고, 율곡사업을 총체적으로 평가해 본 사람은 아직까지 나와 나의 연구원들밖에 없다.

전두환 대통령이 초미의 관심을 가졌던 사업은 공군의 방공자동화 사업이었다. 1979년부터 1985년 7월 1일까지 공군은 그 당시 가장 큰 규모의 '방공자동화사업'을 추진했다. 그 사업만 완료되면 대한민국 상공을 나는 새 한 마리 놓치지 않고 모두 다 잡을 수 있다고 호언했다. 이렇게 구매된 방공자동화장비는 1985년 7월 1일부터 가동됐다. 중국으로부터 항공기가 세 번씩이나 날아왔다. 민항기가 춘천에 불시착했고, IL-28기가 이리 지역 상공을 40분이나 헤매다가 연료부족으로 추락했다. MIG-21기도 날아왔다. 참새까지도 잡겠다던 방공자동화 시스템은 어찌된 일인지 이 세 대의 항공기 중에서 단 한 대도 잡지 못했다. 그러자 전두환 대통령은 매우 신경질적으로 반응했다. 그 사업은 당시 국방비의 8퍼센트에 해당하는 2억 5천만 달러, 미증유의 최대 규모 사업이었다.

나는 8개월간의 연구를 통해 그 장비의 소프트웨어 로직을 분석했다. 그 컴퓨터 로직을 가지고 공중 표적을 포착한다면 그것이 더 이상한 일이었다. 그래서 2억5천만 달러의 사업이 불과 25달러 가치도 될 수 없다는 평가를 내렸다. 그 자동화 장비는 없는 편이 백번 나았다. 유지비와 정비비가 엄청나고 인력은 이중으로 늘어났지만 그것을 믿다간 공중전은 백발백중 실패할 것이기 때문이었다.

나는 이 자동화사업을 담당했던 오파상을 접촉하여 휴즈사 책임자 3명을 연구원으로 불렀다. 책임자는 대머리가 벗어지고 뚱뚱했다. 그는 내 연구실에 들어서자마자 위엄을 잡았다. 나는 그에게 "당신이

제공한 시스템에 하자가 있으며, 이는 대통령에게까지 보고가 돼서 대책을 찾고 있는 중이다"라고 말을 꺼냈다. 이에 대해 그는 거만한 자세로 이렇게 말했다. "휴즈사는 세계 최고의 회사입니다. 휴즈사는 최선을 다했습니다. 휴즈사가 할 수 없는 일은 어느 회사도 할 수 없습니다" 이는 공군으로부터 수없이 듣던 말이었다. 결국 공군은 책임을 면하기 위해 휴즈사에 코치를 한 것으로 보였다.

나는 이렇게 기 싸움을 했다.

"당신은 통계학에서 Type-I 에러와 Type-II 에러를 아느냐? 에러를 걸러내는 Thresh-hold(문지방 : 기준)를 얼마로 잡았는지 알려 달라."

통계학에서는 잡상(Noise)을 실체로, 실체를 잡상으로 오인하는 에러가 있다. 기준(문지방)을 높이면 실상을 잡상으로 오해하는 경우가 많아지고, 문지방을 낮추면 잡상을 실체로 오인하는 경우가 많아진다. 전자를 Type-I 에러라 부르고, 후자를 Type-II 에러라고 부르는 것이다. 그 친구는 통계학의 이런 기본도 몰랐고 그래서 얼굴이 빨개졌다.

이에 약점을 잡은 나는 이렇게 말했다.

"휴즈사는 세계 최고의 회사인지 모르겠다. 하지만 당신은 세계 최고가 아니다. 방공자동화는 휴즈사가 설치한 것이 아니라 당신이 한 게 아니냐."

이에 책임자는 이렇게 응수했다.

"A/S 의무기간 1년이 이미 지났습니다."

이에 대해 나는 이렇게 응수했다.

"나는 미 해군대학원에서 석사와 박사를 했다. 나의 동창생들이 매우 많다. 그들은 아시아 각국에서 정책을 결정하고 있다. 나는 지금 즉시 그들에게 편지를 써서 당신이 Type-I 에러와 Type-Ⅱ 에러도 모르면서 엉터리 시스템을 한국에 설치했다는 사실을 알리겠다."

그제야 휴즈사 일행이 확실하게 무릎을 꿇었다.

"다시 시정하겠습니다! 시정할 때 당신의 도움을 받을 수 있을까요?"

나는 물론이라고 답했다. 이렇게 굳게 약속한 후 그들과 헤어졌다. 그런데! 며칠 후 그들은 미국으로 가버렸다. 그리고 편지 한 장이 날아왔다.

"우리는 당신을 만난 후 공군을 만났습니다. 그런데 당신의 말과는 달리 공군은 방공자동화에 아무런 문제가 없다고 말합니다. 공군은 시스템의 주인이고, 시스템을 운영하고 있는 당사자입니다. 앞으로 혼돈을 방지하기 위해 모든 문의와 요구는 공군을 통해 해주시기 바랍니다."

나는 이 편지를 받고부터 공군을 더욱 멸시했다. 장비는 분명히 잘못돼 있고, 휴즈사는 이를 고쳐주겠다고 약속했다. 그런데 공군은 그들의 면책을 위해 애국을 던져버린 것이다. 나 한사람과 공군 전체의 명예가 충돌한 일대 사건이었다.

연구소 건물의 내 방은 일요일도 없이 밤 1시가 되도록 불이 켜져 있었다. 경비원들은 내가 가족이 없는 사람인줄 알았다 했다. 내가 맡은 과제만을 수행했다면 나도 얼마든지 여유 있게 생활을 엔조이 했을 것이다. 그러나 나는 나도 모르는 사이에 많은 문제들을 찾아 정리하고 이를 장군들에게 알려주는 일에 몰두했다. 더러의 장군들은 나를 국보라 불렀고 더러의 장군들은 나를 트러블 메이커(문제아) 라 불렀다. 수구 저항세력에 대해서는 의례 그럴수 있다 쳤지만, 공군의 이런 자세는 정도를 넘어도 너무 많이 넘었다. 가장 나쁜 수구 세력은 당시 장관, 차관, 기획관리실장을 맡았던 육사 11~12기였다.

합참 작전본부에 설치된 조사팀은 이틀간의 공개토론 끝에 현장으로 나갔다. 토의가 진전될수록 공군은 눈에 뜨이게 내 이론에 밀렸다.

그러나 어찌된 일인지 조사팀에 있던 장군들이 갑자기 눈빛이 달라지면서 공군 편을 들기 시작했다. 잘나간다는 육사 16기와 20기 작전계통의 장군들이었다. 토의는 그만하고 현장으로 나가자며 서둘렀다. 처음엔 그렇게 사명감으로 분칠을 하며 철저하게 조사를 하겠다더니! 공군의 로비가 막강하구나 하는 생각을 했다. 20기는 그 후 수경사령관까지 했고 김영삼 시대에 하나회로 숙청이 됐다.

첫날은 오산 공군작전사령부로 갔고, 다음 날에는 대구 팔공산 레이더 기지로 갔다. 나만 쏙 빼놓고 간 것이다. 내가 오산으로 갔지만 공군 헌병중령이 정문을 통과시키지 말라는 지시를 내려 다시 서울로 올라왔다. 그야말로 막가는 세상이었다. 후에 연구소 동료의 말을 들었더니 결과는 이러했다. 4대의 헬리콥터를 서쪽으로 띄워 놓고 자동화 장비가 이것을 어떻게 잡아내는지를 관찰했다 한다. 자동화 장비의 화면에 무엇이 나타났을까? 실제로 서쪽에 떠 있는 4대의 헬리콥터는 잡히지 않고, 떠 있지도 않은 비행체 84대가 동쪽에 나타난 것으로 보였다고 했다. 4대의 진짜 비행기는 발견하지 못하고, 있지도 않은 84대의 허상만 보여주는 기막힌 장비였던 것이다. 그러나 공군은 이 사실을 철저히 숨겼다. 주한 미군이 있는 한 전쟁은 나지 않을 것이라고 믿고 있기 때문에 전투력 약화보다는 책임추궁을 더 무서워해서 이를 숨기고 있었던 것이다.

물론 여기에는 이해할 수 없는 사업비들이 많이 지출됐다. 예를 들면 호크라는 방공포는 이동 장비다. 전쟁이 나면 진지를 이동할 수 있도록 작전 개념이 정립돼 있고, 모든 장비가 이동 체제로 갖추어져 있다. 그런데 300억원에 해당하는 마이크로웨이브 통신 장비가 붙박이식으로 설치됐다. 이동식 유도탄에 붙박이식 통신 장비를 건설하는 것은 코미디였다.

미국의 4C라는 회사가 50억원에 해당하는 장비를 납품했지만 이는 모두가 겉만 흉내 낸 불량품이었다. 공군은 이 회사를 국제사법재판소에 제소해야 했다. 그러나 공군은 이를 숨기는 데 급급했다. 나의 문제 제기에 대해 공군참모총장을 선두로 수많은 공군 장교들이 로비와 압력행사에 나섰다. 이 문제가 대통령에 의해 제기되자 처음엔 하나회 국방차관과 하나회 합참작전차장이 바로잡겠다고 호언하며 나섰다. 바로잡겠다고 공중 앞에서 다짐해 줄 때는 그들의 온 몸이 사명감이라는 금물로 화려하게 도금돼 있었다. 그러나 어느 날 갑자기 그들은 공군 편을 들기 시작했다. 내게 이 과제를 맡아달라 맡기면서 나의 신변을 보호하겠다던 기무사 간부들이 갑자기 나를 보안 위규자라고 위협하면서 시말서를 쓰라 했다. 우군의 약점을 공개했다는 것이다. 장관과 차관은 나를 '트러블 메이커'라고 불렀다. 그들은 내가 군에서 나가 주기를 바랐다. 자의 반 타의 반으로 나는 군을 나와 도미했다. 내가 떠나자 공군과 합동참모본부는 대통령에게 '방공자동화 사업 이상 없음' 이렇게 보고했다 한다. 1987년 2월 28일자로 나는 예편을 했다. 내가 예편원서를 내자 이기백 국방장관과 황인수 차관의 입이 귀에까지 벌어졌다고 했다.

연구소에 있는 동안 미 국방성에서 온 장군급 민간간부를 만난 적이 있었다. 바니 스미스라는 여성 보스였다. 그녀는 비용분석 기법에 대한 토의에서 내 발표를 들은 후 나를 매우 높이 평가해 주었다. 내가 연구소를 나갔다는 소식을 알고 그녀는 한국에 있는 미군 대령을 나에게 보냈다. "지 박사 같은 사람을 한국이 안 쓰면 미국이 쓰고 싶다"며 미국으로 오라 했다. 미국으로 가자 그녀는 즉각 20만 달러의 과제비를 만들어 내가 다니던 모교인 미 해군대학원으로 내려 보냈고, 해군대학원은 내게 교수직을 부여했다. 이렇게 되기 까지는 몇달 동안의 행정시간이 소요됐다. 그동안 나는 하루에 햄버거 하나로 연명한 적이 많았다. 과제는 한국과 미국의 방위산업을 어떻게 연계시킬 것인가에 대한 것이었다. 그리고 이 과제 수행과정 중 나는 펜타곤에서 상당한 시간을 그녀의 사무실에서 보냈다. 한마디로 주위를 휘어잡는 여장부였다. 펜타곤에 있는 동안 미국 고위 관리들의 사고방식에 접할 수 있었고, 수많은 자료를 접할 수 있게 됐다. 이는 내 일생의 전화위복의 기회였다고 생각한다.

내가 가장 어려울 때 아무런 조건 없이 내게 어려움을 극복시켜준 두 여인이 있었다. 한 분은 "지금부터 나는 네 누나야" 하던 천사였고, 그 다음에는 공식석상에서 딱 한 번 만난 이후 내게 무한한 신뢰를 보내면서 미국으로 불러준 바니 스미스라는 미 국방성 여걸이었다.

남들이라면 평탄하게 살았을 인생을 나는 참으로 어렵고도 거칠게 살았다. 만일 절대자께서 내게 어린 시절로 되돌려 줄 테니 다시 한

번 인생을 살아보겠느냐고 제의하신다면 나는 즉석에서 거절할 것이다. 나는 지금까지 내가 가꾼 나에게 만족한다. 그 만족감을 얻으려면 나는 내가 지나왔던 그 길을 다시 걸어야 한다. 하지만 다시 반복해 걷기에는 그 길은 너무나 험했고, 불확실했고, 아팠다.

1990년 나는 미국에서 돌아와 "70만 경영체 한국군 어디로 가야하나"라는 처녀작을 냈고 이어서 "신바람이냐 시스템이냐"라는 경영학 책을 냈다. 이로 인해 나는 한 10년 동안 군사평론가, 경영학 초빙강연, 기업체 경영진단, 기고 등 바쁘고 행복한 시기를 보냈다. 내가 좋아하는 일을 하면 그것이 곧 수입으로 직결됐다. 그리고 자유공간도 넓어졌다.

1990년대 중반 한때 모 초대형 그룹을 찾았던 VIP들은 VIP 브리핑 룸에서 이런 글을 읽을 수 있었다.

> "마을의 동쪽과 서쪽에 신발가게가 하나씩 있었다. 하루에 10켤레씩 팔렸다. 분산돼 있던 가게를 한 곳에 모았더니 하루에 100켤레씩 팔렸다. 흩어져 있던 것을 단지 한 군데 모았을 뿐인데 10배의 효과가 나타난 것이다. 각기 떨어져 있을 때는 낱개 가게의 합이었지만 한 곳에 모았더니 신발시장이 형성된 것이다. 10배의 효과는 시장이라는 시스템이 낸 에너지다. 줄여서 시너지 효과(Synergy effect)라 부르게 된 것이다."
>
> ―지만원 박사―

1990년 이후의 세상 이야기

　이미 발간된 제1판 '뚝섬무지개'는 이 책의 351쪽까지만 담았다. 개정 증보판에는 제353쪽부터의 내용이 추가됐다. 제351쪽까지의 내용에 대해서는 영국에 계신 필명 강유빌 교포님께서 오랜 동안의 노력을 기울여 영문 번역을 해주셨다. 대단한 역작이다. 나는 강선생님의 이름도 얼굴도 모른다. 전화를 통해서라도 목소리 한 번 듣지 못했다. 어느 날 갑자기 완료된 영문 번역문을 선물로 주신다고 했다. 이 세상 그 누가 건강조차 어려운 상태에서 이 엄청난 수고를 선물로 줄 생각을 할 수 있을까. 영문 번역 분을 읽어본 영국 사람들이 매우 신선하다는 칭찬들을 했다 한다. 이 영문 원고는 영문책으로 발간해 교보문고에 납품하고 미국 영국 등 출판사에도 보낼까 한다.

대령 예편 후의 첫 공공 작품, F-16기

 1987년 2월, 나는 대령으로 예편한 후 미국으로 건너가 미해군대학원에서 교수로 근무했다. 3년에 걸쳐 미국방성 연구과제를 납품하고 1989년 말에 돌아왔다. 와보니 3년 동안 온 사회를 시끄럽게 했던 차세대 전투기사업(FX사업) 경쟁이 종지부를 찍고 있었다. F/A-18기 제작사인 MD(맥도널 더글라스)사가 F-16 제작사인 GD(제너럴 다이나믹스)사를 누르고 사업권을 따낸 것이다. 해군 함재기인 F/A-18기가 전통적 공군기인 F-16기를 누르고 대한민국 공군무기로 선정된 것이다.

FX 사업에 대해서는 내가 국방연구원에 있을 때인 1986년부터 관심을 가지고 있었기 때문에 미국에 있으면서도 두 개 기종에 대한 조사를 했다. FX사업을 제대로 분석하려면 내 박사논문인 '가동도'(Availability) 개념을 알아야 했다. '가동도'라는 고급 수학 분야를 모르면 두 기종에 대한 분석이 엉터리일 수밖에 없다. A 전투기 100대를 가지고 있는 부대가 있고, B 전투기 100대를 가지고 있는 부대가 있다고 하자. 그리고 동시에 출격명령을 내렸다고 하자. 그러면 명령이 떨어지는 순간 출격할 수 있는 전투기 수는 A형 다르고 B형이 다르다. 고장이 얼마나 자주 발생하는지, 수리시간이 어느 형이 빠른지에 따라 가동도가 다른 것이다. 예를 들면 갑자기 발진명령이 내려졌을 때 A형이 80대 뜰 수 있는 반면, B형은 60대밖에 뜨지 못 한다. 이것이 '가동도'라는 것이다. 내가 이 논문을 쓸 때까지만 해도 미국 학계에서는 '가동도'라는 분야가 통계학의 새로운 개척 장르로 부각은 돼 있었지만, 현실 문제를 풀기위한 수학공식을 만든 사람은 전 세계에서 내가 유일했다.

　이 새로운 개념에 따라 분석을 해보면, 기종선정을 위한 연구의 패러다임은 완전히 달라진다. 우리가 사는 것은 전투기 숫자를 사는 것이 아니라 '체공대수'(Numbers in the Air)를 사야 한다는 것이다. 떠야 할 때 뜨지 못하면 유령기인 셈이다. 우리는 떠야 할 때 정비를 하고 앉아 있는 비행기를 사야하는 것이 아니라, 떠야 할 때 바로 뜰 수 있는 비행기를 사야 한다. 그래서 양개 전투기 가격을 비교할 때 각 기종의 단가를 놓고 단순비교를 하면 안 된다. 우리가 사야하는 것은 비행기 숫자가 아니라 '체공시간'(Time in the Air) 즉, 공중에 떠 있는 시간이다. 이렇게 따지면 양개 기종의 수명시간 즉 도태시간도 매우 중요하게 계산돼야 한다. 50만 시간을 뜨고 도태하느냐, 80만 시간을 뜨고 도태하느냐. 나의 이 개념에 대해 경쟁에서 패해 코가 빠져 있던 GD사 간부들이 처음 듣는 신선한 개념이라며 매우 놀라워했다.

F/A-18기는 늘 바다 위에 있기 때문에 짠 해수를 견디기 위해서는 재료를 알루미늄보다 매우 비싼 티타늄을 써야 한다. 이는 지상 활주로를 사용하는 우리나라에서는 치르지 않아도 될 불필요한 비용이다. F/A-18은 수리부품 교환을 어셈블리 단위로 하기 때문에 정비비용도 대단하다. 10만 시간 당 추락 율도 비용에 계산돼야 한다. 이런 것들을 종합 분석해 보니 1989년의 군은 매우 잘못된 기종을 선택한 것이었다.

나는 비록 민간 신분이긴 했지만 당시 대전 계룡대에 있는 육군본부로 가서 당시 육군참모총장이었던 이종구 대장을 만나 분석의 요지를 자세히 설명해 주었다. 그러자 이종구 대장은 즉시 청와대 안보수석 김종휘에게 전화를 걸어 지만원을 빨리 만나보라 했다. 하지만 김종휘는 나를 청와대로 불러놓고 불청객 취급을 하며 외출을 했다. 이때 김종휘 밑에 있던 육사 24기 김희상 준장이 나를 반기면서 내 보고서를 읽더니, "선배님 이렇게 중요한 자료를 이제 주시면 어떻게 합니까?" 참으로 아쉬워했다.

1990년, 이종구 대장은 예편을 했고, 당시 국방장관은 육사 11기 이상훈이었다. 나는 민간인이 된 이종구 장군의 강남 사무실에 인사를 하러 갔다가 차세대 전투기 사업과 방위사업 일반에 대해 아무런 부담 없이 긴 강의를 해드렸다. 일단 사업을 따낸 MD사가 곧 가격을 올릴 수밖에 없을 것이라는 예언도 해드렸다. 그런데 1990년 10월, 보안사 윤석양 이병이 민간인 사찰 문제를 폭로했다. 이로 인해 이상훈 장관이 물러나고 이종구 대장이 국방장관이 됐다. 그가 국방장관이 되자마자 MD사는 미국지분의 가격을 80% 정도 올렸다. 사전 지식이 있었던 이종구 장관은 즉시 기종을 F-16으로 바꿨다. 기종을 변경한 것은 순전히 이런 것이었는데 이회창 당시 감사원장은 빨갱이들 또는 이해당사자들의 끈질긴 의혹제기에 눈이 멀어 7개월 동안 조사한다며 온 사회를 소란스럽게 했다. 하지만 기종변경과 관련하여 찾아낸 비리는 없었다. 이처럼 직급이 높을수록 분석력이 없으면 위험한 것이다. 이회창 당시 감사원장은 차세대 전투기 사업에 대해서만 인기에 영합하는 감사결과를 내놓은 것이 아니라 '평화의 댐'에 대해서도 좌익 인기에 영합하는 감사결과를 내놓았다.

기종변경을 허락한 노태우는 여러 달 동안 의혹의 대상이 되어 정치적 곤경을 당했다. 나는 세계일보에 연속 기획 칼럼을 얻어 두 기종에 대한 과학적 사실을 분석해 냈다. 당시 한국사회 대부분의 기자들은 나에 대한 많은 호감들을 가지고 있었다. 그들을 중심으로 F-16으로의 기종 결정이 합리적이라는 여론이 일기 시작했다. 1993년 당시 국방장관이었던 권영해는 나를 불러 고맙다는 말을 해주었고, 김영삼

정부로부터 곤혹을 치르고 있던 노태우는 그의 주변에 모인 장군들을 향해 "지만원이 그렇게 나를 까더니 막상 내가 어려움에 처하자 나를 많이 도와주고 있구먼" 이런 말을 했다고 한다. 평소 노태우 앞에서 나에 대해 좋지 않은 말들을 했던 장군들이 고개를 들지 못했다는 말도 들렸다.

F-16은 사실 당대의 걸작이었다. 2차 대전에서 공중전의 총아요 영웅으로 활약했던 조종사가 있었다. "커널 보이드", 보이드 대령이었다. 그는 미국 조종사들의 로망이었다. 미국에는 1970년대를 수놓은 전투기 마피아(Fighter's Mafia)가 세 사람 있었다. 보이드 대령, 리치아니, 스피니였다. 이들은 멀리 보고 멀리 쏜다는 잣대로 무장을 많이 한 전투기를 만들면 가격이 너무 비싸 제한된 예산으로는 적은 수의 전투기를 보유할 수밖에 없을 뿐만 아니라 중량으로 인해 회전반경이 넓어 공중전에 매우 불리하다고 주장했다. 공중전의 강점은 공중전에 참가한 전투기 수와 회전반경이라는 이론을 펼친 것이다. 이에 미 국방성이 화답했다. "그렇다면 당신들 3명의 마피아가 설계 개념을 정립해 달라" 이렇게 해서 탄생한 것이 바로 F-16이었고, 이는 지금까지도 공중전의 왕자다.

GD사 중역과 GD사 한국담당 사장이 나를 불러 저녁을 대접했다. 미 공군 대령 출신 중역이 나에게 매우 고맙다는 인사를 하면서, 자기네 회사는 단돈 100달러도 드릴 수 없으니 그 대신 엔진을 납품할 수 있는 사업권을 드리겠다고 제의했다. 방위산업 분야에 대한 지식을 가장 많이 가졌다는 나는 GD사 중역의 제안이 천문학적인 이권이라는 것을 누구보다 잘 알고 있었다. 하지만 나는 이렇게 말했다. "나는 F/A-18이 한국공군에 적합하지 않다고 했지, F-16이 선정돼야 한다고 말한 적 없다. 고마워하는 마음만 감사하게 받아들이겠다" 이 말이 떨어지자 그는 반사적으로 땅에 무릎을 꿇고 "존경한다" 이렇게 말했다. 그 후 20년 동안 GD사 한국지부 사장은 명절 때마다 나에게 한과 또는 양주를 보내주면서 예의를 표해주었다. 이것이 내게는 훨씬 더 값이 있었다.

그 후 어느 날 나는 내가 9년 동안 살았던 서부의 로망 몬터레이 반도에 가 있었다. 그 때 GD사 서울사장에서 연락이 왔다. GD사까지 갈 수 있는 비행기 표 값을 지불했으니 GD사를 방문해 달라고 했다. GD사 중역들은 나에게 저녁을 대접했고, 다음 날 제품 생산 공장을 구경시켜 주었다. 그리고 한 참 후 그들은 미니 앨범을 만들어 우송해 주었다. 이런 대접은 일국의 수상들에게나 해줄 수 있는 예우였다고

했다. 하지만 나는 반대편 사람들, 특히 당시의 서씨 성을 가진 공군 총장으로부터 미국에 한 밑천 마련한 사람이라는 혹평을 들었다. 그리고 GD사는 나중에 MD사와 병합하여 지금은 로키드마틴사가 돼 있다.

사회를 놀라게 한 처녀작 "70만 경영체 한국군"

미국에서 돌아온 나는 국방연구원에서 연구했던 내용들과 미국에서 꾸준히 연구했던 세계 방위산업에 대한 이해를 바탕으로 원고를 써서 김영사에 넘겼다. 각 주제마다 본질을 향해 곧장 치고 들어가는 것이 신선하고, 문장이 간결하다는 호평을 받았다. 이것이 1991년에 발간된 나의 처녀작 "70만 경영체 한국군 어디로 가야 하나"라는 책이었다. 이 책에 대한 세상의 반응은 대단했다. 소설을 제치고 베스트셀러 1위를 7주간 연속했다. 사회적 인기가 한 순간에 급상승했다.

　반면 군대 내 일부 장군세계에서는 비밀이 노출되었다며 나를 배신자로 성토하는 분위기가 일었다. 나이 든 하사관 정도로 생각되는 걸쭉한 목소리를 가진 보안사 직원으로부터 끈질긴 전화폭력을 당했고, 머리를 짧게 깎은 3-4명의 청년들이 한동안 집 근처를 맴돌며 은근히 공포분위기를 연출했다. 때로는 밤중에 문고리를 잡아 흔들기도 했다. 한번은 지방에 갔다 밤중에 고속도로를 타고 올라오는데 갑자기 시동이 꺼졌다. 동네 자동차 수리공장이 원인을 찾지 못해 연료 탱크를 절단했다. 설탕이 탱크의 절반을 차지하고 있었다. 끈적끈적한 설탕이 연료 순환 파이프를 가득 메우고 있었다. 그들은 여기에 멈추지 않았다. 내 차량의 앞바퀴 나사를 다 빼놓고, 붙어 있는 시늉만 남겨놓았다. 아침에 운전을 하기 시작하는데 집사람이 갑자기 '스톱!' 하고 소리를 쳤다. 앞바퀴가 지그재그로 덜렁거린다는 것이다. 자키로 차를 올려보니, 나사가 거의 다 빠져 있었다.

　나는 이런 연속적인 위협 행위들에 대해 당시 몇 몇 기자들에 호소했다. 기자들이 보안사에 경고를 했다고 한다. 이후 테러에 대한 공포로부터 해방될 수 있었다. 당시 보안사와 정보사는 군에 대해 비판기사를 쓰는 기자에 칼침을 놓는 등 나쁜 행위들을 가끔 했다. 나중에 LA 랜드 연구소에 들렸더니 오공단 박사가 이렇게 말했다. "보안사가 박사님을 체포하려 했는데 인기가 원체 높아서 실행하지 못했다 하더라."

경영학 책 "신바람이냐 시스템이냐"

　1992년 나는 "멋"(A Grace Inside)이라는 책을 발간했다. 뚝섬무지개의 초기 작품이었다. 언론들이 이 책도 대서특필해 주었다. 이 책에는 사관학교를 지망하면서 키가 모자랄 때, 키를 합격시켜준 소령 이야기, 몸무게가 모자랄 때 물을 먹여 합격시켜준 대령 이야기, 육사 생도시절 위인전과 영웅전 그리고 고전 소설을 많이 읽어서 가슴을 가꾸라는 지도를 해준 육사 선배교관 이야기, 베트남에서 나를 신임해준 대대장 이야기가 들어 있었다.

　1993. 나는 현암사를 통해 "신바람이냐 시스템이냐"라는 책을 냈다. 기업경영은 시스템에 의해 해야 한다는 요지의 책이었다. 당시만

하더라도 사람들은 "시스템이 무엇이냐, 생소하다" 이렇게 물었다. 이리 저리 사전들을 찾아보면서 나름대로 시스템이 무엇인가에 대한 공상들을 했다. 이 책이 또 대서특필되자 KBS의 김상근 부장이 나를 한 시간짜리 프로인 "인생 이 얘기 저 얘기"에 초청했다. 김상근 부장은 두 개의 책을 모두 읽고 감동했다고 했다. 거기에서 시스템이라는 것이 무엇인지에 대해서도 설명하게 했고, 옛날 나에게 은혜를 베풀어 준 분들도 초청 해 무대 뒤에 숨겨놓았다가 깜짝 이벤트를 연출해 내기도 했다. 이것이 오늘날 "TV는 사랑을 싣고"라는 프로로 발전하게 된 효시가 되었다.

KBS프로 '인생 이 얘기 저 얘기'

옛날에는 은행객장에 순번대기표 시스템이 없었다. 그래서 은행객정에는 창구마다 긴 줄이 생겼다. 차례를 지키지 않는다는 이유로 서로 다투었다. 흰 장갑을 낀 직원이 질서를 통제했다. 은행객장은 불쾌감들이 교차하는 무질서의 공간이었다. 이 무질서를 놓고 식자들은 한탄하는 글들을 썼다. "한국 사람들은 안 돼, 엽전 근성을 못 버린다니까~ 일본을 봐, 미국을 봐, 의식을 바꿔야 해, 의식을" 1993년 김영삼은 한국병을 고친다며 한동안 의식개혁을 강조했다. 1990년 어느 날 국민은행을 시발로 은행객장에 순번대기표가 등장했다. 그 간단한 시스템이 등장하자 은행객장 질서가 일본과 미국만큼 좋아졌다. 시스템 병을 의식 병으로 오진한 것이다.

이 이후 나는 방송에 많이 불려 다니고. 칼럼을 많이 쓰고, 대기업, 공무원 조직, 로타리클럽, 라이온스클럽 등을 상대로 시스템강연을 했다. 당시 경영 잡지와 신문에는 내가 5대 강사 중 한 사람으로 뽑혔다는 기사, 내가 두뇌활동으로 연간 1억 이상 버는 열 사람 중의 한 사람이라는 기사들이 떠있었다. 내가 가장 좋아하는 것을 하면 돈이 저절로 따라온 것이었다. 내가 지방에 강의를 하러 갈 때면 집사람과 아이들이 다 같이 갔다. 강의를 할 동안 식구들은 근처 그늘에서 야외 시간을 즐겼다. 운전을 하다가 사과밭이 있으면 주인과 함께 사과를 따는 즐거움도 가졌다. 1990년대는 나와 내 가족들에게 참으로 행복한 계절이었다. 일간지 칼럼을 읽는 사람들은 내가 "장안의 지가를 높인 사람"이라 칭찬들을 했고, TV나 라디오 방송을 듣는 사람들 중에는 나를 "땅땅이"라고도 했다. 아무리 복잡해도 명쾌하게 정리하여 땅 땅 치는 사람이라는 뜻이었다.

강릉 스타

　1996년 9월 18일, 북한의 상어급 잠수함이 강릉 해변에 좌초되는 매우 기이한 사건이 발생했다. 수중 배수량 370톤급의 잠수함이었다. 여기에 승선한 북한군은 모두 26명, 조장이 인민군 대좌 즉 대령이었다. 이 좌초 사건은 사회에 커다란 충격을 주었고, 방송들은 연일 사회 저명인사들과 군 정보부대 장군 출신들을 불러 침투의 목적을 물었다. 모든 사람들이 천편일률적으로 같은 내용의 진단을 했다. 사회교란과 요인암살이라는 것이다. 나는 문화일보에 "강릉에 무슨 요인들이 그렇게 많은가"라는 제목으로 칼럼을 썼다. 그 내용은 대강 이러했다.

　"우리는 북한 군사시설에 관한 정보를 미국에 의존한다. 미국은 공중사진을 찍지만, 북한은 간첩들을 통해 입체적인 정보를 얻는다. 여러 각도에서 사진을 찍고 약도를 그리고 마지막으로 시설물 콘크리트 조각을 깨서 비닐에 담아 북으로 보낸다. 강릉지역에는 중요한 군사시설들이 대한민국에서 가장 밀집돼 있는 지역이다. 좁은 반경 내에 군사시설이 8개나 들어있다. 인민군 대령이라는 높은 계급이 직접 내려 온 것은 정보를 수집하러 온 것이 아니라 정보를 판단하러 온 것이다. 요인을 암살하고 사회를 교란시킬 목적이라면 대령이 오지 않고 살인기계로 훈련된 특수 행동요원들이 온다. 대령급이 직접 왔다는 것은 간첩들이 보낸 첩보자료들이 정확한 것인가를 판단하러 왔을 것이다."

나의 이 진단은 너무 구체적인 데다 처음 듣는 이야기라서 내 칼럼을 읽는 대부분의 사람들은 내 칼럼에 대해 좀 생소하고 엉뚱한 이야기 정도로 여기고 넘어갔다. 그런데 이광수라는 북한병사가 생포됐다. 정보기관이 그에게 침투목적을 물으니 그는 정확히 내가 진단한 내용 그대로를 실토했다. 언론들은 물론 많은 국민들이 경악했다. 나에게 경악한 것이다. 이것이 내가 "강릉스타"로 불리게 된 계기가 되었다. 군에 문제가 발생하면 언론들은 꼭 나만 불렀다. 40대 후반이었던 나에  대해 당시의 많은 사람들은 "혜성처럼 나타난 사나이" "선진국에서도 있기 어려울 군사평론가가 한국에도 생겼다" 이런 평들을 했다. 하지만 이런 황금기는 1998년 김대중이 이끄는 빨갱이들의 출현과 함께 한순간에 부서져 내렸다.

영구분단 통일론으로 아태재단 인기강사 1위

김대중에게는 좋은 점이 딱 하나 있었다. 자기가 원하는 사람을 찾아내려는 노력이 대단하고, 일단 점을 찍으면 '10고초려'까지 한다는 것이다. 1995년, 채명신 전 주월사령부 사령관이 내게 해준 말이 있다. 그가 샌프란시스코에 한동안 머물렀던 시절에 김대중이 일곱 차례나 찾아와 만났는데 함께 일을 하자고 졸랐다는 것이다. 참으로 끈질긴 사람이라고 했다.

1995년 초, 나는 안양 운동장 근방 작은 빌라에 살았다. 어느 날 내가 없는 사이, 김대중이 보낸 사람이 꿀 항아리와 30만원을 놓고 가면서 아태재단이 3개월 과정으로 정치지망생들을 양성하는 학교를

운영하는데 강사로 나와 달라는 메모를 남겼다. 아태재단에 나가는 강사들의 면면을 살펴보니 원만한 사람들이었다. 당시만 하더라도 한국사회에는 좌익 우익에 대한 개념이 별로 없었다.

아태재단 정치지망생들은 대부분 대학 교수들과 변호사들이었다. 나는 이들을 상대로 나의 통일 이론인 '영구분단 통일론'을 강의했다. 통일을 하려면 먼저 영구분단부터 해야 한다는 것이 강의내용의 요지였다. 처음에는 모두에게 생소하고 괴상한 이야기로 들리는 듯 했다. 통일과 영구분단은 서로 상반되는 개념인데 통일을 하려면 먼저 영구분단부터 해야 한다니! 그래서 통일에 대한 내 이론은 패러독스다. 하지만 설명을 조금만 들어보면 사고력이 있는 사람들은 대부분 수긍들을 한다.

1953년 휴전 이후부터 남북한 사이에는 군사적 긴장이 점증적으로 고조돼 왔다. 북한에서 통일을 강조하면 남한이 긴장하여 무기를 증강하고, 남에서 통일을 외치면 북한이 긴장하면서 군비를 증강시켜 왔다. 지난 수십 년 동안 한반도에서는 통일을 외치면 외칠수록 긴장만 고조돼 온 것이다. 이런 식이면 앞으로 100년이 가도 통일은 오지 않는다. 아버지가 땅덩이 하나를 두 아들에게 주면서 사이좋게 나눠

가지라 하면 두 형제는 자기가 다 가져보려는 욕심을 가지고 끝없이 싸운다. 살인에 대한 유혹까지 생길 수 있다. 하지만 아버지가 땅을 두 쪽으로 나누어 등기를 설정해 주면 두 아들은 사이좋게 지낸다. 한반도라는 땅덩이를 놓고 남북한의 두 존재는 서로가 상대방의 땅을 빼앗겠다고 한다. 이것이 통일이고, 통일에 대한 열망은 곧 긴장의 연속인 것이다. 6.25전쟁이 바로 이것이었고, 북한의 끝없는 군사적 도발이 오로지 적화통일 목적에서 자행돼 온 것이 아니던가. 남한이 통일을 추구하면 북한도 추구하게 되고, 남한보다 훨씬 더 호전적이고, 이념 공격력이 매우 강한 북한이 통일을 추구하게 되면 우리는 절대로 평화롭게 살 수 없다. 오늘날 남한 인구의 대다수가 적화이념에 사로잡힌 현상도 이 때문이 아니던가. 통일의 길이 열려 있으면 적화통일의 길도 열리게 된다. 양쪽 모두에게 통일의 길이 막혀 있어야 적화통일의 길도 막을 수 있는 것이다. 영구분단은 곧 평화정착의 근본 시스템이 되는 것이다. UN 레프리 하에 양측 군사력을 축소하고 두 개의 독립국가로 갈라서면 캐나다와 미국처럼 양쪽 주민들은 간첩혐의를 받지 않고도 비자를 가지고 왕래할 수 있지 않겠는가? 이것이 사실상의 통일인 것이다.

양쪽이 다 이런 식의 '사실상의 통일'을 원하면 내일이라도 통일을 이룰 수 있다. 하지만 두 개의 수도를 하나로 합치고, 두 사람의 지휘자를 한 사람의 지휘자로 합치는 법률적 통일을 원한다면 긴장은 영원무궁토록 이어질 것이다. 전라도와 경상도를 하나로 합친다고 생각해 보자. 도청을 전라도 땅에 두느냐, 경상도 땅에 두느냐를 놓고 양개 주민은 아마도 낫을 들고 나와 싸울 것이다. 누가 도지사가 되느냐를 놓고는 더욱 더 격렬하게 싸울 것이다. 이런 분쟁을 왜 구태여 만들려 하는 것인가. 현실을 그대로 인정하고 자기 몫이 보장된 상태에서 남의 것을 바라지 않고 살다 보면, 국경선은 마치 바닷가 모래 위에 써놓은 글씨처럼 세월과 하늘에 의해 지워질 수도 있을 것이다.

영구분단은 평화를 보장하지만 통일은 피를 부른다. 서독은 피를 흘리지 않고 통일이 되었다. 동독이 항복할 수밖에 없었던 것은 동독정권을 당시의 소련이 세웠고, 소련이 붕괴하자 동독정권도 붕괴된 것이었다. 하지만 남북한은 전혀 다르다. 양측이 서로 상대방을 자기 것으로 흡수하려는 욕심이 존재하는 한, 한반도에서의 평화통일은 천년이 가도 불가능하다. 실력도 없으면서 엉거주춤한 상태에서 막연히 통일을 바라다가 어느 날 남한은 과거 월남처럼 간첩들에 의해 적화통일 당하는 날을 맞고야 말 것이다. 한국국민들의 가장 큰 고정관념은 '통일이 민족의 염원'이라 믿는 것이다. 이 고정관념이 평화를 쟁취하지 못하게 하는 암적 존재인 것이다. 영구분단만이 평화를 보장해줄 수 있고, 남북한 주민이 평화롭게 오가면서 살게 되면 그것이 곧 통일이 아니겠는가. 이렇게 되면 남북간의 국경선은 전라도와 경상도 경계선의 의미 정도로 축소될 것이다.

이렇게 설명해도 고정관념을 펼치는 사람들이 있다. "그래도 통일은 해야지요, 그리고 반드시 우리 체제로 해야지요" 이런 사람들에게 나는 말해준다. "사기를 왜 당하는지 아는가. 욕심이 없으면 사기를 안 당한다. 북한 먹으려다 사기 당해 먹히는 수가 있다. 우리에게 '우리식 통일'을 이룩할 수 있는 역량이 있는가? 없다. 하지만 북한에는 적화통일의 역량이 풍부하다. 이념공세 능력인 것이다. 지금 우리는 이념공세에 의해 90%가 적화된 상태에 있다. 바둑에 서툰 사람이 남의 것 잡아먹으려다 자기 거 다 먹히는 것이다."

정치지망생들에게 나의 이 강의는 생전 처음 들어 보는 신세계였다. 그래서 소문이 많이 났다. 학생들의 '인기도 조사'에서 내가 1위를 차지했다. 모두가 신선한 충격이라고 말들 했다. 내가 1위가 되는 바람에 그 전까지 1위를 차지했던 임동원이 2위로 밀려났다. 3개월 과정이 끝나는 날 김대중은 학생간부들, 아태재단 간부들 그리고 강사들을 서교호텔에 초청해 저녁 파티를 열었다. 20여 명이 길게 늘어앉는 기다란 테이블에서 김대중은 내 자리를 자기 맞은편에 정해놓았다. 김대중의 양쪽에는 전 서울대 총장과 전 중앙대 총장이 앉아 있었지만 그들은 어쩐 일인지 얼어붙은 자세로 식사시간 내내 별로 입을 열지 않았다. 그 회식 자리에서는 내가 거칠 것 없는 매너로 독판을 쳤다. 시스템 이론에 대한 사례들과 사회병리현상들에 대한 내 진단 내용들은 그들에게 처음 듣는 신기한 세상 이야기였다. 특히 박정희 대통령이 일자리를 만든 과정을 설명할 때에 사람들은 넋을 놓고 들었다. 김대중 앞에서 박정희의 시스템적 경영방식을 극찬한 것이다. 사람들은 내 이야기가 재미있다며 많이 웃었고, 이것저것 많이 물었다. 헤어지면서 우연히도 나는 김대중과 같은 엘리베이터를 탔다. 김대중이 나에게 명함을 한 장 달라했다.

국제세미나에서의 기조연설

며칠 후 아태재단의 박 아무개라는 젊은 정치학 박사로부터 전화가 왔다. 5월 어느 날 한국에서 가장 큰 스위스그랜드 호텔에서 한중 국제세미나가 있는데 거기에서 기조연설을 해달라는 것이었다. 보좌진들이 기조연설 대상자로 전 총리, 전 부총리, 서울대, 연고대 전 총장들의 이름을 써다 주고 고르라 했더니 김대중이 모두의 이름에 X표를 긋더니 지만원이라 썼다고 했다. 나는 18분 동안의 연설 분량을 다듬고 또 다듬었다. 그리고 기조연설을 외워서 했다. 영구분단 통일론은 그 자리에서도 열화와 같은 박수를 받았다. 어떻게 그런 발상을 다 할 수 있느냐고들 했다. 그는 또 같은 해 10월에 북경에서 세미나가 있으니 영구분단 통일론을 중국에 가서도 발표해 달라 했다.

1995년 10월 24일 오전 북경행 비행기 1등석을 탔다. 김대중은 자기 부인과 자리를 바꾸게 하여 나를 자기 옆에 앉으라 했다. 10월 24일부터 31일까지 나는 북경 조어대라는 영빈관에 그의 일행 20여명과 함께 머물렀다. 영빈관에서 식사를 하거나 중국 고위 당간부들이 초청하는 식사를 할 때, 나는 언제나 김대중 옆자리에 앉아 말동무가 되었다. 10월 19일, 평민당 박계동 의원이 노태우 비자금 4,000억을 폭로했다. 여론이 들끓던 그 시기에 김대중이 중국에 와 있었던 것이다. 그러던 10월 26일경, 김대중은 조어대에서 아무와도 의논하지 않고 기자들을 불러 자기가 노태우로부터 20억 원을 받았다고 털어놓았다. 지금 생각해 보면 박계동의 폭로와 김대중의 20억 발표는 미리

기획된 각본이었다는 생각이 든다.

정치 술수 뛰어난 김영삼의 해국행위

국민들의 시선은 20억 원 수수사실을 고백한 김대중을 향한 것이 아니라 김영삼에게 집중됐다. 정적인 김대중에 20억 원을 주었다면 노태우 밥상머리에서 대통령이 된 김영삼은 도대체 몇 천억 원을 받았다는 말이냐. 김영삼의 처지가 참으로 어려워졌다. 탄핵될 수밖에 없는 막다른 골목으로 몰렸다. 정치적 감이 뛰어나다는 김영삼이 찾아낸 생리학적 대안은 전두환과 노태우 모두를 감옥에 넣는 것이었다. "저 두 놈들, 쿠데타 해서 정권잡고 광주에서 양민학살 한 놈들이다. 당장 잡아넣어라" 당시 전두환과 노태우에 대한 국민적 분노는 대단했다. 김영삼이 찾아낸 이 돌파구는 당시의 국민적 정서에 먹혀들었다. 김영삼에게 날아오는 화살들을 전두환과 노태우에게 날아가도록 한 것이다. 국민들로부터 버림받은 두 전직 대통령은 마녀사냥을 당했다. 전두환에 대해서라면 누구든 황당한 소설을 쓸수록 인기를 얻었고, 그 황당한 소설이 무조건 사실로 인정됐다.

5·18역사 뒤바꾼 것은 국가코미디

1981년 1월 23일, 한국의 대법원은 5·18을 '김대중이 배후조종해 일으킨 내란폭동'이라 판결했다. 1997년 4월 17일, 한국의 대법원은 재심 절차 없이 헌법이 보장한 기판력을 뒤엎고 5·18역사를 다시 재판했다. 헌법에 보장돼 있는 일사부재리원칙과 형벌불소급의 원칙도 무시됐다. 5·18은 무조건 '전두환 등이 일으킨 내란' 이라는 것이다. 사실들(Facts)에 대한 검찰자료는 1980년의 것이나 1997년의 것이나 다 같았다. 역사가 뒤집힌 것은 사실에 의해 뒤집힌 것이 아니라 민주화의 탈을 쓴 판사들의 인민재판으로 뒤집힌 것이다. 판결문 중에는 이런 것도 있다. "박정희 대통령 서거 이후 2성장군으로 보안사령관 겸 합동수사본부장으로 부상한 전두환은 최규하 대통령이 시키는 일만 해야 했음에도 불구하고, 인재들을 사방에서 불러보아 비상시국을 수습하기 위한 방안들을 열심히 찾아내 대통령의 신임을 받고, 국민적 여망을 얻었다. 이는 정권을 한번 잡아보려는 생각이 있었기 때문이다." 열심히 국가에 충성한 것이 정권찬탈 행위라는 것이다.

"5.17 비상계엄을 선포하느냐 마느냐에 대한 문제는 고도의 정치군사적 판단을 요하는 것이기 때문에 사법부의 판단대상이 될 수 없지만 전두환의 마음에는 이미 집권을 해보려는 욕심이 있었기 때문에 전두환이 허수아비에 불과한 최규하 대통령의 재가를 얻어 선포한 5.17계엄은 그 자체로 내란이다." 관심법 까지 동원된 것이다. "광주 시위대는 헌법을 수호하기 위해 결집된 준-헌법기관이다. 이를 무력으로 탄압한 전두환 등의 행위는 내란이다." 총을 들고 계엄군을 공격한 시위대, 광주교도소를 공격한 시위대가 준헌법기관이라는 것이다. "정호용은 12.12에는 참가하지 않았지만 후에 전두환을 따라다니며 출세를 했기 때문에 부화뇌동죄에 해당한다." 몬도가네 식 판결은 이것 말고도 12개가 더 있다.

웃는 얼굴에 침 뱉은 냉혈의 순간들

중국을 다녀 온 이후 김대중은 중국에 갔던 팀을 한 두 차례 챙겨 저녁을 같이 했다. 중국에 갔던 사람들 중 김상현 의원이 있다. 친화력이 대단한 그는 나를 아우라 불렀다. 그는 또 내가 졸업한 한영고등학교의 선배이기도 했다. 1998년 김대중이 대통령 자리에 오르자 그는 나를 여러 차례 여의도 맨하탄 일식집으로 불렀다. 그는 나더러 장관을 한자리 하라 했다. 싫다고 했더니 그 다음에 만나서는 한전 사장 같은 거라도 하라고 했다. 내가 그의 제의 모두를 사양한 것은 계산에 의한 것이 아니라 본능에 의한 것이었다. 자유인의 지위를 상실하는 것이 싫었고, 창의력으로 살아가는 시간을 빼앗기고 싶지 않았기 때문이었고, 공직보다는 프리렌서로 사는 것이 훨씬 행복했기 때문이었다. 당시 나는 넓은 사회로부터 융숭한 대접을 받으면서 매월 1천만원 이상의 벌이를 했다. 당시 장관 봉급은 400만원이었다. 이 세상에서 가장 해로운 공해가 바로 인간공해다. 나는 사람들과 얽혀 사는 것이 참으로 싫었다.

공직 자리라고 하면 2,000년 총선 때 당시 한나라당으로부터도 제안을 받았다. 이회창이 총재였고, 홍사덕이 부총재였을 때, 홍사덕이 과천 호프호텔(현 그레이스호텔)로 와 나를 두 번 만났다. 전국구의 거래가격은 20억 원인데 돈 한 푼 안 받고 줄 테니 받으라고 했다. 나는 정치가 싫다고 했다. 며칠 후 그는 다시 찾아왔다. 백지수표를 가져왔는데 제일 좋은 직책이 정책위 의장 자리이니 그걸 맡으라고 했다. 나는 정치가 싫다며 그를 또 빈손으로 돌려보냈다. 이렇듯 끈질기게 자유인으로 살기를 원했지만 지금까지 나는 그 누구보다도 더 촘촘하게 여러 가지 끈으로 포박돼 있다.

임동원, 그는 1998년 청와대 안보수석이 되자마자 경실련부터 찾아 강의를 했다. 그가 개발했다는 햇볕정책의 본질을 설명한 것이다. 나는 정신을 차려 그의 발표내용을 메모했다. 그리고 내린 결론은 임동원이 간첩 급 이상의 빨갱이라는 것이었다. 개성공단도 그 때에 발표됐다. 1999년 금강산 관광에 대한 선전선동이 한창이었다. 1년에 몇 사람이 가든 무조건 50만 명이 가는 것으로 하여 1인당 300달러씩 북한에 주었다. 금강상 독점사업권을 딴다며 현대로 하여금 9억 4,200만 달러를 북한에 주라 했다. 나는 심한 공분을 느끼면서 그 두 사람을 김정일의 앞잡이라 했다. 잡지와 인터넷에 글을 쓰고 강연도 했다. 이 때부터 김대중이 나를 미워하기 시작했고, 임동원은 국정원장을 하면서 나를 집요하게 도청하고 뒤를 밟게 했다. 모든 기고활동 저작활동 강연활동을 차단시켰다.

'지만원은 또라이' 라는 소문이 갑자기 확산됐다. '또라이를 상대했다가 봉변을 당할 수 있으니 지만원을 멀리해야 한다' 는 정서가 널리 확산됐다. 나를 사회로부터 철저하게 차단시킨 것이다. 임동원은 국정원 차장 김은성과 제8국 인력을 동원하여 나를 집요하게 도청하고 뒤를 밟게 했다. 임동원에 대한 사전구속영장에는 "아무런 저항능력 없는 한 자연인 지만원을 장기간 도청했다"는 것이 사전구속 이유로 적시돼 있다. 나는 그를 상대로 손해배상 소를 제기했지만 겨우 2,000만원밖에 받지 못했다. 하지만 이는 노벨평화상을 받은 김대중의 추악한 단면을 증거 하는 매우 귀한 판결이다.

짧은 기간을 같이 했지만 김대중은 나를 참으로 좋아했다. 경제수석(김태동), 총무수석(박금옥), 안보수석(황원탁)을 차례로 내게 보내 식사도 대접해 주었다. 그런 그를 나는 단지 그가 빨갱이라고 판단된 순간에 가차 없이 공격한 것이다. 나를 향해 환히 웃는 얼굴에 침을 뱉은 것이다. 도청 사건으로 감옥살이를 오래 했던 국정원 제2차장 김은성은 검찰 조서에서 "지만원은 이름도 없는 사람인데 어째서 김대중이 그토록 미워했는지 이해할 수 없었다." "임동원이 매일 나에게 전화를 걸어 오늘 지만원에 대해 알아낸 것이 무엇이냐고 닦달했다. 내 차장 임기 중 가장 괴로웠던 것이 바로 임동원으로부터 매일 추궁당하는 일이었다." 이렇게 진술했다. 내가 웃는 얼굴에 침을 뱉은 경우는 또 하나 있다. 김진홍 목사다. 그와 나와 고 제정구 의원은 한동안 매우 가까이 지냈다. 2005년 김진홍이 북한거류민증 소지자 제1호라는 것을 발견한 나는 곧바로 그가 빨갱이라고 발표했다. 그는 또 1970년대에 박정희 대통령을 매우 증오했다. 나와 빨갱이는 그만큼 양립될 수 없었던 것이다.

노벨평화상 수상자가 나에 가한 야만

2002.8.16.자 의견광고문

나는 2002년 8월 16일 동아일보와 문화일보에 "대국민 경계령! 좌익세력 최후의 발악이 시작될 모양입니다"라는 제목 아래 3,500자 정도의 공익 의견광고를 냈다. 광고문은 이렇게 시작됐다.

"김정일 없는 좌익은 뿌리 없는 나무입니다. 그래서 저들은 김정일보다 더 다급하게 김정일을 살리려 합니다. 지난 4월초, 임동원 특보가 전쟁을 막아야 한다며 대통령 전용기를 탔습니다. 김정일과의 5시간 회담! 김정일이 5시간을 냈다면 예삿일이 아닙니다. 지금 돌아가는 상황이 그때 만든 시나리오일 수 있습니다. 그래서인지 그는 "북을 의심하면 될 일도 안 된다"며 비판의 입을 막았습니다. 이어서 주적개념도 땅에 묻었습니다. 북한이 문제를 일으킬 때마다 북한을 옹호했습니다. 1999년 연평해전에서 승리를 거둔 지휘관을 한직으로 돌렸습니다. 2002년의 6.29 서해 도발 징후에 대한 사전보고를 묵살해 놓고는 적반하장으로 그 보고자를 처벌하려 했습니다. 영해를 북한에 개방하고 일부를 떼어주려 했지만 미국이 막았습니다. 동부와 서부에 남침 철로를 급히 엽니다."

"지뢰도 제거했습니다. 북한의 무기증강, 훈련증가, 공격부대의 전방배치 등을 숨겨주면서 우리 훈련은 줄였습니다. 절대로 먼저 쏘지 말라며 군의 손발을 묶었습니다. 갑자기 중령급 이상 20%를 자르려 했습니다. 국내외에 김정일을 통 크고 식견 있는 지도자라고 선전했습니다. 남한이 보증을 설 테니 북한에 국제금융 자본을 빌려주라 했습니다. 북한을 '테러지원국' 명단에서 빼 달라 로비를 했습니다. '악의축' 발언으로 미국과 북한관계가 악화될 때 분명하게 북한 편에 섰습니다."

"정권말기에 들면서 더 정신없이 퍼줍니다. 북한에 퍼준 것들이 5조 원어치입니다. 러시아로부터 받을 14억8천만 달러를 북한에 주라 했습니다. 우리 몰래 간 돈이 수십억 달러라 말들 합니다. 그중 4억 5천만 달러를 미국이 폭로했습니다. 관광객이 없어도 1년에 3억700만 달러를 자동으로 줍니다. 금강산 화장실 한번 가는 데 4달러를 냅니다. 여인들은 흔들리는 밧줄 다리에서 공포에 떨며 울었습니다. 잡혀가 문초를 받은 관광객 수가 많습니다. 그래도 언론을 차단하고 마구 보냅니다. 북한이 사과하지 않는데도 또 30만 톤의 쌀을 퍼줍니다. 전기와 가스와 광케이블 공사를 시작하고 미국이 말리는 무선전화 시스템을 굳이 가설해 줍니다. 곧 2,000억 원 규모가 갈 모양입니다. 그런데 우리의 수해자금은 없다 합니다."

"약점이 단단히 잡힌 모양입니다. 지금 이 나라는 사실상 김정일이 통치하고 있는 게 아닌가요? 1999년 후반, 김정일이 대통령을 협박했습니다. "김대중은 수령님으로부터 사랑과 배려와 도움을 받고서도 배은망덕한 행동을 한다"(문예춘추12월호). 북한 부주석 김병식이 1971년도에 20만 달러를 주었다는 편지가 공개됐습니다(인터넷). "내 입만 열면!(?)". 2000년 3월 대통령이 다급하게 베를린으로 날아가 메시지를 보냈습니다. '민간조직을 통한 지원에는 한계가 있으니 통 크게 지원하려면 정상회담을 거쳐 정부가 나서야 하겠습니다.' 그해 6월, 두 정상은 대열을 이탈해 총 90분간 차중 접선(?)을 했습니다. 그 후부터 퍼주기, 감싸기, 지뢰제거, 남침통로 열기, 반공전선 허물기, 좌익세력의 총동원, 국가 정통성 뒤집기, 법정의 판결 뒤집기, 적화교육, 좌익들의 사회장악, 인물감시, 언론탄압, 주한미군철수 등 그야말로 대대적인 좌익화 작전이 동시다발로 시작됐습니다. 이를 주도하는 이들은 확실한 좌익입니다. <u>광주사태는 소수의 좌익과 북한에서 파견한 특수부대원들이 순수한 군중들을 선동하여 일으킨 폭동이었습니다.</u> 소요사태를 일으켜놓고 계엄령을 선포할 수 있습니다. 그렇게 되면 선거도 없고, 우익들이 잡혀가고, 김정일이 무혈로 서울을 장악하는 사태가 올 수 있습니다."

김대중이 분노한 대목은 김대중을 김정일에 충성하는 김정일의 앞잡이라 표현한 많은 분량의 문장들이었다. 김대중을 지지하는 정당과 MBC방송, 오마이뉴스가 동시에 나서서 "어떻게 일국의 대통령을 빨갱이라 공격할 수 있느냐"며 집중적으로 성토했고, 민주당은 성명서까지 냈다. 그래도 팩트들을 나열한 그 문장들을 가지고는 나를 법적으로 걸어 넣을 수 없었다. 이들이 나를 걸어 넣기 위해 찾아낸 살바는 광고문 속에 있는 35자의 문장 하나였다. "<u>광주사태는 소수의 좌익과 북한에서 파견한 특수부대원들이 순수한 군중들을 선동하여 일으킨 폭동이었습니다.</u>" 이 문장 하나가 광주 5·18단체들의 명예를 훼손했다는 이유로 서울 교외에 사는 나를 머나 먼 광주로 끌고 간 것이다.

의견광고문 중 35자 트집 잡아 폭력 린치 감금

2002년 8월 20일, 광주에서 '5·18부상자' 회장 김후식이 검은 유니폼을 입은 12명의 어깨들을 인솔하고 상경하여 사무실을 부수고 아파트 대문과 차량을 부수고 이웃사람들을 공포에 떨게 했다. 이들은 사무실 집기들을 부수면서 김대중과 함께 찍은 사진들을 발견하고는 "우리 큰형님이 왜 이 개자식 서랍에 있어" 이렇게 말했다 한다. 이들 5·18깡패들의 폭력에 대해 경찰들은 겨우 나에게 피신하라 사전에 알려준 것뿐이었다. 당시는 김대중이 신이었고, 5·18은 가장 위력 있는 세도였다. 지금까지도 5·18이라는 명칭만 내 세우면 역대의 대통령들도 법관들도 정치인들도 숨을 죽여왔다. 은행에 가서 5·18의 이름으로 취직을 호령하면 은행은 그 요구를 받아주어야 했다. 지금의 한국에는 분명 독재자가 있고, 그 독재자는 5·18이다.

이어서 광주의 4개 5·18단체들이 고소를 했다. "5·18은 성스러운 민주화운동이었는데 어째서 불순분자와 북한특수군이 개입했다는 것이냐, 용서할 수 없는 명예훼손이다." 한국 근대사 최대의 역사사건에 대해 광주사람들과 다른 시각을 공개적으로 표현한 것이 5·18단체들의 명예를 훼손했다는 것이다. 2002년 10월 22일 오후 4시경, 광주검사 최성필이 보낸 4명의 경찰관이 아파트 안으로 들이 닥쳤다. 한국의 가옥들은 구두를 현관에 벗어놓고 맨발로 생활하도록 지어져 있다. 바닥의 먼지를 닦기 위해 늘 주부들이 걸레질을 한다. 그런 정결한 방에 남쪽 지방으로부터 온 체포조 4명이 더러운 구두 발자국을 내면서 들어왔다. 컴퓨터 앞에 앉아있는 나의 두 팔을 등 뒤로 돌려 수갑을 채웠다. 법관이 발행했을 체포영장도 보여주지 않았다. 아내와 10세 전후의 남매 아이들이 실어증에 걸린 사람들처럼 멍하니 지켜만 보고 있었다. 그들이 이때에 입은 깊은 상처는 엄청난 트라우마로 잠재해 있다.

일반 사람들은 수갑을 뒤로 채우면 단 10분을 견디지 못해 할 것이다. 연행과정 6시간 동안 그리고 검찰청 조사과정 2시간 동안 나는 수갑을 뒤로 채인 채 아들 뻘되는 경찰과 조사관들로부터 한순간도 쉬지 않고 날아드는 손 찌검과 지독한 욕설을 고스란히 당해야 했다. 8시간 동안 수갑을 뒤로 찼다는 그 자체만으로도 나는 이미 인간으로서 감내할 수 없는 가혹한 린치를 당한 것이다. 광주가 민주화의 성지라면서 그 광주인들이 내게 가한 야만은, '민주화' 라는 것이 단지 폭력으로 탈취한 대국민 사기극이었다는 것을 생생하게 증명하고도 남음이 있을 것이다. 나는 소위로부터 대위 때까지 베트남전에 전투요원으로 참전했다. 그 때에도 이런 지옥은 없었다. 이때 내 나이는 60세, 체포조의 나이는 30대 전후로 보였다. 자기보다 나이든 사람을 깍듯이 존중한다는 한국의 유교풍습은 오간 데 없었다.

민주화의 성지, 광주는 야만의 소굴이었다

"니미씨발 좆같은 새끼야, 니깟 놈이 어디라고 감히 5·18을 씨부려, 우익새끼들은 모조리 죽여버려야 한당께, 야 이 개새끼야, 네깟 놈이 무얼 안다고 감히 5·18을 건드려, 뭐 이런 싸가지 없는 개새끼가 있어, 야, 이 새끼야, 너 이회창으로부터 얼마나 받아 챙겼냐, 이런 새끼가 무슨 대령 출신이야, 이런 새끼가 무슨 육사 출신이야, 대령질 하면서 돈은 얼마나 챙겼냐, 부하 꽤나 잡아 쳐먹었을 꺼다"

내 거주지인 안양에서 광주검찰청까지 가는 동안 체포조 요원들은 누군가로부터 전화들을 받았다. 전화를 받을 때 마다 이들은 "네, 누구입니다" 하며 자기 이름을 댔다. 나는 이들의 이름만은 반드시 기억해 훗날 역사에 고발하고 사회에 고발하기로 독하게 마음먹고 매를 맞고 욕을 먹으면서도 한번 들은 그들의 이름을 가슴에 쓰고 또 썼다. 415호 검사실 김용철, 광주서부경찰서 이일남, 박찬수, 이규행. 이들은 내가 화장실을 가겠다 해도 "이 좆 같은 새끼야, 바지에 싸부러" "이 새끼 가다가 시궁창에 쑤셔 너 부러" 쥐어박고 욕설을 퍼부었다.

415호 검사실로 끌려가니 나를 체포해오라 명령한 최성필 검사가 잡아먹을 듯 노려보면서 소리를 질렀다. "이 개새끼 풀어주지 말고 조사해" 조사를 하는 또 다른 2시간 동안 뒤로 채운 수갑은 풀어주지 않았다. 화장실 가기를 호소했다. 수갑을 풀어주었지만 두 팔은 등 뒤에서 내려올 줄 몰랐다. 팔을 움직일 수 없었다. 조사관은 화장실에까지 와서 "빨리 싸부러 이 개새끼야" 용변을 끝내자 수갑을 다시 등 뒤로 채웠다. 조사를 하면서도 자기가 바라는 말을 하지 않으면 눈알을 부라리고 "씨발놈아" "개새끼야" 욕을 하고 때릴 듯 위협했다. 최성필 검사의 이웃 검사로 보이는 여성이 짧은 치마를 입고 살랑대며 걸어왔다.

광주에는 여성에도 아름다움이 없었다

"당신이 시스템공학 박사요 엥, 시스템공학이란 게 있당가, 어디서 학위를 받았소?, 처음 듣는 건디 이거 가짜 아냐? 좀 알아봐야 겠구만, 어이 좀 알아보소, 당신 눈에는 광주시민 전체가 빨갱이로 보이요? 광주가 아니었다면 한국에 무신 민주주의가 생겼겠소. 어림도 없재이 참말로 잉~"

 2002년 10월 24일, 광주지방법원에서 영장실질심의를 맡은 부장판사 '정경현'은 나의 변론을 맡은 광주출신 이근우 변호인에게 "변호인은 광주 시민들에게 무슨 욕을 들으려고 서울 사람의 재판을 맡았소"라며 신성해야 할 법정에서 불호령을 쳤다. 변호인이 피고인의 경력과 훈장 받은 사실들을 나열하자 "시끄럽소, 지저분한 심문은 집어치우시오"라고 면박을 주었다. 변호인은 66세, 그를 법정에서 모욕한 정경현 부장판사는 45세로 전남 함평에서 1957년 1월 25일에 태어났다.

 정경현 부장판사는 나를 노려보면서 "당신이 광주에 대해 무얼 아요? 나는 내 눈으로 똑똑히 보았소. 구속영장은 발부됩니다. 이상이오." 나는 할 말이 있으니 발언권을 달라고 요구했다. 그는 매우 못마땅해 하면서 "구속영장은 발부되니 말해보시오"라고 말했다. 필자는 필자가 구속사유를 저지르지 않았으며 구속 요건에 해당하지도 않는다는 사실을 설명하기 시작했다. 하지만 그는 들으려 하지도 않고 불과 두 마디 정도 듣고서는 "시끄럽소"라고 노려보았다. 10월 30일, 구속적부심 재판이 열렸다. 당시 43세인 '김용출' 부장판사(1959.02.08 전남 장성출신)가 시니컬하게 웃으면서 "나의 형님도 아무런 죄 없이 계엄군에 잡혀가서 몇 시간 동안 고초를 받고 왔소. 이런 건 어떻게 해석해야 되요?" 재판장인 나도 피고인인 당신에게 감정이 있다는 표현이었다. 바로 이들이 민주화의 성지라고 하는 광주의 부장판사들이었다. 하는 행동들을 보면 감정의 집단이요 폭력의 집단이 틀림없지만 이런 질 낮은 사람들이 단지 광주인이라는 이유로 대한민국 국민을 향해 '광주를 민주화의 성지'라고 불러라 호령하는 것이다.

대법원 판사들도 광주지방법원의 하수인들

형사소송법 제15조는 지역정서가 작용하는 5·18 사건을 광주지법 이외의 다른 지역 법원으로 이송하도록 규정하고 있다. 정기승 전 대법관, 임광규 변호사 등 나의 서울지역 변호인들은 이 제15조를 내세워 관할이전 신청을 3회씩이나 냈지만 광주지법은 이러한 법의 정신과 실정법을 무시했다. 대법원에 상고를 했지만 대법원은 광주에서 재판받는 것이 적법하다고 판결했다. 이런 판결을 내린 대법관은 강신욱(재판장) 조무제(주심) 유지담, 손지열이었다. 1심 재판장 전성수는 나에게 징역10개월에 집행유예 2년을 선고했고, 2심 고등법원 판사 박삼봉은 내 항소를 기각했다. 나는 당시 한국에서 가장 오래 된 시설로 불리는 광주교도소에서 101일 동안 나를 적으로 여기는 광주-전라도 수용자 12명과 한 방에서 지내면서 또 다른 고통들을 당했다. 밤에는 칼잠을 잤고, 낮이면 신문을 조각 내 돌돌 말아가지고 바닥의 나무 틈새들을 메웠다. 그래야 바닥 틈새들로부터 올라오는 찬 바람을 어느 정도 약화시킬 수 있었다.

광주 교도소에 차압당한 환갑

그리고 그 안에서 환갑을 맞았다. 환갑날, 가족이 면회를 왔다. 이른 새벽, 하얗게 내린 눈밭에 깊은 발자국을 내며 드물게 지나다니는 택시를 잡아타고 전철을 타고 김포까지 와 비행기를 타고 광주에 오는 가족의 고통도 이만 저만이 아니었다. 이렇게 와서는 10분 동안만 얼굴을 보고 갔다. 면회 박스에서 돌아서는 뒷모습이 눈물샘을 자극했다. 수용실로 돌아오는 복도 길 한 가운데서 나는 그만 주저앉고 말았다. 주체할 수 없이 쏟아지는 눈물과 한없이 경련하는 어깨를 감당할 수 없어 펑펑 울었다. 아마도 괴한들에 의해 머나 먼 무인도로 납치당해 온 가녀린 규수 정도가 느낄 수 있는 공포감과 적막감과 슬픔이 이러하지 않을까. 나는 당시의 심정을 이렇게 기록해 놓았다. 지금과 같은 인권이 보편화된 세상에서 어떻게 감히 경제 10대 국인 대한민국에서 이런 비문명적 현상이 있을 수 있느냐, 더구나 김대중은 노벨평화상을 받은 세계적 인물이 아니냐, 세계인들은 내 이 말을 믿으려 하지 않을 것이다.

5·18이 폭동에서 민주화운동으로 둔갑한 과정

1980-1997 기간 검찰기록에 나타난 5·18의 프로필

　5·18은 광주시민들과 국가 사이에 발생했던 10일간의 무력충돌 사건이었다. 1980년 4월 6일, 서울대로부터 갑자기 시작된 학생시위가 무서운 속도로 가속되어 5월에는 전국적 학생시위로 확산되고 있었다. 이 학생시위는 김대중과 그를 따르는 재야세력이 주도했다. 학생시위는 김대중 세력이 배후에서 점 조직으로 조종했고, 전반적인 시위 분위기는 김대중의 연설과 유인물들을 통해 전국 단위로 빠르게 확산됐다. 4-5월, 김대중과 그 추종자 26명은 3차에 걸쳐 북악파크 호텔에서 비밀회동을 가졌다. 국가를 폭력으로 점거한 후 김대중을

수반으로 하는 혁명내각을 구성하기로 합의했던 것이다. 5월 15일 서울역에서는 10만 학생이 집결하여 버스를 탈취한 후 경찰관들을 깔아 사망케 했다. 이에 고무된 김대중은 5월 16일 제2차 '민주화촉진선언문'을 발표했다. "최규하 내각은 총 사퇴할 것이며, 비상계엄령을 즉시 철폐하라. 내각은 이에 대한 결심을 5월 19일까지 나 김대중에 통보하라. 만일 이를 거부할 경우 5월 22일을 기해 장충단 공원을 기점으로 하여 전국적 시위를 주도할 것이다. 모든 국민은 검은 리본을 달 것이며 군인과 경찰은 일체의 명령에 불복하라."

이는 국가를 향한 명백한 선전포고이며, 광주에서 발생할 폭력시위가 반드시 성공할 것이라는 자신감이 없으면 꿈조차 꿀 수 없는 매우 위험한 돌출 행위였다. 이에 최규하 정부는 5·17 자정을 기해 김대중을 포함한 '김대중내란음모사건' 일당 26명을 전격 체포함과 동시에 10.26 박정희 대통령 시해사건 이후 유지돼 왔던 지역계엄을 전국계엄으로 확대했다. 전국계엄이 선포되면 계엄사령관이 국방장관이나 국무총리를 거치지 않고 대통령에 직접 보고한다. 전국에 예비검속 경찰들이 빼곡하게 깔리면서 젊은 사람들은 모두 다 종적을 감췄다. 그런데 매우 기이하게도 광주에서만은 홍길동처럼 나는 청년 군병 600명이 동에 번쩍, 서에 번쩍 광주의 부나비들을 몰고 다녔다.

1980년 5월 18일 09:30분경, 학생들로 위장한 250여 날렵한 청년들이 전남대학에 숙영하고 있던 공수부대를 감히 찾아가 가방에 숨겨 온 돌멩이를 던져 7명의 공수대원에게 유혈공격을 가한 후 금남로와

충장로로 도망을 해서 차량과 파출소를 태워 연기를 내 시민들을 모이게 했다. 그리고 "경상도 군인들만 뽑아 환각제를 마시게 한 후 광주여성들의 젖가슴을 도려내 나무에 걸었다"는 등 전라도 사람들의 감정을 자극하는 악성 유언비어들을 살포했다. 처음부터의 작전이 치밀하게 계획된 것이었다. 5·18폭동은 바로 이 순간으로부터 시작됐고, 폭동 10일째인 5월 27일 새벽 05시 23분 주영복 국방장관이 최규하 대통령에게 광주시가 수복되었음을 보고한 순간에 종결됐다.

당시의 사람들에게 5·18광주시위는 국가를 상대로 한 '반국가폭동'으로 인식됐고, 당시의 법관들도 그렇게 판결했다. 1981년 1월 23일, 당시의 대법원은 김대중에게 사형을 선고했다. 1973년 일본에서 '한민통'(한국민주회복통일촉진국민회의)이라는 반국가단체를 결성한 죄, 5·18을 배후조종하고, 혁명내각을 구성하여 국가를 전복하고 스스로 혁명수반이 되려 했다는 혐의에 대한 형량이었다. 한국에서의 반국가단체 전형은 북한이다. 한민통의 성격이 북한의 성격과 같다는 뜻이다.

광주와 전남지역 17개 시군에서 동시다발적으로 발생한 20만 규모의 서남지역 일대의 폭동을 그냥 방치 할 국가는 없다. 군은 5월 17일 계엄령을 선포함과 동시에 전국 주요핵심 시설에 25,000명의 계엄군을 배치했다. 광주에 대해서는 상대적으로 소홀히 생각한 나머지 전남대학과 조선대학에, '전북 금마지역에 주둔하고 있던 7공수여단' 1개 대대(350명)씩만 가볍게 배치했다. 하지만 이 병력은 처음부터 심

상치 않은 매너로 시작된 광주지역 특유의 고단위 폭동을 진압하기에는 턱 없이 부족했다. 경찰은 하루 만에 민간복장들을 하고 각자 도생하자며 도망을 쳤고, 상황 감각이 느렸던 서울의 계엄사령부는 하루에 한 차례씩 출동명령을 내려 5월 18일~20일 사이에 모두 4,000명을 투입했다.

5월 18일 오후 5시, 31사단장 정웅의 어설픈 작전명령을 받은 공수부대원들은 4명 1개조로 광주 중심가의 모든 길목들을 차단하면서 시위자들을 곤봉으로 가격했지만, 이러한 곤봉진압은 오직 5월 18일 하루만 시도될 수 있었다. 이날의 모습을 담은 사진들이 '공수부대가 가한 과잉진압'이라는 캡션을 달고 유포돼 온 것이다. 4명 단위로 구성된 길목 차단조는 절대 다수의 폭도들에 포위돼 매타작을 당했다. 그 다음날부터는 대대단위로 집합한 상태에서 부동자세만 취하고 있었다. 처음에는 손 마이크를 들고 귀가하라는 말도 했지만, 그도 잠시뿐, 공수대원들은 곧 눈알조차 굴리지 못하는 로봇으로 변했다. 폭도들이 낫을 가지고 대원들의 목을 감고 조롱해도 부동자세, 도끼로 철모를 툭 툭 때려도 부동자세, 가위 끝을 눈앞에 흔들어 대도 눈 한번 감지 못하는 마네킹이 되었다. 그렇게 하라고 명령을 받았기 때문이었다.

이런 부동의 부대를 향해 폭도들은 대형차량을 돌진시키기 시작했다. 1985년에 북한이 발행한 '광주의 분노'를 보면 이 작전은 북한특수군이 주도한 작전이었다. 실탄이 없는 공수대원들은 일방적으로 당하며 이리 뛰고 저리 뛰면서 공포의 순간들을 모면할 뿐이었다. 폭도들에 의한 대형차량의 돌진은 공수대원들을 단숨에 공황상태로 몰아넣었다. 오밀조밀하게 집결해 있는 부대원들을 향해 대형차량이 지그재그 궤적을 그리면서 돌진해 오면, 수많은 병사들이 순간적으로 차를 피해 양쪽으로 몸을 던졌다. 깔려 죽고 피하기를 연속하다 결국 사건발생 4일 째인 5월 21일 오후 5시, 목숨을 걸고 사수하겠다던 전남도청을 폭도들에 내주고 광주시 외곽으로 도망을 쳤다. 폭도들은 도망치는 부대원들을 향해 사격을 가했다.

공수부대가 외곽으로 피해 있는 동안, 광주는 그야말로 무법천지가 됐다. 폭도들이 가정집에 들어가 금품과 귀금속을 약탈하고 강간들을 했다. 속았다는 것을 눈치 챈 광주시민들은 계엄당국을 향해 하루 빨리 광주에 재진입해 달라고 아우성을 쳤다. 5월 27일 새벽 1시부터 5시까지 계엄군은 30명 단위의 특공조 5개조를 투입시켜 결사항전을 선포했던 폭도 밀집지점 5개를 기습 점령했다. 계엄군과 결사항전을 벌이겠다고 기세 좋게 선포한 광주폭도들, 막상 잡고 보니 모두 10-20대의 개념 없는 식당보이, 껌팔이, 구두닦이 등 양아치 계급들이었다. 그것도 80명 규모에 불과했다. 이런 계급의 어린 것들이 한국 최강의 부대라는 공수부대 4천여 명을 압박하여 전남도청을 접수하였다는 것은 상식과 논리를 벗어나는 이솝우화 같은 이야기다. 더구나 후에 설명할 5월 21일의 오전 상황은 절대로 이들 양아치 계급의 작품일 수가 없다. 5월 21일 오후 5시, 4천여 공수부대원들을 압박해 광주시 외곽으로 추방시킨 한국 최강의 공수부대보다 더 강했던 국제용병 급 폭도부대가 매우 기이하게도 5월 27일 진압작전 시에는 흔적도 없이 사라지고 없었다. 이에 대한 미스터리를 풀어 낸 것이 바로 내가 장장 16년에 걸쳐 연구한 결과라 할 수 있다.

폭동과정에서 사망한 사람은 민간인 166명, 군인 23명, 경찰관 4명이었다. 민간인 사망자 166명 중에서 12명은 대한민국 국적이 아닌 외지인 즉 북한군이었다. 광주시민으로 확인된 사망자는 154명, 이 중에서 10대가 33명이다. 154명 중 총상에 의해 사망한 사람이 그 75%에 해당하는 116명, 이중 85명이 광주폭도들이 무기고에서 탈취한 카빈소총 등에 의해 사망했다. 폭도들이 광주시민을 쏜 것이다. 공수부대는 5월 19일 오후부터 대대단위로 집결해 있었고, 공수부대가 집결해 있던 장소는 전남대, 전남도청, 광주신역 등 극소수 점들에 불과했다. 그런데 사망한 광주시민들의 80%는 공수부대가 없었던 지역들에서 발생했다. 여기까지가 정부 문서들에 의해 뒷받침되는 5·18에 대한 거시적 프로필일 것이다.

토끼몰이로 뒤집은 5·18역사

1993년 2월, 김영삼이 대통령으로 취임했다. 2011년에 발간된 노태우 회고록에 의하면 김영삼은 노태우로부터 3천억 원을 받아 그 돈으로 대통령이 됐다. 그런데 김영삼은 1995년 11월, 단지 정치적 어려움에서 벗어나기 위해 자기를 대통령으로 만들어 준 노태우를 감옥에 넣었다. 이런 김영삼의 비인간적 배신행위가 사회적으로 용인되었던 것은 당시의 언론들이 민주화라는 환상에 빠져 있었고, 역사 왜곡을 주도하는 주사파들에 장악돼 있었기 때문이었다. 5·18역사를 뒤집은 것은 팩트에 의해서가 아니라 순전히 김영삼과 주사파들이 합세하여 주도한 마녀사냥과 영혼 없는 정치인들의 영합행위에 의한 것이었다. 지금 현재 국가 이름으로 뒤집혀진 5·18역사는 아래와 같이 성역화 돼있다. 국민 모두가 '5·18의 종'으로 강요받고 있는 것이다.

"전두환은 5.17비상계엄령 발동을 통해 헌법기관인 대통령과 국무위원들을 강압했다. 이에 광주시민들이 헌법수호를 위해 분기했고, 전두환 일당이 이를 무력으로 진압했다. 그 후 5·18에 대한 진상규명이 이루어졌고, 5·18민주화에 대한 3개 법률이 제정됐다. 아울러 대법원은 1997. 전두환 등의 탄압행위를 헌정질서파괴행위, 내란행위로 보아 관련자들을 처벌했다. 위 각 법률 및 판결 취지에 의하면 5·18은 애국 애족의 귀감으로 항구적으로 존중돼야 할 대상이고, 국가 및 지방자치단체는 이를 기리고 발전시켜야 할 의무를 지고 있다. 국가는 희생자들에 대한 보상을 할 의무를 진다. 이에 5,700여 명이 국가유공자로 지정되었고, 국가는 매년 기념식을 거행하고 있다. 이 운동은 국제적으로도 인정되었고, 그 기록물들이 유네스코 세계기록 유산으로 등재돼 있는 것이다."

광주폭동이 성스러운 민주화운동으로 바뀐 과정

사람들은 1997년 대법원 판결이 광주폭동을 광주민주화운동으로 뒤바꿔 놓은 것이라고 믿고 있다. 그러나 이는 잘못된 인식이다. 광주 폭동을 광주민주화운동으로 바꾼 책임자는 노태우였다. 그에 의해 1990년 8월 6일 "5·18민주화운동관련자보상등에관한법률"(광주보상법)이 제정되면서부터 5·18은 민주화운동으로 공식화되었다. 하지만 이 법률은 정치인들의 이해관계에 따라 흥정된 결과였을 뿐, 5·18이 정말로 북한군 개입과 폭력 없이 이루어진 순수한 민주화운동이었는가에 대한 연구나 조사 결과로 뒷받침 된 것이 아니었다. 이미 민주화라는 이름을 단 '5·18보상법'이 등장했기 때문에 이는 일견 국민적 합의로 인식됐고, 1997년의 대법원은 이 가상에 불과했던 국민적 합의를 아무런 여과과정 없이 그대로 수용하여 판단의 대 전제로 사용했다.

5·18을 민주화운동으로 탈바꿈시킨 기폭제는 1988년에 형성된 여소야대정국이었다. 1987년 12월 16일, 제13대 대선에서 민정당 노태우가 승리했다. 민주당의 김영삼과 평민당의 김대중은 야권의 후보단일화를 외면했다는 비난을 받고 각 2월 8일 및 3월 17일에 총재직을 사퇴했다. 하지만 야당은 5공청산 여론에 힘입어 1988년 4월 26일 치러진 제13대 국회의원 총선거에서 대승을 거두었다. 권력이 청와대로부터 국회로 이동한 것이다. 1988년 6월 27일, 국회는 이른바 5공특위(5공비리특별조사위원회)를 설치하였고 이어서 7월 13일 광주특위(광주민주화운동진상조사특별위원회)의 설치를 의결했다. 5공특위와 광주특위는 다 같이 전두환을 때려잡자는 특별위원회로 이 두 개가 합쳐 엄청난 시너지를 분출했다.

수세에 몰린 노태우는 김종필과 김영삼을 상대로 3당 합당을 추진했다. 1990년 1월 22일, 3당 합당이 공식화되었고, 민정당이 민자당으로 부풀려졌다. 3당 합당에 참여한 김영삼과 김종필은 저마다 대통령이 되고자 하는 욕심이 있었다. 그런데 인기가 상승돼 있는 정호용이 걸림돌이었다. 정호용을 그대로 두고서는 차기의 대통령자리가 자기들에게 올 수 없다는 것이었다. 그래서 양김은 정호용 제거를 합당의 조건으로 내세웠다. 정호용이 흥정과 거래의 제물이 된 것이다. 정호용을 제거하는 데에는 명분이 필요했다. 그 명분으로 내세운 것이 곧 "정호용은 광주에서 민주화운동을 탄압한 학살자"라는 것이었다. 정호용은 결국 육사동기생인 노태우에 의해 강제로 희생되어 2월 8일에 의원직을 박탈당하는 신세가 되었고, 억울함에 분노한 그의 부인은 자살을 기도하기도 했다. 이처럼 5·18이 '폭동'에서 '민주화운동'으로 명칭이 바뀐 것은 과학적인 연구가 있어서가 아니라 정치인들의 검은 거래와 흥정에 의한 것이었다.

1997년의 대법원은 5·18이 민주화운동이냐에 대해 판단하지 않았다. 대법원 판결서에는 20개의 [판시사항]이 있다. 그 20개 판시사항 중에는 '북한군개입 여부'에 대한 [판시사항]이 없다. 판시사항에 없는 사항은 판단하지 않는다. 1997년의 대법원이 북한군개입에 대해 판단하지 않은 것이다. 단지 당시의 대법원은 "5·18은 순수한 민주화운동"이라는 '과학으로 증명되지 않은 마녀사냥 여론'을 마치 하늘의 명령인 것처럼 수용했고, 그것을 잣대로 하여 전두환 등을 심판했다. "5·18은 순수한 민주화운동이었는데 전두환은 왜 이를 탄압했느냐, 내란죄다." 이것이 당시 대법원판결의 전부였다. 증명되지 않은 것을 판단의 잣대로 사용한 것은 위법이다.

3개 법률은 1990년에 제정된 '광주보상법', 1995년에 제정된 '5·18특별법' 그리고 2002년에 제정된 '광주예우법'을 말한다. 하지만 이들 3개 중 그 어느 법률도 5·18이 민주화운동이라는 것을 증명하지 않았다. 5·18에 대한 여러 차례의 진상규명 작업을 통해 5·18을 민주화운동인 것으로 밝혀냈다는 주장도 거짓이다. 5·18에 대한 진상규명은 지금까지 3차례 이루어졌다. 1988년에 형성된 광주특위, 2005년 국방부에 설치됐던 '과거사진상규명위원회' 그리고 2017년 9월, 국방부에 설치됐던 '국방부특별조사위원회'(특조위)였다. 그런데 이 모든 조사위원회는 조사범위를 '전두환에 의한 발포명령' '헬기사격' '대량암매장' 이 세 개에 제한했다. 이 세 개 사항은 원래 존재하지 않는 억지주장들이었기 때문에 그 많은 조사요원들에 의해서도 사실로 밝혀지지 못했다. 모두가 다 노이즈 마케팅 효과만 노린 것이다. 세 차례의 조사과정이 있었지만 그 '조사범위'에 '5·18이 과연 순수한 민주화운동이었느냐'가 들어간 적은 단 한 번도 없었다. 이 많은 조사과정은 오로지 전두환을 얽어 넣으려는 생트집이었지, 진정으로 5·18의 진실을 밝히자는 노력이 아니었다.

'전두환에 의한 발포명령' '헬기사격' '대량암매장'에 대한 것을 마지막으로 한 번 더 규명해 보겠다는 것이 2018년 2월 28일 국회를 통과시킨 '5·18진상규명특별법'이다. 이 특별법에 좌익들이 주장해

오던 3개의 염원사항이 또 다시 규명범위에 들어가 있는 것이다. 이 3가지가 이미 규명돼 있었다면 이번 5·18특별법 규명범위에 이 세 가지를 또 다시 집어넣을 이유가 없는 것 아닌가. 그런데 이번에는 저들의 이런 모략적 전략에 쐐기를 박는 '기적 같은 사건'이 발생했다. 이번 5·18특별법 제3조 '규명범위' 제6항에 역사상 처음으로 '북한군 개입' 여부를 조사하라는 것이 들어가게 된 것이다. 이를 법안에 삽입한 국회의원은 한국당 이종명 의원이었다. 2018년 9월 14일부터 규명위원회가 설치된다. 그로부터 2년 또는 연장 3년 안에 북한군개입 여부에 대한 결론을 내야 한다. 그 때까지 5·18은 순수한 민주화 운동이 아닌 것이다. 5·18이 '북한군에 의한 폭동이었다' 말해도 지금처럼 함부로 광주인들이 소송을 할 수 없는 것이다.

5·18에 대한 나의 연구

연구의 결론

 5·18은 김일성과 김대중이 야합한 북한의 게릴라 침략이었다. 인민군 원수 리을설이 60세에 3성장군으로 내려와 '국제용병 급 능력으로 훈련된 북한특수군' 600명을 지휘했다. 이들 600명은 학생으로 위장하여 공수부대 주둔지를 감히 찾아가 싸움을 걸어 공수부대로 하여금 광주시민을 상대로 진압봉을 휘두르게 만들었다. 이 600명은 군부대의 극비사항인 부대이동정보를 획득하여 광주 톨게이트 근방에 매복해 있다가 5월 21일 08시 정각에 20사단 지휘부 차량부대를 습격하여 사단장용 지프차를 포함해 14대의 지프차를 탈취했다. 그리고

1.7km 떨어진 군용차량 공급 업체인 아시아자동차 공장으로 몰고 가 경비병들을 위압하여 4대의 장갑차와 374대의 군용트럭에 키를 꽂게 한 후, 이들을 몰고 전남지역 17개 시군에 숨어 있는 44개 무기고를 향해 곧장 질주했다.

광활한 전라남도 땅에 골고루 숨어 있는 44개 무기고를 불과 4시간 만에 털어 2개 연대를 무장시킬 수 있는 5,403정의 총기를 탈취했다. 이는 사전 예행연습이 없고서는 불가능한 일이었다. 무기고를 향해 달릴 때는 곧장 달리더니 무기를 털어 광주로 되돌아 올 때는 여러 차례 길을 물었다. 8톤 트럭 분량의 TNT를 털어 전남도청에 2,100발의 폭탄을 조립해 놓았다. 이 폭탄을 해체할 수 있는 기술자는 전라남북도를 관할하는 계엄부대 전체에 단 1명밖에 없었다. 2,100발의 폭탄 조립은 광주의 부나비들이 할 수 있는 일이 아니었던 것이다. 사상범 170여명을 포함해 2,700명의 수용자들을 해방시킬 목적으로 광주교도소를 6차례 공격했다. 광주의 개념 없는 양아치 계급들을 몰고 다니면서 동에 번쩍 서에 번쩍 광주와 전남지역 전반에 걸쳐 동시다발적인 게릴라전을 벌였다. 이 600이라는 숫자는 검찰의 수사결과보고서에도 있고, 군 상황일지에는 비일비재하고, 1985년 발행된 안기부 보고서에도 있고, 북한 책에도 여러 곳들에 있고, 심지어는 5·18기념재단 공식 홈페이지에도 기록돼 있고, 돌로 만들어진 광주의 사적물에도 깊이 새겨져 있다.

살인기계로 훈련된 북한특수군 600명은 계엄군과 싸우기 위해 온 것이 아니라, 계엄군이 없는 곳들에서 광주시민들을 잔인하게 살해해 놓고, 이를 공수부대의 만행인 것으로 뒤집어씌움으로써 전라도 지역과 국가 사이에 남남 전쟁을 유발시켜 전남지역을 치열한 내전상태로 몰아넣고, 이 내전의 불길을 전국적으로 확대한 후, 국제사회를 향하여는 대한민국은 자국민을 학살하는 인류공동의 적이라는 내용으로 모략 선전하여, 남침의 명분을 만들어내기 위한 것이었다. 특수군 600명이 이룩한 상황적 토대를 최대한 이용하고 이를 증폭시키기 위해서는 대규모 정치 공작조가 필요했다. 이를 위해 당시 현역 대남공작부장 김중린(58세)이 이끄는 또 다른 600여명의 정치공작조가 내려왔다. 남녀 노인들, 10세 전후의 꼬마들, 영화배우, 조각가, 소설가, 음악가 등 각계의 엘리트들과 성분 좋은 사람들이 내려왔다. 김일

대한민국 역사에 길이남을 대남공작의 현장증거임.

성의 4촌 여동생인 김정숙, 김정일의 여동생인 김경희와 장성택 그리고 그 세 살 난 딸 장금송 등 8명의 로열패밀리까지 왔다.

이들 남녀노소 민간인들은 시체 장사에 동원됐다. 시체가 든 관들을 도청 안팎에 진열해 놓고, 마치 그들이 광주시민들인 것처럼 무대를 만들어 사진들을 찍고, 이 사진들을 독일 기자 힌츠페터를 통해 세계에 내보냈다. 이로 인해 전두환은 국제사회에서도 살인마 또는 독재자로 몰렸다. 이들은 또 남남전쟁을 부추기기 위해 전라도 각지에 다니면서 유언비어를 확산시켜 국가는 타도해야 할 대상인 것으로 모략했다. 1979년 10월 26일, 박정희 대통령 서거 직후부터 북한은 10명, 20명, 30명씩의 소단위 침투조를 잠수함과 태백산맥 루트 등을 통해 광주 전남 지역에 보내, 게릴라 시가전 작전을 준비케 하는 한편 대형 선박이 드나들 수 있는 교두보를 설치한 후 노인들과 어린 아이들까지 데려왔다. 이 부분에서 좌익들은 "어린 아이가 무슨 특수군이냐, 여성들이 무슨 특수군이냐" 이런 말들로 진실을 호도하려 든다. 하지만 공산당은 늘 정규전과 비정규전을 배합하여 전쟁을 한다. 어린이들과 부녀자들은 언제나 공산 게릴라전의 필수품이었다.

연구 방법 및 과정

위 결론을 내릴 수 있는 데까지에는 문헌연구와 영상분석 두 가지가 있었다. 문헌연구는 2003년부터 2014년까지 12년 동안 이루어 졌고, 영상분석은 2015년 5월 5일부터 지금까지 40개월 이상에 걸쳐 이루어지고 있다. 문헌연구는 내가 주도했고, 영상연구는 노숙자담요라는 필명을 가진 재미교포 영상전문가가 이끄는 영상분석팀이 주도했다. 이 팀은 미국 정보기관들에서 영상분석 업무를 수행했던 사람들로 신변보호 상 신분을 공개할 수 없는 사람들이다. 이 팀의 영상분석 기술을 한국사회에서는 따라 갈 사람이 없다. 사진 한 장을 분석해 주는데 200만원을 달라고 하는 것이 실력조차 없는 한국의 영상분석학자들인데 반해 노숙자담요는 수 천 개의 사진들을 오로지 애국심으로 시신경을 파괴당해 가면서 스스로 일감을 찾아 분석해 냈다. 이 험한 고생을 3년 이상에 걸쳐 스스로 감당할 사람들이 이 팀 말고 또 어디에 있을까. 나는 세계인들을 향해 물어보고 싶다. 그런데도 이 성스러운 작업, 고행의 작업을 가볍게 여기는 사람들이 우익계에 꽤 많다.

〈문헌 연구〉

내가 활용한 문헌들은 1980년 및 1995년의 검찰기록, 공판조서, 군 상황기록 등 A4지 18만 페이지 정도가 그 주류를 이루고 있다. 여기에 더해 통일부 자료, 북한의 대남공작 자료, 광주 5·18기념재단 등이 발간한 5·18유공자들의 증언집 등이 있다. 맨 먼저 발간한 책은 2008년 10월에 발간한 "수사기록으로 본 12·12와 5·18"이며, 모두 1,720 페이지, 4권으로 구성돼 있다. 이 책은 18만 쪽에 이른다는 수사 및 공판 기록들 그리고 수사기관들이 수집한 모든 증거자료들을 소화하고, 그 소화한 것들을 정리한 것으로, 완성하는데 무려 6년이 걸렸다. 독자들 중에는 4권의 분량이 읽기에 좀 과하니 2권 정도로 축약해 달라 주문하는 사람들이 꽤 있었다. 그래서 2009년에 상, 하권으로 재구성된 압축본이 나온 것이다.

전라도 사람들은 물론 각계의 유수한 사람들이 읽었다는 책이 있다. 황석영 이름으로 발간된 '넘어 넘어'라는 책이다. 원래의 제목은 "죽음을 넘어 시대의 어둠을 넘어"인데 제목이 너무 길어 짧게 부른다. 5·18에 대해 좀 안다고 나서는 사람들이 읽은 책이 바로 이 책이다. 내가 5·18 역사책을 발간하기 전까지 이 '넘어 넘어'는 이 나라에 존재하는 유일한 바이블로 군림했다. 1997년의 대법원 판결이 있기까지의 5·18재판에 관여했던 모든 판검사들이 다 이 책에 포섭된 사람들이었다. 그런데 나는 이 책을 2009년에야 읽었다. 읽어보니 팩트가 전혀 없는 악의적 모략 물이었다. 나는 수사기록을 연구했기 때문에 이 '넘어넘어'라는 책이 팩트 부재의 모략물이고, 그 모략의 수법이 북한 책들과 동일하다는 사실을 알 수 있었지만, 대개의 국민들은 나와 같을 수 없었던 것이다.

나는 재판 과정에서 재판장의 도움을 받아 통일부가 소관하고 있는 비밀자료들을 복사할 수 있었다. 북한의 '조국통일사'가 1982년에 631쪽 분량으로 발행한 "주체에 따라 나아가는 남조선인민들의 투쟁"과 조선노동당 출판사가 1985년에 발행한 119쪽 분량의 '광주의 분노' 등 여러 권의 대남공작서들이다. 북한책들을 분석한 결과 나는 세 가지 결론을 얻을 수 있었다. 북한이 특히 5·18에 대해 묘사한 표현들은 북한의 대남역사 전문가들이 각 현장에서 직접 보고 느끼기 전에는 쓸 수 없을 만큼 구체적이라는 결론, 서울 및 광주에서 벌어진 격렬한 학생시위들을 경찰이 감당할 수 없는 데에는 그들의 독특한 전략 전술이 있었기 때문이었다는 결론 그리고 마지막으로 황석영 이름으로 발행된 '넘어 넘어'는 앞의 북한 책 2개를 짜깁기 한 것이라는 결론이다. 이 두 개의 북한 책에 쓰인 전략 전술은 너무 중요하고 생생한 것들이어서 나는 여러 차례에 걸쳐 경찰이 학습하기를 바라며 인터넷에 공개한 바 있다. 결국 5·18의 바이블로 인식돼온 '넘어 넘어'는 북한이 써준 책이었다. 이 부분을 분석한 책이 바로 '솔로몬 앞에 선 5·18'(2010)이다.

이와 유사한 현상이 더 있다. 1987년 광주의 적

색 신부들은 '천주교광주대교구정의평화위원회' 명의로 '오월 그날이 다시 오면'이라는 컬러 화보집을 냈다. 거기에는 매우 비참하게 으깨진 얼굴들 15개가 가마니 또는 멍석 위에 정물처럼 올려 진 상태에서 찍힌 사진들이 나열돼 있고, 공수부대가 저지른 만행이라는 설명들이 들어 있다. 그런데 1982년에 북한이 남한에 뿌린 삐라에 그 중 5개의 사진이 인쇄돼 있다. 광주신부들이 공수부대를 모략하기 위해 북한과 결탁하여 모략용 사진을 공유한 것이다.

2014년 10월 나는 최종적으로 5·18기념재단이 소유한 '5·18유공자들의 증언집'들을 분석하였다. 5·18유공자들은 김대중 시대를 맞아 자기들 세상이 왔다고 거침없이 사실들을 실토했다. 이 증언들을 요약해 보면, 무기를 턴 것은 광주시민들이 아니었고, 계엄군을 몰아 낸 5월 21일 밤부터 5월 24일까지 전남도청은 엄격해 보이는 외지인들이 점령해 있었고, 5·18 최고급 유공자들은 외지인들이 비워준 도청에 5월 24일 밤부터 비로소 한 두 사람씩 들어가기 시작했다는 것이다. 여기까지를 포함해 나는 2014년 10월, "5·18분석 최종보고서"를 썼다. 여기까지에서 내린 결론은 간단했다. 1) 북한특수군 600명이 광주폭동을 주도했다 2) 광주에 광주인들이 구성한 시위대는 없었다. 3) 광주의 무개념 양아치 계급들은 북한특수군 600명에 부역한 부나비들이었다. 4) 대한민국 국민 중에 광주시위를 지휘한 사람은 없었다.

〈영상 연구〉

2015년 5월 3일, 일베의 어느 청년이 인터넷에서 유명했던 현장 사진 속 주역 얼굴이 북한 얼굴과 닮았다는 글을 올렸다. 연합뉴스는 2010년 평양 노동자회관에서 거행된 5·18 제30주년 기념행사장 사진을 보도했다. 그 행사장 로열석에 앉아있는 사람의 얼굴이 광주의 대표 폭도의 얼굴과 일치한다는 것이었다.

나는 시스템클럽 홈페이지에 '영상분석 전문가를 찾는다' 도움을 청했다. 이에 노숙자담요가 즉시 나타나 5월 5일, 제1광수에 대한 얼굴을 과학적으로 분석해 올렸다. 그는 얼굴의 각 부위에 화살표를 그어가면서 비교해주었고, 특히 얼굴 특징에 대한 분석을 자세히 해주었다. 이 분석내용을 접한 수많은 네티즌들이 감탄을 했고, 흥분한 네티즌 매니어들이 광주 현장 사진들을 찾아내서 "이 얼굴이 북한 인물 사전의 누구와 닮았다"며 노숙자담요에게 분석을 의뢰하기 시작했다.

네티즌들의 토스와 노숙자담요의 분석에 의해 광주에서 찍힌

현장 얼굴들이 북한의 아무개와 같은 얼굴이라는 분석결과들이 속속 나오기 시작했다. 나오는 순서대로 제1광수 제2광수로 명명되었고, 지금 이 글을 쓰는 2018년 7월 13일 현재까지 무려 567명의 광수가 나왔다. 숫자적으로 보면 네티즌 매니아들이 발굴해낸 광수는 전체 숫자의 10% 정도를 좀 넘을 것이다. 하지만 광수 찾기 분위기를 만들어낸 이들의 기여는 대단한 것이었다. 광수라는 이름은 광주에 다녀간 북한사람을 의미한다. 5 · 18당시 북한이 모든 TV프로를 생략하고 24시간 광주사태를 실황중계 했는데, 군 내무반에서 이를 시청하던 병사들이 "야, 저기 광수가 달린다, 광수, 저것 좀 봐" 하며 박수를 치면서 부러워했다는 이야기가 있다. 이 이야기는 탈북자들이 2009년에 발행한 수기집 "화려한 사기극의 실체 5 · 18"에 소개돼 있다. 이로부터 광수는 5 · 18을 연구하는 네티즌들의 유행어가 됐고, 광수라는 이름은 노숙자담요가 붙인 이름이 아니라 네티즌들이 붙인 이름이다.

광주 현장 사진 한 장에 있는 29개의 얼굴이 최근 김정은과 함께 찍은 인민군 장군단에 다 들어 있기도 했다. 광주 사진 한 장에 들어

있는 29개의 얼굴이 최근 김정은과 함께 찍은 29명의 얼굴과 같다는 것은 확률이 아니라 팩트를 의미한다.

현 주홍콩 북한총영사 장성철, 그는 전남도청 앞에서 교련복을 착용한 상태에서 혀를 내미는 순간에 카메라에 잡혔다. 그는 2017년 3월, 홍콩 봉황TV와 28분간 인터뷰 하는 데 무려 32번씩이나 혀를 내밀었고, 노숙자담요가 그 32개의 순간 모두를 포착했다. 두 얼굴의 뺨에 나 있는 깊은 흉터도 똑같이 일치한다. 광수에 동의하지 않는 사람들, 제1광수로부터 제497광수까지를 부인한다 해도 제498광수까지는 부정할 수 없을 것이다. 이 한 광수만 인정해도 광주에 북한특수군은 온 것이다.

지금까지 발견한 567명의 광수들 중에는 인민군 원수가 1명, 차수가 12명, 대장이 47명, 역대 내각총리 5명, 최룡해, 김영철, 황병서 등등 우리에게 잘 알려진 인물들이 다 들어 있다. 북한의 고위급 치고 광주에 오지 않은 사람이 없다. 광주는 북한사람들의 가장 큰 출세코스였다. 황장엽과 김덕홍도 광수, 강명도와 조명철을 위시한 탈북자 60명도 광수로 판독됐다. 광주시와 5·18 기념재단 등은 2015년 10월부터 2016년 3월까지 6개월 동안 광주의 번화한 공간들에 광수 사진들을 크게 확대하여 사진전을 열었지만 단 한 사람도 나타

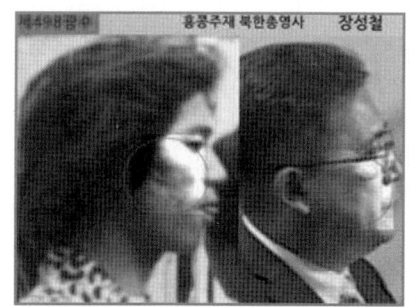

나는 사람이 없었다. 광주폭동의 주역들이 광주 사람들이 아닌 것이다.

내가 문헌들만을 가지고 연구했을 때는 단지 북한특수군이 600명 왔다는 사실까지만 확인했다. 그런데 노숙자담요의 영상분석 결과 광수들의 존재를 비로소 알게 되었고, 그 얼굴들에 대한 관등성명을 알게 되었다. 연령이 다양하고 사회적 지위들이 다양하게 분포돼 있다는 사실을 알게 되었다. 광주 현장 사진들을 보면 그들이 무슨 작전을 했다는 것을 판단할 수 있게 한다. 그래서 노숙자담요와 나는 김일성이 특수군 600명만 보낸 것이 아니라 또 다른 600여명의 정치공작조를 별도로 내려 보냈다는 판단을 할 수 있었다. 20사단 지프차를 몰고 가는 사진, 장갑차를 유도하는 사진, TNT를 조립하는 사진, 도청을 배타적으로 점령하고 있는 사진, 시체장사를 하는 사진 등으로부터 그들이 무슨 작전을 했는지 충분히 해석할 수 있었던 것이다. 수백에 이르는 현장사진들은 주로 노숙자담요에 의해 발굴되었고, 그 사진들은 우리에게 두 가지 의미를 선사했다. 당시 북한이 어떤 작전을 수행했는지 알 수 있게 했고, 현장 사진 속 얼굴이 북한의 누구라는 사실을 알 수 있게 했다. 이는 5·18연구를 완전에 가깝도록 할 수 있게 한 하늘의 뜻인 것으로 해석된다.

북한이 주도한 '침략작전' 임을 증명하는 사실들

검찰수사결과보고서 9개 줄에 숨어 있는 북한특수군 600명

　1995년 7월 18일자로 민-군 검찰이 공동으로 발행한 "5·18관련사건 수사결과" 제92-93쪽에는 굉장히 중요한 내용이 9개 줄로 표현돼 있다. 5.18을 북한군이 주도했다는 사실이 바로 이 9개 줄에 표현돼 있었지만 이 9개 줄을 이제까지 제대로 해석한 사람이 없었다. 지금도 5·18 옹호세력은 북한군 개입설을 한마디로 부정한다. "5·18에 북한이 개입했다면 그 엄청난 권력과 방대한 정보기관들을 거느리고 있었던 전두환과 노태우 정권이 어떻게 발견해 내지 못했겠느냐" 이렇게 주장하지만 그 막강한 권력과 그 방대했던 정보기관에 근무했을 수백 명의 분석관들은 이 9개 줄을 해석할 줄 몰랐다. 그 누구도 이 9개 줄을 제대로 해석할 수 있는 내공과 관찰력이 없었던 것이다. 아래는 문제의 9개 줄이다.

"02:30경 용산을 출발, 고속도로를 경유하여 08:00경 광주에 도착한 20사단 지휘차량 인솔대는 광주공단 입구에서 진로를 차단한 수백 명의 시위대로부터 화염병 공격을 받고 사단장용 짚차 등 지휘용 짚차 14대를 탈취당하였는데, 그 과정에서 사병 1명이 실종되고(수일 후 복귀), 2명이 부상을 입었으며, 09:00경 20사단 지휘차량을 타고 온 시위대 3백여 명과 고속버스 5대를 타고 온 시위대 3백여 명이 아시아자동자공장을 점거하고 장갑차 4대와 버스 등 차량 356대를 탈취하여 광주시내로 진출하였음."

게릴라전, 특수전에 대한 상식이 없는 사람들이 이를 읽으면 전혀 이상한 점을 발견하지 못한다. 1985년의 안기부가 그랬고, 1995년의 검찰이 그랬다. 그냥 시위대가 20사단 차량 부대를 공격해 10여대의 지프차를 **빼앗**고, 아시아자동차 공장에 시위대 600명이 모여 장갑차 4대와 수백 대의 차량을 탈취해 시내로 나갔구나, 하는 정도의 느낌을 주는 데 그쳤다. 하지만 나의 눈에는 아래와 같이 읽혔다. 군부대 이동 상황은 극비 중의 극비정보다. 위 문장에는 이 극비정보가 이들 300여 명의 폭도들에 넘어갔다는 뜻이 들어 있다. 시위의 주역들이라는 10-20대의 양아치 계급이 할 수 있는 일이 아니다. 매복 장소를 선택해 사전에 300명이 매복해 있다가 감히 현역부대를 공격할 수 있는 작전능력은 국제수준의 용병 정도나 행할 수 있는 작전이다. 오전 08:00에 정규군을 공격하려면 적어도 06시 정도에는 300명의 시위자들 각자가 집에서 기상하여 최소한 07:00경 공격대기지점(Line of Departure)에 집결하여 실무적 작전점검을 하고, 공격대기지점에 매복해 있다가 08시에 작전을 개시했다는 말이 된다. 10~20대 양아치들이 할 수 있는 일이 아니다.

사단장용 지프차를 위시하여 14대의 지프차를 몰고 곧장 1.7km 떨어진 군납업체인 아시아자동차공장으로 갔다는 것은 17개 시군에 숨어있는 44개 무기고를 털 군용트럭이 필요해서였다. 아시아자동차공장은 요새다. 높고 견고하고, 철조망이 있고, 망루가 있고, 경비병들이 있다. 이런 벽을 뚫고 그 많은 차량을 탈취하려면 삼엄하게 경비를 서는 경비병을 제압해야 했다. 경비병과 싸우려면 총이 있어야 하는데 폭도에는 총이 없다. 총 없는 폭도 600여 명이 총을 가진 경비병들을 제압하기 위해서는 기발한 작전이 필요했다. 사단장용 지프차 등 14대의 지프차를 구태여 빼앗아 아시아자동차공장으로 갔다는 것은 "이 거 봐라, 20사단이 다 일망타진됐다, 이미 대세가 기울었으니 반항하지 말고 순순히 항복하라" 또는 "우리가 20사단 지휘부다. 문 열어라"는 식의 위압용이었을 것이다.

시위대 600여 명이 아시아자동차 공장을 점거했다는 말은 경비병력이 순순히 경비를 풀고 문을 열어주었다는 것을 의미한다. 장갑차와 군용차를 수백 대 단위로 내주었다는 것은 차량키를 꽂아주었다는 뜻이다. 그 많은 장갑차와 군용차량들을 몰고 시내로 나갔다는 말은 자가운전 시대가 아니었던 시대에 광주에 장갑차를 4대씩이나 운전을 할 수 있는 운전기술자들, 군용트럭을 370여대나 몰 수 있는 많은 운전사들이 광주에 있었다는 말이 된다. 극비의 군사정보를 입수해 가지고, 미리 300명 단위로 매복해 있다가 감히 현역사단 행군부대를 기습하고, 14대의 지프차를 빼앗아 몰고, 군용차량 제조공장으로 달려가 또 다른 300명과 합세하여 4대의 장갑차와 374대의 군용트럭을 탈취해 이를 몰고 시내로 나갈 수 있는 다재다능한 능력을 가진 600명의 집단이라면 국제 용병 급 집단이 아닐 수 없다, 광주에 이런 맥가이버들이 600명씩이나 있었다는 것은 해가 서쪽에서 뜬다는 것을 믿으라는 것과 같을 것이다. 이상이 내가 검찰보고서에 기록돼 있는 9개 줄을 읽는 독해방법이다. 이 9개 줄을 놓고 군과 안기부와 검찰 및 법관들은 겉만 읽었고, 나는 속을 읽었던 것이다. 그래서 그들은 북한특수군을 보지 못했고, 나만 보게 된 것이다.

안기부 보고서에 숨어 있는 38개 무기고 4시간에 턴 사실

1985. 5. 안기부가 발행한 "광주사태 상황일지 및 피해현황"에는 1980년 5월 21일 낮 12시부터 오후 4시까지 전남지역 17개 시-군에서 38개 무기고를 털어 5,403 정의 총기, 다이너마이트 등을 탈취했다는 결론을 뒷받침하는 기록들이 분산돼 있다. 북한이 발간한 책 "광주의 분노"(1985)에는 6개의 무기고 이름이 더 표기돼 있다. 그런데 검찰자료와 안기부는 수십 개 페이지에 걸쳐 낱개 항목들만 나열

해 놓았을 뿐, 이를 통계적으로 처리하지 못해 의미 있는 정보를 가공해 내지 못했다. 통계학에 훈련된 분석가가 없었기 때문이었다. 가공해 낸 위 정보가 있으면 북한군이 보이는 것이고, 검찰이나 안기부처럼 항목들만 나열해놓고 있으면 북한군이 보이지 않는 것이다.

새로 발견한 사실들

검찰 보고서와 안기부 보고서에 들어 있는 기록들은 북한특수군 600명의 존재를 확인해 주는 매우 중요한 정부문서였지만 과거의 재래식 분석관들은 이 중요한 자료들을 체계화하고 해석할 수 있는 능력을 갖지 못했다. 이것도 매우 아쉬운 일인데 그들은 아래의 여러 가지 사실들을 발굴하지 못했다. 새로운 사실의 발견은 5·18을 다시 재판할 수 있는 재심사유가 된다. 북한특수군은 수백 개의 현장 사진들을 남겼다. 5·18진상규명에 앞장 선 '5·18기념재단 상임이사' 김양래는 2017년 10월 12일, 법정 증언대에 서서 용병과도 같은 몸매를 가진 사진 속 군병들의 모습을 놓고 전두환이 투입시킨 '편의대'(게릴라)라는 기막힌 변명을 했다. 아무리 억지를 잘 쓰는 그들이었지만 국제 급 용병들로 보이는 사진 속 모습들과 용병 급들만이 벌일 수 있는 상황들에 대해서는 감히 그것들을 광주의 양아치들이 벌인 상황이라고 주장하지 못하는 것이다.

광주시장 윤장현은 2017년 4월 19일. '광주시민들은 결코 광주교도소를 공격하지 않았다'며, 광주시위대가 교도소를 공격했다고 발언한 남재준 대통령 후보에 대해 법적 조치를 취하겠다고 말했다. 하지만 1997년 4월 17일자 대법원 판결서에는 광주시위대가 광주교도소를 5회나 공격했다고 기록돼 있다. 위 판결문에는 광주교도소를 제3공수여단이 방어하고 있었으며, 그 방어 과정에서 공격자들을 살해한 것은 무죄라는 판결까지 있다. 광주교도소는 분명히 공격을 당했고, 그 공격자가 광주시민이 아니라면, 그들은 민간복장을 한 북한군인이라는 결론을 낼 수밖에 없는 것이다.

5·18기념재단 공식홈페이지 게시판에는 "5.22.15:08 서울에서 온 대학생 환영식 거행"이라는 글자가 기록돼 있다. 광주출신 동아일보 기자 김영택은 검찰진술에서 "복면한 500명"이 무기반납을 방해하고 계속해서 싸우자고 선동한 사실을 증언하면서 그 500명의 외지인이 '전두환이 광주사태를 키우기 위해 위장 침투시킨 정부군일 것이라고 믿는다'는 내용을 검찰에서 진술했다. 민주화운동 최고반열에 속하는 5·18유공자들 모두가 그들이 쓴 "항쟁기록"에서 무기는 누가 털었는지 모른다 했고, 5월 24일까지 도청은 위엄 있는 사람들이 점령해서 자기들은 5월 24일 오후에야 비로소 도청에 들어갈 수 있었다고 증언했다.

5·18유공자 최고 반열에 속한 전 평민당 국회의원 정상용(당시 30세, 무기징역)은 이렇게 증언했다. "5월 26일 기동타격대가 편성됐다. 도청을 장악한 사람들은 따로 있고, 우리는 사태를 수습하려고 도청으로 간 거다. 장악한 사람들은 위엄 있는 높은 관료 정도로 보이는

사람들인데 우리들을 들어가지 못하게 했다. 무기를 탈취한 사람들은 광주가 통제해서 보낸 사람들이 아니다."

5·18유공자 최고 반열에 속한 또 다른 유공자 허규정(무기징역)은 이렇게 증언했다. "나는 5월 26일 출범한 투쟁위원회의 내무위원장을 맡았다. 우연히 지나다가 공수부대 요원들이 젊은 학생들을 따라다니며 때리는 것을 보고 분노하기 시작했다. 그러다가 나도 공수부대에 이리저리 쫓겨 다니는 신세가 됐다. 운동권에 속했던 것도 아니고 순전히 개인자격으로 휩쓸렸다. 시민들 하고 이리저리 밀려다니기만 했다. 그 시위는 누가 주도하는 사람도 없고 리더도 없었다. 어른들은 시국수습대책위원회, 젊은 사람들은 학생수습위원회, 서로 말이 다르고 통제가 안 되었다. 조직이 움직이지 않고 엉망이었다. 그런데 윤석루가 나이도 굉장히 어린데 기백이 있어서 기동타격대를 장악했다. 윤석루는 학생도 아니었다. 특별한 방법은 안 나오고 맨날 회의만 했다. 운동권 간부들은 모두 다 예비검속으로 미리 잡혀 가버렸고, 여기에 모인 사람들은 모두 개념 없는 사람들뿐이었다. 23일의 이런 모습을 본 위엄 있는 '국장급 공무원들'이 24일부터는 보이지 않았다. 남은 사람들은 오직 종교지도자들, 교수들 그리고 젊은 사람들뿐이었다. 이들은 모두 사태를 여기서 끝내고 시국을 수습하자고 했다. 나도 멋모르고 참여해 이리저리 휩쓸리다가 내무위원장이된 거다." 폭동의 현장 주역들이 광주사람들이 아니라는 것을 확실히 증언한 것이다.

통일부 '주간북한동향분석'에 널려 있는 기록들이 있다. 북한에서

5·18청년호

는 매년 5월이 되면 전 지역 시-군 단위로 5·18기념행사를 하면서 남조선 파쇼와 미제의 원수를 갚자는 선동전을 벌인다는 것이다. 북한에서 최고인 것에는 5·18을 영예의 상징으로 하사한다. 기차역 사진에는 "5·18무사고 정시견인초과운동"이라는 대형 글씨가 써 있다. 장거리 유도탄 탄두 피를 압축하는 1만 톤짜리 프레스(룡성기계)에는 '5·18청년호'라는 글씨가 있다. 그 외 '5·18영화연구소' '5·18공장' '5·18대형단조공장' '5·18누에고치반' '5·18전진호' '영예의 5·18청년직장' '5·18땅크호' '5·18청년제철소' 등이 있다. 2015년 10월 15일자 연합뉴스는 기사와 방송을 통해 남한의 모든 민주화운동은 김일성 교시에 의해 수행됐고, 그 최고봉이 5.18이라고 명시했다는 사실을 보도했다. 1989년 김일성이 직접 황석영과

님을 위한 교향시

영화문학 리춘구 황석영

윤이상을 데려다 5·18영화 "님을 위한 교향시"를 제작해 1991년부터 주기적으로 상영한다. 5·18을 북한이 주도한 것이 아니라면 북한이 왜 남한보다 훨씬 더 방대한 노력들을 5·18을 기리는 일에 기울이고 있는 것인가? 2015년 5월 18일, 광주시 전체가 나서서 "5·18 35주년기념행사"를 성대하게 거행했다. 매우 놀랍게도 광주시가행진에는 김대중과 김정일이 두 손 모아 주체탑 횃불을 높이 치켜들고 있는 대형 조형물이 행군대열을 향도했다. 광주사람들의 머리에는 "5·18은 김대중과 김정일의 합작품"이라는 잠재의식이 내재해 있는 것이다.

작곡 윤이상

2015. 5. 18 시가행진

광주 현장에서는 있을 수 없는 현장 사진들이 있다. 예를 들면 당시에는 경찰복을 착용하면 즉시 살해되었는데 발굴된 현장사진에는 경찰복을 입은 사람이 질서를 통제하는 모습이 담겨있다. 상황에 맞지 않는 세트장을 만들어 모략용 사진을 찍은 것이다. 황장엽과 김덕홍이 1998년에 했던 증언들이 2013년 5월에 기사화되고 방송도 됐다.

도청안의 경찰(1980. 5. 23)

"5·18은 북한 통전부가 주도한 것이었는데 남한에 뒤집어씌운 것이고, 통전부는 사태 직후 성공을 자축했다. 많은 사람들이 훈장을 받고, 술파티를 열었다."

　청주에 집단 가매장된 무연고유골 430구가 2014년 5월 13일, 광주로부터 200km 떨어진 청주 흥덕구 깊은 밀림 지대에서 발견됐다. 1m 깊이로 파인 넓은 공간에 가매장돼 있었다. 이 유골 430구는 북한특수군이 1980년 5월 21일 밤 6차례에 걸쳐 교도소를 무리하게 공격하다가 발생한 것으로 확신된다. 규격이 일정한 나무판 위에 시체를 올려놓고 두꺼운 비닐로 칭칭 감은 후, 그 위에 일련보호를 매긴 상태로 발견됐다. 비닐로 시체를 감은 것은 5월 더위에 부패하는 시체에서 흐르는 액을 긴급히 감싸기 위한 것이었다. 이러한 시체포장 방법은 오로지 5·18 광주에서만 딱 한번 있었을 뿐, 대한민국 어디에서도 이런 식으로 시체를 포장하지 않는다. 이 유골은 2014년 10월

청주유골 　　　　　　　　광주 시체포장

4일 인천 아시안게임 폐막식 날 황병서-최룡해-김양건이 뜬금없이 몰고 왔던 '김정은 전용기'에 실려 갔을 것으로 확신된다.

2015년 10월 13일, 나는 보신각에 무대를 차려놓고 5.18관련 집회를 했다. 그때 북한 여성 2명이 나와서 매우 귀한 증언을 했다. 초등 생이었을 때 등교할 때마다 매일같이 학교에서 확성기를 통해 들려주던 노래라며 그 노래를 들려준 것이다. 키워드는 '광주' '무등산' '억세게 싸우다가 무리죽음 당한 그들' '하나로 잇자' 등일 것이다.

제1절
광주라 무등산에 겨울을 이겨내고
연분홍 진달래가 곱게 피어나네
동강난 조국땅을 하나로 다시 잇자
억세게 싸우다가 무리죽음 당한 그들
사랑하는 부모형제 죽어서도 못 잊어
죽은 넋이 꽃이 되어 무등산에 피어나네

제2절
광주라 무등산에 봄철을 부르면서
새빨간 진달래가 붉게 피어나네
찢어진 민족혈맥 하나로 다시 잇자
억세게 싸우다가 무리죽음 당한 그들
사랑하는 부모형제 죽어서도 못 잊어
젊은 넋이 꽃이 되어 무등산에 피어나네

북한이 왜 매일 등교하는 어린 학생들에게 이 노래를 틀어줄까? 북한이 왜 광주를 노래하고 무등산에 흩어진 넋을 죽어서도 잊지 못한다며 슬픈 곡조로 노래할까? 동강난 조국 땅과 민족의 혈맥을 다시 잇고자 광주에서 억세게 싸우다 무리죽음 당한 그들이 과연 광주의 양아치들일까? 북한이 어째서 광주의 천대받던 양아치들을 이토록 애간장 녹이듯 슬프게 노래할까? 무리죽음 당한 이들의 사랑하는 부모형제가 북한에 있다는 것인가, 남한에 있다는 것인가? 북한이 왜 광주와 무등산과 무리죽음을 이토록 애절하게 노래할까? 청주에 가

매장돼 있던 430구, 망월동에 신원불상자로 묻혀있는 12구가 곧 억세게 싸우다 무리죽음당한 그들인 것이다.

　광주사람들이 가장 난감해 하는 사진들이 있다. 10세 전후의 어린 여학생 10여 명이 계엄군 아저씨 앞에서 행복하게 웃는 얼굴을 한 채, 대화를 나누고 있는 사진이 있고, 어지럽게 쌓인 파괴의 잔해들을 땀 흘려 청소해 주고 있는 사진이 있다. 이것이 마음에 걸렸는지 북한은 '귀축 같은 계엄군' 이 쇼를 하고 있는 것이라 비난했다. 통계를 내 보면 광주에서 사망한 사람의 80% 이상은 10-20대의 양아치들이고, 1심에서 유죄를 받은 283명의 80%가 10-20대이며, 사망한 사람의 80%가 계엄군이 없는 곳들에서 사망했다.

　총상 사망자 116명의 75%에 해당하는 85명이 시민들이 소지한 카빈총 등에 의해 사망했다. 당시 폭도들이 M16소총도 다수 소지하고 있었던 사실까지 대입하면 총상사망자의 대부분을 폭도들이 죽인 것이 된다. 이 모두가 대학생들로 위장한 북한특수군의 소행으로밖에 볼 수 없는 현상들이다. 당시 광주에서의 유행어는 "연고대생 600명" 이었다. 기록에는 전옥주(본명 전춘심)가 "시민 여러분 서울에서 연고대생 600명이 곧 우리에 가담하려고 오고 있습니다"라는 취지의 방송을 했고, 훗날 이에 대해 질문을 받은 전옥주는 누군가가 쪽지를 주어서 그대로 읽었을 뿐이라고 답했다. 전옥주를 모르는 계엄군은 없다. 수많은 병사들이 그들의 상관들에 "저 북한에서 온 여자를 쏘아 죽이게 해주십시오" 간청들을 했다.

남한의 모든 폭동은 다 민주화운동

한국군은 광주에서도, 베트남에서도 짐승이었다는 좌익세력

5·18의 진실은 '북한의 침략'이다. 이렇게 명백한 사실을 놓고, 왜 한국의 좌익들은 끝없이 한국군에 의한 양민학살이라 주장하는 것일까. 무슨 이유로 광주에서 발생한 피해가 반드시 공수부대에 의해 발생했다고 말해야 5·18의 명예가 보존되는 것이고, 북한군에 의해 발생했다고 하면 5·18의 명예가 훼손된다며 집단폭력을 가하고 소송행위를 남발하는 것일까? 이 이상한 현상을 이해하려면 좌익이 어떤 존재인지부터 먼저 알아야 한다. 좌익들은 민족과 역사의 정통성이 북한에 있고, 김일성은 민족의 위대한 영웅이라는 종교적 신념에

세뇌돼 있다. 한국을 건국한 이승만은 친일파를 이끌고 불법적으로 정부를 세운 민족의 반역자라고 믿는다. 대한민국이 부끄러운 존재이며 하루 빨리 멸망시켜 북한에 흡수시켜야 한다고 믿는다. 이들의 영향력 때문에 대한민국은 세계에서 유일하게 생일이 없는 국가가 됐다. 이승만이 세운 나라는 나라가 아니라는 것이다.

　최근에 보도된 사실 하나가 큰 도움이 될 것이다. 2017년 9월 14일, 수많은 매체들이 '정대협' 대표 윤미향에 대해 보도했다. '정대협'이란 '정신대문제대책협의회'의 약자로 위안부를 내세워 반일, 반미, 반국가, 종북활동을 하는 여성단체다. 정대협 간부들의 배우자나 가족들 중에는 간첩전과자들과 국가보안법 전과자들이 많다. 2017년 9월 14일의 보도내용은 실로 눈과 귀를 의심케 한다. 윤미향이 위안부 노파들을 동원하여 서울 종로구 주한 베트남대사관 앞에서 "베트남 정부와 베트남 인민에게 한국 국민으로서 진심으로 사죄드립니다"라고 적힌 팻말을 들고 시위를 한 것이다. 1940년 전후의 일본군이 한국에서 저지른 악행을 1960년대의 한국군도 베트남에 가서 똑같이 저질렀다는 것이다. 한국군이 베트남에서 양민을 마구 학살했고, 여성들을 무자비하게 성폭행을 한 사실에 대해 윤미향이가 한국

베트남대사관 앞, 윤미향(2017.9.14.)

위안부 이름으로 사과를 한다는 것이다. 시위에 그치지 않고 곧 대표단을 구성해 베트남으로 가서 사과행진을 하겠다고 했다.

한국군이 베트남에서 양민을 학살하고 성폭행을 일삼았는가?

한국군은 1964년부터 1973년까지 총 325,000명 규모가 참전했다. 고생은 차치하고서라도 전사자가 5,000여 명, 고엽제로 고생해온 장병들이 16만 명이 넘는다. 한국군은 미국을 위시해 호주, 뉴질랜드, 태국, 필리핀과 어깨를 나란히 하여 참전하였지만, 특히 한국군의 활약상이 세계적인 모범사례가 되었다. 한국군은 2개 전선에서 열심히 싸웠다. 한편으로는 베트콩과 용맹하게 싸웠다. 베트콩에게 따이한은 공포의 대상이 되었다. 다른 한편으로는 민심을 얻기 위해 대민심리전을 수행했다. 교량, 유치원, 노인정 등을 건설해 주고 잔치를 베풀며 먹거리를 제공해주고 치료를 해주었다. 배트남 주민들에게 따이한은 천사였다. 게릴라는 고기요 민간은 물이라는 것이 채명신 전략의 핵심 이론이었다. 민간인들의 마음을 얻었기 때문에 베트콩의 움직임에 대한 정보가 그들로부터 속속 들어왔다. 한국의 위상이 급상승한 것은 오로지 한국군의 눈부신 활약 때문이었다. 이는 매우 자랑스러운 세계사의 한 페이지로 이미 활자화 돼있다.

1952년, "한국에서 민주주의를 바라는 것은 쓰레기통에서 장미꽃을 구하는 것과 같다" 이렇게 혹평했던 바로 그 런던타임즈가 14년 후인 1966년 5월 29일자 특집에서 "한국군이 월남전을 맡았거나, 미군이 한국군 전술을 채택했더라면 벌써 승리로 끝냈을 것"이라며 한국을 극찬했다. 한국을 불신했던 IMF의 전신 '서방11개국 금융클럽'이 1966년에는 "월남전을 보니 한국은 희망이 있는 나라더라"며 27억 달러의 차관을 제공했다. 주월한국으로 인해 천막회사에 불과했던 현대, 한진, 새한 등이 대기업으로 성장했고, 베트남의 뜨거운 기후에 훈련된 병사들이 중동의 모래사막에 가서 중동특수를 이룩해 냈다. 이로부터 한국경제는 매년 13%의 고공성장을 할 수 있었던 것이다. 이것이 역사의 객관적인 기록이다. 이 귀한 대한민국의 역사는 감히 정대협이라는 위안부 단체 따위가 끼어 들 군번이 아니다. 이런 성격의 역사를 놓고, 50년이 지난 지금 감히 한국군을 학살집단이요 성폭력 집단으로 매도하고 나서는 집단이 바로 빨갱이 집단인 것이다.

빨갱이들이 5·18을 한국군이 저지른 만행이라고 주장하는 것은 바로 정대협이 베트남전에 참전한 자랑스런 한국군을 모략하는 것과 똑 같은 것이다. 빨갱이들은 팩트로 말하는 것이 아니라 모략으로 말하는 집단이다. 한국군은 베트남에서 양민을 학살하지 않았다. 초대 주월한국군 사령관 채명신 장군은 "100명의 베트콩을 놓치는 한이 있더라도 한 명의 양민을 보호하라" 명령했다. 이 명령은 모든 장병들에 감동을 주었다. 베트남전에 참가한 국가들 중 대민활동을 한국군처럼 전격적으로 벌인 국가는 없다. 한국군처럼 성공한 국가도 없다. 베트남 사람들은 한국군을 "따이한"이라 부르며 신뢰하고 따랐다. 나는 소위로부터 대위까지 44개월이나 베트남 전쟁터에서 전투를 했기 때문에 이 사실을 매우 잘 안다.

윤미향, 그녀의 남편 김삼석은 1994년에 남매간첩단 사건으로 옥살이를 했다. 남편의 여동생도 간첩으로 선고된 적이 있었고, 여동생의 남편 최기영은 일심회 간첩이었다. 윤미향은 지금까지도 그 남편과 함께 '수원시민신문'을 매개로 반국가활동을 함께 벌이고 있다. 이런 윤미향보다는 내가 더 신뢰받을 수 있는 대상일 것이다. 한마디로 따이한은 베트남 국민들로부터 많은 사랑을 받았다. 이것이 사실임에도 한국에 사는 빨갱이들은 베트남 사람들을 상대로 한국군을 양민학살자요 성폭행을 일삼는 짐승이었다고 모략한다. 왜 그럴까? 대한민국을 증오하기 때문이다. 대한민국을 증오하기 때문에 이승만을 증오하고 박정희를 증오하고 맥아더와 미국을 증오하고 일본을 증오하는 것이다. 5.18폭동을 진압한 특전사 장병들이 빨갱이들로부터 모략당하는 이유는 특전사 장병들이 북한특수군 대부분을 사살했기 때문이고, 베트남에 갔던 한국군이 빨갱이들에 모략당하는 이유는 한국군이 공산 베트콩들을 많이 죽였기 때문이다.

남한에서 발생한 모든 폭동은 북한의 공작

 1919년 소련에서 결성된 국제공산당(코민테른)의 여파로 많은 국가들이 골머리를 앓았다. 일본과 미국도 예외가 아니었다. 1924년, 안동 출신 김재봉이 코민테른의 밀명을 받고 서울에 들어와 지하에서 조선공산당을 결성하면서부터 남한의 공산주의자들은 일본경찰과 숨바꼭질을 했다. 1945년 8월 23일부터 북한에 진주한 소련군은 남한까지 삼키려는 야욕을 품고 세 가지 사업을 추진했다. 하나는 남한사회를 끝없이 교란시켜 남침의 기회를 마련하려는 것이고, 또 하나는 반미감정을 부추겨 미국을 추방시키려 한 것이고, 또 다른 하나는 남한 역사를 식민지역사로 매도하기 위해 소련이 저지르는 모든 폭동을 민주화운동으로 기록하는 것이었다. 지금 대한민국 역사기록의 주도권을 좌익이 완전 장악한 것은 여기에 그 뿌리가 있다.

해방 다음 해인 1946년 7월, 김대중 고향 하의도에서는 농민이, 화순탄광에서는 광부들이 폭동을 일으켰다. 모두 공산주의자들이 소련의 사주를 받아 일으킨 폭동이었다. 가장 큰 공작은 1946년의 9월 총파업과 10월 대구폭동이었다. 9월 총파업은 30일 동안 한국의 경제활동을 얼음처럼 동결시켰고, 10월 1일 대구로부터 시작된 대구폭동은 41일 동안 3남 지방에 걸쳐 경찰 및 지방공무원들의 시체를 각으로 떠, 처마와 나무에 매달아 놓는 등 전국을 공포의 도가니로 몰아넣었다. 좌익 역사 기록자들은 이 사건들을 미국의 식민주의 야욕으로부터 조선을 해방시키기 위한 민주화운동이었다고 왜곡했다. 하지만 이러한 왜곡은 1995년, 북한을 점령한 소련의 스티코프 비망록이 공개되면서 철퇴를 맞았다. 비망록에 의하면 스티코프 사령관이 이 두 사건에 일화 500만 엔을 지원했고, 폭동작전을 지휘했다. 이후 좌익 역사기록자들은 이 두 개 사건에 대해서는 주춤한 상태에서 제주 4.3 반란사건을 민주화운동이라고 왜곡했고, 여수-순천 반란사건도 민주화운동, 5 · 18도 민주화운동이라고 왜곡했다.

1948년 6월 9일자 경향신문은 미군정청 경무부장 조병옥 박사가 쓴 4.3사태의 실상을 이래와 같이 보도했다. 그런데 제주도 무장 폭도들이 저지른 이 잔악한 만행은 지금 '이승만과 미군정이 저지른 만행'으로 둔갑돼 있다.

"(4월 3일)폭동이 일어나자 1읍 12면의 경찰지서가 빠짐없이 습격을 받았고 저지리, 청수리 등의 전부락이 폭도의 방화로 전부 타버렸을 뿐만 아니라, 그 살상방법에 있어 잔인 무도하여 4월 18일 신촌서는 6순이 넘은 경찰관의 늙은 부모를 목을 잘라 죽인 후 수족을 다 절단하였으며 대동청년단 지부장의 임신 6개월 된 형수를 참혹히 타살하였고, 4월 20일에는 임신 중인 경찰관의 부인을 배를 갈라 죽였고, 4월 22일 모슬포에서는 경찰관의 노부친을 총살한 후 수족을 절단하였으며, 임신 7개월 된 경찰관의 누이를 산 채로 매장하였고 5월 19일 제주읍 도두리서는 대동청년단 간부로서 피살된 김 용조의 처 김 성희와 3세 된 장남을, 30여 명의 폭도가 같은 동네 김승옥의 노모 김씨 (60)와 누이 옥분(19), 김종삼의 처 이씨(50), 16세된 부녀 김 수년, 36세 된 김 순애의 딸, 정 방옥의 처와 장남, 20세 된 허 연선의 딸, 그의 5세 어린이등 11명을, 역시 고 희숙씨 집에 납치, 감금하고 무수히 난타한 후 눈오름이라는 산림지대에 끌고 가서 늙은이 젊은이 불문하고 50여명이 강제로 윤간을 하고 그러고도 부족하여 총과 죽창, 일본도등으로 부녀의 젖, 배, 음부, 볼기 등을 함부로 찔러 미쳐 절명하기도 전에 땅에 생매장 하였는데, 그중 김성희만이 구사일생으로 살아왔다. 폭도들은 식량을 얻기 위하여 부락민의 식량, 가축을 강탈함은 물론, 심지어 부녀에게 매음을 강요하여 자금을 조달하는 등

천인이 공노할 그 비인도적 만행은 이루 헤아릴 수 없는 정도이다."

1989년 5월, 부산에서 동의대 사건이 발생했다. 학생들이 불법 농성을 벌여 도서관에서 경찰관 7명을 불태워 죽였다. 관련자 71명이 재판에 회부되어 2년 이상 무기징역형에 이르기까지 다양한 형량을 받았다. 그런데 2002년 김대중 정부는 이들 중 죄질이 나쁜 순위로 46명을 골라 민주화에 기여한 유공자로 인정했고, 가장 악질적인 주동자에 대해서는 2002년 화폐로 6억 원의 일시금을 보상했다. 노태우 정부는 독재정권이고, 경찰은 독재정권의 개이기 때문에 많이 죽일수록 민주화의 공로가 크다는 논리였다. 대한민국의 민주화라는 것은 바로 이런 것이었다. 대한민국의 민주화는 대한민국을 적대시하여 공격하는 것을 의미하는 말이다.

황혼에 드리운 먹구름

한국판 매카시 지만원은 또라이, 그의 말 듣지 마라

이 나라는 김대중이 대통령이 되던 1998년부터 소용돌이치기 시작했다. 내 인생도 이에 맞물려 싱크로 돼 왔다. 김대중이 취임하자마자 시작된 햇볕정책에 대해 대부분의 국민은 그 의미를 모르고 지냈다. 이때 나는 살아있는 권력을 향해 빨갱이라고 외쳤고, SBS 심야토론에 출연해서는 청와대와 군 내부에까지 간첩들이 침투해 있다는 느낌을 받고 있다고 말했다. 내 이런 발언들은 김대중과 그 아바타 임동원 그리고 좌익세계에는 크고 아프게 들렸지만 대다수 국민들에게는 아무런 기별을 주지 못했다. 그만큼 일반국민들은 공적관심사에 대해 냉담한 채 깊은 잠을 자고 있었던 것이다.

임동원은 세트가 되어 국정원 제8국 조직과 김은성 차장을 동원하여 나를 도청하고 등 뒤에 정보원들을 붙이고 모든 언론활동과 강연활동을 차단시켰다. 이와 동시에 세간에는 내가 극단주의자이고 또라이라는 소문이 갑자기 퍼져나갔다. 나는 잠자는 국민들을 깨워 나라를 지키려고 막대한 탄압을 자초했지만 대부분의 세상 사람들은 그것도 모르고 좌익들이 퍼트리는 말만 믿고 나를 상대하려 하지 않았다. 나는 졸지에 한국판 매카시가 되었다. 그리고 실제로 상당한 수의 우익들까지도 나를 그렇게 매도했다.

북한 섬기는 총독들이 남한 대통령

이 나라에도 간첩죄가 있다. 북한 공작원으로부터 금품과 지령을 받고 그 지령을 이행한 혐의가 있으면 간첩죄가 성립되는 것이다. 한 사람의 간첩에 대해 이런 혐의를 입증시키려면 실로 많은 시간과 전문가의 노력을 요한다. 그래서 이 나라에서는 간첩들이 활개를 치고 다닐 수밖에 없다. 이런 제한적 상황도 위험한 현상인데 설상가상으로 김대중 정부 이래 지금까지 국정원의 대간첩 부서 요원들이 좌익들로 채워져 있고, 북한과 함께 벌이는 남한 좌익들의 사이버 심리전에 대처하는 심리전 부처마저 폐기됐다. 여기까지의 결론은 문재인 정부가 전 좌파정권들로부터 바통을 이어받아 대한민국에 간첩 잡는 조직을 전멸시키는 일에 마침표를 찍었다는 것이다.

이제부터는 누구의 간섭도 받지 않는 상태에서 간첩들이 범람할 것이며, 누구로부터도 감시당하지 않고 주사파 정권의 목적을 달성할 수 있게 된 것이다. 간첩의 역량은 지하에 숨어서 북한의 공작원이 시키는 부분적인 임무만 수행한다. 하지만 김대중은 1972년 그 삼엄한 감시 속에서도 한민통이라는 반국가단체를 구성한 사람이다. 수백 수천의 간첩을 합쳐도 김대중만큼 큰일을 할 수 없을 것이다. 엄밀한 의미에서 김대중, 노무현, 문재인은 북한공작원 같은 조그만 존재를 접촉할 이유가 없다. 그들 스스로가 김일성이 되고 김정일이 되고 김정은이 되어 수만 명의 간첩들을 모아서도 할 수 없는 큰일을 해온 사람들이다. 나는 이 세 사람을 김일성 종교를 신봉하는 북한왕조의 하수인들이라고 평가한다. 노무현을 놓고 미국의 네오콘들은 간첩이 할 수 없는 일을 간첩보다 더 잘 수행해주는 사람이라고 평가했다.

이 세 사람이 해온 일은 크게 두 가지다. 하나는 사회를 적화시키는 것이고 다른 하나는 대북 퍼주기다. 사회를 적화시키기 위해서는 사고력과 배움이 부족한 남한의 이른바 '쓸모 있는 바보들'의 머리를 장악하여 전사로 이용하는 것이다. 전교조가 아이들을 바보로 만들어 온 것은 그들이 바보라야 거짓을 가지고 쉽게 세뇌시킬 수 있기 때문이다. 거짓말과 유언비어를 만들어 내고 역사를 왜곡하여 '남한은 파괴돼야 할 쓰레기 집단'이라는 신념을 갖게 하는 것이 공산화 과정이다. 통일은 민족의 염원이기 때문에 반드시 이룩해야 하며, 그 통일은 역사적 정통성이 확립돼 있는 북한을 중심으로 그리고 '백두혈통의 왕조'를 중심으로 하여 이루어져야 한다는 것을 신념화시켜 주는 것이다. 김대중과 노무현은 북한에 퍼주지 못해 환장했던 사람이고, 지금의 문재인은 더욱 더 그러하다. 김대중과 노무현 시절에 북한에 퍼준 남한 재물의 가치는 10조원을 훨씬 초과한다. 그 자금이 오늘날 세계를 위협하는 핵무기와 장거리 유도탄 개발에 사용된 것이다. 지난 20여 년간의 내 인생은 이렇게 위험한 이들과의 전쟁으로 점철돼 왔다고 해도 과언이 아니다.

광주시장이 위원장 하는 '지만원 대책위'

나에게 융단폭격을 가하는 집단은 두 개다. 하나는 언론이고 다른 하나는 5·18 성역을 수호하려는 광주시 전체다. 광주시 전체가 나를 공격하는 집단이라 단정하는 데에는 이유가 있다. 2013년 5월 24일, 5·18기념재단, 광주시민단체협의회, 종교계 등 338개 기관·시민단체가 광주 시장을 중심으로 하는 '5·18역사왜곡대책위원회'를 구성했다. 설립 당시의 상임위원은 40명, 위원 338명, 광주시장이 위원장을 맡았고, 수십 명의 변호사들을 조직하여 주로 지만원의 역사왜곡 행위를 근절시키겠다며 나섰다.

2016년 7월 22일에는 박지원이 "5·18왜곡행위 처벌을 위한 법률

개정 국민토론회"를 열었다. 공식 발표문에는 "지만원법"이라는 제목을 버젓이 달아놓은 채, 앞으로 5·18을 조롱하면 1년 이하, 3천만 원 이하의 벌금형에 처한다는 법을 발의했다. 이를 국민들은 '5·18조롱금지법' 또는 '지만원법'이라 조롱했다. 결국 이 코미디 법안은 엄청난 반대여론으로 인해 일단은 무산됐지만 틈만 나면 날치기 식으로 등장한다. 광주변호사 18명이 별도로 '지만원 소송팀'을 구성했다. 이들 '지만원대책위' 변호인단이 광주 및 전남 사람 20여 명을 뽑아 나에 대한 민사와 형사 소송을 하도록 내몰았다.

광주신부 5명이 나에게 민사 및 형사 소송을 제기했다. 내가 자기들을 빨갱이라 폄훼했는데 자기들은 절대 빨갱이가 아니라 애국자들이라 주장했다. 그들이 발행한 '오월 그날이 다시 오면'이라는 제목의 화보 속 15구의 시체 얼굴 사진들도 북한으로부터 입수한 것이 아니라고 주장했다. 이들 신부들은 정형달, 남재희, 안호석, 이영선이고, 신부들의 이름을 내세워 모략용 화보를 냈다는 사람이 김양래다. 김양래는 2016년 5월 19일, 광주사람들을 버스에 태우고 올라와 나에게 집단폭력을 가하게 한 우두머리였고, 법원 현장에서 벌인 폭행사진에는 그가 나를 직접 가격하는 장면이 찍혀 있다. 2010년 11월 느닷없이 북한이 연평도에 포격을 가해 많은 피해를 입혔고 국민 대부분이 분개했다. 그런데 나를 소송한 선임신부 이영선(천주교 광주주교, 정의평화위원회 위원장)은 '포격당할 짓을 해서 포격당한 것'이라는 요지의 말을 했고, 2013년에는 제주 해군기지 건설을 반대하는 폭력시위들을 끈질기게 주도해 국가에 273억여 원의 손실을 입혔다. 이런 행위를 놓고 이들은 애국행위일 뿐, 빨갱이 행위가 아니라 주장한다.

광주시 '지만원 대책위'는 5·18 당시 천대받던 계층 사람들 15명에게 "네가 제 몇 번 광수라 하라" 시키면서 민-형사 소송에 내보냈다. 모든 민사사건들은 광주에서 독점했기 때문에 나는 광주에 까지 갈 수 있는 변호인 두 분을 선임할 수밖에 없었다. 만일 내가 광주에 나타난다면 나는 누구의 의해 죽는 줄 모르게 집단속 시체가 돼 있을 것이다. 2016년 5월 19일은 서울에서 그들이 제기한 고소장에 의해 재판을 받는 첫날이었다. 고소를 했으면 재판 결과를 기다리는 것이 민주 국민의 도리다. 그런데 사실상 5월단체들의 총 대표자라는 김양래는 광주사람 50여명을 서울로 데려다 법정을 가득 메웠다. 재판을 맡은 김강산 판사는 그들이 있는 자리에서 내가 대답하지 않은 '집주소'를 또박 또박 말해 주었다. 이로 인해 나는 그 판사가 불러준 주소 그대로가 봉투에 적힌 혐오스런 협박편지를 받았다. 나는 김강산 판사에 대해 법관기피신청을 했고, 그 후 그는 광주법원으로 발령돼 갔다. 이 법원 폭행에 대해 나는 강형주 법원장을 상대로 소송을 했지만 대법원까지도 '법원의 책임이 조금도 없다'고 판결했다. 많은 변호사들이 이에 경악했다. 한국은 국가가 아니라 야만의 황무지이다.

그날의 첫 재판은 내가 국선변호인을 사선으로 바꾸겠다고 한 후 종료됐다. 퇴정하는 바로 그 순간 광주사람들이 나에게 집단으로 달려들어 5층 복도, 엘리베이터, 법정출입구, 주차장에서 20분 이상 집단폭력을 가했다. 이렇게 해놓고도 그들은 대책회의를 열어 나로부터

'상해를 당했다' 고소하라며 2명을 내세웠다. 적반하장도 이런 적반하장이 없다. 5.18 때 18세로 구두닦이를 했다는 남자 백종환은 1개월 후의 진단서를, 광주여자 추혜성은 5개월이 지난 날짜의 진단서를 발행받아 나를 고소했다. 서초경찰서는 광주에까지 세 차례 내려가 나에게 손찌검을 가한 12명을 찾아 서울중앙지검 416호 검사 이영남에게 송치했지만 이영남 검사는 그들이 5·18유공자이거나 그 식솔이라는 이유로 기소를 하지 않았다. 그들은 5·18유공자이거나 그 가족에 불과하지만, 나는 베트남에 가서 44개월 동안 전투를 하다가 상해를 입어 상이 6급 유공자가 됐고, 동시에 무공훈장을 받은 수훈유공자가 됐다. 전상유공자증과 수훈유공자증을 다 합쳐도 5·18유공자의 식솔보다 못한 대접을 받은 것이다.

서울중앙지검 416호 검사 이영남은 나를 때린 12명 중 2명에 해당하는 광주의 추혜성이라는 여성과 5·18때 구두닦이를 했다는 백종환의 허위주장을 그대로 인용하여 기소를 했다. 성남에 산다는 백종

환은 또 자기가 제100광수라 주장했다. 제100광수는 북한의 체육상을 한 박명철, 1941년 생으로 5·18당시 40세였다. 반면 백종환은 5·18당시 18세, 구두를 닦고 있었다. 사진에 실린 연륜만 보아도 어림도 없는 주장이다. 사람 사는 세상이 아니라 짐승 사는 세상이 아닐 수 없다. 백종환은 우악스런 손으로 나의 두 손목을 단단히 붙잡고 있었다. 그의 주장으로는 내가 갑자기 손을 빼더니 순식간에 그의 좌측 가슴을 때렸다는 것이다. 좌측늑골에 금이 갔다고 주장했다. 그런데 그가 1개월 후에 어느 이름 없는 정형외과에서 발급받았다는 진단서에는 우측늑골이라고 기록돼 있다. 2017년에는 윤장현 광주시장이 직접 나를 고소했다. "대법원 판결문에는 광주교도소가 폭도로부터 5회의 공격을 받았다고 기록돼 있고, 광주시장은 광주시민이 교도소를 공격한 바 없다 하니 그렇다면 교도소 공격은 북한군이 했다는 것이 아니냐" 나의 이 발언에 명예가 훼손했다며 고소를 한 것이다. 광주시장이라는 사람이 이 지경이니 광주의 일반 시민들이야 오죽하겠는가?

광주판사들도 딴 세상 판사들

광주 판사들도 집단으로 나에게 폭격을 가했다. 6명의 부장판사들이다. 이들의 이름은 이창한, 김동규, 최인규, 김상연, 박길성, 노경필이다. 자기가 제 몇 번 광수라고 주장하며 소송에 나선 15인 중에는 78세의 노파와 87세의 노파가 있다. 이 두 사람은 법정에 나와 증언을 할 수 없는 노파들이다. 해남에 사는 심복례라는 78세의 노파는

2018년 6월 21일 서울중앙지방법원에 증인으로 나왔다가 대화 자체가 안 돼서 재판장이 퇴정시켰고, 당시 19세의 곽희성은 상황에 전혀 맞지 않는 주장을 하는데다 의사소통이 안 되고 말 자체가 폭력적이어서 판사에 의해 퇴정 당했다. 목포에 사는 87세의 김진순 노파는 아예 거동이 안 된다. 이런 노파들을 소송에 내보낸 광주의 '지만원대책위' 18명의 변호사들은 과연 어떤 사람들이기에 이런 몰지각한 행동을 했을까. 이런 노파가 자기 의사에 의해 고소를 했겠는가?

2015년 7월에는 뉴스타운이 호외지를 통해, 잇따라 발굴되는 광수에 대한 기사와 사진들을 보도했다. 해남에 사는 78세의 노파 심복례는 2015년 9월 23일, 광주법원에 뉴스타운 호외지 발행과 배포를 금지해달라는 가처분신청에 이름을 올렸다. 광주부장판사 이창한은 이틀 후인 9월 25일에 결정문을 발행했다. 당사자인 나와 뉴스타운에는 소송이 걸려왔다는 사실조차 알려주지 않았다. 떳떳하지 못한 도둑재판을 강행한 것이다. 광주 현장을 촬영한 한 사진에는 용병 급으로 보이는 무장대열이 있고, 그 한가운데 여장을 한 60세의 남자가 서 있었는데 노숙자담요는 그를 북한특수군 600명을 지휘한 리을설(인민군 원수)인 것으로 판독했다. 당시에는 60세의 북한 3성장군이었다. 심복례라는 노파는 자기가 제62광수 리을설이라고 주장했다. 광주법원 부장판사 이창한은 아무런 근거도 제시하지 않은 심복례의 주장이 옳다고 판결했다. 물론 이 여인과 함께 소송을 제기한 4명 모두의 주장에 대해서도 이창한은 무조건 옳다고 판결했다. 하지만 이들 모두는 상황적 알리바이와 시간적 알리바이가 허위다. 소송사기에 해당하는 사람들이다.

나는 도둑재판을 한 이창한에 대해 법관기피신청을 냈고, 이어서 판결에 불복한다는 이의신청서를 냈다. 재판장이 김동규 부장판사로 바뀌는 순간, 심복례는 어쩐 일인지 주장을 바꾸었다. "이창한 판사는 내가 제62광수가 맞다고 판결했지만, 다시 생각해보니 나는 제62광수가 아니라 제139광수다." 이 새로운 주장에 대해 김동규 판사와 광주고등법원 판사 최인규는 "그래, 심복례 당신은 제62광수가 아니고 제139광수가 맞다" 이런 판결을 했다. 제139광수는 홍일천, 김정일의 첫 부인이었다. 이솝우화에서나 가능한 포복졸도할 코미디가 아

닐 수 없다. 이런 판사들이 광주법원을 주름잡고 있는 부장판사들인 것이다.

나는 심복례에 관한 기막힌 기록들을 찾아 변호인들을 통해 광주 1,2심 법원에 제출했다. 1980년 당시 심복례가 53세의 남편 김인태의 시체를 망월동에서 확인한 날짜가 1980년 5월 30일 오전이었다는 사실을 발견한 것이다. 그런데 5월 23일에 찍힌 사진 속 제139광수의 얼굴이 자기라고 주장하는 것이다. 이 사실을 명확하게 밝혔는데도 광주판사들은 줄줄이 심복례가 5월 23일 남편의 관을 붙들고 있는 제139 광수가 맞다는 판결문을 썼다. 이런 광주판사들을 누가 판사라 인정해 줄 것이며, 이런 판사들이 전라도의 상류사회를 구성하고 있는데, 전라도 사람 말고 그 어느 국민이 전라도를 비웃지 않겠는가.

87세의 김진순 노파는 자기 아들이 죽었다는 사실을 1980년 6월 30일, 경찰서에 보관돼 있는 유품과 사진을 보고서야 비로소 알게 됐다. 그런데 5월 23일, 도청에 놓인 관을 붙들고 있는 제62광수가 자기라 주장하는 것이다. 전화통화조차 안 되는 87세 노파가 어떻게 인터넷에 떠도는 수백 장의 현장사진들을 판독하여 "이 얼굴이 내 얼굴"이라 주장할 수 있겠는가? 언어도단도 이만 저만이 아닌 것이다. 광주시위의 총사령관을 했다고 자처하는 박남선은 '현장사진 속 주역이 자기여야 하는데 지만원이 요술을 부려 현장사진의 얼굴을 황장엽 얼굴 비슷하게 조작했다'는 실로 황당한 주장을 했다. 그런데도 광주판사 이창한, 김동규, 최인규 김상연, 박길성, 노경필 부장판사들이 다 그의 주장이 옳다며 인용해주었다. 이런 판결 내용들은 2017년 9월 14일, 대법원에 제출한 재항고장과 함께 대법원에 가있다.

어째서 5·18사건만 광주법원이 독점 재판하게 가만 두는가?

이 세상 모든 재판은 다 민-형사 소송법에 따라 피고 또는 피고인 지역 관할법원에서 담당하고 있는데 어째서 오로지 5·18재판만은 광주법원이 독점하고 있는 것인가? 대한민국의 국회는 무엇하고 있는 곳이며 대법원은 무엇 하는 곳인가. 한국당 법사위 위원들은 왜 이 불법한 행위를 모른 체하고 있는 것인가. 광주판사들은 광주 5·18단체들의 뜻에 반하는 판결을 할 수 없다. 그렇게 하는 판사는 아마 광주에서 살지 못하고 테러를 당할 것이다. 광주판사들이 무모하고 부끄러운 판결문을 쓰는 이유가 여기에 있다. 나는 여러 개의 사실을 들어 재판소를 옮겨달라며 변호인을 통해 "관할법원지정신청서"를 대법원에 냈지만 대법원은 읽을 시간조차 없이 즉시 '이유 없다'고 판결했다. 이를 결정한 대법관 4명 중 3명이 전라도 출신이었다. 김재형은 임실, 김창석은 나주, 박보영은 순천. 나는 한국당 홍준표에 직접 광주법원의 월권행위를 시정시켜 달라는 진정서를 냈지만 한국당은 공당 같이 행동하지 않고 묵살해 버렸다.

지금 현재 광주법원 부장판사 박길성은 전두환의 회고록 33개 부분에 허위사실이 들어 있다며 발행금지가처분 결정을 내렸다. 전두환 측에서는 이 33개 부분에 먹칠을 해서 다시 발간했다. 그러자 이번에는 또다시 40개를 더 지정해 발행 및 배포금지 가처분 소송을 냈다. 하지만 전두환 회고록에는 허위사실이 전혀 없다. 이를 만일 서울법원이 재판했다면 판결은 정반대로 나왔을 것이다. 이 민사소송과 아울러 광주법원은 전두환에 대한 형사사건까지도 강점했다. 전두환 전 대통령에 여러 차례 출두 명령서를 보내고 있지만 시간이 갈수록 켕기는 쪽은 광주다. 전두환 회고록에는 '5·18 당시 무장헬기 사격이 없었다'고 기재돼 있다. '조비오 신부의 헬기사격 목격 주장은 거짓'이라고 기재돼 있다. 이것이 조비오의 명예를 훼손한 것이라며 그의 조카가 나서서 고소를 한 것이다. 광주에서 헬기사격은 전혀 없었다. 증명이 없는 것을 가지고 전직 대통령을 광주로 재판 받으러 오라는 것이다. 막무가내의 대명사가 곧 광주인 것이다. 이런 형사재판이 정식 관할법원인 서울법원이 하게 된다면 서울 판사들은 재판은커녕 포복졸도부터 할 것이다. 경제 10위권에 있다는 대한민국이 전라도 땅 광주에 의해 군림당하고 있다는 사실을 이 이상 무엇으로 더 증명할 수 있겠는가.

대한민국은 광주의 종

대한민국에는 국가유공자들이 많다. 그런데 5·18유공자들은 국가유공자 보다 훨씬 위에 있다. 그들이 받는 대우가 독립유공자나 전상유공자와는 비교할 수 없을 정도로 특별히 높은 데다 유공자 자격증 따기가 매우 쉽기 때문이다. 1990년에 당시 화폐로 3억 1,700만원의 일시금을 받는 동시에 매월 당시 화폐로 420만 원씩의 연금을 받도록 책정된 사람도 있다. 이런 대우는 오로지 5·18유공자들에게만 주어지는 별도의 '금수저 특혜'다. 모든 국가고시에 본인은 10%, 자식들은 5%의 가산점을 받아 경찰, 교사, 공무원 자리를 원하는 대로 점령해 왔다. 의료, 학비, 세금, 시청료, 교통, 주택청약 등 광범위한 분야에서 무료 또는 그에 가까운 혜택들을 누리고 있다. 5·18 때 18세의 고교생 윤기권은 1990년, 2억원의 일시금을 받았다. 이 엄청난 일시금은 15명의 경찰관들을 닭장차에 가두었다는 공로로 주어진 것이다. 1990년의 2억 원이면 28년이 지난 지금의 화폐 가치로 얼마나 될까. 이 큰돈을 받은 그는 다음 해인 1991년 3월 4일, "위대한 수령님과 참 조국을 찾아 의거 월북"했다.

5·18유공자들이 받는 대우가 이렇듯 엄청난 것에 대해서도 국민 대부분이 분노하고 있는데 거기에 더해 보란 듯이 5·18유공자들 숫자가 해마다 늘어난다. 1990년에 5·18 보상 대상자로 선정된 사람은 2,224명, 여기에는 조사관으로부터 뺨을 한 대 맞았다거나 불려가서 조사를 받았다거나 하는 내용 등으로, 두 사람이 야합하여 서로가 서로에게 인우보증을 서서 피해자로 인정된 사람들까지 모두 포함돼 있다. 그런데 이 숫자가 해마다 늘어나 2017년 연말 현재로 5,769명이 되었다. 여기에는 5·18당시 광주지역에 살지 않은 사람들도 무수히 많고, 정치인 출신들이 매우 많다. 부끄러운 방법으로 유공자가 되었기에 이들은 5·18이 대한민국 최고의 명예라고 주장하면서도 자기가 유공자라는 사실을 숨기고 있으며, 보훈처도, 광주시도, 국가기록원도 5·18유공자 명단은 "개인정보"라며 밝혀주지 않고 있다. 2017

년에는 권노갑 한승헌 등 5.18과는 아무 상관이 없는 사람들 177명이 무더기로 늘어났다. 노무현 시절에 국무총리를 했던 이해찬은 "나는 광주에 없었는데도 5·18유공자가 됐다"며 공개적으로 자랑을 했다.

5·18유공자가 고무줄처럼 마구 늘어난 이유는 유공자를 선정하는 시스템이 상식 이하이기 때문이다. 목숨까지 바치면서 대한민국에 헌신한 유공자들에 대한 자격심사는 대통령을 대신하여 국가보훈처가 매우 까다롭게 실시한다. 하지만 광주에서 적과 합세하여 대한민국에 항적한 사람들에 대한 자격심사는 광주시장이 한다. 광주출신 심사위원 10명이 동의하면 선정되는 것이다. 광주시장이 5·18유공자를 선정하고 급수를 부여한 후, 대통령에 토스하면 대통령이 보훈처를 통해 유공자 혜택을 시행하는 것이다. 대한민국 위에 광주가 있다는 사실을 이 이상 더 어떻게 확인시켜 줄 수 있겠는가. 건국절도 박탈당한 채 해마다 5월 18일이 되면 대통령으로부터 시작해 모든 정부요인들이 광주로 내려가 분명한 '여적절'을 놓고 '민주절'이라며 성대하게 기념하고 있다. 대한민국, 이런 한심한 나라가 지구상에 또 있을까.

광주가 대한민국을 호령하고 있는 현상은 여기에 그치지 않는다. 광주가 성을 내면 대통령도 절절 긴다. 2008년 내가 4권짜리 역사책 "수사기록으로 본 12.12와 5·18"이라는 책을 냈다고 광주 5월단체가 소송을 했고, 안양법원의 1심과 서울고법의 2심이 내 손을 들어 주었다. 그리고 마지막으로 대법원이 2012년 12월 27일, 내 손을 들어주었다. 이는 세간의 뉴스 꺼리가 됐다. 2013년 1월 채널A와 TV조선이 나를 출연시켜 영문을 물었다. 모든 국민들이 내가 또 감옥에 갈 것이라고 믿었던 것이다. 나는 내가 쓴 책들과 검찰 및 안기부 보고서를 잔뜩 들고 나가 5월 21일 상황을 설명해 주었다. 방송을 진행하는 남녀 앵커들이 "5월 21일의 상황은 절대로 광주 양아치들의 소행일 수 없고 오로지 훈련된 북한특수군만이 할 수 있는 행동"이라고 방송을 통해 단언들 했다. 이후 두 방송사는 경쟁적으로 탈북자 등을 차례로 불러 북한에서 알고 있는 5·18의 상식을 들었다. 5월 15일에는 실제로 북한특수군 신분으로 광주작전에 참가했던 가명 김명국의 증언이 방송됐다. '5·18은 북한특수군이 주도한 폭동'이라는 정서가 대한민국 사회에 확산되고 있었다.

우측이 필자

이에 광주의 '지만원 대책위'가 가동하기 시작했다. 광주의 폭력행위자들과 서울지역의 골수 전문 시위꾼들을 동원하여 두 개의 방송국에 물리적 폭력을 가하고 전두환 집 앞에 가서 과격시위를 벌이면서 전두환의 재산을 당장 몰수하라고 외쳤다. 이러한 폭력시위는 곧 대통령을 향한 무서운 명령으로 작용했다. 당시 국방장관 김관진은 "5·18광주에 북한특수군이 오지 않았다는 것이 국방부의 판단"이라고 발표했고, 이 내용을 토스 받은 정홍원 국무총리는 2013년 6월 10일, 민주주의 국가의 총리로서는 절대로 해서는 안 될 발언을 했다. "5·18에 북한군이 개입하지 않았다는 것이 정부의 판단이다. 이에 반하는 표현은 역사왜곡이고, 역사왜곡은 반사회적 범죄로, 이에 가담한 사람들의 인터넷 글에 대해서는 삭제 등의 조치를 취하고, 북한특수군 개입을 증언시킨 방송들은 방송통신위원회를 통해 제재할 것이며 역사 왜곡자들은 검찰조사를 받게 될 것이다."

이어서 방송통신위원회는 두 개의 방송국 실무책임자 8명에게 감봉이라는 중징계 처분을 내렸고, 양개 방송사에 출연했던 사람들에 대해서까지 영구출연금지 조치를 내렸다. 양개 방송사로 하여금 "현

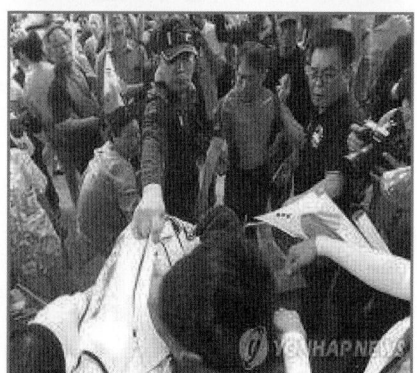

재까지 방송한 5·18내용들은 모두 증명되지 않은 허위사실이었음을 사과드린다"는 요지의 방송도 강요했다. 방송통신위원회는 대통령 직속의 실행조직이다. 대통령이 광주의 압력을 즉시 이행하여 민주주의의 기본인 공론의 장을 탄압 봉쇄한 것이다. 만일 박근혜에게 개념 의식이 있어서 방송을 못 본 척 했더라면 이 불타오르는 방송의 열기는 전국으로 확산되었을 것이고, 그랬다면 이 땅의 빨갱이들은 사기극을 꾸미 국민을 농락하고 수탈한 죄로 얼굴을 들 수 없게 되었을 것이다. 그랬다면 박근혜는 지금쯤 5천년 역사에서 '뿌리 깊은 빨갱이 떼를 일소한' 가장 위대한 업적을 이룩한 명군이 되어있을 것이다.

대통령이 광주 폭력배들의 압력을 대통령의 이름을 걸고 직접 나서서 이행한 것은 전두환 재산몰수였다. 2013년 6월 11일, 박근혜는 국무회의를 열어 힘주어 말했다. "전직 대통령의 추징금 문제는 과거 10년 이상 쌓여온 일인데 역대 정부가 해결 못하고 이제서야 새 정부가 의지를 갖고 해결하려고 하고 있다." 이 발언 이후 새누리당은 일사천리로 움직였다. 6월 27일, '공무원 범죄에 관한 몰수 특례법', 이른바 '전두환 추징법'이 국회 본회의를 통과한 것이다. 이로 인해 전두환 아들이 구속됐고, 재산이 털리고, 전두환 전 대통령은 온갖 수모를 당했다. 그리고 2017년 같은 추징법에 의해 박근혜의 재산 역시 동결당했다. 광주에 아부한 죄를 받고 있는 것이다.

인격 살인 위해 끝없이 쏟아내는 언론 화살

광주인들이 벌이는 집단소송에 신나는 언론집단

광주와 전남에 거주하는 무명인들이 나에게 소송을 걸 때마다 광주의 지만원 대책위는 대대적인 기자회견을 열었다. 여기에 대한민국의 거의 모든 언론들이 거들었다. 내게 소송을 거는 사람들 하나하나를 억울한 피해자로 과장하고, 나에 대해서는 숭고한 5·18유공자들에게 억울한 피해를 입히는 악인으로 묘사했다. 하지만 이들이야 말로 소송사기 행위를 통해 나를 억울한 피해자로 만든 가해자들이다. 2016년 5월 19일 서울법원에까지 몰려와 백주 대낮에 집단폭행을 가했듯이 이들은 '지만원을 갈아 마셔도 시원치 않다'는 악담을 하면서 나에게 소나기 소송을 가하고 있는 것이다. 나에 대한 광주-전남인들의 증오는 상상을 초월한다. "사선 변호인을 선임하겠습니다"라고 판사에게 말했는데, 직업이 무엇이냐고 묻는 판사에게 "시민운동을 합니다"라고 대답했는데, 이 말들이 광주사람들을 조롱한 말이라며 분노했다는 것이다. 내 얼굴을 직접 보는 것 자체가 저들의 피를 거꾸로 솟게 했다는 것이다. 언론들도 이들과 조금도 다르지 않다. 대부분의 언론들은 '지만원이 숭고한 민주화 유공자들의 피를 거꾸로 솟게 했기 때문에 집단 폭행을 당해도 싸다'는 기사를 썼다.

2016년 5월 19일, 인터넷신문 오마이뉴스가 "5·18 폄훼 지만원, 멱살 잡히고 머리 맞고"라는 제목으로 낸 기사에는 이런 구절이 있다. 극우보수 논객 지만원(74)씨가 재판에 참석한 뒤 법정을 빠져나오자, 5월 단체(5·18민주유공자유족회, 5·18민주화운동부상자회, 5·18구속부상자회) 회원과 시민 40여 명이 지씨를 쫓아가며 거세게 항의했다. 법원경비관리대원들이 지씨와 5월 단체 회원들을 떨어뜨리려고 했지만, 역부족이었다. 지씨와 회원들은 몸싸움을 벌였다. 일부 회원은 지씨의 멱살을 잡고, 그의 머리를 가격하기도 했다. 5월 단체 회원들은 왜 지씨에게 화가 났을까. 이날 재판은 5분 만에 끝났다. 지씨는 직업을 묻는 판사의 질문에 시민운동을 한다고 말해, 5월 단체 회원들을 자극하기도 했다. 김영광 광주·전남민주화운동동지회 집행위원장은 "직접 현장에서 지만원씨를 보니까 5월 단체 회원들의 분노가 폭발했다. 또한 자신의 직업을 시민운동가라고 하고, 나중에 사선 변호사를 선임해 재판에 임하겠다고 했다. 이런 행위 자체가 5월 단체 회원들을 조롱하는 것으로 보였다"라고 전했다.

사선변호인을 선임하겠다고 재판장에 말한 것이 어째서 5월단체 회원들을 조롱하는 것으로 보였다는 것인가? 저 사람들의 의식구조는 이 세상 사람들의 의식구조와 달라도 너무나 다르다. 나를 소송한 사람들은 자기가 제 몇 번 광수라고 주장을 하지만 얼굴이 전혀 다르다. 흐린 사진 몇 장 내놓고 '맨눈으로만 보아도 내가 제 몇 번 광주임을 알 수 있다" 이렇게 막가는 주장을 한다. 소송문서에 변호사들이 그렇게 써 준 것이다. 상황적 알리바이와 시간적 알리바이가 전혀 입증되지 않는 엉터리들을 내보내 소송사기 행위를 사주하고 있는 사람들이 광주변호사들이다. 일단 한 언론이 아무개가 지만원을 상대로 소송을 했다고 보도하면 대한민국의 모든 언론들이 나에 대한 인격살인에 가담한다. 서울에서 진행하는 가장 중요한 형사재판에서 이기느냐 지느냐는 저들에 큰 문제가 아니다. 일단 전국단위로 인격을 살해하면 누구도 지만원의 말에 귀를 기울이지 않을 것이라는 전략만이 중요한 것이다. 이를 놓고 한국 사회에서는 노이즈마케팅이라 한다. '지만원이 주장하는 북한군 개입설은 정신병자가 내는 소리니 멀리 하라' 는 심리전인 것이다.

2004년에 있었던 2개의 큰일

2004년에는 한국사회에 두 가지 큰 흐름이 있었다. 주사파들의 사기행진이 있었고, 노무현의 막가파식 반일-반미 드라이브가 있었다. 주사파는 김일성 종교를 신봉하면서 남한에서 적화통일 과업을 스스로 이행하는 반역자들이다. 이들은 1980년대에 대한민국을 좌경화시키는 데 획기적인 역할을 했고, 대구폭동, 4.3폭동, 5·18폭동 등 공산당이 일으킨 폭동을 민주화운동으로 둔갑시키는데 주도적 역할을 했다. 2004년 봄은 국회의원을 뽑는 총선의 계절이었다. 당시만 하더라도 아직은 한국사회에 우익 유권자가 좌익보다 더 많았던 시절이었다. 그래서 이들은 우익의 표를 얻기 위해 전향행진을 벌이면서 한나라당에 대량으로 침투했다.

최홍재 홍진표 하태경 등 대표적 얼굴마담들이 "이제부터는 애국자가 되겠다"며 전향을 공표했다. 전향 발표와 함께 이들은 '뉴-라이트' 라는 조직을 만들어 지지층을 확대했다. 모든 언론들이 이들을 프리마돈나로 띄웠다. 모든 우익들이 탕아가 돌아왔다며 환호했다. 12명이 국회의원이 되었고, 150여명이 국회의원 보좌관으로 들어가 국회를 사실상 장악했다. 지금도 여야 없이 보좌진 세계는 주사파들이 장악하고 있다. 하지만 이 주사파들의 전향은 힘을 쟁취하기 위한 치밀한 전략이었을 뿐이다. '한번 걸레는 영원한 걸레' 다.

2004년 11월, 노무현은 뜬금없이 '한반도균형자론'을 내세우며 위안부 문제를 앞세워 반일감정을 유도했고, 유럽과 남미 여러 나라에 다니면서 미국을 비방했다. 네오콘의 마이클 호로위츠는 "다른 나라 대통령은 국가를 번영시키기 위해 정상외교를 하지만 한국대통령은 하루에 40억원씩 쓰고 다니면서 국가에 유익한 친구를 버리려 하고 있다." 이런 말을 했다. 2005년 3월 4일, 오마이뉴스가 한승조 교수가 일본 정론지 4월호에 썼다는 논문 한편을 들추어내 반일감정을 부추기기 위한 마녀사냥 도구로 삼았다.

한교수의 논문은 "공산주의·좌파사상에 기인한 친일파 단죄의 어리석음, 한-일 합병을 재평가하자"는 제목으로 〈산케이신문〉이 발행하는 월간지 〈정론〉 4월호에 실렸다. 그의 논문 요지는 흠잡을 데 없었다. "말기의 조선은 일본, 중국, 러시아의 각축장이 되었고, 약육강식 시대에 근대국가의 형태를 갖추지 못한 조선은 이 세 나라 중 어느 한 나라에든 먹히게 돼 있었다. 만일 조선이 중국이나 러시아에 먹혔다면 지금쯤은 중국이나 러시아에 흩어져 소수민족으로 불행하게 살아가고 있을 것이다. 일본에 먹힌 것은 그나마 불행 중 다행이라고 보아야 할 것이다" 이런 것이었다.

그런데 오마이뉴스는 여기에서 "축복"이라는 단어만 따서 "한교수가 일제강점을 축복이라고 주장했다"라는 취지로 모략을 했다. 이에 조선일보를 위시해 대한민국의 모든 매체들이 한교수의 논문을 전혀 읽어보지도 않고 오마이뉴스의 기사를 그대로 베껴서 보도했다. 한승조 교수에게 돌을 던지지 않은 매체는 단 한개도 없었을 것이다. 이것이 그 알량한 대한민국의 언론인 것이다. 언론의 이러한 막가파식 마녀사냥에 대해 지적하는 사람은 없었다. 언론들이 미쳐서 날뛸 때는 표적이 되지 않게 납작하게 엎드려 있어야 한다는 것이 지금 이 순간에도 대부분의 한국인들에 통하는 세상 사는 방식이다.

하지만 부당한 공격을 당하는 노교수를 못 본 체 한다는 것도 도리가 아니었다. 이튿날인 3월 5일, 나는 내가 운영하는 홈페이지 시스템클럽에 "한승조 교수에 돌을 던지지 말라"는 제목의 글을 썼다. 잘

못 된 글도 아닌데 무조건 집단적으로 돌을 던지는 행위는 원시인들이나 할 수 있는 반문명적 작태라고 지적했다. 이에 한승조 교수를 향해 날아가던 돌이 나에게 집중됐다. 나는 여러 개의 방송사에 나가 빨갱이들과 논쟁을 했다. "당신들처럼 못난 행동 하는 것을 보면 지금도 일본에 먹힐 수밖에 없다"고 지적했다. 이런 말을 듣는 빨갱이들의 약이 더 바짝 올랐다. 나는 이들에게 퍼부었다.

"일본은 미국으로부터 원자탄 세례를 받고도 전쟁이 끝나자 잘난 미국을 배우자며, 미국으로 몰려가서 배웠고, 미국 품질이론의 대가들을 일본에 모셔다 배워 가지고 오늘날의 품질 1등국을 만들었다. 그런데 여기 당신들은 뭐냐, 사실 조선은 먹힐 짓을 해서 먹힌 것 아니냐, 갓 쓰고 댓님 매고 기다란 담뱃대 들고 헛기침하던 사람들이 사회를 호령했던 어른들인데 그들이 언제 기차를 만들고 철로를 놓고 터널을 뚫고 지금까지도 단단히 견디는 교량을 세우고 전기발전소를 건설하고 고층건물을 짓고 공장을 건설하겠느냐, 감정을 앞세우지 말고 일본이 미국으로부터 배우는 그 자세를 배워야 일본을 이길 수 있다." 그야말로 저들에게는 막말로 들리는 말들을 거침없이 쏟아냈다.

나를 두 번 마녀사냥 하고, 두 번 무릎 꿇은 SBS

어느 빨갱이든 나랑 논쟁하고 싶은 사람 있으면 TV에서 몇 시간이고 토론하자 했다. 그랬더니 진중권이 톡 튀어나와 자기가 빨갱이라며 토론을 하자 했다. 그와 상대하는 것이 나의 무게를 허무는 것이라는 생각이 들긴 했지만 그 토론을 통해 내가 하고 싶은 말들을 많은 시청자들에 전해주고 싶어서 그와 상대했다. CBS방송에서 그와 1시간 동안 토론했다. 그리고 며칠 있더니 원희룡이 또 자기도 빨갱이라며 토론을 붙자고 했다. 원희룡과는 90분 동안이나 토론했다. 토론이 빨갱이들에 유리하지 않았던지 SBS의 PD들이 내가 주최하고 있는 월례 강연장에 들어와 회원들의 입장 모습 정도를 담아가지고 갔다.

그리고는 2005년 3월 13일 밤 11시, 임성훈이 진행하는 쎄븐데이즈 프로에서 집중적으로 나를 모략했다. 내가 강연에서 "위안부는 은장도로 자결해야 한다"고 말했다는 것이다. 이 방송이 전국 방방곡곡에 다 나갔으니 나는 그야말로 범국가 차원의 친일파요 또라이가 된 것이다. 과연 내가 이런 강연을 했는가? 내가 했던 강연내용은 "은장도로 성을 지켰던 시대에 살았던 아녀자들을 국가가 지켜주지 못해 감당할 수 없는 고통을 안겨주었으니, 이제 와서 정치적 목적으로 그 할머니들을 부끄럽게 거리에 내돌리지 말고 국가가 먼저 배상해야 한다" 이런 것이었다. 이 모략 프로를 조작한 범인들은 SBS의 윤정주 PD, 이광훈 PD였다.

나는 이 두 PD에 전화를 걸어 시정을 요구했지만, 이들은 기세등등하게 법대로 하라 했다. 내용증명을 보내 시정을 요구했지만 대답은 전과 같았다. 언론중재위에 회부했지만, 이들은 중재위의 권고도 무시했다. 서울지방법원에 정정보도 소송을 냈더니, 법원은 SBS에게 사과와 정정의 뜻이 들어 있는 재판장의 글을 사회자 임성훈이 세븐

데이즈 프로에서 낭독하라는 명령을 내렸다. SBS는 재판장 앞에서 합의해 놓고도 그 합의문을 지키지 않았다.

나는 3천만 원 손해배상을 청구했다. 이에 대해 제1심은 "SBS는 지만원에 2천만원을 배상하라"는 판결을 내렸다. 이 때의 판결문이 SBS의 무법성을 잘 나타내 줄 것이다. "피고 *SBS*는 세븐데이즈 프로에서 진행자가 평상속도로 이 사건 보도내용을 낭독하는 방법으로 방송하기로 합의하였음에도 불구하고, 진행자인 임성훈이 프로그램에서 사라진 뒤 무명의 나래이터가 이 사건 보도내용을 보도함으로써 위 합의내용을 위반하였다고 할 것이므로, 피고는 이 사건 보도내용을 조정원안대로 방송하지 않음으로써 원고가 입은 정신적 손해를 배상할 책임이 있다. 원고의 사회적 지위와 피고의 위반과정 등을 종합적으로 고려하여 위자료는 20,000,000원으로 정하는 게 합당하다."

졸지에 당치도 않은 친일파 딱지가 달린 한승조 교수는 그 동네에서 한동안 살지 못하고 피신을 했었다. 1930년생인 그는 2017년 7월 세상을 떴다. 나무위키에는 "급사했다" "인과응보다" "쌤통이다" 이런 험악한 문구들이 보인다. 언론이 얼마나 몰인간적이고 몰지각하고, 얼마나 살인적인 존재인지 당해보지 않은 사람은 모를 것이다. 이후 누군가가 만들어 확산시킨 플래시게임 '불멸의 이순신 게임'이 수천만의 클릭을 기록했다. 이 게임은 내 얼굴을 붙인 한 일본 장군이 이순신의 칼을 피해 이리 뛰고 저리 뛰는 영상물이었다. 나와 내 가족을 다 죽이려고 저지른 악행이었다. 나의 아이들은 그 때 어려서 학교에만 갔다 오면 엉엉 울었다. 그 때의 내 심정은 매우 표독했다.

이 자를 잡아 달라 경찰에 신고했더니 무려 8개월이 지나서야 범인을 찾아냈다. 고향은 의성, 1980년생인 서울대 경제학과 안경상이라는 학생이었다. 당시 그는 부산지역 군부대에 입대해 있어서 군법회의는 그에게 벌금 50만원만 물렸다. 그리고 수원지방법원 여성 판사는 군복을 입고 재판정에 나온 그에게 400만원의 손해배상을 선고했다. SBS의 윤정주 PD, 이광훈 PD로 인해 유발된 비극이었다. 나도 죽으면 나를 친일파로 알고 있는 모든 사람들이 '급사했다' '인과응보다' '쌤통이다' 이렇게 적을 것이다. 나는 양력으로는 1943년 1월생이다. 내가 어떻게 친일파가 될 수 있다는 말인가. 인과응보, 이 무서운 말은 윤정주 PD, 이광훈 PD가 받아야 할 것이다. 그래야 신이 살아있다는 것이 확인될 수 있을 것이다.

2005년, 나에게 몹쓸 짓을 해서 무릎을 꿇었던 SBS는 제 버릇 못 버리고 2008년 또 다시 나를 모략했다. 2008년 11월 13일, 모든 언론들이 다 소란을 떨었다. 광주 출신 여배우 문근영이 이름을 드러내지 않고 6년에 걸쳐 무려 8억 5천만 원의 기부를 했다며 그녀를 "기부천사" "국민여동생"으로 띄웠다. 번개가 치자 재빨리 그 불에 콩을 구워 먹는 사람이 있다 하듯이 꽤 많은 언론들이 문근영의 선행을 재빨리 이용해 빨치산을 애국자로 띄웠다. 문근영을 이렇게 반듯한 '엄친딸'(엄마친구 딸)로 키운 것은 그의 외조부인 류낙진 옹이 손수 길렀기 때문이라 했다.

이어서 언론들은 그의 외조부가 류낙진이었는데 35년 동안 옥살이를 한 독립 운동가였다고 소개했다. 사실 류낙진은 악질 간첩으로 죽기 전까지 전향하기를 거부한 비전향장기수였다. 1980년 북한특수군이 광주교도소를 공격할 때 그는 거기에 사상범으로 수감돼 있었다. 이에 나는 일부 언론들이 문근영의 선행을 내세워 빨치산을 미화 선전하고 있다는 글을 시스템클럽에 올렸다. 글을 올리기가 무섭게 SBS가 나서서 나를 모략했다. "문근영이 기부를 한 것은 빨치산을 선전하기 위해 한 것이다" 내 글을 이렇게 왜곡해 저녁 8시 뉴스에 방송한 것이다. 한승조 교수사건 때처럼 모든 언론들이 무조건 SBS가 보도한 내용 그대로를 기사화해 내보냈다. 자체 조사를 생략한 채 남의 기사를 그대로 옮기는 것은 언론일 수 없다. 조선일보, 동아일보에도 언론 자격이 없었다.

나는 허위사실로 나를 모함한 매체를 상대로 민사소송 12개, 형사소송 12개를 소나기식으로 걸었다. 이때 매우 놀라운 현상을 경험했다. 2명의 판사들을 제외하고는 모두가 다 질 낮은 빨갱이 판사들이었다는 사실이다. SBS를 고소한 사건에 대해서는 서울남부지법 김성곤 판사가 먼저 판결문을 썼고 조선일보를 고소한 사건에 대해서는 서울중앙지법 이수진 판사가 판결문을 썼는데, 이수진 판사는 김성곤 판사가 쓴 판결문 그대로를 긁어서 썼다. 결국 SBS는 서울고등법원에 와서야 나에게 무릎을 꿇었다. SBS는 아침 뉴스 시간에 2회에 걸쳐 아래 내용을 방송하라는 판결을 받았다.

"본 방송은 2008년11월17일 8시 뉴스에 배우 문근영의 기부와 관련하여, 우익논객 지만원 씨가 문근영 씨의 기부에 색깔론을 들고 나오면서 손녀인 문 씨의 선행은 빨치산을 선전하기 위한 것이라는 내용으로 보도를 한 바 있습니다. 이에 대하여 지만원 씨는 자신의 홈페이지에 게재한 글은 '문근영 씨의 선행을 문제 삼는 것이 아니라 그 선행을 이용하여 빨치산을 미화하려는 일부 언론을 비판한 내용'이라고 주장해 왔습니다."

12개의 형사 고소를 했지만 단 1명의 검사만이 기소를 했고, 민사 사건이 2심까지 가는 동안 24명의 판사가 있었지만 나에게 승소를 선고한 판사는 2명뿐이었다. 형사사건 1심을 담당한 서울중앙지법 김시철 부장판사는 다음과 같은 판결문을 썼다. 한마디로 원고의 글은 비난받을 글이 아니라는 것이었다.

"원고의 글을 판단하건데, 문근영은 얼굴 예쁘고, 연기 잘 하고, 마음도 예쁘고, 집안까지 훌륭하니 엄친딸에 딱이라는 광고를 하고 있다. 그녀는 국민의 여동생이고, 그녀의 외조부는 통일운동가, 작은 외조부는 민주화투사, 외삼촌과 이모도 경찰 조사를 받을 만큼 애국자라는 뜻으로 선전을 한다. 빨치산은 통일운동가이고, 빨치산 가족은 집안 좋은 가족이고, 세상에서 가장 착한 일을 하고 엄친딸을 키운 집안이라는 뜻이다. 한마디로 빨치산 집안은 아주 훌륭한 집안이라는 것이다. 이는 빨치산들의 심리전이며, 문근영의 선행이 선전되는 것만큼 빨치산 집안은 좋은 집안이라는 선전도 동시에 확산되는 것이다. 또한 저들은 문근영을 최고의 이상형으로 만들어 놓고 빨치산에 대한 혐오감을 희석시키고, 호남에 대한 호의적 정서를 이끌어 내려는 다목적 심리전을 펴고 있다고 생각한다. 문근영과 신윤복 프로를 띄워주는 조중동은 이런 심리전에 착안하여 정신을 차려야 할 것이다. 문양의 선행을 문제 삼을 사람이 어디 있겠는가? 문제는 그녀의 선행을 등에 업고 '보아라 문양은 훌륭하다. 그런데 그 가문은 빨치산 가족이다. 빨치산이란 통일운동가이고, 그래서 문양의 가문은 명문가문(좋은 집안)이다. 이렇게 선전하는 데 있는 것이다' 라고 기재하는 등 문근영의 선행 자체를 문제 삼는 것이 아니라는 점을 분명하게 정리한 다음 일부 언론매체가 문근영의 기부행위에 관하여 그 가족사를 결부시켜서 빨치산을 미화시키는 보도를 하였다고 비판하면서 이러한 보도의 배경에 대하여 의혹을 제기하는 주장 내용을 주로 적시하고 있음을 알 수 있다."

24명의 판사들 중 우리의 일반 상식 그대로 판결한 판사가 오직 두 사람뿐인 것이다. 이에 비해 서울남부지법 김성곤 판사의 판결문을 보면 판사의 손가락에 빨갱이가 달려 있다는 느낌을 받는다.

"원고는 언론매체들이 문근영의 기부행위를 보도한 것이 빨치산 선전의 음모라 보면서 문근영의 기부행위에 빨치산선전 등의 어떤 목적이 있다는 식으로 서술하는데 상당한 비중을 두고 있음이 인정된다. 피고의 방송은 허위라거나 글의 의도를 왜곡하였다거나 원고를 비방하였다고 보기 어렵다. 한편 원고가 우리 사회의 이념적인 문제와 관련된 공적인 의견을 표시한 것이라 하더라도 원고의 각 글이 극단적이고 자극적인 내용을 담고 있는 점에 비추어 보면 피고의 위 보도는 원고 스스로 수인해야 할 범위 내의 것이라 할 것이어서 이를 위법하다고 볼 수도 없다."

이 판결문을 토씨 하나 안 틀리게 긁어다 판결문을 쓴 판사들이 서울중앙지법 이수진 판사를 위시해 거의 대부분이다. 김시철 부장판사의 판결문과 김성곤 판사 등의 판결문은 극과 극이다. 판사들 중에 빨갱이가 그만큼 많다는 뜻이다. 이 김성곤 판사의 1심 판결을 서울고등법원 판사가 뒤집어 준 것이다. 2009년 11월 5일, 서울중앙지방법원의 이상원 판사가 서기호 판사의 판결문 2쪽 분량을 모두 마우스로 긁어서 판결문을 내놓았다. 그런데 이상원 판사는 내가 원고로 되어 있는 3건을 도맡아 재판했다. 동아일보 김상경, 시사신문 김태혁, 데일리NK 박인호를 상대로 하는 소송사건 3개가 모두 한 사람의 판사 이상원에게 배당된 것이다. 3개의 사건을 한 사람의 판사에게 도매금으로 배당한 서울중앙지방법원 사건배당 시스템에 대해 불만이 있었지만 그대로 참아 보았다. 아니나 다를까 이상원 판사는 이 3개의 사건에 대한 판결문을 모두 똑같이 썼다. 표현이 다른 글자들은 불과 몇 줄 안 되었다.

날아가 버린 "좌익들의 연말 대목"

2008년은 역사적 이정표들이 매달린 해다. 2008년 2월에 이명박이 대통령으로 취임했고, 5월 6일, 광우병으로 의심되는 미국산 쇠고기 수입을 반대한다는 첫 집회가 광화문에서 열렸다. 집회는 100일 동안 지속되면서 이명박 몰아내기 집회로 시도됐다. 6월 4일에는 김대중이 '광화문 촛불집회는 아테네의 직접민주주의 이후 초유의 직접민주주의'라며 이명박 독재정권을 몰아내라 선동했다. 이에 동조하여 북한에서도 노동신문 등을 통해 좌익 총동원령을 내렸다.

이명박 퇴진 집회를 확대하기 위해서는 막대한 자금이 필요했다. 연말은 기부의 계절이다. 빨갱이들은 연말 대목을 보기 위해 문근영을 이용한 것이다. 기부금 잘 내는 배우 등 돈 있는 사람들의 경쟁심을 유도해 '사회복지공동모금회'에 연말모금을 대대적으로 유치하고, 문양에게 광고 모델료가 쇄도하게 해서 많은 자금을 유치하려 했던 것이다. 이렇게 해서 문양에 대한 사회적 입지가 굳어지면 감히 누구도 범접할 수 없는 바위 같은 존재가 되는 것이다. 문양이 뜨면 그의 간첩 외조부 류낙진도 함께 뜨는 것이다. 그래서 나는 수많은 언론들로부터 공격받을 것을 각오하고 문제를 삼은 것이다. 기부금의 계절인 연말특수 계획이 탄로 났다고 생각해서인지 좌익들이 땡비 떼처럼 일어난 것이다. 언론이 소리를 키울수록 국민들이 깨어났다. 그래서 저들의 연말대목이 수포로 돌아갔다. 이것이 내가 공격받은 데 대한 유일한 위안이 되었다.

문근영 여파로 기부금 모으는 단체 복마전 드러나

문근영을 기부천사로 띄우는데 도구로 이용된 '사회복지공동모금회'가 문근영 사건의 반작용으로 도마 위에 올랐다. 공금유용, 장부

조작 등 각종 부정행위의 온상이 되어 있다는 구체적 기사들이 쏟아져 나온 것이다. '사회복지공동모금회'는 빨강색 '사랑의 열매'로 상징돼 왔다. 그 열매가 주는 메시지는 신뢰와 훈훈함 그 자체였다. 사회복지공동모금회는 우리 사회에서 사랑을 목말라하는 곳들을 부지런히 찾아내 실시간으로 사랑을 베푸는 가장 아름답고 깨끗한 천사 같은 사람들만 모여 있는 존재로 부각돼 왔다. 그런데 알고 보니 여기가 엄청 썩었다. 구글에서 사회복지공동모금회라는 검색어를 치면 '공금 유용'이라는 단어들이 도배돼 있다.

한국적십자회 역시 부지런히 발로 뛰어다니면서 불우한 이웃을 찾아내 우리를 대신하여 챙겨주는 깨끗한 영혼들이 일하고 있는 존재인 것으로 부각돼 왔지만 세상이 원체 부패하다보니 이 곳 역시 썩었다. 보도에 의하면 2010년 재앙적 지진 피해를 당한 아이티를 돕겠다며 국민으로부터 100억 원에 이르는 성금을 걷어놓고 아이티를 위해서는 쓴 돈이 별로 없다. 남은 돈을 가지고는 은행에 장기적금을 해놓고 호강이나 하고 다녔다.

아이티 성금을 주는 기부자들의 마음은 아이티 인들이 가장 고통받고 있는 바로 그 시점에 성금을 빛나게 써달라는 것이었지 그 돈으로 적십자사 사람들이 호강이나 하고 66억원이나 되는 돈을 은행에 장기적금 해놓으라고 준 것이 아니다. 급한 사람들을 도와주는 것은 타이밍이 생명이 아니던가? 그런데 조사를 당하자 "나중에 차차 도와주려고 했다"고 변명했다. 썩은 것만 아니다. 대한적십자회는 북한에 쌀을 대주고 시멘트를 대주는 조직이 되었다. 강원도가 태풍피해를 집중적으로 입어 모 방송사가 나서서 성금을 걷었다. 그런데 나중에 들리는 소문에 의하면 그 돈의 극히 일부만 강원도에 간 모양이다. 성금을 걷어 기금을 만들었다는 보도도 있었다. 이제는 믿을 단체가 하나도 없다는 생각이 든다. 길거리에서나 전철 안에서는 왕왕 성금을 달라고 성금함을 목에 걸고 다니는 사람들이 있다. 크리스마스가 가까워오면 구세군이 나와 딸랑이를 흔들며 성금을 호소한다. 이제 이들을 보는 눈들도 싸늘해 졌다.

세월호 폭침은 북의 시스템적 공작이었을 것

2014년 4월 16일, 발설하기조차 역겨운 세월호 침몰 사고가 발생했다. '국정원이 폭침시켰다.' '미국 잠수함이 격침시켰다' 등 온갖 음모론이 판을 쳤다. 한국은 건강한 사회가 아니라 미친 사회였다. 정말로 합리적으로 제기해야 할 의혹은 북한의 공작이다. 세월호 폭침 보름 전인 3월 31일, 북한은 서남전선사령부 명의로 해군 2함대에 전화통지문을 발송해 "오늘 중" 해상사격훈련을 할 것이라고 통보했다. 통지문에는 백령도 NLL 북쪽에서 연평도 북쪽 대수압도 인근까지 7개 구역에 사격을 할 것이니 이 구역에 남측 선박이 들어가지 않도록 해주기 바란다는 내용이 있었다.

여러 날도 아니고 하루 동안만, 그것도 며칠 전에 통보한 것도 아니고 당일 통보한 것이다. 잠수함을 잘 잡는 존재는 다량의 어선들이다.

어선들을 이날 못 다니게 한 것은 잠수함이 인천지역으로 내려온다는 뜻이었다. 3월 31일, 나는 이 보도가 나오자마자 홈페이지 시스템클럽에 북한이 공작용 잠수함을 보낼 것이라고 경고하는 글을 썼다. 그리고 정확히 보름 만에 세월호가 침몰했다. 그 침몰은 발생할 수밖에 없도록 작성된 정밀한 각본에 의해 매우 조직적인 매너로 발생했다. 침몰 후에 대량 피해가 날 수밖에 없도록 짜인 정밀한 시나리오도 보인다. 북한이 1,200명이 넘는 특수군과 공작요원들을 광주에 침투시켜, 광주와 전라남도 17개 시군을 동시에 게릴라전으로 몰아넣는 작전을 벌이고, 그 피해를 고스란히 한국군과 전두환에 뒤집어씌운 것에 비하면, 세월호를 폭침시켜놓고 이를 박근혜에게 뒤집어씌우는 일 정도는 그야말로 누워서 떡먹기로 쉽고 간단한 일이었다.

2010년 3월 26일에 발생한 천안함 폭침을 보자. 사고가 발생하자 이 땅에 입 달린 빨갱이들이 다 나섰다. '미국의 소행이다,' '국정원의 자작극이다' 연연히 반복해온 레파토리로 의혹을 제기했다. 심지어 이명박까지도 북한을 의심하지 말라며 "내가 선박을 지어봐서 아는데 철판의 피로에 의한 침몰일 것이다" 이런 희한한 말까지 했다. 이 한심한 모습을 지켜 본 오바마가 순발력 있게 나서 주었다. 미국 전문가 15명을 포함하여 영국, 호주, 핀란드 등에서 총 24명이나 되는 잠수함 기술자들을 파견해 주었다. 그 결과 천안함 폭침은 북한의 소행인 것으로 명백히 규명됐다. 오바마가 이렇게 발 빠르게 앞장 서 주지 않았다면 아마도 천안함 사건의 진실은 지금도 밝혀지지 않았을 것이며, 이명박도 정치적 코너에 몰렸을 것이다.

천안함 폭침을 위한 북한의 침몰작전도 '해상사격구역 설정'으로 시작됐다. 해상사격구역! 이 6개의 글자는 군 수뇌들의 머리에 각인됐어야 할 글자였다. 2009년 11월 10일, 김정일은 고속정을 보내 우리 해군함정에 선제 사격을 가했다. 마침 현지 지휘관이 소신껏 적함을 대파시켰고, 적함은 우리가 보는 앞에서 연기를 뿜으면서 예인돼 갔다. 김정일은 이 수모를 반드시 '천백배' 갚아주겠다고 공언했다. 천안함 공격 계획은 이런 '천백배'의 동기로 유발된 것이었다. 북괴는 2010년 1월 25일부터 3월 29일 까지 65일 동안 백령도와 대청도 바로 북방에 여러 개의 사격구역을 설정해놓고 사격훈련을 하겠다고 선언해놓은 후 심심하면 사격을 했다. 우리 어선들과 함정들이 65일 동안 발이 묶였다. 북괴는 왜 이런 조치를 취했는가? 천암함 폭침을 준비하기 위해서였다.

우리 해군을 접근하지 못하게 했던 이 2개월 동안, 이 지역은 바로 북한의 잠수함들이 마음 놓고 활동할 수 있는 자유공간이었으며, 2개월이 바로 폭침을 위한 수중 정찰과 작전계획을 수립하는 기간이었다. 천안함 침몰은 사격시한이 마감되는 3월 29일의 3일 전에 발생했다. 천안함이 백령도 근방에서 제2함대 사령부의 진로통제를 받으면서 저속으로 움직인 데에는 작전 목표가 없었다. 당시 보도된 상황처리 내용들을 보면 제2함대 사령부에 간첩이 반드시 있었다는 것이 지금까지도 변치 않는 내 생각이다.

세월호가 북한의 작전이라면 그 작전에는 반드시 대대적인 '시체장사'가 뒤따르고 '뒤집어씌우기'가 뒤따라야 한다. 5·18로 인해 북한이 가장 재미를 본 것이 바로 시체장사요 뒤집어씌우기였다. 이 땅에서 발생한 대규모 소요들은 모두가 시체장사를 통해 성공한 것이다. 이러한 빨갱이 이론을 알고 있기에 나는 세월호 사고 직후 곧 대대적인 시체장사가 있을 것이라는 글을 써 저들의 의표를 찌르려 했다. 2014년 4월 22일, 나는 시스템클럽에 "박근혜, 정신 바짝 차려야"라는 제목의 글을 썼다. 그 중에는 "무능한 박근혜 퇴진과 아울러 국가를 전복하기 위한 봉기가 바로 북한의 코앞에서 벌어질 모양이다. 시체장사에 한두 번 당해봤는가? 세월호 참사는 이를 위한 거대한 불쏘시개다. 선장과 선원들의 당당함을 보면서 그리고 마치 사전 훈련이라도 받은 것처럼 일사불란하게 묵비권을 행사하는 것을 보면서 느끼는 것이 없는가?" 이런 문장이 있었다.

그런데 매우 고맙게도 이번에도 모든 언론들이 이 문장을 걸고 늘어지면서 나를 공격했다. 시체장사를 조심하라는 내 경고에 언론들의 떼거지 공격이 있었기에 많은 국민들이 '시체놀음'이라는 빨갱이 수작들에 대해 많이 알게 되었기 때문에 고마운 것이다. 서울경찰청 간부도 이에 맞장구를 치면서 나를 '내사'할 것이라 했고, 언론들은 이 내사라는 단어들을 대서특필했다. 내가 곧 구속될 것이라는 소문들이 파다하게 퍼졌다. 사실이야 어떻든 나부터 죽여 놓고 보자는 것이 빨갱이들의 작전인 것이다. 그렇게 대서특필됐던 내사였는데도 막상 사건을 배당받은 수사관은 '웃기는 일'이라는 듯 나를 부르지도 않고 무혐의 종결 처리 해버렸다.

내 인생 자체가 현대사

자유공간에 내가 남긴 궤적

나는 내가 걸어온 길이 절대자가 짜놓은 길이라고 생각한다. 이 말 말고는 내가 내 인생을 해석할 수가 없다. 지금으로부터 140년 전, 현대무용의 전설이요 어머니라 불리는 여인 이사도라 던컨이 샌프란시스코에서 태어나 49세의 생을 농도 짙게 채우고 갔다. 그녀를 그렸다는 영화주제곡 이사도라는 슬픈 곡이다. 짧은 생을 살았지만 그녀의 삶은 영혼의 삶이었다. 사회적 통념과 인습을 훌훌 털어버렸다. 춤을 위해서는 옷도 신발도 다 던졌다. 코르셋과 토-슈즈도 내 던졌다. 그녀가 추는 춤은 매뉴얼로 추는 춤이 아니라 자유를 즐기는 영혼의 춤이었다. 영혼이 추는 춤에 육체가 실린 것이다. 이것이 그녀의 춤 이론이었다.

타이타닉의 여주인공 로즈, 거미줄 같이 복잡하고 까다로운 상류사회의 속박을 이기지 못해 바다에 뛰어 내리려 했다. 이 순간 남주인공 잭 도슨이 나타나 영혼적 교감을 했고, 순간의 교감이 그녀를 살려냈다. 그녀는 잭 도슨이 이끄는 대로 자유분방의 세계에 몰입했다. 그 자유분방함은 자유방임이 아니라 자기철학과 자기기율에 충실 하는 격이 있는 삶이었다. 잭 도슨이 영국 상류사회 사람들에 말했다. "나의 하루하루는 다 기억할 수 있는 날들이었다"(Make everyday count). 자유분방했던 잭 도슨은 운명이 엇갈리는 마지막 순간까지 로즈의 영혼을 해방시킨다. "말을 탈 때에는 다리를 한쪽으로 모으지 말고, 말 등의 좌우에 나눠 놓고 타라, 애들도 아주 많이 낳아라" 로즈는 잭 도슨의 도움을 받아 영혼적 자유인이 되었지만 이사도라는 스스로 영혼을 해방시키며 살았다.

영혼적 자유인, 나는 살벌한 육사 생활을 하면서도 낭만 속에서 살았고, 그 낭만은 자유로운 영혼에 있었다. 모든 내적 외적 속박으로부터 나를 벗어나게 한 것은 독서와 사색이었다. 감수성이 예민했던 19세부터 나는 역사소설로 시작해 영웅전 위인전 고전소설 같은 것들을 읽었고, 읽은 내용들을 되새김질 하면서 길을 걸었다. 내가 걷는 길은 상상으로 채워진 길이었다.

 독서에 몰두할 수 있었던 사관학교를 졸업하고 싶지가 않았다. 주홍글씨를 읽을 때에는 내가 헤스터 프린이 되어 베개를 적셨고, 나폴레옹을 읽을 때에는 내가 나폴레옹이 되어 높은 연단에 올라 사방을 훑어보기도 했다. 감수성이 예민했던 사춘기, 내가 읽고 생각하고 상상했던 모든 것들이 내 몸 속에 한 영혼을 조각해 놓았을 것이다. 자유분방, 이사도라에도, 황야의 총잡이 클린트 이스트우드에도, 잭도슨에도 넘쳐나 있었다. 아마도 나는 이런 부류에 속한 하나의 존재가 아닌가 한다.

 질서를 생명으로 하는 병영 세계에 첫발을 내디뎠던 소위 시절, 하사관들을 괴롭히는 고참 대위가 짐승처럼 느껴지는 순간 앞 뒤 안 가리고 그와 격투를 벌였다. 청운의 꿈은 안중에도 없었다. 26세로 갓 중위가 되었을 때, 베트남 전쟁터에서 한국군을 면전에서 비하한 미군소령이 있었다. 나는 그를 혼내주기 위해 병사들을 시켜 그의 발밑에 조준사격을 가했다. 우쭐 대던 미군소령이 체면도 위엄도 다 팽개쳐 버리고 줄행랑을 쳤다. 27세, 베트남에서 잠시 귀국하여 6개월 동안 육군본부에 근무할 때, 나는 아래 위 개념 없는 한 기생오라비 병사를 패주었다. 이에 정일권 국무총리실로부터 지중위를 엄벌에 처하고 결과 보고하라는 전통문이 김계원 참모총장실로 날아왔다. 나는 먼저 그의 누나 집에 찾아가 정인숙과 담판을 지었고, 국무총리실로 찾아가 담판을 지어 지중위를 엄벌하라는 국무총리의 전통문을 폐기

시켰다. 28세에 갓 대위가 된 나는 다시 베트남으로 재파병 되어 130여명의 부하를 거느리는 포대장이 되었다. 그리고 병사들에게 군복바지를 궁둥이까지 잘라 입으라 했고, 모든 집합과 점호를 생략했다.

1974년, 미해군대학원에 경영학 석사 학생 1명을 뽑는다 하기에 사관학교 졸업 만 8년이 지난 시점에서 영어시험을 보았고, 100점 만점에 97점을 받아 군사유학 역사에 이변을 낳았다. 베트남에서 작전을 나갈 때에도 철모 속에는 얇은 영문소설책이 있었다. 미해군대학원에서 일단 공부를 시작하면서 나는 극기의 인생을 살았다. 미 해군대학원이 설립된 1907년 이래 문과 석사과정에서 이과 박사과정으로 전환한 사람은 오로지 나 한 사람뿐이었다. 나는 박사 논문에 수학공식 2개와 수학정리 6개 그리고 미해군함정이 90일 동안 작전을 나갈 때 함정 창고에 싣고 나가야 할 각 수리부품 수량을 계산하기 위한 실용적 알고리즘을 만들어 선사했다. 한국에서 온 한 작은 청년장교가 콧대 높은 미국의 한 상아탑 세계에서 전설의 인물로 회자됐다. 극기와 열정의 덩어리가 그 시대의 나였다.

금의환향하던 1980년 10월 어느 날, 그날부터 나는 중앙정보부 이문동 제2차장실 특별보좌관이 되었다. 나에게 배당된 넓은 방이 차장에게 결재를 받아야 하는 국장들의 사랑방이 되었다. 나는 이 분들로부터 수많은 미지의 현실세계를 접할 수 있었고, 북한에 대한 문헌들을 읽을 수 있었다. 그리고 4개월짜리 단기 교육과정도 받았다. 이런 기회는 나를 길러주려 하셨던 육사11기 김성진 박사님이 배려차원에서 마련해 주신 것이었다. 청와대 비서관을 할래, 중정에서 과장을 할래, 아니면 연구소에 갈래? 많은 생각 끝에 나는 연구소에 가겠다고 했다.

내가 가는 곳엔 풍운 일어

연구소에 가서부터 나는 연구벌레가 되었다. 밤 12시가 넘어도 내 방에는 불이 꺼지지 않았다. 1982년 내가 내놓은 첫 연구는 홈런으로 통했다. 그 연구결과를 당시 윤성민 국방장관이 받아들이면서부터 군에는 일대 회오리바람이 불었다. 전군적 예산개혁, 나는 전군을 순회하는 강사가 되었다. 각 사단별로 자원관리 참모가 생기게 되었고, 공기나 물처럼 자유재로 인식되던 군용품 모두가 회계처리 됐다. 역사상 처음으로 군에 비용의식이 탄생한 것이다. 이는 군 창설 이래 전무후무한 개혁이었다. 아마도 육해공군 해병대에서 내 이름을 모르는 군인들 없었을 것이다. 2005년에도 윤성민 전 장관은 나에게 전화를 걸었다. 하루에 열 번을 건 적도 있었다. 하지만 내가 12.12와 5·18에 대한 역사를 쓰면서부터 그는 나로부터 사라졌다. 그는 분명한 역사적 인물이었고, 그에 관한 기록들을 가지고는 그를 미화할 수 없었다. 웃는 얼굴에 또 침을 뱉은 것이다.

1982년부터 예산개혁을 실행하던 5년 동안 그와 나는 하나였다. 예산개혁으로 인해 그는 장관을 최장수 5년간 했고, 그 예산개혁은 전 공무원 사회로 확산됐다. 당시 윤성민 장관은 내가 건의하는 것들을 다 수용했다. 지금의 방위청 같은 특수조직을 만들자 건의했고, 그는 이를 추진했다. 그런데 기득권을 가진 장군들이 결사 항전을 해서 포기됐다. 미해군대학원과 같은 대학원을 군에 만들자 제안해서 그는 수락했다. 당시 육사교장인 김복동 장군은 골프장을 헐어서라도 학교를 만들겠다 했다. 그런데 김복동 장군과 라이벌이었던 육사 11기 이범준 장군이 국방부 기획관리실장을 하면서 적극 반대해서 무산됐다. 하지만 지금은 내가 제안했던 방위청이 설치돼 있고, 수준은 미달되지만 국방대학원에는 대학원 과정이 따로 설치돼 장교들의 수학적 사고방식을 끌어올리고 있다. 내가 대학원을 국방대학원이 아닌 육군사관학교 주변에 세우자 한 것은 당시 육사 교수부에는 석사를 양성하기에 충분한 자격을 가진 박사들이 차고 넘쳐 있었기 때문이었다. 남아도는 역량을 이용하지 않고 방치한다는 것은 매우 안타까운 일이었다. 이러한 과정을 지나면서 내 얼굴은 두 개가 되었다. 한 얼굴은 신선한 충격을 주는 국보의 얼굴이고, 다른 한 얼굴은 건방지다는 얼굴이었다. 마치 이사도라가 현대무용의 어머니라는 얼굴과 '공산당 창녀"라는 두 개의 얼굴을 선사받았듯이.

나비인생과 공산세계는 양립 불가

1987년, 나는 미해군대학원에 다시 갔다. 아름다운 해변이 그대로 있었고, 성난 파도를 은가루로 만들어 하늘 높이 분사하던 거대한 절벽이 그대로 있었다. 하지만 이들은 내가 공부를 할 때 달랐고, 교수생활을 할 때 달랐다. 목가적이고 시 같은 인생이 제2의 고향인 몬터레이 반도에서도 한동안 피어났다. 1989년 말에 돌아온 나는 전혀 새로운 세계를 개척했다. 의도해서가 아니라 열심히 살다보니 그렇게 되었다. 이후 약 10년 동안 나는 나비처럼 화사하게 살았다. 가족 모두가 행복했다. 가는 데마다 반가운 인사를 받았고, 심지어는 택시에서도 기사들로부터도 인사를 받았다. 김대중 진영으로부터 온 장관자리 제의도 마다하고, 이회창 진영으로부터 제의된 전국구 자리 등도 마다 할 만큼 프리랜서로서의 내 인생은 참으로 행복했다. 자유가 보장됐던 행복했던 내 인생은 55세로 마감됐다. 그리고 김대중 시대로부터 열리기 시작한 이른바 빨갱이 물결이 파도치면서 화사했던 내 행복은 부서지기 시작했다. 내 인생을 스케치한 "뚝섬 무지개", 읽은 분들은 독특한 자서전이라고 평한다. 또 다른 분들은 목가적이고 낭만적인 시대를 그린 한 편의 영화를 보는 것 같다고 했다. 하지만 이 책 후반에 이어지는 내 인생 스토리는 험한 가시밭길의 역사요 비극적인 현대사 그 자체로 읽힐 것이다.

빨갱이 세상이 되자 육사시절 가장 가까웠던 1년 선배도 나를 고소

내 일생 최초로 나를 고소한 사람은 육사21기 이청남이었다. 그의 동기생들이 '육사 선후배 사이에 이러면 안 된다' 여러 차례 말렸지만 이청남은 미동도 하지 않았다. 김대중 시대의 개막이 여기에서도 실감됐다. 당시 해군은 독도문제로 자극받아 대양해군을 꿈꾸고 있었다. 하푼 미사일을 장착하는 3천 톤급의 대양 잠수함을 가져야 한다는 것이 중론이었고, 국방과학연구소 연구결과 3,000톤급 잠수함이 합참 소요문서에 반영됐다. 이 찰나에 김영삼의 청와대에서 몸집을 키운 예비역 소장 이청남이 국방부 방위사업실장으로 부임하면서 3,000톤급 소요가 밀실에서 갑자기 1,500톤급으로 둔갑됐다. 현대중공업으로 결정되었던 잠수함 제조권을 대우중공업에 수의계약 해주기 위한 것이었다.

수많은 실존 잠수함들이 판매대에 올라있었지만, 그는 실존하지도 않는 독일 잠수함만을 고집했다. 원칙을 준수한다는 육사전통은 이청남에게는 해당되지 않았다. 기술능력을 평가한다며 기술평가단을 독일, 프랑스 등에 출장을 보냈지만 이는 독일 잠수함을 선택하기 위한 낯 뜨거운 쇼에 불과했다. 당시 나는 전두환대통령으로부터 명령을 받아 율곡사업 13년의 성과를 분석했던 사람이었기에 율곡분야 최고의 전문가로 통했다. 이런 내가 보기에 이 파행은 율곡사업 역사상 처음 있는 일이었다. 장장 6개월에 걸쳐 수백 건의 신문기사와 사설들이 이청남의 비리를 질타했지만 그는 끄덕도 하지 않았다. 이에 대해 라이벌 업체인 현대가 1997년 11월 18일 국방부를 상대로 소송을 제기했다. 이에 맞서 이청남 방위실장은 거칠 것 없다는 듯 97년 11월 21일 기자회견을 열어 "개량형잠수함은 대우와 수의계약 할 것이다" 매우 거세게 나갔다.

나는 당시 '월간 말' 지로부터 기고 요청을 받았다. 당시 나는 한겨레나 '말' 지가 좌익 매체인지도 몰랐다. 그런 매체들이 빨갱이 매체들이라는 것은 김대중의 적화작전이 실행되면서 비로소 알게 됐다.

'말' 지는 내게 "IMF를 당해 나라가 매우 어려운 처지에 있는데도 국방부가 국방비를 함부로 쓰고 개혁도 하지 않고, 특히 당시 사회를 가장 시끄럽게 했던 잠수함 사업에 대해서는 밀실 놀음을 하고 있으면서도 이를 지적하는 기자에 대해 국방부 출입을 금지시키는 전근대적인 조치를 취한다며 이를 따끔히 지적하는 글을 써 달라"는 부탁을 해왔다. '말' 지는 1998년 2월호에 'IMF특집'을 냈다. 그 중에 내가 기고한 "15조 국방비, 30%의 거품을 걷어내라"는 제목을 단 아래 글이 포함돼 있었다.

"문제의 근원은 군이 추진하는 대부분의 사업은 장교들의 발상에 의하여 추진되는 것이 아니라 기업 주도로 이뤄지고 있다는 사실에 있다. 기업들이 장교에게 아이디어를 제공해 주고, 사업에 대한 교육도 시켜주며, 적지 않은 도장 값으로 매수하는 것이다. 이 문제가 해결되지 않는 한 정경유착은 절대로 근절되지 않는다. 군 스스로 과학적 분석의 질을 높이지 않는 한, 장교들의 두뇌는 기업에 의해 점령된다. '정보화 사회'라는 구호는 높지만, 세상 물정과 새로운 정보에 어두운 한국군 장교들은 앉아서 기업인들이 제공해 주는 정보와 새로운 지식을 그때그때 받아들이기에 바쁘다. 머리가 비어 있는 장교들의 두뇌는 먼저 점령하는 사람이 임자다. 일단 어느 한 업체에 의해 세뇌당한 장교는 다른 경쟁업체의 접근이 귀찮아진다. 이미 형성된 기존 업체에 대한 호의적인 선입관은 하나의 소신으로 비화된다. 그 소신을 펴기 위해 장교들은 특정 업체를 적극 비호하게 된다. 예산을 가진 장교를 먼저 점령하는 기업이 돈을 버는 것이다. 그래서 국방비는 먼저 본 사람이 임자라는 말이 있다. 이번 중형 잠수함을 둘러싼 파행이 이를 웅변해 준다. 이번 잠수함 도입을 둘러싸고 장관, 차관, 방위실장, 합참무기체계조정관, 국방부사업조정관 등이 한 재벌기업을 일사불란하게 밀실에서 감쌌다. 그들이 돈을 얼마나 챙겼는지는 아무도 모른다. 그러나 그들이 공공연히 저지르는 파행은 돈을 먹지 않고서는 저지를 수 없는 전대미문의 부조리다"

위 글이 고소를 당한 것이다. 일생에 처음으로 당하는 재판이라 나는 마치 망치로 머리를 가격당한 정도의 충격을 받았다. 재판 도중 그가 증언대에 섰지만 그는 그를 향해 날아가는 합리적 질문들에 대해 모두 사실이 아니라고 답했다. 군 관련 사항들 모두가 비밀이었기 때문에 그가 아니라 답하면 아닌 것이 되었다. '말' 지가 고용한 변호사가 변호를 했지만 제1심을 맡은 변진장 판사는 1999년 7월 20일, '말' 지 편집부장 최진섭과 나에게 각 벌금 100만원씩을 선고했다.

말지는 항소를 포기했지만 나 혼자 항소를 했다. 변호사도 없이 내가 쓴 항소장에 대해 제2심 김경종 재판장은 1999년 12월 7일, 나와 최진섭에 무죄를 선고했다. 변진장 판사는 검사의 공소장 그대로를 베껴서 판결문을 썼지만 김경종 판사는 판결문을 아래와 같이 창작해서 썼다. 내가 김경종 판사의 판결문을 그대로 여기에 옮긴 것에는 이유가 있다. 판사가 편하게 지내려면 검사가 쓴 공소장을 그대로 베끼면 되는 것이고, 피고인의 인권을 보호해 주려면 많은 양의 노력을 집중해야 한다는 사실을 보여주기 위해서다. 제2심 판결문에는 행진곡

마저 흐르고 있다는 느낌이 든다.

"고소인 이청남과 나승수는 율곡사업이 계획단계에서부터 많은 전문가들과 각부서의 실무자들이 여러 차례에 걸친 협의 끝에 결정을 하게 되고, 사업의 시행에 있어서는 세부적인 사항에 이르기까지 각부서의 장과 장관 및 대통령에 이르기까지 보고를 하는 등 사전 및 사후 통제를 받게 되어 있고, 정기적인 감사를 받도록 되어 있으며, 이번 잠수함 도입사업과 관련하여 관련자들이 비리에 연루되어 처벌을 받은 적이 없으므로 피고인 지만원의 글은 이청남을 악의적으로 비방하기 위해 허위의 사실을 나열한 것'이라고 주장하고 있다."

"그러나 피고인 지만원은 한국군사평론가협회 부회장으로서 군사평론, 국가·기업의 경영혁신에 관하여 꾸준히 기고 및 강의 활동을 하고 있고, 특히 한국 군수산업 및 한국군의 문제점을 비판해 온 군사평론가로서 율곡사업 성과분석의 책임자로 일했던 경험이 있고, 이번 '말'지에의 기고문에서도 'IMF시대의 한국군의 과제: 15조원의 국방비 30%의 거품을 걷어내라'는 제목 하에 비방목적과는 전혀 무관한 개선 지향 적인 소제목들이 나열돼 있고, 그 결론을 '군이 군 내부의 과학자들까지도 중요한 의사결정에 참여할 수 없을 만큼 과학과 경영 지식을 멀리 한 채, 15조라는 국방비를 사용하니 낭비가 오죽하겠는가'라고 맺고 있다."

"또한 이청남과 나승수의 주장대로라면 군에 비리가 없어야 했지만, 실제로 국방부는 이미 율곡사업 등, 군수사업 비리와 관련하여

1993. 7경 국방부는 국방 제2차관보, 해군 군수사령관 등 장군 2명을 보직해임하고, 관련자 28명을 징계했으며, 그 이후에도 여러 잡음이 일다가 1996. 7경에는 3명의 전직 국방장관, 4명의 4성 장군이 뇌물수수 등의 비리혐의로 형사처벌 된 사실, 게다가 당시에는 율곡사업 중 중형잠수함사업과 관련하여 (1) 애초에는 3,000톤 급 잠수함 기종이 계획되어 공개경쟁 사업으로 추진되는 게 원칙이었음에도 비공개절차에 의하여 3,000톤 급이 1,500톤 급으로 하향조정 되었고, (2) 방위사업실장인 이청남 주도하에 'SSU 개량형 잠수함 사업 관리규정' 이 특별 예외 규정으로 신설되면서 공개경쟁 입찰방식이 대우 측과의 수의계약 방식으로 변경되었으며 (3) 이청남은 1997. 11. 21경 개량형 1,500톤 급 잠수함 사업은 중복투자를 방지하기 위해 대우 중공업과 수의계약 할 것이라고 기자회견을 했다가, 여론의 비판을 받고 1997. 11. 28경 앞서의 기자회견 내용은 자신의 사견에 불과한 것이므로 취소한다고 번복하는 기자회견을 하는 등 석연치 않은 행동으로 인하여 사업의 문제점이 논란거리로 등장한 사실, (4) 이어서 대우와 경쟁관계에 있던 현대중공업이 국방부를 상대로 법원에 '방위사업 참여권 침해금지 가처분 소송' 을 제기하는 한편, 1997. 10경 정기 국회 국방위원회에서도 특정 업체와의 수의계약에 대한 타당성이 논란거리로 등장했고, 언론에서도 국방비가 특정재벌 기업을 밀어주는 것이 아니냐고 문제를 제기하는 등 중형잠수함 사업이 사회 전체의 공익적 관심사로 부각돼 있었던 사실이 인정된다. (5) 이러한 사실들과 관련하여 지만원은 군장교들이 기업으로부터 금품을 받았다고 직접적으로 지적하는 것이 아니라, 군장교와 기업간의 유착관계가 성립할

수 있는 여건을 지적하고, 중형잠수함 사업의 파행 정도가 대단히 큰 것에 비추어 유착관계 또한 클 것이라는 추측을 했다. 그 당시의 일련의 상황에 비추어 지만원이 군과 기업 간의 유착관계가 있다고 믿었던 것에 대해서는 그렇게 믿을 만한 상당한 근거가 있었기 때문에 기고 내용이 허위사실을 적시한 것이라고 볼 수 없다. (6) 지만원의 기고문은 IMF 시대에 국방비를 줄이고 소수정예군대로 개편하며, 군수사업 분야를 공개적으로 투명하게 하자는 주제로 국민의 알권리를 충족시키는 글로서 공익수호 적 성격이 강하다. (7) 이 사건과 관련한 표현에 있어서도 장관, 차관, 방위실장, 합참무기체계조정관, 국방부 사업조정관 등 위 율곡사업의 처리 라인에 있는 핵심간부 5개의 직책을 모두 거론하였을 뿐, 구체적인 성명을 특정하지 않았다. (8) 기고문은 다소 부적절한 표현을 사용하기는 했으나 이는 당시의 특정기업 밀어주기라는 논란에 대한 여론과 비판을 효과적으로 전달하기 위한 것으로 인정되며, 이청남이 문제로 삼고 있는 금품수수 의혹에 관한 글은 따로 분리해서 고려될 성격의 것이 아니라 기고문의 전반적인 내용과 관련지어 판단돼야 한다. 이렇게 볼 때, 지만원의 기고문은 이청남 개인의 뇌물비리를 고발하기 위한 취지의 글이라고 인정할 수 없다. (9) 다소 부적절한 표현에 의해 이청남의 주관적인 명예 감정이 다소 침해된다 하더라도 그보다는 자유로운 평론활동을 보호할 필요성이 더 큰 것으로 인정된다. (10) 결론적으로 지만원의 기고문은 허위사실을 적시한 것도 아니며, 특정인을 비방하기 위해 쓴 글로 보기 어렵다. 따라서 형법 제309조 소정의 출판물에 의한 명예훼손죄는 성립하지 않는다 할 것이다. 그러므로 당원은 형사소송법 제364조에 의

하여 원심판결을 파기하고, 두 피고인에게 무죄를 선고한다"

거꾸로 이청남이 위증죄로 처벌받아

　대법원에서 승리를 거두면서 나는 2000년 11월 24일, 이청남을 위증죄로 서울지검에 고소했다. 그는 8개 사항에 대해 내가 피고인으로 받는 재판정에 나와 위증을 했다. 내가 그를 위증죄로 걸어 넣는 데에는 증거가 필요했다. 당시 모 국회의원 보좌관이 내가 원하는 자료들을 다 구해주었다. 자료들을 구해보니 그는 위증을 해서 사관학교 1년 후배인 나를 코너로 몰아넣은 매우 부정직한 사람이었다. 그에게 선고된 위증선고 내용은 이러했다.

　"피고인(이청남)은 1997.1.경부터 1998.3.경까지 국방부 방위사업실장으로 재직하던 자로서, 1999.4.28.경 서울 지방법원 제526호 법정에서 위 법원 98고단11167호 피고인 지만원에 대한 출판물에 의한 명예훼손사건의 증인으로 출석하여 선서 후 증언함에 있어서, 사실은 피고인이 위 국방부 방위사업실장으로 재직하던 때인, 1997.7.18.경 국방부 제176차 합동참모회의에서 해군잠수함소요가 3,000톤급에서 1,500톤급으로 변경되었으며, 1997.3.17.경부터 같은 달 27.경까지 11일간 위 방위사업실 소속 사업조정관 이원형 등 6명이 잠수함설계기술 획득 소요의 타당성 연구조사 및 관련자료 수집을 위하여 프랑스와 독일 등에 출장을 간 사실이 있고, 1997.11.21.경 국방일보 기자 등 국방부 출입기자들을 상대로 '국방부의 일관된 정책은 중복투자를 방지하고 국가자원을 최대한 활용하기 위하여 잠수함건조업체는 1개 업체를 지정 유지하는 것이다. 이에 따라 개량형 잠수함사업은 국내 잠수함 건조 업체로 지정된 대우 중공업이 맡게 된다' 는 내용의 기자회견을 한 사실이 있음에도 불구하고, 당시 위 지만원의 변호인 신문에 대하여 증언함에 있어서 1) 계획되어 있던 잠수함 소요를 3,000톤급에서 1,500톤급으로 바꾼 것은 증인이 오기 전에 이루어져 있었다. 2) 1997.3.경 잠수함 사업 건조능력 조사차 독일 프랑스 등에 출장 나간 간부가 누구인지 모른다. 3) 1997.11.21경 이번 1,500톤급 잠수함 사업은 대우와 수의계약 할 것이라는 취지의 기자회견을 한 것은 기억이 나지 않는다 라고 기억에 반하는 허위의 증언을 하여 위증하였다."

　　나와의 소송에서 패하자, 그는 그 자리에 더 있을 수 없었다. 그래도 김대중은 지만원에 고통을 가한 그의 업적을 높이 평가해서인지 2000년 2월 1일 군인공제회 이사장으로 승격시켜주었다. 그 후 잠수함사업은 수의계약에서 공개경쟁으로 전환됐고, 그 결과 잠수함 업체는 대우에서 현대로 전환됐다. 1,500톤급 3척의 가격으로 책정됐던 사업비 1조 5천억 원은 엄청난 거품이었음이 탄로 났다. 1,800톤급 3척의 가격이 9,500억 원으로 낙찰된 것이다. 1,500톤급과 1,800톤급은 바다에서의 신분이 다르다. 격이 훨씬 더 높은 잠수함을 샀는데도 5,500억 원이 절약된 것이다. 이청남의 밀실파행이 저지되지 않았더라면 국민은 얼마나 많은 손해를 입었겠는가? 1조원에 가까운 세금이 헛되이 날아갔을 것이다. 이런 부정-부패 때문에 2018년 7월에 발생한 해병 수리온 헬기가 이륙하자마자 무쇠덩이처럼 추락한 것이다.

1999년은 임동원의 국정원이 지만원 죽이기에 몰두했던 계절

나를 향한 소나기 소송들이 동시다발로 연이어 제기됐다. 그 당시 나는 이런 소송들이 나를 조직적으로 죽이기 위해 김대중과 임동원 세력이 기획한 것들이라는 의심을 하지 못했다. 1998년 1월, MBC 2580에 군 조달본부가 무기부품을 400-500배의 가격으로 바가지 구매를 하고 있다는 사실이 폭로됐다. 조달본부 박대기 구매관이 폭로했고, 필자는 이를 TV에 나와 해설해 주었다. 이런 비리는 내가 국방연구소를 떠나기 전에 이미 연구되었던 내용들과 일치했기 때문에 나는 그런 종류의 비리가 발생할 수밖에 없는 조달 시스템에 대해 상세하게 해설해 줄 수 있었다. MBC 보도로 인해 상처를 입은 조달본부 간부들은 저자거리 깡패들보다 더 유치한 방법으로 박대기씨를 괴롭혔고, 결국 그는 견디다 못해 조달본부를 사직하고 나와, 일본 관광객을 상대로 통역을 하다가 마음에 병이 들어 곧 작고하고 말았다. 조달본부장 권영효 중장은 나보다 육사 1년 아래였지만 어찌된 일인지 안면몰수하고 나를 고소했다. 방송으로 인해 조달본부에 대한 감사가 시작되자 권영효는 돌연 고소를 취하했다.

김동신은 나보다 육사 한 해 선배라 잘 아는 처지였지만 국방장관이 되자 빨갱이 행세를 했다. 내가 시스템클럽에 "군 수뇌부에도 간첩 있다"는 제목으로 군 간첩사를 소개하자 2001년 10월, 김동신이 국방장관 자격으로 나를 고소했다. "6.25때 군에는 간첩이 없었다. 군에 간첩이 있었다는 지만원의 글은 호국영령을 모독하는 글이다. 군에는 간첩이 없다. 보고 받은 적이 없고, 검찰이나 국정원에서도 그런 문제 제기가 없었다." 그 논리가 5·18에 북한군이 단 1명도 오지 않았다는 데 대한 조갑제의 황당한 논리와 참으로 유사했다. 이에 대해 많은 네티즌들이 김동신을 조롱하자 그는 슬그머니 소를 취하했다. 그는 판문점까지 가서 북송되는 63명의 비전향 장기수들에게 꽃다발을 걸어 주었고, 1996년 합참 작전부장을 할 때에는 강릉 작전을 생중계하게 함으로써 도망가는 북괴 간첩들을 이롭게 해주기도 했다. 있을 수 없는 이적행위를 했던 것이다.

2001년에는 또 국방부 땅굴 관계자 3명(김병조, 심원흠, 윤상훈)이 터무니없는 이유로 나를 고발했고, 판사들은 나에게 800만원을 선고했다. 민간 탐사자들이 국무총리 정원식을 움직여 김포 후평리 김천환씨의 텃밭 땅굴 의심지점에 시추공을 박게 했고, 민간탐사자들이 이 시추공 속으로 마이크를 넣어 소리를 녹음하자 군이 새벽 5시에 중장비를 끌고 와 시추공을 빼고, 빠지지 않은 시추공에는 돌과 흙과 각목을 꾸겨 넣는 등 국가기관에 어울릴 수 없는 저질 행동을 했다. 이를 지적하는 과정에서 나는 시추공을 민간인들이 박았다고 표현했다. 땅굴 문관 심원흠 등은 바로 이 표현을 걸어 나를 고소했다. 민간인들이 총리를 움직여 군으로 하여금 시추공을 박게 했다면 이 시추공은 민간인들이 박은 것이라고 충분히 표현할 수 있다. 이 말꼬리 잡기식 소송에 의해 나는 황당하게도 300만원의 벌금을 물었다.

연천의 제5땅굴은 지질학자, 폭파학자 모두가 북한공법에 의한 인공동굴이라는 사실을 인정했다. 그런데 군은 이를 3회에 걸쳐 보도한 SBS를 걸어 소송을 했다. 군은 아무런 증거를 내놓지 못한 반면 SBS는 과학적인 자료들을 내놓았다. 판사는 군에게 대응자료를 내놓으라고 했지만 군은 내놓지 못했다. 판사는 강제조정을 했다. 이 조정내용을 보면 사실상 군이 패소한 것이었다. 나는 이 사실을 소개하면서 군이 사실상 패소했다고 썼다. 판사는 이에 대해 500만원의 벌금을 선고했다. 당시 변호사 세계에서 들리는 말은 판사들이 지만원에 대해 매우 안 좋게 생각한다는 것이었다. 걸기만 하면 걸리는 신세가 바로 나였다. 이제 모든 사실들을 시계열에 따라 해석해 보면 임동원이 지휘하는 국정원의 공작이었다는 생각을 떨칠 수가 없다.

이어서 2002년 국정원이 민사와 형사로 직접 나를 걸었다. "국정원이 황장엽 비서의 밥에 독극물을 넣을 수 있다"는 글을 문제 삼은 것이다. 이 글은 임동원이 황장엽을 그야말로 쥐 잡 듯 하면서 오기를 부리던 때에 황장엽에 위해를 가하지 못하도록 사전 쐐기를 박기 위해 쓴 글이었다. 국정원은 이 사건에 6명의 변호사를 선임했다. 문제 삼은 구절은 오직 하나 "독극물을 넣을 수 있다"는 구절이었다. "넣었다"고 단정한 글이 아니라 개연성을 지적한 글이었다. 국정원은 황장엽에 밥을 공급해 주는 라인에 있다는 3인을 내세워 소송을 했다. 민사를 맡은 판사는 국정원측 변호사에게 "옛날에 고종황제의 밥에도 독극물이 들어갔었다고 하지 않느냐" 말하자 국정원 변호사는 들은 척도 하지 않았다. 내가 안타까워 보였던지 판사는 국정원 직원 3명에게 각 30만원씩 주는 것으로 사건을 조정했다. 각 개인 계좌 번호를 나에게 알려주던 국정원 직원들은 좋아 죽겠다는 말투를 보였다. 간첩을 잡는 국정원이든, 안 잡는 국정원이든 국정원은 폐기해도 좋을 만큼 타락해 있었다. 한마디로 저질집단이었다.

김대중과 임동원이 북한의 종이라는 증거

2001년 6월 2일, 울산 앞 바다 22마일 동쪽에서 13,800톤급의 청진2호가 발견됐다. 제주해협을 가로지른 후 NLL을 유린하면서 북상했다. 해군 초계정 6척이 27시간 동안 동행하면서 "귀 선이 우리 영토를 지나고 있으니 방향을 틀어주세요" 이런 말들만 50여 차례 반복했다. 이에 대해 북한 배들은 "이 길은 우리 장군님께서 열어주신 길이니, 가까이 오지 말기요" 큰 소리를 치고 다녔다. 청진2호를 발견한 시간으로부터 불과 40분 후, 제주도 바로 북방에서 6,635톤의 령군봉호가 또 발견됐다. 이 배는 8시간 동안 영해를 유린한 후 밤 8시에 영해를 이탈했다. 19:10분, 령군봉호 발견 7시간 후에 2,740톤의 백마강호가 제주도 서북쪽 근방에서 발견했다. 이 배는 제주도와 본토의 중간선을 따라 동쪽으로 항해하여 8시간 영해를 침범한 후 6월 3일 03:08분에 영해를 이탈했다.

위 3척의 북한 배 모두가 제주도 지역의 우리 영해를 유린한 것이다. 이때 군수뇌부가 보인 행동은 참으로 가관이었다. 이 나라는 나라도 아니었다. 조영길 합참의장은 6월 2일 13:30분. 청진2호 및 령군봉호 사건을 보고받고서도 골프를 강행했고, 클럽하우스에서 맥주를 곁 드린 저녁까지 마친 후, 20:00분에야 유유히 골프클럽을 이탈했다. 김동신 국방장관은 16:30분, 언론사 사장 및 여당 의원들과 골프를 즐겼고, 장정길 해군총장도 13:00시에 골프를 강행했다. 영해를 침범 당해 기분 좋다는 식의 집단 시위였고, 김대중과 임동원의 마음에 들고 싶어 하는 행동들로 보였다. 6월 3일 17:00시, 임동원 통일부장관 주재로 NSC 안보회의가 열렸지만 그들이 내놓은 결과는 한마디로 북한에 대한 굴종이었다. "이번 영해 통과에 대해서는 6.15공동선언정신을 존중한다는 이유로 허용한다" "북한에게도 무해통항권을 인정한다" "사전에 통보하거나 허가요청이 있을 때에는 NLL 통과도 허용한다."

반면 5월 27일에는 82톤의 우리 측 꽁치어선이 조수에 떠밀려 NLL을 2마일 정도 북쪽으로 넘었다가 북으로부터 8발의 무차별 사격을 받았다. 언론들이 비아냥댔다. "북은 쏘고, 남은 안 쏘고". 이런 비난이 일자 김대중 졸개들은 선장 때문에 욕을 먹었다며 선장을 처벌했다. 6월 13일 23:45분, 2,437톤급 남포2호가 동해 NBL(Northern Boundary Line)을 5마일 넘었다. 750톤급 우리 초계함이 우리 영해를 마구 침해하고 다니는 그 배를 20시간 이상 동행해 주었다. 6월 24일 새벽 2시 50분 경, 9톤짜리 손바닥만 한 북한어선 1척이 서해백령도 서북방 NLL을 2.5마일 가량 침범한 채 남하하자, 대청도 해상에서 초계중이던 우리 해군 고속정 편대가 즉각 출동해

기적을 울리고 경고방송을 하는 등 검색을 시도했다. 선원 5명이 탄 북한어선은 "가까이 접근하지 말라"며 해군 고속정에 횃불을 던지고, 갑판위로 올라와 각목, 쇠파이프, 식칼을 휘두르며 깡다구 시위를 벌였다. 한국해군은 한마디로 죽고 없었다.

드디어 해군은 동쪽 육지로부터 그어진 218마일에 이르는 동해 NLL을 모두 방어한다는 것이 사실상 불가능하다고 발표했다. 결국 앞의 모든 북한 선박들의 영해침범 시위들은 모두 한국군으로 하여금 영토를 다 방어할 수 없으니 그 일부를 북한에 떼어 주자는 결론을 유도하기 위해 남북이 짜고 친 게임이었다. 바로 이때 나는 조선일보에 칼럼을 쓰고 하이야트 호텔 등에서 열리는 원로들의 모임에 나가 이에 대한 강연을 하고, 잡지와 홈페이지에 임동원을 공격하고 있었다. 그리고 국정원으로부터 도청을 당했고, 군과 국정원의 수많은 조직들로부터 소나기 소송을 당하고 있었다.

김대중 비판했다가 19년 육사 후배 박왕옥 소령으로부터 당한 조롱

2001년 7월 12일, 하이야트 호텔에서 열린 "평화토론회"에서 나는 주최측의 요청에 의해 2001년 6월 2일부터 제주해협을 중심으로 발생했던 영해 침범 사건에 대해 "북선박 영해침범 사례 분석"이라는 제목으로 발표를 했다. 내가 발표한다는 것에 대해 국방부는 미리부터 알레르기 반응을 보였다. 국방부는 주최 측에게 국방부측 간부 3명을 참석시켜달라고 요청했고, 주최측은 이를 이례적으로 허락했다.

1) 김국헌 소장(군비통제관) 2) 김성재 해군 준장(전략기획처장) 3) 한영태 해군 중령(기획홍보담당)이었다. 박왕옥 소령은 명단에도 들어 있지 않으면서 김국헌 소장을 수행해 회의장에 들어왔다. 나는 북한 선박들의 영해 침범 사실들에 대해 UNC사령관은 북한에 대고 "북한은 분명히 한국의 영토를 침범했다. 강력히 경고한다"라는 메세지를 새벽 2:35시경에 보냈는데, 정작 이 나라 대통령은 해군작전을 직접 지휘했다면서도 북한에 무해통항권을 인정해준다고 발표했다. 이 나라는 미군이 지키는 것인가, 한국군이 지키는 것인가 하면서 김대중을 겨냥했다. 이에 국방부 장교단 일행은 발언권을 주었는데도 고개만 숙이고 있다가 갔다.

7월 16일 필명 "박중령"이 "사실을 왜곡하지 말라"는 제목으로 나를 비아냥대는 글을 시스템클럽 자유게시판에 올렸다. 그가 공격의 소재로 삼은 것은 '70만 경영체 한국군 어디로 가야 하나' (91. 김영사 베스트 7주간 베스트 1위), '통일의 지름길은 영구분단이다' (96. 자작나무 일간지 및 KBS에 소개), '시스템 요법' (97. 석필. 베스트 6위) 등 모두가 베스트셀러였고, 나에게는 자긍심을 갖게 하는 역작들이었다. 일생의 프라이드요 보람으로 여기고 있는 저서를 인격살인 목적과 조롱목적에 악용한다는 것은 인간이기를 거부하는 행위였다. 아래는 그가 쓴 글의 일부다.

"북한 대변인이 쓴 글이 아니다. 우리의 반공투사 지만원 박사님께서 당당히 주장한 글이다. 우리보고 북한의 연방제 안을 수용하랜다!(국가보안법은 어디다 써 먹을려고 적용하지 않는가!)" "하기야 지 박사님께 논리를 기대한다는 것이 애시 당초 무리한 요구가 아니었나 싶습니다". "정말 미치고 환장하겠구먼! 그러면서 지만원은 북한이 말한 것은 무조건 다 나쁜 것이라고 배척하면서 어떻게 '남북간 합의'를 이끌어낼 수 있겠느냐고 정부와 국민들을 상대로 훈계한다" "이토록 노골적인 김일성 찬양과 북한통일 방안 선전을 넘어, 오히려 우리더러 북한의 연방제 통일방안을 수용하라고 열을 내는 지 박사님을 우리가 매카시스트라고 비난하면 쓰겠는가! 앞으로 우리의 지박사님을 빨갱이일지도 모른다고 의심은 할지언정 매카시라고 욕하지는 말자!" "김정일 북한위원장은 이참에 우리의 지 박사를 북으로 초대하여 화끈한 식사매너를 보여줌으로써 지 박사를 확실한 '오빠부대'의 부대장으로 임명하는 것이 어떨까?" "북한에도 많은 오빠부대를 거느린 우리의 지 박사님! 한동안 북한의 주장을 속 시원하게 설파해 오신 것을 북한에서 알아주니 그 감격을 뭐라고 표현할 수 있었겠습니까? 혹시 그때 김정일 위원장의 안부나 아니면 친서를 받지는 않았는지 공개해 주시기 바랍니다. 이 정도 사이면 그 '개연성'은 충분히 없지 않다고 생각 되는데요"

이런 막가는 글을 쓰는 '박중령'이 누구인가 궁금해 있던 차에 같은 사무실에서 근무한다는 해군 중령으로부터 전화가 왔다. "필명 '박중령'은 박왕옥 소령입니다. 육사 41기입니다. 저는 박사님을 존경합니다. 저도 사관학교 출신이지만 사관학교에서는 1기 선배가 대단한 존재인데 19년이나 선배이신 박사님에게 너무하다고 생각하여 저도 분노합니다. 그 친구는 전남 순천고등학교 출신입니다."

박왕옥은 7월 16일부터 27일까지 총 20여개의 글을 올려 19기 선배인 나를 조롱했다. 검찰 출신 변호사 한분에 박왕옥이 쓴 글들을 보여주었다. 그 변호사님은 "이런 자는 장교일 필요가 없다"며 손수 소장을 써주었다. 하지만 당시 내가 걸린 재판은 일사천리로 패소 당했다. 지금 생각해 보면 당시의 내 재판을 맡은 판사들 모두가 국정원의 관리대상이었다는 의혹이 간다. 내가 박왕옥 이야기를 비교적 상세하게 소개한 목적은 선후배 개념이 가장 선명했던 육사인들의 유대관계마저 완전 파괴시킨 사상적 분열이 얼마나 국가사회에 해로운 것인가를 말하고 싶어서다. 육사 8년 선배인 임동원이 나를 도청하고 집요하게 다방면으로 탄압한 것처럼 전라도 순천 출신 19년 후배 박왕옥 소령이 중령을 사칭해가면서 나에게 쏟아 부은 막말들은 이념 앞에서는 육사인들 상호간에도 신뢰가 존재할 수 없다는 데 대한 충분한 경고음이 될 것이다.

나는 김대중이 북한에 얼마나 퍼주었는가를 다방면으로 조사해 "김대중의 퍼주기 백서"를 시스템클럽에 올렸다. 그런데 그 다음 날인 2001년 1월 2일 밤 10시, 정보통신윤리위원회가 아무런 통보 없이 정보통신사업자 PSI NET에 명하여 시스템클럽 홈페이지 자체를 무단 폐쇄했다. 국정원 짓이라 단정하고, 당시 차장인 권진호에게 항의했더니 "그런 글 쓰지 않았으면 좋겠다"는 말을 했다. 권진호는 육사 19기로 나보다 3년 위였다. 나는 2001년 5월 21일, 위원장 박영식과 폐쇄를 직접 명령한 공성현을 상대로 극히 소액의 손해배상 청구소를 냈다. 위원장 박영식은 전직 법관이었다. 이 재판을 배당받은 이건배 판사는 2001년 10월 17일, 단 한 자의 판결문도 없이 "원고의 청구를 기각한다"는 판결을 내렸다. 막가는 세상이 아닐 수 없었다.

김대중-임동원-김동신이 이적 목적으로 만든 교전규칙

서해 NLL은 해상의 화약고다. 1999년 6월 15일 발발한 연평해전은 우리 해군의 화려한 완승으로 끝났다. 설욕을 벼르던 북측은 3년 뒤인 2002년 6월 29일 서해교전을 일으켰다. 우리 장병 6명이 전사하고 19명이 부상당했다. 일방적인 참패였다. 6.29는 쌍방교전이 아니라 일방적으로 우리가 당한 테러였다. 북한 함정은 구식이고 우리 함정은 신형이다. 북한 함정에 장착된 총포에는 자이로 시스템이 없어 배가 파도에 흔들리면 흔들리는 대로 총 끝이 요동을 친다. 하지만 우리 함정에 장착된 총포는 배가 아무리 흔들려도 총 끝이 목표를 꽉 물고 있다. 우리 함정은 북한 함정보다 10노트 이상 더 빠르다. 싸우면 북한 함정은 적수가 되지 않는다.

6.29에서 참패한 것은 김대중이 지휘관의 소관사항인 야전-작전권을 박탈한 데서 기인했다. 김대중은 "절대로 먼저 쏘지 말라" "쏘려면 청와대에 보고부터 하라"는 기막힌 명령을 내렸다. 여기에 더해 군 수뇌부는 UN사 교전규칙을 지워버리고 매우 이상한 '교전규칙'을 만들었다. 그 교전규칙이 어떤 것인지를 음미해보면 당시의 군 수뇌부는 한국군이 아니었다. 한마디로 적의 포구에 가슴을 정면으로 대

주고 처분을 기다리라는 것이었다. 당시 제정됐던 아래의 교전규칙은 기존의 UN사교전규칙을 뒤엎은 것이었다. 이 교전규칙을 만든 사람은 언젠가 반드시 밝혀져야 한다.

첫째, 소총 유효사거리인 450m에서 경고방송을 하라는 것이다. 6.29에서 북한이 발사한 85밀리 포의 명중 사거리는 8km나 된다. 450m 앞에까지 다가가서 경고방송을 하라는 것은 아예 얼굴을 갖다 대주라는 것이다. 두 번째 규칙은 200m에서 시위기동을 하라는 것이다. 아예 맞아 죽으라는 것이다. 세 번째 규칙은 450m에서 차단기동을 하라는 것이다. 적함은 선수를 보이고 있는데 한국 함정은 기다랗게 늘어진 옆구리를 보이며 적의 앞을 가로질러 가라는 것이다. 심장을 적의 총부리에 내주고 한동안 옆걸음을 해서 통과하라는 것이다. 북한의 처분만 바라라는 명령이다. 6.29당시에는 바로 이 제3단계 수칙을 수행하다가 비참하게 테러를 당했다. 교전규칙은 처음부터 맞아 죽으라고 만든 것이었다.

2000년 6월 15일, 김대중이 모든 국민에 말했다. "앞으로 전쟁은 없다". 2001년 6월, 김대중은 곧바로 현지 지휘관의 작전 재량권을 회수하여 손과 발을 묶었다. "교전하기 전에 먼저 보고하라" 2002년 4.3-4.6일, 임동원은 대통령 전용기를 타고 북한에 가서 5시간동안 김정일과 머리를 맞대고 회의를 했다. 그리고 돌아오면서 이렇게 말했다. "북한을 의심하지 말자, 의심하면 될 일도 안 된다". 2002년 5월 24일, 김동신 국방장관이 주적개념을 땅에 묻겠다고 선언했다. 적을 의심해야 할 위치에 있는 세 사람이 국민과 군에게 의심을 풀라고 강조하면서 북한을 적이라 부르지 말라했다. 의심이 곧 안보의 핵이다. 안보의식을 버리라는 것이었다.

2002년 6월 30일자 조선일보 3면에는 이런 기사가 있다. "북 경비정이 갑자기 85mm 함포로 불을 뿜었다. 고속정 2척에 타고 있던 장병들은 즉각 '총원 전투배치' 상태로 돌입했다. 모든 장병들이 화해와 평화만 믿고 '전투배치'조차 하지 않은 채 접근했던 것이다. 쏠 줄은 꿈에도 상상하지 못했다. 저들은 우리 장병을 속이기 위해 6.27일과 28일에도 왔다가 포구를 우리 경비정에 조준하고는 씨익 웃고는 그대로 돌아갔다. 29일에도 포구를 경비정에 조준했다. 장병들은 이번에도 의례히 씨익 웃고 돌아갈 것이라고 생각하고 긴장을 풀었을 것이다. 이런 속임수로 저들은 일방적으로 테러를 가한 것이다."

6.29 군의관 눈에 비친 김대중은 간첩!

제2연평해전 때 박동혁 병장은 의무병이었다. 총포탄이 작렬하는 갑판에서 이리저리 뛰어다니며 부상 장병들을 돌보던 박동혁은 80일 동안 군의관 이봉기(현재 강원대 심장내과 교수)로부터 극진한 치료를 받았지만 100여개의 파편상과 극심한 화상을 이기지 못해 결국 숨졌다. 2012년 6월 26일, 조선일보에는 당시 군의관이었던 이봉기 의대 교수의 심정이 소개돼 있었다.

"당시 전사 장병과 유가족이 천덕꾸러기 취급을 받는 것을 보고 충격을 받았다. 이런 정부를 위해서라면 나 자신도 털끝 하나 다치고 싶지 않다는 생각이 들었다. 나라 지키다가 젊은 사람들 죽어나갔는데, 국군 통수권자는 축구 본다고 일본에 가서 웃으며 손 흔들고. 이러면 어느 누가 나라를 지키겠나. 사건 당시 전사자 빈소에 일반인들 조문 못하게 막았다. 당시 전사 장병과 유가족이 천덕꾸러기 취급을 받는 것을 보면서 '이런 정부를 위해서라면 조금도 다치고 싶지 않다' 는 생각만 자꾸 들었다. 북한이 원하는 것, 간첩이 원하는 것도 그런 게 아닐까. 이 나라 젊은이들이 조금씩 그런 생각 먹게 하는 거다. 그래서 결국 안보가 무너지게 되는 거다."

과학을 짓밟은 대한민국의 알량한 사법부

내가 받은 판결의 거의 모두가 황당하지만 그 중에서도 기록에 남기고 싶은 재판은 나이키 유도탄 오발사 사고에 관련한 소송이다. 광주출신 천용택 당시 국방장관의 지시로 여수출신 육사 27기인 당시 방공포 사령관 김규 준장이 나를 고소한 사건이다. 방공포는 원래 육군이 창설했고, 육군에 소속돼 있다가 김영삼 시절의 어느 날 공군으로 넘어갔다. 1998년 12월 4일, 인천 연수구에 위치한 나이키 기지에서는 쏘려 하지 않은 유도탄이 오발사 되는 무서운 사고가 발생했다. 중량이 500kg나 되는 이 탄두는 한국군이 가진 최고의 파괴력을 가진 무기였다. 87.5도로 수직상공을 향해서만 발사되는 유도탄이 이날은 수평으로 누운 채 발사되어 3초 동안 날아가다가 아파트 밀집지역

상공에서 폭발했다. 모든 국민이 아연실색했고, 7명의 주민이 부상을 당했고, 100여장의 아파트 유리창과 차량 유리창이 파손됐다. 매일같이 기자들이 의혹을 쏟아내면 군은 이리 저리 변명을 했고, 그 변명은 군의 상식을 의심받을 만큼 황당했다. KBS가 나에게 '시사포커스' 프로에 나와 평론해 달라 요청했다. 나는 "권총에도 잠금장치가 있다. 나이키에는 잠금장치가 3곳에 설치돼 있다. 누군가가 잠금장치를 풀어야 유도탄이 발사된다. 이는 불가항력의 사고가 아니라 인재다"라고 평론했다. 이는 아프리카에서도 러시아에서도 통하는 과학적 진실이다. 그런데 뜻밖에도 1999년 1월, 나보다 육사 5년 후배라는 김규 준장이 이를 수원지검에 고소했다. 역시 위로부터 지시된 이념적 고소행위였다.

KAIST 전기전자공학과 조규형 교수 팀이 공군의 요청으로 현장을 조사한 결과 사고는 전기 줄을 진흙탕 속에 묻어놓고 방치해서 발생한 합선사고였다고 진단했다. 하지만 이 조규형 교수의 진단은 참으로 어이없는 진단이었다. 전기가 합선되면 안전장치도 소용없다는 그야말로 무식한 말이었다. 전원과 유도탄 연료 사이에는 전기선만 있는 것이 아니다. 유도탄이 발사되려면 유도탄 발사체에 장입돼 있는 연료에 불을 붙여야 한다. 불을 붙이려면 불쏘시개 화약을 누군가가 가져다 장입을 해야 한다. 불쏘시개 화약을 누군가가 장입하지 않으면 유도탄은 합선이 100군데 난다 해도 절대로 발사될 수 없다. 이에 더해 그 불쏘시개 화약에 스파크를 일으키려면 점화 케이블이라는 별도의 분리된 부품을 불쏘시개 화약과 전기 줄 사이에 연결해야 한다.

그런데 그 점화용 케이블은 시건장치로 잠겨 진 박스 속에 있다. 박스 속에 잠겨 있는 점화케이블을 꺼내려면 각 분대장이 24시간 목에 걸고 생활하는 열쇠를 가지고 열어야 한다. 이 점화케이블을 연결하지 않으면 세상없어도 유도탄은 발사되지 않는다.

포대는 유도탄이 오발사 될 것을 예방하기 위해 언제나 전기선을 합선시켜 놓는다. 그런데 합선이 유도탄을 오발사시켰다 하니, 이런 코미디가 어디 또 있겠는가. 이러하기 때문에 유도탄은 여러 사람이 공동하지 않고서는 도저히 발사될 수 없는 것이다. 그런데 조규형 교수는 합선이 사고의 원인이라는 의견서 한 장만 내놓고 재판에서 불러도 나타나지 않았다. 내가 전화를 걸고 편지로 하소연을 해도 그는 마이동풍이었다. 나는 떳떳하지 못하고 성실하지 않은 그를 꼭 법정에 세우고 싶었지만 내 시간은 이미 한계를 넘고 있었다. 내가 가진 시간은 수많은 상어들이 떼지어 몰려와 다 뜯어가고 없었다.

1심의 안호봉 판사는 내 설명을 무시했다. 전기과 교수를 증인으로 채택하자 해도 막무가내였다. 나는 재판부를 압박해서 4월 10일자로 조규형 교수에 많은 것들을 묻는 두꺼운 서면진술서를 재판부에 제출했다. 그런데 법원에 제출한 이 질문서들이 먼저 공군에게 전달되었다. 법관과 검찰의 기율이 참으로 문란해 있었다. 통화 끝에 조규형 교수가 내게 말했다. "지만원으로부터 서면진술서를 받으셨지요?"라는 전화가 공군으로부터 왔다는 것이다. 아니나 다를까 뒷거래를 한 재판부는 이 서면진술서마저 증거로 채택하지 않았다. 나는 국방연구원에 있을 때 공군의 비리에 대한 보고서를 작성해 놓고 보고시간을 기다리고 있었다. 그런데 공군 소령이 내 방에 몰래 잠입해 책상에 있던 그 보고서를 훔쳐갔다. 그 소령은 국방연구원에 파견된 보안사 상사로부터 엄청난 문초를 받았다. 방공 시스템과 차세대 전투기 사업 등 많은 공군사례를 연구했던 나는 3개 군 중에서 공군의 양심과 문화를 가장 불신한다. 공군총장은 그 훔쳐간 비밀 보고자료를 가지고 국방부장관, 차관, 기획관리실장 등에 로비를 했다. 육사 11기, 12기에 걸친 3명의 선배가 나를 연구소에서 추방한 것이다.

판사나 검사들은 방공포 사령관의 주장이 무조건 맞고 이에 동조하는 한국과학기술원 조규형 교수의 '합선' 이론이 무조건 맞다고 했다. 내가 주장하는 내용들은 방공포에 나가보면 금방 확인이 되는 것이지만 판사들은 밀어붙이기 식으로 재판을 진행했다. 검사의 1년 징역 구형에 이어 2000년 6월 13일 안호봉 1심 판사는 나에게 300만원 벌금형을 선고했다.

제2심은 우리법 연구회를 만든 한기택 판사가 맡았다. 그는 더 막무가내였다. 나는 법원에 가다가 길가에 나뒹구는 전기선을 끊어다 '이것이 도체이고 이것이 절연체'라 설명해 주면서 그 전기선을 한기택 판사 앞에 패대기쳤다. 2001년 4월 26일, 제110호 법정으로 표기된 제2회 공판조서에는 "피고인에게 최종의견 진술 기회를 부여했고, 이에 피고인은 무죄판결을 바란다고 진술했다"는 참으로 기막힌 허위사실이 기재돼 있었다.

이렇게 허위로 기록해 놓고 한기택 판사는 나에게 선고날짜도 통보하지 않고 2002년 2월 15일에 도둑선고를 했다. 공판기일에 대한 통지가 없어서 2002년 4월 22일에 수원지방법원 형사과에 가서 사정을 알아보았더니 이미 2002년 2월 15일자로 벌금 300만원이 선고돼 있었다. "나이키유도탄 오발사고는 안전장치와는 무관하며, 유도탄은 선로의 합선에 의해 발사됐다". (한기택 판사, 곽내원 판사, 정선오 판사). 기상천외의 도둑재판을 한 것이다. 유도탄 오발사고가 안전장치와 무관하게 발사됐다면? 안전장치도 무용지물인 그런 위험한 유도탄을 어떻게 군이 사용할 수 있다는 말인가? 2월 15일의 선고 사실을 알 수 없었던 나는 선고일로부터 1주일 이내에 상고를 하지 못했기 때문에 상고기회까지 도둑맞고 말았다.

 2002년 4월 23일, 나는 대법원에 "상고회복신청서"를 냈고, 2002년 5월 17일, 수원지방법원 제1형사부는 나에게 상고권을 회복한다는 결정문을 보냈다. 이로써 한기택 판사의 가공할 도둑재판 사실이 대법원에 의해 인정된 것이다. 판사들이 이런 불법적인 행동을 보였다면 판결내용인들 오죽했겠는가? 이렇게 해서 상고를 하긴 했지만 대법원은 2003.2.28.에 상고를 기각했다. "공군이 전기 케이블 관리를 소홀히 해서 합선이 발생한 것은 인정된다. 이는 안전장치가 풀린 것이지 누군가가 안전장치를 풀어놓은 것이 아니다. 비방할 목적은 없었으나 피고인의 표현이 허위사실이라고 판단한 원심의 판결에 수긍이 간다. 피고인의 상고를 기각한다". (재판장 윤재식, 주심 변재승, 대법관 이규홍).

나는 내가 알고 있는 유도탄 시스템에 대한 지식이 담겨 있는 나이키 유도탄 미국교범을 구해 재심청구를 했다. 재심청구가 받아들여져 재심을 하긴 했지만, 이 나라의 판사들은 편할 대로만 판결을 했다. 원심 판결에 이상이 없다는 것이었다. 이로써 대한민국의 판사들은 나이키 유도탄에 있는 안전장치는 합선이 되면 무용지

조규형 KAIST 교수

물이 된다는 참으로 해괴한 판결을 내렸다. 전기를 배우는 중학생들도 포복졸도 할 판결을 내놓은 집단이 대한민국의 그 알량한 판사 나리들이다. 한기택은 2005년 7월 어느 날, 방콕에 휴가를 갔다가 심장마비로 사망했다. 지금도 그를 추모하는 사람들은 "한기택 판사님, 목숨 걸고 재판 하신 당신이 그립습니다." 이렇게 추모한다. 위 사진은 조규형 교수다. KAIST 전기전자공학과 교수라는 직함을 가지고 유도탄이 전력공급 케이블의 합선에 의해 오발사 되었다는 비과학적 결론을 공군에 제공한 행위는 용서받을 수 없는 일생일대의 수치로 기억돼야 할 것이다. 나는 그가 공군과 거래를 했을 것이라고 생각해 왔다.

채명신 사령관의 묘

　내가 했던 좋은 일이 있다면 그 중의 하나는 채명신 전 주월한국군 사령관의 뜻에 따라 그를 베트남참전 용사들과 함께 잠들 수 있게 해드린 것이다. 그는 지금 베트남에서 전사한 병사들을 위해 마련된 서울현충원 제2묘역에 잠들어 계신다. 미국의 국립묘지에는 이등병이나 원수계급이나 똑같은 자격으로 오는 순서대로 묻히지만 한국에서는 병사 묘와 장군 묘의 크기와 격이 다르다. 병사묘는 1평, 장군묘는 8평이다. 시간이 얼마 남지 않았다고 생각한 정재성 동지와 나 그리고 육사21기 최승우 장군은 당시 국방장관 김관진에게 채사령관의 뜻을 전하기로 했다. 최승우 장군은 지난 18년 동안 매년 메달과 감사장을 잔뜩 싣고 미국의 병원들을 찾아가 6.25참전 부상자들을 위로하고, 참전했던 미군용사들 앞에서 감사의 뜻을 전하는 행사를 해왔다. 국가가 해야 할 일을 개인이 해온 것이다. 그는 평소 후배들과 폭넓은 인간관계를 유지해 오고 있다. 최승우 예비역 소장이 여러 차례 김관진을 접촉하여 채 사령관님의 뜻을 받들어 드리려 했지만 김관진은 규정을 어길 수 없다는 회의결과가 나왔기 때문에 자기도 어쩔 수 없다고 했다. 나는 채사령관 사모님, 문정인 여사 이름으로 김기춘 당시 비서실장 앞으로 편지를 써 문여사님께 드렸고, 문여사님은 이를 수용해 서명을 해서 보냈다. 물론 중간에는 채명신 사령관의 아들 노릇을 했던 정재성 동지가 있었다. 정재성은 광수영상을 편집한 대형문헌인 '5·18영상고발'을 영문으로 번역한 실력자다.

청와대 김기춘 비서실장님께 드립니다.

저는 채명신 장군의 가족입니다. 남편은 지난 7월부터 지금까지 세브란스 병원에 누워계시며, 남은 시간이 별로 길지 않은 상태에 있습니다. 평소 채장군께서는 늘 동작동 제2묘역에 누워있는 병사들을 창문을 통해 가리키며 당신도 월남에서 생사를 같이 한 그 병사들과 함께 묻히고 싶다 말씀하셨습니다. 국가가 장군에 부여한 기득권을 포기하고 병사들과 똑같이 화장하고 병사들과 똑같은 크기와 모양으로 묘비를 세워달라 부탁하신 것입니다. 이 부탁은 가족인 제 소원이기도 하오니 수용해 주셨으면 합니다... 어지러운 국사에 몰두하실 비서실장님께 결례가 되었다면 용서하여 주시기 바랍니다.

2013년 11월 21일.
채명신 장군 가족 문정인 올림

채사령관님은 2013년 11월 25일 오후 3시 세브란스 병원에서 영면하셨고, 그를 너무 존경한 나머지 스스로 보좌관이 되어 지극 정성으로 모신 정재성 동지가 그의 옆을 지켰다. 청와대로부터는 아무 연락이 없었다. 채사령관은 태극무공훈장 수훈자이기 때문에 육군장의 대상이었다. 육군장은 4일장이다. 육군은 대전 국립묘지 장군묘역에 입관할 작업을 마쳤다. 3일째 되는 11월 27일 오전, 뜻밖에도 김기춘 실장으로부터 문 여사님께 전화가 왔다. "대통령께서 고인의 뜻대로 해드리라 하셨습니다. 연락을 늦게 드려 죄송합니다" 만일 3일장이었다면 그 기회마저 상실했을 것이다. 그의 묘 옆에 약간 돌출된 작은 표지석이 있다. "그대들 여기 있기에 조국이 있다" 내가 그의 인품과 마음을 헤아려 여러 날에 걸쳐 작성한 글이다. '나'의 존재가 빠져 있는 글이다. 그리고 그 밑에 있는 번역문은 정재성 동지가 바친 것이다. "Because you soldiers rest here, our country stands tall with pride."

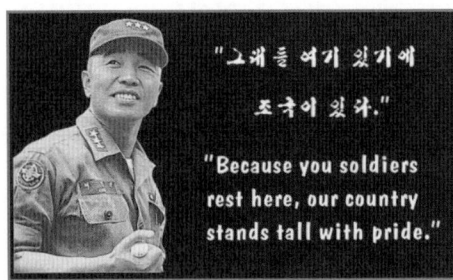 

군인 묘역의 민주화

나는 가끔 군인 묘역의 민주화에 대해 생각한다. 국가에 대한 충성에는 계급이 없다. 계급에 따라 충성도가 차등적으로 평가된다면 그 많은 병사들이 왜 최일선에서 목숨을 바쳐 싸우겠는가? 지휘관은 상대적으로 안전한 곳에서 병사들의 보호를 받으면서 명령을 내린다. 그 명령에 따라 병사들은 죽기도 하고 살기도 한다. 생명은 차별 없이 다 귀중하다. 명령이 정교하면 수십만이 살고, 명령이 거칠 때 수십만이 죽는다. 하늘이 주신 텔런트와 운명에 따라 누구는 지휘하고 누구는 따른다. 엄밀한 의미에서 보면 명령을 내리는 전사와 그 명령을 받는 전사의 애국심은 같을 것이다. 자유민주주의 국가에서는 모든 생명이 동등하다. 조선시대에는 신분의 귀천이 있었다. 이 신분제도 때문에 조선이 일본에 먹혔다. 대한민국 국군만큼은 시대착오적인 봉건제도로부터 탈피해야 한다고 생각한다.

애국하는 데에는 역할이 있다. 명령을 내리는 역할도 있고 명령을 수행하는 역할도 있다. 명령을 내리는 역할과 명령을 수행하는 역할, 이 두 개를 놓고 따질 때 어느 것이 더 중요한가? 명령을 내리는 역할이 더 중요하다. 명령의 질에 따라 수십만 병사들의 생명이 좌우되기 때문이다. 그렇다 해서 모든 장군들이 다 훌륭한 명령을 내리고 존경을 받았는가? 아니었다.

애국심은 계급에서 나오는 것이 아니다. 그런데도 장군들은 대단한 특권 의식을 가지고 있다. 국가가 기려야 하는 것은 애국심이지 계급이 아니다. 미국 장군들은 식당에서도 병사들과 함께 줄을 선다. 그것이 민주주의의 상징이기 때문이다. 민주주의의 상징이 무너지면 민주주의도 없어진다. 하지만 한국에서는 장군이 되면 신분이 달라진다. 부하들이 선물과 돈을 바친다. 오랜 동안 한국에서의 장군은 돈을 버는 자리로 인식돼 있었다. 이는 원칙도 아니고 민주주의도 아니다. 장군 묘도 이런 옳지 못한 특권의식의 연장일 것이다. 묘지의 민주주의가 없는 한 대한민국의 민주주의는 허울뿐인 민주주의일 것이다.

　가정을 예로 들어 보자. 가정에서 부모들의 사랑을 독차지한 아들은 커서 불효자가 되고 후레자식 소리를 듣는다. 천대받고 훈련이 된 자식이 효도를 한다, 이를 확대해 보면 이치가 보인다. 국가의 록을 많이 먹고 호강을 한 사람들일수록 국가를 원망하고 제 살 궁리만 한다. 장군, 장관, 전부는 아니지만 그 90% 이상이 이런 사람들이다. 지금도 장군 출신들은 별로 애국하지 않는다. 애국하는 단체들에 성금도 보내지 않는다. 물론 모두가 그렇다는 것이 아니라 통계학적 추세가 그렇다는 것이다. 제대를 한 후 사망할 때까지의 오랜 기간을 놓고 보면 병사출신들은 열심히 애국하지만 장군출신들은 주로 골프를 즐기고 해외여행들을 다닌다.

　지금의 군인묘지 정책은 장군들이 현역에 있을 때 결정했다. 장군 묘지에는 꽃밭도 화려해 화원이라는 느낌을 받는다. 8평의 장군 묘지는 이제 자랑스러운 공간이 아니라 부끄러워 숨고 싶어지는 그런 공간이 될 것이다. 미국에는 보이드(Boyd) 공군 대령이 있었다. 세계 제 1,2차 대전

커널 보이드

의 공중전 영웅이었다. 그는 공군의 로망이었다. 그가 알링턴 국립묘지에 묻힐 때 역사상 가장 많은 인파가 몰려와 그 앞에서 눈물을 흘렸다. 대령이었지만 그는 전설의 인물, 국가수호의 대표적인 인물이었다. 이런 게 바로 민주주의 국가의 표상인 것이다.

채명신 장군이 8평에 묻혔다면 그는 그냥 훌륭한 장군, 뛰어난 장군 정도로 인식됐을 것이다. 그가 병사들과 함께 묻혔기에 뛰어난 장군이라는 이미지 위에 기득권을 버린 훌륭한 뜻을 가진 장군이라는 이미지가 덧칠됐다. 모든 국민들이 보는 앞에서 그가 기득권을 내던지는 모습은 실로 감동적이었다. 그래서 그는 국민적 영웅이 되었고 위인이 된 것이다. 나는 이 나라에 존재하는 장군들이 현역이든 예비역이든 국군묘지의 민주화에 나서주기를 바란다. 1차 대전의 영웅이요 미국 최초의 원수였던 전설의 인물 퍼싱도, 묵직한 시들을 남기고 배우 이상의 외형적 멋을 뿌리고 간 태평양의 영웅 맥아더 원수도 순서에 따라 일등병 옆에 묻혔다. 내가 이런 글을 쓸 수 있는 것은 내가 당사자가 아니기 때문이다. 나는 대령 예편자이고, 무공수훈자임과 동시에 전상6급의 상이 유공자이기 때문에 원천적으로 국립묘지에 묻힐 자격을 가지고 있지만 전과가 많고 감옥살이도 두 번씩이나 했기 때문에 그 자격을 상실했다. 나는 내가 좋아하는 시골 홍천군 서석면 어느 산에 한 줌의 재로 뿌려지기를 바란다.

검찰의 백지 구형

　정대협이라는 여성단체가 있다. '정신대문제대책협의회'의 약자다. 위안부와 정신대는 차원과 성격이 전혀 다른 존재들이다. 정신대는 일본 방위산업업체들에서 중노동을 착취당한 피해자들인데 정대협 간부들이 정신대를 위안부로 착각할 수 있도록 단체 이름을 지은 것이다. 이것도 시정돼야 할 대상이다. 위안부를 위한다는 정대협, 이들은 무슨 일을 하는 여성단체인가? 빨갱이들이 5.18을 성역화 시켜놓고 무소불위의 세도를 부리듯이 정대협에 모인 빨갱이들은 반일의 상징 '위안부'라는 또 다른 성역화 된 이름을 내걸고, 그 누구의 간섭도 받지 않으면서 공공연히 반국가활동을 해오고 있다. 위안부의 권익과 명예를 위한다는 명분으로 1992년에 단체등록을 해놓고는 그 후 지금까지 30년 가까이 국가를 적으로 여기면서 반미 반일 종북 반국가활동을 해온 것이다. 많은 애국국민들이 정대협의 이런 불순하고 위험한 행동을 지적하다가 민사 및 형사 소송을 당해 패소를 당하며 울분을 삼키고 있다.

일본에 의해 점령당했던 아시아 국가들은 12개국이었지만 유독 대한민국에서만 반일감정이 높은 것은 바로 이 정대협의 정열적인 선전-선동 전에 기인한 것이다. 전교조가 젊은 세대의 시각을 붉게 세뇌시키는데 성공에 성공을 거듭해 왔다면 정대협은 이 나라 국민들을 반일 반미 종북사상으로 물들게 하는데 성공에 성공을 거듭해 왔다. 반일 감정을 확대 재생산해 내는 것은 우리나라 안보의 대들보 역할을 수행하는 한미일 삼각 안보협력 체제를 파괴하는 행위다. 꽃밭을 만들고 정원을 가꾸어 아름답게 가꾸어야 할 이 땅에 보기 흉한 소녀상을 전봇대처럼 많이 세우는 것은 위안부의 권익을 위한 것도 아니고 위안부의 명예를 위한 것도 아니다. 오로지 위안부를 정치적 앵벌이로 하여 대한민국의 이미지를 위안부의 나라로 인식되게 하는 해국 행위일 뿐이다. 겨울이면 이 위안부 소녀들은 목도리와 스카프와 고급 담요로 치장된다. 이를 바라보는 여식 아이들은 "엄마, 나도 위안부 될래" "엄마 우리 할머니도 훌륭한 위안부였지?" 참으로 기막힌 정서가 자라난다. 대한민국 땅을 밟는 외국인들은 웬 한국에 위안부가 천지로 깔렸느냐며, 나이든 한국의 할머니들을 일본군 위안부 정도로 바라볼 수 있을 것이다.

2016년 9월 1일자 격주간지 '미래한국'은 정대협의 정체를 소상하게 밝혔다.

- 윤미향 상임대표의 남편, 1994년 남매 간첩단 사건으로 징역 4년을 선고 받은 김삼석 씨
- 손미희 대외협력위원장 남편 한충목 씨, 맥아더 동상 철거집회 등 각종 반미투쟁 주도하다 실형
- 손미희 대외협력위원장은 40여 차례 방북, 통진당 해산 결정 반대 시위, 김정일 조문 주장

"한신대 출신의 윤미향 현 상임대표는 1992년 1월 정대협의 첫 정기 수요 집회 때부터 간사로서 실무를 담당한 정대협 역사의 산 증인이자, 최근 정대협의 활동을 실질적으로 주관하고 있는 인물이다. 지난 2007년부터 공동대표를 맡고 있다. 그런데 윤미향 대표의 주변 인물 가운데 세 명이 간첩 혐의로 재판을 받은 바 있다. 윤미향 대표의 남편은 지난 1994년 남매 간첩단 사건으로 징역 4년에 자격정지 4년을 선고 받은 김삼석 씨다. 한국외국어대 출신인 김 씨는. . 1993년 일본에서 북한 공작원을 만나 금품을 수수하고, 북한 공작원 지시에 따라 국가기밀을 탐지·수집한 혐의 등으로 국가안전기획부에 체포됐다. . . 김삼석 씨와 함께 남매 간첩단 사건으로 구속돼 징역 2년에 집행유예 3년을 선고 받았던 여동생 김은주 씨, 그리고 김은주 씨의 남편, 즉 김삼석 씨의 매제이자 윤미향 정대협 상임대표의 시매부인 최기영 통합진보당 진보정책연구원 정책기획실장은 일심회 사건으로

체포돼 2007년 12월 징역 3년6월을 선고받고 복역했다... 윤미향 대표와 함께 정대협 초기부터 수요 집회 등 실무에 적극 참여한 손미희 정대협 대외협력위원장의 남편 한충목 한국진보연대 공동대표 역시 국가보안법 위반 혐의로 수차례 구속된 바 있다. 특히 한 대표는 지난 2004년 인천 맥아더 동상 철거집회 등 각종 반미투쟁을 주도한 혐의로 기소돼 지난해 9월 대법원에서 징역 1년6월에 집행유예 3년을 선고 받았다."

정대협에 동참하는 단체들 대부분이 종북단체들이고, 정대협 간부들 대부분의 배우자들이 간첩이거나 국보법 위반으로 중형을 받은 자들이고, 이들 부부들은 분업체제로 반국가 반미 종북운동을 해왔다. 북한을 많게는 40여 차례 방문하고 북한조직과 공동으로 반일 운동을 전개하며 통진당 해산 반대, 제주 해군기지 건설 반대, 사드 반대, 천안함과 연평도 포격은 남한의 자작극, 북한 유도탄은 인공위성, 김정일의 사망에 애도한다며 조문을 주장하는 등 대한민국 국민이라면 차마 눈을 뜨고 보지 못할 종북 이적행위를 저질러 왔다. 매주수요일 일본 대사관 앞에서 벌이는 모임은 대부분 종북 이적 반국가적 성명서를 내놓는데 악용돼 왔다.

아이러니 하게도 빨갱이들의 우상인 김대중은 오히려 일본에 충성했다. 그는 1972년 일본에서 '한민통'(한국민주회복통일촉진국민회의)이라는 이적단체를 구성했다는 혐의로 1980년 사형선고를 받았다. 일본에서 북한의 인물들과 어울려 반국가활동을 했다면 일본의 정보기관이나 언론사들에게 많은 약점이 잡혀 있을 것이라는 게 일반적인 추측이다. 나를 만난 일본 언론인들 몇 사람도 이런 이야기를 해주었다. 그래서인지 김대중은 일본에 많은 충성을 했다. 1989년 1월 9일 그는 몰래 일본 대사관에 차려진 히로히토 국왕의 분향소를 찾아가 90도 각도로 고개와 허리를 숙여 정치성 참배를 했다.

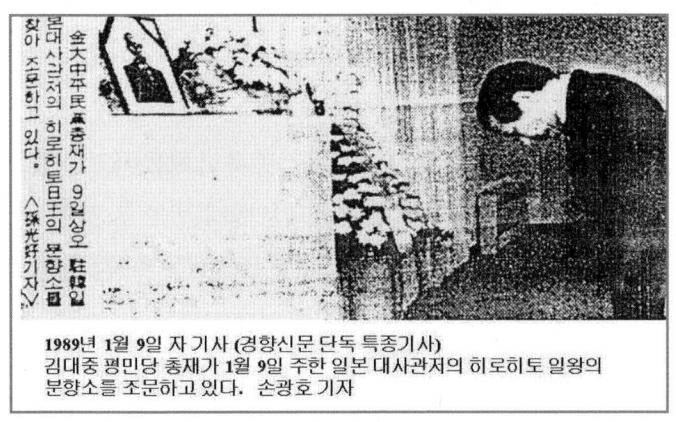

1989년 1월 9일 자 기사 (경향신문 단독 특종기사)
김대중 평민당 총재가 1월 9일 주한 일본 대사관저의 히로히토 일왕의 분향소를 조문하고 있다. 손광호 기자

그가 주도한 '신한일어업협정'은 1999.1.22.부터 발효됐다. 이전까지 독도수역은 우리 대한민국만의 배타적 수역이었다. 그런데 김대중이 날치기 매너로 이 넓은 수역을 일본과의 공동수역으로 협정해 주었다. 그 결과 독도 바위 밑에 금덩이가 있어도 일본과 함께 꺼내야 하고, 독도 바위에 앉아 낚시도 할 수 없게 돼 있다. 반일감정이 부채질 된 것은 노무현 이후부터다. 2004년 말 노무현이 느닷없이 '한반도 균형자론'을 들고 나오면서부터 반일감정 반미감정에 불을 지폈다. 2005년 3월 4일, 빨갱이들은 한승조 교수를 매개로 하여 반일감정을 극도로 끌어올렸고, 그 이후 개념 없는 두 대통령 이명박과 박근

혜가 정대협 놀음에 놀아나면서 반일감정은 아무런 브레이크 없이 상승일로를 달려왔다.

2016년 12월 28일, 한일 간에 위안부합의가 서명되었고, 일본이 합의금 10억 엔을 내놓는 것으로 양국은 위안부 문제를 종결하기로 했다. 이에 2017.5.10. 문재인이 대통령이 되면서 한일위안부협정을 파기하겠다 일방적 선언을 하면서 정대협의 활동이 눈에 띄게 활발해졌다. 위안부 문제에 관한 한, 전문성이 없는 정부는 정대협에 질질 끌려 다녔다. 정대협의 반일운동 폭주를 견제할 우익 단체도 없었다. 많은 국민들이 5.18의 세도와 전교조의 세뇌활동에 대해서는 익히 그 위험성을 통감하고 있지만, 정대협에 대해서는 그 위험성을 깊이 느끼지 못하고 있다. 위안부 문제는 반일정서의 순풍을 타고 확대일로를 질주해왔다. 반일 감정은 좌익 우익 가릴 것 없이 한국인들의 문화적 정서로 고착돼 있기 때문이다. 이를 바로 잡으려면 우익진영 사람들이라도 반일감정을 극일문화로 승화시켜야 할 터인데 독서 없는 한국인들의 일반적인 사색과 각성 능력으로는 장구한 세월을 요할 것이다. 정대협의 망국적 세도를 가장 빨리 제어할 수 있는 방법은 아마도 정대협이 벌이고 있는 이적-반국가 행위들을 적나라하게 노출시키는 반-정대협 운동일 것이다.

2016년, 나는 인터넷을 통해 정대협의 반국가 활동을 여러 차례 지적했다. 위안부를 앞세워 반국가 종북활동을 하고 있다는 요지였다. 같은 때에 나와 육사 22기 동기생인 이상진 박사도 비슷한 글을 썼다. 그리고 인터넷신문 뉴스타운이 이 두 사람의 글 여러 개를 신문에 게재했다. 이에 정대협 대표 윤미향이 좌익계의 거물 변호사 심재환을 내세워 민-형사 소를 제기하고 나섰다. 심재환은 법무법인 향법 변호사들 10명을 총동원하여 법률싸움에 앞장섰다. 심재환 변호사는 이정희의 남편, 이정희는 전 통진당의 대표, 이석기를 품었던 통진당은 헌법재판소가 위헌정당으로 심판하여 2014년 말에 해산됐다. 심재환은 1987년 북한이 김현희를 시켜 저지른 만행, KAL858기 공중폭파가 안기부의 공작이라고 끈질기게 모략해온 인물이다.

매우 기이한 것은 같은 소송사건인데도, 형사재판은 피고인들에 대한 관할권을 가진 서울북부지법에서 원칙대로 담당하고 있는 데 반해, 민사재판은 피고들과는 아무런 연고가 없는 서울서부지법에서 재판을 관할하고 있다는 사실이다. 원고 정대협의 주소지 관할법원이 바로 서부지법이다. 나는 서울서부지법에 사건이송을 요청했지만 기각됐다. 정대협이 이만큼의 '금수저' 대우를 노골적으로 받고 있는 것이다.

소송 서류에 기재된 윤미향의 주장은 이러했다. "고소인들은 피의자들이 공모하여 윤미향 상임대표의 남편 김삼석씨는 1994년 남매간 첩단 사건으로 징역 4년을 선고받은 간첩이었다. 손미희의 남편 한충목씨는 맥아더 동상 철거집회 등 각종 반미 투쟁을 주도하다 실형을 선고받은 바 있는 인물이다. 정대협이 벌이는 위안부 놀음은 간첩의 처이자 정대협의 상임대표인 윤미향이 꾸려가고 있다. 정대협 지휘부는 북한과 간첩에 깊이 연루돼 있는 사람들이 장악하고 있다. 정대협을 움직이는 간부들 대부분이 사상적으로 북한에 경도돼 있다. 윤미향의 남편은 김삼석, 김영삼 시절에 걸려든 남매간첩단 사건의 오빠다. 위와 같은 취지의 허위기사를 기재하여 위안부 문제의 진정한 해결을 위하여 활동하고 있는 고소인 단체(정대협)와 그 대표인 윤미향을 종북좌파로 매도하며, 위안부 할머니들을 구실로 삼아 종북활동을 하고 있다는 허위사실을 적시하여 고소인들의 명예를 훼손하였다"

이 주장에 대해 형사사건을 관할한 서울북부지방법원은 2016년 12월 27일 피의자들에 명예훼손 및 모욕의 혐의가 없다며, 불기소처분을 내렸다. 이에 대해 심재환은 서울고등검찰청에 항고를 했고, 서울고검 역시 항고를 기각했다. 심재환은 여기에 그치지 않고 서울고등법원에 재정신청을 냈고, 서울고법 김용빈 판사는 2017.8.17. 아

김용빈 판사

무런 논리 전개 없이 서울북부지검에 "공소제기를 명한다"는 명령서를 발행했다. 그리고 그로부터 1주일 후인 8월 24일 그는 춘천지방법원장으로 출세해 갔다.

이에 힘입어 사건이송 요청을 기각하면서 그리도 쌀쌀맞던 서울서부지법 최연미 여성 판사는 2018년 2월 13일, "피고들은 1,300만원을 배상하라"는 판결을 내렸다. 이 사건은 지금 항소심에 계류돼 있다. 이후로도 나는 윤미향과 그 남편 김삼석의 반국가활동에 대해 많

은 자료를 찾아냈다. 그리고 여러 차례에 걸쳐 열심히 답변서들을 써 냈다. 6월 4일, 검찰은 재판부의 명령에 의해 공소장을 변경했다.

2018년 7월 4일은 변론을 종결하고 검사가 구형하는 날이었다. 이 날 검사는 구형량을 결정하지 못했으니 심리를 한 번 더 열어 달라 판사에 요청했고, 판사는 2018년 8월 10일 오후 2시에 결심공판을 열기로 했다. 드디어 8월 10일에 공판이 열렸다. 그런데 검사는 구형을 포기했다. "재판장님께서 법대로 처분해 주십시오" 검사로서는 처벌을 해 달라 요청할 수 없으니 재판부가 알아서 하라는 백지구형인 것이다. 재판을 150여 건 받아봤지만 이런 경험은 처음 겪어 본다. 재판장이 "피고는 하고 싶은 말을 하라"고 했고, 나는 아래 최후 진술서 1부를 재판장에 건네준 후 아래처럼 읽었다. 아래 내용은 서부지법에도 제출될 것이다.

최후 진술서

사건2017고단3684
피고인 지만원

대한민국 헌법 제5조와 제39조는 국방과 안보에 대한 국민적 의무를 규정하고 있습니다. 정대협은 조선위안부의 명예회복과 권익보호라는 공공의 목적을 내걸고 1992년에 출범한 공적 존재입니다. 그런데 그 구성원들의 면면과 활동의 족적들은 국가안녕에 매우 위험한 신호를 발산해 왔습니다. 정대협은 국민으로부터 감시돼야 할 확실한 존재인 것입니다.

피고인이 가장 위험하게 여긴 것은 정대협이 위안부문제라는 공적 명분을 내걸고, 반국가 및 종북 활동을 지속해 오고 있다는 사실입니다. 2017년 9월 14일자 한겨레 등의 보도내용들은 실로 눈을 의심케 합니다. 윤미향이 위안부 노파들을 동원하여 주한 베트남대사관 앞에서 스스로 피켓을 들고 베트남을 향해 '주월한국군이 베트남에서 만행을 저질렀다'고 고발했습니다. 위안부 노파인 김복동·길원옥 씨를 내세워 "우리가 일본군 위안부 피해자로 20년 넘게 싸워오고 있지만, 한국 군인들로부터, 우리와 똑 같은 피해를 당한 베트남 여성들에게 한국국민으로서 진심으로 사죄드립니다"라고 밝혔다 합니다. 한국군이 베트남에서 양민을 마구 학살했고, 여성들을 무자비하게 성폭행을 한 사실에 대해 윤미향이 한국위안부 이름으로 사과를 한다는 것입니다. 시위에 그치지 않고 곧 대표단을 구성해 베트남으로 가서, 한국군이 과거 일본군과 똑 같은 만행을 저지른 데 대한 사과행진을 하겠다고 했습니다.

한국군은 정대협이라는 여성단체에 사과해 줄 것을 위탁한 바 없습니다. 한국군은 미국을 위시해 호주, 뉴질랜드, 태국, 필리핀과 어깨를 나란히 하여 참전하였지만, 특히 한국군의 활약상이 세계적인 모범사례가 되었습니다. 베트콩에게 따이한은 공포의 대상이 되었고, 민간인들에게는 친절한 천사였습니다. 민심을 얻기 위해 대민심리전을 적극 수행했습니다. 교량, 유치원, 노인정 등을 건설해 주고 잔치를 베풀며 먹거리를 제공해주고 치료를 해주었습니다. 이는 한국군만 벌였던 독특한 대게릴라 전법이었습니다. 민심을 얻어야만 베트콩을 제압할 수 있기 때문이었습니다. 채명신 사령관은 "100명의 베트콩을 놓치는 한이 있더라도 단 한명의 양민을 보호하라"는 명령을 내렸습니다. 이는 매우 유명한 전설로 전해지고 있습니다.

1952년, "한국에서 민주주의를 바라는 것은 쓰레기통에서 장미꽃을 구하는 것과 같다"고 혹평했던 바로 그 런던 타임즈가 그로부터 14년만인 1966년 5월 29일자 특집에서 "한국군이 월남전을 맡았거나, 미군이 한국군 전술을 채택했더라면 벌써 승리로 끝냈을 것"이라며 한국군을 극찬했습니다. 한국을 불신했던 IMF의 전신 '서방11개국 금융클럽'이 1966년에는 "월남전을 보니 한국은 희망이 있는 나라다" 하면서 27억 달러의 차관을 제공했습니다. 주월한국군으로 인해 천막회사에 불과했던 현대, 한진, 새한 등이 대기업으로 성장했고, 베트남의 뜨거운 기후에 훈련된 병사들이 중동의 모래사막에 가서 '중동특수'를 이룩해 냈습니다. 이로부터 한국경제는 매년 13%의 고공성장을 할 수 있었던 것입니다. 이것이 역사의 객관적인 기록입니다.

그런데 위안부 문제를 전문으로 하는 윤미향이 무슨 자격과 실력으로 위안부 할머니 두 사람을 내세워, '5천명이 전사하고 16만명 이상이 고엽제로 신음하면서 이룩한 자랑스런 한국군 역사'를 부끄러운 역사로 왜곡하는 것이며, 한국을 범법 국가로 매도하는 것인지 실로 놀랍습니다. 세계 모든 국가의 국민들은 자국의 명예와 격을 높인 사람들에 환호하고, 국가에 충성한 사람들에 눈물 흘리며 고마워합니다. 그런데 어째서 유독 정대협 사람들은 전쟁터에서 목숨 바쳐 충성한 군인들을 적대시하는 것이며, 다른 국민들이 목숨 바쳐 높이 쌓아올린 국가의 명예와 국가의 격을 이리도 적극적인 방법으로 격하시키고 파괴하는 것입니까? 그 이유는 오로지 하나, 대한민국이 정대협의 적이기 때문일 것입니다. 정대협이 위안부를 앞세워 반국가활동, 국가파괴활동을 하고 있다는 사실을 이 사실 이상으로 어떻게 더 설명할 수 있는지 피고인은 알지 못합니다.

정대협은 북한의 카운터파트너인 '조대위'와 공동하여 1991.5.부터 2004.6.까지 13년 동안 9회의 행사를 공동으로 주최했습니다. 이들 남북한 사람들은 공히 "위안부"라는 간판을 내세워, 정치활동과 통일활동을 하였습니다. 위안부활동이 자주통일의 전초작업이라 선언하였습니다. "분단은 식민지 지배의 연장이며, 일본군 '위안부 문제의 공정한 해결 없이는 식민지 지배의 청산과 자주성 회복이 이루어질 수 없다는 것을 공감하였다."는 공동성명도 냈습니다. 북한에 연루된 것으로 그치는 것이 아니라 북한집단과 함께 반일 반미 통일을 주제로 하는 정치활동을 벌인 것입니다. 대한민국을 적으로 여기는 정대협이 북한과 함께 자주통일 활동을 벌여왔다는 이 사실, 듣기만 해도 모골이 송연해 집니다.

고소인측은 윤미향의 남편 김삼석이 설사 간첩이라 해도 정대협의 구성원이 아닌 관계로 정대협의 업무와는 아무런 관계가 없다고 주장하면서 정대협의 업무와 윤미향 배우자인 김삼석의 정체성을 결부시키는 것은 악의적인 행위라고 주장합니다. 하지만 김삼석은 정대협 업무에 매우 깊이 관여하고 있는 것이 사실입니다. 김삼석은 2005.에 '수원시민신문'을 등록하였습니다. 이 신문은 2007년부터 지금 현재까지 정대협의 기관지 역할을 수행하고 있습니다. '수원시민신문'에서 검색어 '정대협'을 치면 2007.2.12.부터 2018.6.22. 현재까지 무려 115개의 '정대협 관련 기사'가 뜹니다. 김삼석 기자가 쓴 글도 다수이고, 윤미향이 '시민기자'의 신분으로 게시한 글도 31건이나 됩니다. 정대협과 윤미향과 김삼석이 3위일체가 되어 정대협 활동을 공동하고 있으며 김삼석이 운영하는 '수원시민신문'이 사실상 정대협의 기관지 역할을 하고 있는 것입니다.

위와 같이 윤미향과 그 남편 김삼석은 부부의 관계에 멈춰 있는 것이 아니라 정치활동도 공동하고 있습니다. 그런데 그 김삼석이 하는 일은 그 어느 비밀간첩도 수행하기 어려운 막강한 해악을 국가를 향해 분출하고 있습니다. 피고인은 김삼석의 어록들이 담긴 2005년의 통일뉴스 기사 7개를 제출했습니다. 이 7개 기사를 요약해 보겠습니다.

"과거청산의 핵심 대상은 미국이어야 하고, 군 입대는 미국의 노예가 되는 길이다. 한국군은 미국의 노예군이자 미국의 용병이고, 민족반역자들이 가는 대피호다. 미국은 미국의 말을 잘 듣는 군인들을 장군, 총장으로 임명했고, 서울의 절반이 미국의 재산이 되었다. 북한의 선군정치는 민족의 주권을 찾는 정치이고, 2018.6.12. 싱가포르 북미회담은 미국이 북에 굴복한 회담이다. 통일을 위해서는 국가보안법을 빨리 폐기해야 한다. 한미일 동맹은 통일을 방해하는 대북 적대의 군사장치다" 청년들에게 군대에 가지 말 것과 군에 충성하지 말 것을 종용합니다. 국보법을 빨리 철폐하고, 한미일 공조체제를 깨자고 설득합니다.

김삼석은 2005년에 활동무대를 통일뉴스에서 '수원시민신문'으로 옮겨, 지금 현재까지도 반일 반미 반국가 종북활동을 하고 있습니다. 사실이 이러한데도 고소인측은 김삼석이 국보법 철폐, 미군철수를 주장한 바 없다고 강변합니다. 여기에 미래한국 등에서 밝힌 정대협의 면면과 활동 그리고 수많은 수요집회에서 발표한 반일 반미 반국가 종북 관련 성명서들을 합치면 정대협은 국민으로부터 그 어느 때보다 더 밀착된 감시를 받아야 마땅한 매우 위험한 존재라고 생각합니다.

피고인은 본 서울북부지방검찰청이 최초로 발행한 '불기소처분 이유서'가 대법원 판례에 부합하는 명문이라고 생각합니다. 끝으로 본 재판을 편한 마음으로 받게 관리해 주신 재판장님께 감사의 말씀을 드립니다.
감사합니다.

2018. 8. 10.
피고인 지 만 원
서울북부지방법원 형사 제8단독 귀중

정대협의 활동에 대해서는 범국민적으로 반드시 강한 제동을 걸어야 한다. 이번 재판에서 내가 지게 되면, 정대협으로부터 소송을 당한 많은 우익들이 곤란한 입장에 서게 될 것이다. 그리고 정대협은 더욱더 가혹하게 반대자들을 탄압해가면서 무소불위의 영향력을 발휘할 것이다. '위안부'라는 존재는 5.18세력과 함께 대한민국 위에 군림해왔다. 위안부 문제, 반일문화에 관한 한, 국가기관들을 사실상 호령해 온 것이다. 정대협 말고는 그 어느 국가기관도 반일 감정을 이처럼 대량으로 생산해 낼 수 없다. 내가 최근에 추가로 밝혀낸 '정대협-윤미향-김삼석에 의한 반국가활동' 내용들이 많은 이념 투사들에 의해 적극 활용되기를 바란다. 이 재판 선고는 10월 5일 오전에 하기로 예정돼 있다.

이 글을 읽는 독자들은 재판의 결과가 궁금할 수 있다. 하지만 내가 받아 온 재판, 받고 있는 재판에는 결과가 중요한 것이 아니라 재판의 주제들과 판검사들의 행태들이 중요한 것이다. 정대협을 지속적으로 감시하는 일에 많은 국민이 동참해 주기를 바란다.

5.18에 대한 재판은 민사와 형사가 진행되고 있다. 민사재판은 모두 광주가 불법으로 가로 채다가 도깨비놀음을 하고 있다. 나를 고소한 5.18측 사람들은 '모두가 소송사기에 해당한다'는 증거들을 다 제출했는데도 광주판사들은 눈 감고 판결문을 써왔다. 다행히 형사사건은 서울법원이 관할하고 있다. 제1심 재판 결과는 아마도 2018년이 가기 전에 나올 것 같다. 사건번호 2016고단2095, 고소인이 무려 25

명이다. 6개 고소사건들이 병합돼 있다. 이 사건에서 내가 이기면 광주법원이 주도한 민사판결들은 대법원에서 모두 뒤집힐 것으로 생각한다.

'5.18진상규명 위원회'는 2018년 9월 14일부터 업무를 개시한다. 여기에는 3명의 상임위원(차관대우)이 규정돼 있는데 나는 자유한국당 지분으로 상임위원에 내정돼 있다. 예정대로 내가 상임위원으로 일하게 되면 북한군 개입 사실은 불과 몇 개월 이내에 말끔히 공식화 차원에서 증명해 낼 수 있을 것이다. '5.18역사 왜곡과의 피 흘리는 20년 전쟁'에서 드디어 승리의 마침표를 찍는 그 엄청난 순간이 그리 머지않아 보인다.

_ 에필로그

1991년, 나는 '멋'(A Grace Inside)이라는 책을 냈다. 주로 사관학교와 베트남 전쟁터 그리고 미국 이야기들이었다. 2005년, 버리기에는 아까운 내용들을 더 추가해서 "나의 산책세계" 1, 2권을 냈다. 이 책을 읽은 연배의 지인들이 "매우 특이한 자서전이다, 어떻게 이런 형태의 특이한 자서전을 낼 수 있느냐" 하면서 출판기념회를 공동으로 주선하겠다고 제의하셨다. 2005년이면 내 나이 63, 그때까지 나는 베스트셀러 책들을 여러 개 냈고, 수많은 칼럼들을 썼지만 출판기념회를 갖는다는 것이 쑥스럽다는 생각이 들었고 이에 더해 남들에게 폐를 끼친다는 생각에 차마 엄두를 내지 못하고 지났다. 2009년, 나는 앞 책들에서 미처 소개하지 못한 일부 내용들을 추가하는 등 다시 편집하여, "뚝섬 무지개"라는 제목으로 책을 엮었다. '뚝섬 무지개'라는 제목은 이 책의 앞부분에 수록된 '지상에서 만난 천사'의 이야기에 상징돼 있는 낱말이다. 그 천사는 달릴 수 있는 궤도 위에 내 인생을 올려주었다.

이 책의 앞부분에는 이때부터 1990년까지 내가 걸었던 목가적인 산책로들이 그려져 있다. 따로 회고록을 남긴다는 것이 멋쩍은 일이라, 1990년 이후에 걸었던 여로를 가급적이면 짧게 압축해 여기에 보태는 것으로 회고록에 갈음하기로 했다. 후반의 내용들은 내 몸이 그 일부로 용해돼 있는 현대사의 일각들이며, 그래서 이 책은 아마 이 시대에 누구도 쓸 수 없는 생생한 역사책일 수 있을 것이다. 흐르는 역사의 강가에서 보는 역사와 흐르는 강의 일부가 되어 보는 역사는 많이 다를 것이다.

이 에필로그 공간은 내가 나를 정리해 보는 마지막 공간일 것이다. 나는 1942년 음력 11월 20일 강원도 횡성군 공근면 도곡리 271번지, 호랑이 나오는 높은 산 중턱에서 태어나 강보에 싸인 채 경기도 양평군 영화마을 구둔으로 왔다. 7남매의 막내로 태어나 13세 때 무작정 서울로 올라와 고학하느라 고생을 했지만 부모에 대해서는 보고 싶어 하는 마음만 있었지 원망이라는 것을 해 본 적이 없다. 어릴 때 잠시라도 헤어졌다 만나면 어머니의 눈매는 온통 나를 빨아들이려는 듯 해보였다. 정을 듬뿍 주시고, 어디를 가나 귀염 받게 낳아주신 것만으로 나는 늘 부모님께 감사한다. 지금의 안사람 역시 그런 식으로 나를 사랑한다. 내 주위의 사람들도 나를 사랑한다. 이렇게 보면 나는 사랑받기 위해 태어난 존재라 해도 과한 표현이 아닐 것이다.

이 세상에 와서 나는 무엇을 남겼는가? 가장 자랑스럽게 말할 수 있는 것은 박사논문이다. 기나 긴 수학공식 2개가 들어 있고, 수학정리가 6개가 있고, 미해군에 선사한 '함정수리부속별 수량'을 계산할 수 있는 알고리즘이 들어있다. 만일 내가 장교가 아니었다면 나는 수학의 새로운 경지들을 개척하는 일에 생을 묻었을 것이다. 그만큼 나는 수학을 좋아했다.

그 다음에 내가 남긴 것은 1981년부터 5년 동안 윤성민 국방장관과 함께 국방예산개혁을 주도한 일이다. 이 개혁으로 인해 군수물자는 자유재가 아니라 각 관리책임자에게 부과되는 회계항목이 되었다. 사단과 같은 독립 부대들에는 자원관리 참모가 새로 생겼고, 비용을 계산하는 전산시스템이 새로 생겼다. 이 개혁은 지금까지의 국방 역사상 전무후무한 것이었다.

내가 남긴 가장 큰 것은 '5.18의 진실'을 담은 9권의 책일 것이다. 나는 이 나라를 완전 장악한 빨갱이 세력, 이 땅 전체에 뿌리를 내리고 있는 빨갱이 세력을 제거할 수 있는 무기가 무엇인가에 대해 생각했다. 그 무기는 쿠데타 식 권력이 아니라 오로지 5.18의 진실을 전국민에 알려 모든 국민들로 하여금 '5.18마패를 치켜 들고 국가 위에 군림해 온 빨갱이들'에 '사기당하고 농락당해 온 것'에 대해 분노하게 만드는 것이라고 생각했다. 내가 이끌어 낸 결론은 '5.18이 북한의 게릴라전' 이었다는 것이다. 이 결론은 다윗의 무기다. 이 무기를 만들어 내는 데 무려 18년이 걸렸다. 사랑하는 아사녀를 여러 해 동안 만나지 못하고 오로지 다보탑 조각에만 몰두했던 아사달의 모습이, 아마도 세상의 부귀영화를 등지고, 몰매 맞고, 감옥에 가고, 끝없이 소송에 휘말리고, 가족들 가슴에 쓰라린 상처를 안겨주면서 20년에 가까운 황혼의 나이를 쏟아 부은 나의 모습 정도가 될 것이다.

그리고 빼놓을 수 없는 것은 1998년부터 지금에 이르기까지 만 20년 동안 150개 내외에 이르는 소송을 하면서 빨갱이들과 싸웠다는 사실이다. 지금 나는 5.18 반역자들과도 13개의 재판을 벌이고 있다. 이뿐만이 아니다. 청와대 비서실장 임종석을 주사파라 했다 하여 서울중앙지방검찰청 418호 검사 홍성준이 뉴스타운과 함께 나를 기소했다. 위안부를 내걸고 반국가활동을 하는 정대협과도 2개의 소송을 벌이고 있고, 내 글을 함부로 검열하고 삭제하는 방송통신심의위원회의 버릇을 고치기 위해 소송을 하고 있고, 심지어는 이외수라는 이상한 소설가도 소송을 걸어왔다. 김대중 이전에는 국가경영이라는 전문분야를 놓고 기득권들과 싸웠지만, 김대중 이후에는 나라를 빼앗기느냐 마느냐에 대한 이슈에 매달려 더러운 진흙탕에서 인간 이하의 것들과 건곤일척의 싸움을 벌여왔다.

사람들은 매우 기이하게 생각한다. "일생에 단 한 개의 재판사건만 걸려도 머리가 아프고 스트레스를 많이 받는데 20년 동안 그 많은 재판을 하면서 어떻게 살아남을 수 있는가?" 인생은 수없이 발생하는 문제를 풀어나가는 존재다. 문제가 발생했을 때, 고민하는 사람이 있고, 수학문제를 풀 듯이 논리적으로 풀어나가는 사람이 있다. 고민을 하면 몸이 망가지고, 문제를 풀면 건강이 증진될 수 있다. 나는 늘 재판을 문제 풀 듯이 대해왔다. 어떤 사람들은 "판사들이 다 빨갱이들일 텐데 싸워봐야 무슨 소용이 있겠느냐?" 이런 말도 한다. 이렇게 생각하면 싸울 힘이 사라진다. 나는 언제나 내가 만나는 판사는 공의로운 판사일 것이라고 생각하고, 그 사람의 머리를 논리적으로 점령하기 위한 글을 쓴다. 이것 자체가 많은 노력을 요하긴 하지만 일종의 창작이다. 나는 내가 할 수 있는 일을 성실하게 하고 그 결과는 하늘에 맡긴다는 심정으로 세상을 산다.

나는 군사평론가, 시스템전도사 그리고 '극우-또라이'라는 꼬리표를 달고 살았다. 시스템 전도사를 하면서 나는 시스템에 대한 내 나름의 정의를 만들어 냈다. "시스템이란 그렇게 하라고 말하는 것이 아니라 그렇게밖에 될 수 없도록 만드는 것이다", "과거 은행객장에는 질서가 없었다. 이를 놓고 사람들은 한국인들의 의식이 잘못돼서 발생하는 병리현상이라고 진단했다. 1990년 은행객장에 순번대기번호표 시스템이 등장했다. 그 간단한 시스템 하나 생기니까 은행객장 질서가 선진국처럼 좋아졌다. 그것은 의식 탓이 아니라 시스템 탓이었다"

나에게는 특기가 두 개 정도 있다. 토의를 통해 새로운 아이디어를 창출해내는 토의주도 능력과 경영진단 능력이다. 국가든 기업이든, 발생하는 모든 병리현상은 시스템의 산물이다. 그래서 시스템적으로 문제에 접근하고, 시스템에 대한 대안을 낸다. 이것이 내가 생각하는 나의 장기라고 생각한다.

내가 걷던 길에서 일부 내가 남보다 앞서 갈 수 있었던 것은 세 가지 이유 때문일 것이다. 첫째, 조각난 시간을 이어 썼다. 길을 걷는 순간, 차를 모는 순간에도 나는 늘 생각할 거리를 마련한다. 조깅을 하면서도 수학문제를 머리에 담고 다니면서 풀었다. 둘째, 늘 자극을 스스로 만들어 냈다. 사람이나 조직은 자극이 없으면 나태해 지고, 나태함은 퇴화의 병균이다. 늘 채찍을 만들어 자신에게 채찍을 가해야 한다. 셋째는 목표다. 남과 나를 비교하지 말고 오로지 내가 정한 목표를 향해 내 길을 곧장 가는 것이다. 내가 매 열흘 동안 걸어온 길은 목표를 따라 걸어 온 길인 것이다. 그 목표는 빨갱이 세력을 격퇴시키는 것이다. 그 격퇴의 무기가 바로 5.18의 진실, '5.18은 북한이 저지른 게릴라전' 이었다는 사실을 이 나라 모든 국민에 알리는 것이다. 한편으로는 빨갱이들에 매맞고, 감옥가고, 줄기차게 소송을 당하면서도 소형 책자들을 대량으로 만들어 애국국민들에 나누어 주는 일을 하고, 다른 한편으로는 빨갱이들이 벌이는 음모에 대비해 불침번을 서며 경고음을 발하고 있다. 오리를 가다 쓰러지든 10리를 가다 쓰러지든 내가 가야할 길이 오로지 이 한 길 뿐이기에 야만의 벌판 위에 솟아난 가시들을 오늘도 밟고 나아가는 것이다.

나에게는 인간적 속성이 있다. 인습과 통념에 구애 받지 않고, 자유분방하며, 몰두하는 시간들로 삶을 채웠다. '무엇이 내게 이로우냐'를 생각하지 않고 '무엇이 정의냐'에 따라 몸을 던졌다. 내가 전자의 잣대로 길을 걸었다면 그 많은 소송에 빠져들지는 않았을 것이다. 내가 걸었던 길들은 넓고 편한 길, 많은 사람들이 가는 길이 아니라 아무도 가지 않았던 가시밭길이었다. 나는 왜 이랬을까. 절대자가 내게 짜준 '팔자의 길'을 걸었다고 밖에는 달리 그 이유를 설명할 수 없다.